인종, 국민, 계급

모호한 정체성들

RACE, NATION, CLASSE. Les identités ambiguës
de Etienne BALIBAR et IMMANUEL WALLERSTEIN

인종, 국민, 계급 모호한 정체성들

지은이 에티엔 발리바르, 이매뉴얼 월러스틴
옮긴이 김상운

1판 3쇄 발행 2023년 12월 22일

펴낸곳 두번째테제
펴낸이 장원
등록 2017년 3월 2일 제2017-000034호
주소 (13290) 경기도 성남시 수정구 수정북로 92, 태평동락커뮤니티 301호
전화 031-754-8804
팩스 0303-3441-7392
전자우편 secondthesis@gmail.com
페이스북 facebook.com/thesis2
블로그 blog.naver.com/secondthesis

ISBN 979-11-90186-20-9 93300

이 역서는 2017년 대한민국 교육부와 한국연구재단의 지원을 받아
수행된 연구임(NRF-2017S1A6A3A03079318).

인종, 국민, 계급

모호한 정체성들

RACE, NATION, CLASSE

Les identités ambiguës

접경인문학 이론총서 01

에티엔 발리바르
이매뉴얼 월러스틴
지음

김상운 옮김

난장

접경인문학 총서 발간사

중앙대·한국외대 HK⁺ 접경인문학연구단은 2017년 한국연구재단의 인문한국지원사업HK⁺에 선정되어 1단계 사업을 3년에 걸쳐 수행한 후, 2020년부터 2단계 사업을 시작했습니다. 접경인문학에서 접경은 타국과 맞닿은 국경이나 변경만을 의미하지 않습니다. 같은 공간 안에서도 인종, 언어, 성, 종교, 이념, 계급 등 다양한 내부 요인에 의해 대립과 갈등이 발생하기 때문입니다. 연구단이 지향하는 접경인문학 연구는 경계선만이 아니라 이 모두를 아우르는 공간을 대상으로 진행됩니다. 다양한 요인들이 접촉 충돌하는 접경 공간Contact Zone 속에서 개인과 집단이 이를 어떻게 인식하고 변화시키려 했는지를 추적하고 분석하는 것이 접경인문학의 목표입니다.

연구단은 2단계의 핵심 과제로 접경인문학 연구의 심화와 확장, 이론으로서의 접경인문학 정립, 융합 학문의 창출을 선택하였습니다. 1단계 연구에서 우리는 다양한 접경을 발견하고 그곳의 역사와 문화를 '조우와 충돌', '잡거와 혼종', '융합과 공존'의 관점에서 규명하였습니다. 이 성과를 바탕으로 삼아 2단계에서는 접경인문학을 화해와 공존을 위한 학술적이면서 동시에 실천적인 방법론으로 제시하고자 합니다. 연구단은 이 성과물들을 연구 총서와 번역 총서, 이론 총서 및 자료 총서로 간행하여 학계에 참고 자원으로 제공하고 문고 총서의 발간으로 사회적 확산에 이바지하고자 합니다.

유례없는 팬데믹을 맞아 세상은 잠시 멈춘 듯합니다. 이 멈춤의 시간 속에서도 각종 국가주의와 민족주의가 횡행하며, 국가와 민족 사이의 충돌은 더욱더 첨예해지고 있습니다. 접경은 국가주의의 허구성, 국가나 민족 단위의 제한성, 그리고 이분법적 사고의 한계성을 여실히 드러내는 대안적인 공간이자 역동적인 생각의 틀이라 생각합니다. 우리 연구단은 유라시아의 접경에서 일어나는 다양한 조우들이 연대와 화해의 역사 문화를 선취하는 여정을 끝까지 기록하고 기억할 수 있기를 희망합니다.

중앙대·한국외대 HK⁺ 접경인문학연구단 단장 손준식

우리의 친구

목타르 목테피Mokhtar Mokhtefi와

엘라인 클라인Elaine Klein에게

일러두기

1. 이 책은 *Race, nation, classe. Les identités ambiguës*, Éditions La Decouverte, Paris, 2018.을 저본으로 삼고 영역본(Verso, 1991)을 참조해 완역한 것이다.
   - 발리바르의 글은 위의 프랑스어 판본을 바탕으로 번역했다. 번역 과정에서 이미 한국어로 번역 출판되어 있던 발리바르의 글 두 편과 인터넷에서 초역본을 입수할 수 있는 글 한 편을 참조했으나 수정을 거쳤다.
   - 월러스틴의 글은 영역본을 바탕으로 번역한 후, 프랑스어 판본으로 교정을 거쳤다. 그러나 명료성이 떨어지는 대목은 영역본을 저본으로 삼았다. 단, 「후기」는 가독성을 해치지 않는 범위에서, 프랑스어 판본을 바탕으로 영역본을 참조했다.

2. 번역 용어에 대해 몇 가지를 일러두어야 한다.
   - 책의 부제에 있는 ambiguïté(ambigu)는 '모호성, 모호함(모호한)'으로, ambivalence는 '양의성, 양가성'으로, équivocité(équivoque)는 '애매성(애매한)'으로 옮겼다.
   - system(e)은 '체계'로 옮겼다. 그러나 월러스틴의 systeme-monde(영어의 world-system)는 관행에 따라 '세계체제', '세계-체제'로 옮겼다.
   - 책의 제목에 있는 nation은 '국민'으로 표기했으나 맥락에 따라 '국민[민족]'으로 옮겼다. national은 '민족적' 또는 '국민적', '일국적' 등으로 표기했다. 또 '민족국가' 대신 '국민국가'로 옮겼다. 그러나 nationalism(e)은 국민주의라고 번역하기가 어려워서 관례에 따라 '민족주의'로 옮겼고, '소수민족'도 마찬가지다.
   - 책의 제목에는 없으나 역시 중요한 개념 중 하나인 people은 대체로 '인민'으로 옮겼다. 그러나 특히 월러스틴의 글에서 그러한데, '민족'으로 옮겨야 하는 경우가 생각보다는 많았다. 그래서 '민족'이라는 뉘앙스가 강할 때에는 '민족[인민]'으로 표시했다. 단 popular는 '민중적', '인민적', '대중적' 등으로 그때마다 다르게 옮겼다.
   - 역시 nation과 관련된 중요한 개념인 Ethnic(및 ethnicité)은 '종족적'도 '민족적'도 아니고 '에스닉'(및 에스니시티)으로 음차했다.
   - formation은 '형성[체]'로 옮겼으나 sociale formation은 관례에 따라 '사회구성체'로 옮겼다.

3. 책 제목과 잡지는 『 』로, 논문 및 신문, 장 제목은 「 」로 묶었다. 또 본문 속의 인용문은 " "로, 단순 강조는 ' '로, 대문자는 〈 〉로, 이탤릭체는 볼드체로 표시했다. 인용문 속의 ( )는 원문에 있는 것이고, 필자의 추가는 [ ]에, 번역자의 추가는 〔 〕에 넣은 후 글자를 작게 표시했다.

4. 각주의 서지사항 및 인용 쪽수 표기는 원서상 표기를 따랐다.

5. 외국 인명, 지명은 국립국어원의 외래어표기법과 용례를 따랐다. 다만 국내에서 이미 굳어진 인명과 지명의 경우 통용되는 표기로 옮겼다. 의미 전달을 위해 필요한 경우 원어나 한자를 병기했다.

2018년판 서문

인종, 계급, 국민 : 마누엘라 보야지예브가
에티엔 발리바르 및 이매뉴얼 월러스틴과 나눈 대화[1]

마누엘라 보야지예브 : 여러분과 논의하고 싶은 몇 가지 주제가 있습니다. 첫 번째 질문은『인종, 국민, 계급 : 모호한 정체성들』이라는 저작을 집필하는 것으로 정점에 이른 일련의 세미나를 조직한 이유입니다. 두 번째 질문은 '인종', '국민', '계급'이라는 세 가지 본질적이고 역사적인 구축물에 대한 통합적 분석의 결실인 여러분 책의 밑바탕에 깔려 있는 개념적 관념들과 관련한 것입니다. 마지막으로 이 책이 출판된 1988년과 [30여 년이 지난] 오늘날 사이에, 특히 이 책이 달성한 정치적 영향력과 성취라는 면에서 여러분의 책이 어떻게 받아들여졌는지를 다시 살펴보자는 것입니다.

그러니까 맨 먼저, 1980년대에 이 책을 쓰게 한 일련의 세미나를 조직한 동기는 무엇입니까? 그 세미나들은 연대기적으로도 방법론적으로도 어떻게 계획되었고, 또 어떻게 이 세 가지 개념을

1 이 대화는 2018년 3월 15-17일에 베를린의 '세계 문화의 집Haus der Kulturen der Welt'에서 열린 콜로키움 "위험한 정세 : 발리바르/월러스틴의『인종, 국민, 계급』을 복원하기 Dangerous conjunctures : resituating Balibar/Wallerstein's Race, Nation, Class"를 준비하기 위해 "인간과학의 집Maison des sciences de l'homme"(파리)에서 녹음되었다. 이것은 이제 단행본으로도 출판되었으며, 더불어 이제 콜로키움과 함께 제공된 책자로도 출판되었다. Manuela Bojadžijev et Katrin Klingan (dir.), *Balibar/Wallerstein's "Race, Nation, Class". Rereading a dialogue for our times*, Argument Verlag/Haus der Kulturen der Welt, Berlin/Hambourg, 2018.
[옮긴이] 이 인터뷰의 동영상은 hkw.de/en/app/mediathek/video/62616에서 볼 수 있다. 순서는 "(1) 정치 정세, (2) 교차하는 선택지들, (3) 인종 없는 인종주의, (4) 인종과 계급 적대, (5) 다시 발호하는 민족주의, (6) 인종주의를 넘어" 등 6개 파트로 나눠져 있으며, 내용도 훨씬 구체적이다.

사고의 중심에 두기로 결정했나요? 세미나에서 생겨난 토론은 책을 집필하는 데 어느 정도나 도움이 되었고, 저자인 여러분들 사이의 대화 포맷은 어떻게 형성되었습니까?

이매뉴얼 월러스틴 : 우리는 1981년 인도 뉴델리에서 열린 콘퍼런스에서 서로 알게 되었습니다. 친구가 된 우리는 어느 날 점심을 먹으면서 그동안 왜 함께 세미나를 하지 않았는지 의아해했습니다. 처음에는 1년만 할 생각이었습니다. 인종주의와 에스니시티ethnicité라는 쟁점에 할애하려고 했습니다. 이 세미나의 성공은 우리를 놀라게 했습니다. 대중이 몰려들면서 우리는 2년차에 이어 3년차까지 세미나를 진행했습니다. 매번 미리 작성된 텍스트를 가지고 토론을 시작하자는 아이디어였습니다. 그것은 완벽하게 작동했습니다. 이 시기는 '계급'이나 '인종' 같은 개념의 전통적 의미에 의문을 제기하는 사람들이 점점 늘어나고 있었기에, 이런 세미나를 하기에 적기였습니다. 처음부터 우리는 책을 출판하는 것으로 매년도의 세미나를 마무리하려고 의도했습니다만, 준비한 텍스트의 질이 불균등했고 다른 사람들이 제시간에 원고를 제출할지 항상 확신할 수는 없었습니다. 그래서 이렇게 이야기를 나눴습니다. 즉, 결국 각 세미나마다 우리는 이미 글로 쓴 것이 있기에, 다른 사람들이 쓴 텍스트는 머리에서 지우고 우리 자신의 텍스트에 충실하자고요. 따라서 이 책은 '인종', '국민' 및 '계급' 사이의 접합에 의해 제기되는 지적 문제에 대해 에티엔과 제가 주고받은 성찰을 모은 것입니다. 이것이 우리가 거기에 도달한 방법입니다.

에티엔 발리바르 : 우리가 다룰 테마를 순서에 따라 미리 혹은 적어도 완벽하게 계획하지는 않았다는 것도 덧붙여야 할 중요한

점입니다.

보야지예브 : 이러한 역사적 구축물을 원근법으로 보는 것을 필수적이게 한, 그 당시의 정치적 상황을 어떻게 기술할 수 있을까요?

발리바르 : 우리는 어떤 의미에서 가장 숨겨져 있고 가장 가시적인 주제인 '인종'으로 시작했습니다. 이것은 그 이후에 점점 더 많은 비중을 차지하게 된 프랑스 극우파가 선거 무대에 등장한 것과 일치했습니다. 국민전선이 지방선거에서 첫 승리를 거둔 지 얼마 되지 않았기에, 우리 눈에 이 현상은 매우 우려스럽게 보였습니다. 물론 그들은 당시에도 이미 오늘날과 똑같은 테마를 활용하고 있었습니다. 그때는 이슬람의 문제가 아직 그들을 사로잡지 않았었지만, 다른 한편으로 오늘날 이주 문제는 이미 중심적 위치를 차지하게 되었죠. 그들은 과거에 식민지였던 곳에서 온 사람들이 프랑스를 '침략'한다고 하며, 그래서 오늘날 일부 사람들은 이를 '전도된 식민지화colonisation inversée'라고 부르는데, 저는 이런 말들이 역겹다고 생각해요.
그 당시에 이것은 이미 인종주의적 수사였습니다. [프랑스에서] 이주자들은 끊임없는 논의 대상이었습니다. 그래서 저는 이매뉴얼에게 이렇게 말했습니다. 즉, 인종주의가 정치적으로 우려스럽고 묵직한 의미를 갖고 있기 때문에, 또한 인종주의에 직면했을 때 이론적 측면에서 제가 무장해제되었다고, 혹은 효과적으로 대응할 수 없다고 느꼈기 때문에 저를 괴롭히는 문제라고 말이죠. 저는 그가 이 주제에 대해 저보다 더 정확한 관념을 갖고 있을 것이라고 추정했는데, 왜냐하면 아직 포스트식민적postcoloniale이라고 불리지 않았던 이주가 이매뉴얼의 세계-체제systeme-monde

개념에서는 각별한 역할을 맡았기 때문입니다. 저는 [보야지에브 당신과 마찬가지로] 전적으로 정통파 마르크스주의는 아니라고 할지라도 여전히 그런 마르크스주의를 교육받았기 때문에, 이런 종류의 쟁점에 대해서는 나처럼 당신도 말할 게 전혀 없는 주제일 겁니다. 그래서 이매뉴얼에게 물었습니다. 이 주제와 관련하여 당신 입장에서 작업할 경우 흥미롭다고 생각하는 점은 무엇입니까? 이매뉴얼이 '에스니시티'라고 대답했다고 기억합니다. 이때 우리는 같은 시기에 관심사를 공유한다는 것을 발견했고, 그 덕분에 서로 다른 학문적 접근법과 지적인 궤적을 통해 이런 물음들에 접근할 수 있었습니다. 행복한 우연의 일치였습니다.

이렇게 해서 첫 번째 세미나에 대한 아이디어가 세워졌습니다. 이는 성공을 거두었습니다. 만원 사례를 이루었고, 토론은 매우 흥미로웠습니다. 적어도 제가 알기로는 그 당시 프랑스에서 역사가, 인류학자, 사회학자, 철학자 등이 한자리에 모여 학제적學際的, interdisciplinaire 방식으로 이와 같은 문제를 토론할 수 있는 곳이 없었다는 것을 알아야 합니다.

이매뉴얼의 문제설정은 논의를 위한 완벽한 틀을 제공했습니다. 그래서 그해 말에 우리는 서로에게 물었죠. [지금 우리가 무엇을 하고 있지?] 저는 우리가 하고 있는 일을 계속할 용의가 있기는 하지만 똑같은 주제에 대해 그럴 생각은 아니라고 말했어요. 저는 이매뉴얼이 어떤 아이디어를 머리에 품고 있었다고 의심했는데, 그는 그 다음으로 '국민'에 대한 작업을 계속해 보자고 제안했고, 그런 후 3년 차에는 '계급'에 대해서도 똑같이 그렇게 했습니다. 하지만 제 기억이 맞다면 그 당시에는 『인종, 국민, 계급』이라는 제목의 책을 쓸 계획이 없었어요. 이 생각은 그동안의 세미나를 돌이켜볼 때 들었을 뿐입니다. 다시 말하지만, [세미나에 참여한] 우리 동료들이 이 세 가지 테마에 대해 동등하게 관심을 두지는 않았습니다. '인종'은 대히트를 쳤고 '국민'도 나쁘지 않았습니다. 믿거나 말거나, 가장 성공을 거두지 못한 세미나는 '계급'이었습니다. 오늘날은 매우 다르다고 생각해요. 그러나 계급 분열과 적대를 산출하는 사회 체계인 자본주의에 대한 의문이 불평등, 배제 등에 대한 논의를, 따라서 '계급'에 대한 논의를 촉발시킨 것은 확실하지만, 오늘날보다는 그다지 강렬하지는 않았습니다[참석률은 낮았지만 결국 자료는 갖고 있습니다].

출판하기로 선택한 것에 대해 말하고 싶은 것이 있습니다. 세미나의 기고자 중 한 명은 우리가 모든 논쟁을 출판하지 않았다는 점을 불평했지만, 모든 발언자에게 모든 것을 정합적이게 만드는 방식으로 최종적으로 몇 가지만 선택하도록 요청하는 일은 매우 어려운 작업이었을 것입니다. 악몽입니다!

우리가 다른 식으로 진행하기로 [즉, 둘이서 책을 내기로] 결정한 것은 세미나를 우리 두 사람의 일종의 간접적 대화 도구로 사용했다는 사실 때문이었습니다. 저는 이로부터 엄청난 혜택을 입었습니다. 왜냐하면 저는 이매뉴얼을 읽고 들음으로써 자본주의에 대해 완전히 새로운 방식으로 질문하고 이해하는 법을 배웠기 때문입니다. 그러나 다른 사람들은 다른 배경을 끌고 왔습니다. 지금 저는 안타깝게도 몇 년 전에 사망한 친구인 페미니스트 철학자 프랑수아즈 뒤루Françoise Duroux를 생각하고 있습니다. 그는 당시 프랑스 페미니스트들 사이에서 크게 논쟁되었던 주제에 대해 매우 흥미롭고 도발적인 발표를 했습니다. "계급 범주를 젠더 관계에 적용해야 할까?"라는, 정치적 함의가 풍부한 질문이었습니다. 그 후, 저는 그의 글이 출판되지 않았을 때 제 논문 중 하나에 그의 아이디어를 사용한 죄를 저질렀습니다. 그는 이에 대해 매우 분개했고 제게 이렇게 말했습니다. "다시 한번, 한 여성이 세미나에서 말을 하고 흥미로운 아이디어를 내놓습니다. 그리고 여기서 이 세미나를 지휘하는 인물은, 그 남자는 분명히 그것을 자신이 출판하는 게 유용하다고 생각하는 것만 골라서 자신의 것으로 삼아 버립니다." 그리고 그의 말이 맞았습니다. 그는 절대적으로 옳았습니다.[2]

월러스틴 : 네, 하지만 계급에 대해 말씀드릴 게 한 가지 더 있습니다. 우리는 제2차 세계대전 직후부터 모든 사람이, 특히 프랑스에서 모든 사람이 마르크스주의자였던 시기가 있었음을 기억해야 합니다.

발리바르 : 그 당시에는 모두가 좌파였습니다.

월러스틴 : 모든 사람이 좌파였다, 네 맞는 말입니다. 그러다가 상대적으로 갑작스러운 방식으로 변화가 일어났고, 사람들은 "아냐, 그건 옛날 얘기야"라고 말하기 시작했고, 계급 개념을 논의circulation에서 빼 버렸습니다. 그것을 우리 책에 포함시키려는 선택은 특히 프랑스에서, 그뿐만 아니라 이탈리아에서도, 심지어 독일에서도 사라졌던 반성['계급'에 대한 논의]을 다시 복원하려는 시도였습니다.

보야지예브 : 어떤 면에서 이 책은 오늘날 우리가 목격하고 있는 많은 논쟁보다 덜 단순합니다. 1980년대에, 잊히게 될 운명이었던 이러한 어려운 범주들을 재도입하고 이 범주들이 학제적 관

2 프랑수아즈 뒤루의 논문집 『여성들의 계급은 가능한가?Une classe de femmes est-elle possible?』를 포함해 성과 젠더의 물음에 관한 그녀의 저술을 모아 놓은 책이 미레유 아주그Mireille Azzoug의 지휘 아래 Presses Universitaires de Vincennes에서 준비 중이다.

점에서 국제적으로, 나아가 전 지구 차원에서 다시 스포트라이트를 받은 사실은 마르크스주의에 산소를 다시 공급해서 새롭게 하는 것을 가능케 했습니다. 세 가지 주요 범주 중 각각의 핵심에 대한 여러분의 탐구는 모순적이고 불안정한 상태, 그 한계, 종속성을 밝혀 줍니다. 이러한 접근법은 오늘날에도 여전히 유익합니다. 이 통합적 접근법에 대한 여러분의 개념화를 더 자세히 설명해 주시겠습니까?

월러스틴 : 어떤 의미에서 우리는 우리 눈에 너무도 단순하게 보인 상투적인 분석 격자를 적용하는 것을 피함으로써 이 세 가지 범주에 대한 논의를 재개하려고 했습니다. 이는 이론적으로나 정치적으로나 토론을 위한 더 유용한 공간을 창출하기 위해서였습니다. 사람들이 '인종', '국민', '계급' 개념들에 대해 토론하고 이 개념들이 함께 어울릴 수 있는 방법을 확인하도록 하기 위함이었습니다. 이 논의는 아직 끝나지 않았습니다. 사실, 논의는 책이 나왔을 때보다 더 활기차게 오늘도 계속되고 있습니다.

이 책의 핵심은 '인종', '국민', '계급'이 따로 분석되어서는 안 되는 범주이지만, 똑같은 현상을 보기 위해 쓰는 세 쌍의 안경과도 같다는 점입니다. 하나만 사용하면 전체의 일부를 가리게 됩니다. 문제는 이 세 가지가 어떻게 결합하느냐는 것인데, 답은 세 가지가 80퍼센트나 겹친다는 것입니다. 여러분이 자신이나 다른 사람들을 식별하기 위해 인종적 용어법(저는 '인종주의적'이라고는 불러서는 안 됩니다)을 사용하든 계급이라는 용어법을 사용하든, 최종 그림은 같지만, 완전히 똑같지는 않습니다. 여러분이 쓰기로 선택한 안경의 쌍은 여러분의 이론적이고 정치적인 분석을 극적으로 변화시킵니다. 상황에 따라 이 쌍을 택하거나 다른 쌍을 택한다는 것, 이런 게 제 대답입니다. 제가 노동 계급, 즉 프롤레타리아트와 일치할 수밖에 없다고 여겨지는 그 오래된 마르크스주의의 범주에 대해 말할 때, 고전적 정의에 따르면 '프롤레타리아트'에 속하는 개인은 지배계급의 백인이 아니라 흑인 혹은 억압 속에서 살고 있는 유색인들임이 밝혀집니다. 그래서 이들을 따로따로 고려하면 알 수 없는 것은 프롤레타리아의 80퍼센트가 사실상 '계급'의 관점에서도, '인종'이나 '국민'의 관점에서도 모두 열등한 집단이라는 것입니다. 따라서 한편으로 그들은 똑같은 개인이지만, 정확하게 그런 것은 아닙니다. 그리고 다른 한편으로, 여러분은 그것들을 어떤 방식으로 볼 것인지 결정해야 합니다. 어떻게 문을 열기로 결정하느냐는 방식은 여러분이 사고하고 그것에 대해 행위하는 방식에 큰 영향력을 미치며, 단숨에 고칠 수 있는 문제가 아닙니다. 오늘날에는 분석에 유용한 '계급' 또는 '국민' 범주로 보이는 것이 내일은 더 이상 기능하지 않을 수도 있습니다. 이 범주들이 끊임없이 변화하기 때문입니다.

보야지예브 : 동시에 이러한 범주는 '동등'하지 않습니다. 여러분이 붙인 부제가 지적하듯이, 그것들은 모두 모호합니다. 그것들은 다른 방식으로, 그리고 다른 목적으로 문제화되는 것 아닌가요?

발리바르 : 범주가 복잡하게 얽혀 있다는 것, 그리고 '인종', '계급' 또는 '국민'이라는 엄격하고 기계적인 개념화를 넘어서야 할 필요성이 있다는 것은 이제 우리가 상호교차성intersectionnalité 이론이라고 불리는 것과 다소간 거의 일치합니다. 상호교차성이라는 말의 넓은 의미에서 말입니다. 이것은 제가 두 가지 말을 하도록 이끕니다. 한편으로, 우리가 그 제목과 특히 부제에 대해 논의했을 때, 영어 판본이 매우 재빠르게 뒤따라 나오긴 했지만, (이는)

가장 먼저 나온 프랑스어 판본을 위한 것이었습니다. 이매뉴얼은 부제로 '양가적 정체성들(Les identités ambivalentes)'을 제안했는데요, 제가 틀렸다면 정정해 주세요, 저는 '양가적(ambivalent)'이라는 단어가 탐탁치 않다고 대답했고, 제가 평소 생각하고 있던 것에 더 가까운 '모호한 정체성'을 선호했습니다.

그러나 실제로 두 형용사는 서로 무관하지 않습니다. 정체성에 양가적이라는 딱지를 붙인다면, 그 효과가 대립된 방향으로 나아갈 수 있다는 점을 독자에게 시사하고 있는 것입니다. 민족주의를 예로 들어 봅시다. 민족[국민]주의는 낙인이 아니며, 하나의 국민une nation을 창출하거나 방어하려는 모든 정당, 사회운동 또는 제도의 유기적 이데올로기입니다. 이것은 명백히 반제국주의 해방 투쟁을 떠올리게 하며, 이것은 우리 둘 다에게 지적이고 정치적인 형성[체]에 본질적인 요인들이었습니다. 이매뉴얼은 아프리카와 다른 곳에서 제3세계 해방 투쟁에 직접적으로 관여했습니다. 제 경우를 말하면, 제 정치적 의식은 알제리 독립 전쟁과 일치하는 학업 기간 동안에 주조되었습니다. 이것은 진보적일 뿐만 아니라 이것 없이는 해방libération도 [압제로부터의] 해방émancipation도 없는 민족주의의 한 예입니다. 좌파의 관점에서, 이것은 필수적이고 긍정적인 요인입니다. 그러나 이것의 반대편에는 영국인들이 '징고이즘jingoïsme'[3]이라고 부르는 것, 즉 프랑스, 미국 또는 다른 곳에 있는 제국적 국가들nations에서 표현되는 것과 똑같은 다양한 외국인 공포(혐오)적 형태의 민족주의가 있습니다. 그러면 이것은 '인종' 개념에도 어느 정도는 적용되는 것일까

3 [옮긴이] 맹목적 애국주의, 배외주의를 의미하므로 쇼비니즘chauvinism과 같은 맥락에 놓여 있기는 하지만, 20세기 미국의 공격적 패권주의로 이어진다는 점에서 다른 면도 있다. 정재권, '징고이즘', 「한겨레신문」, 2011년 5월 9일 자 기사를 참조하라.

요? 혹은 '계급'에도? 아마 적용될 것입니다. 이매뉴얼은 인종주의적, 성차별적 차원을 지닌 특정 형태의 계급의식을 예로 들었습니다. 이 모든 정체성은 한편으로 자본주의, 세계체제, 제국주의, 유럽중심주의의 객관적 구조에 뿌리 박혀 있지만, 다른 한편으로 주체적으로 창출된 정체성이기도 합니다. 이 정체성은 역사적인 관점에서 볼 때 모두 다 양가적이어서, 주류 마르크스주의가 이를 이해하기는 매우 어렵다고 생각합니다.

어쨌거나 제 관점에서는 '모호한'이라는 수식어가 있었고, 우리 두 사람 모두가 이 수식어가 상호교차성 때문에 필수적인 범주라는 점에서 결국 동의하게 되었습니다. 정치적 및 사회적 장에서 활동하는 운동이나 세력을 참작하여 구체적인 집단적 정체성을 살펴볼 때, 여러분은 이것들이 결코 순수하게 계급, 국민, 인종, 혹은 에스니시티의 정체성으로 환원되지 않는다는 것을 깨닫게 될 것입니다. 물론 그것은 우리의 소재거리 중 하나였습니다. 즉, 이른바 새로운 인종 담론의 문화적 차원이었습니다. 순수한 것은 결코 없으며, 항상 모호한 것에 직면하게 됩니다.

사태를 이런 관점에서 보게 되면, 그리고 제가 일부러 상호 교차라는 용어를 사용한다면, 특히 우리 책 제목에는 몹시도 부족한 것이 여럿 있습니다. 가장 명백하게 눈에 띄는 부족한 점은 젠더입니다. 이것 역시 명확한 정체성인데, 필시 그 객관적 기반은 자본주의 및 가부장제보다 더 오래된 것입니다. 물론 결정적이고 주체적인 차원과 결과를 갖고 있기도 합니다. 이 책에서 이를 유일하게 고려한 유일한 사람은 이매뉴얼입니다. 저는 제 마음에 여전히 중요하게 남아 있는 사실에 관해 말하고 있는데요, 근대 부르주아 국민nation들에게서 인식된 인종주의적이거나 계보학적인 도식이 부르주아 국가État 및 부르주아 사회가 사회구조로서의 가족에 할당한 기능과 강력하게 연결되어 있다는 것입니다다. 이러한 참조를 통해, 저는 젠더나 성적 차이들을 암묵적으로 포함하지만, 여전히 매우 간접적일 뿐입니다. 그러나 이매뉴얼은 전 지구적 자본주의 체계에서 노동력 내부의 위계와 계층화를 산출하는 두 개의 주요한 인류학적 구조, 즉 '인종'과 '젠더'가 있다고 명시적으로 지적합니다. 그는 둘 사이에 매우 강력한 평행선을 긋습니다.

보야지예브 : 이와 관련하여 '가구 구조' 개념의 도입은 매우 유용합니다. 상속 및 소유권과 관련된 계보학적 구도 내에서 이러한 가구 구조와 가족 재생산의 조합은 특히 상호교차성 문제에 관한 논쟁의 사각지대에 남아 있습니다. 이러한 측면은 사람들이 제목에서 기대할 수 있는 것보다 여러분의 책에 더 많이 현존하는 것 같습니다.

발리바르 : 우리는 똑같은 개념적 틀을 사용하지 않습니다. 그러나 요점은 우리가 똑같은 개념적 틀을 사용하는 것을 감히 우리의 핵심 목표로 삼지 않았다는 것입니다. 또 그렇게 하려고 했다면 아마도 우리의 논의에 서로 동의하지 않는 여러 페미니스트들을 포함시켜야 하는 불편한 상황에 처했을 것입니다. 물론 일부 페미니스트는 왔습니다. 특히 콜레트 기요맹Colette Guillaumin을 언급하고 싶네요. 저는 인종주의적 이데올로기에 대한 그의 분석에 크게 의존했습니다. 최근 작고한 기요맹은 논란의 여지없이 참으로 원대한 페미니스트였습니다. 사회적 차이의 자연화naturalisation 현상이나 젠더나 인종의 정체성 혹은 성격의 본질화essentialisation 현상에 대한 그의 파악은 하나의 동일한 지적·이론적 기획의 일부였으며, 이것은 적어도 제게는 매우 중요했습니다. '국민', '계급', 심지어 '인종'에 관해서, 초대 연사들은 서로 다른

관점을 갖고 있었지만, 그럼에도 큰 결함이 된 적은 결코 없었습니다. 이에 비해 우리에게 젠더와 섹슈얼리티에 관한 의견 불일치는 극복하기가 더 어려웠습니다.

보야지예브 : 그렇게 말씀해 주셔서 기쁩니다. 저는 이와 관련하여 당신이 이미 알튀세르를 가리키면서 암묵적으로 언급한 용어인 '과잉결정surdétermination'을 강조하고 싶습니다. 당신은 당신의 책에 제목으로 붙인 세 개의 역사적 범주를 검토함으로써 이 개념을 발전시킨 것 같습니다.

발리바르 : 저는 이매뉴얼이 과잉결정을 실천한다고 생각하지만 그는 이 용어를 그렇게 중요하게 사용하지 않습니다. [웃음]

월러스틴 : 철학자나 그렇게 하는 거죠.

발리바르 : 그것은 철학이 아닙니다, 이매뉴얼. 그것은 단지 이론일 뿐입니다.

월러스틴 : 그것은 형성[체]의 문제입니다. 현실 앞에서 우리는 모두 특정한 방식으로 형성되어 있습니다. 철학이라고 불리는 프로그램을 수강하면, 다른 과목을 수강했을 때는 접하지 못했을 것들을 읽게 됩니다.

발리바르 : 맞는 말씀이지만, 우리의 모든 독해에도 불구하고 알튀세르 동아리에서 철학에 대한 우리의 이해에는 우리가 항상 필요로 했던 경험적 발판이 부족했습니다. 확실히, 우리는 사회과학을 매우 지향했습니다. 그러나 제가 알튀세르한테서 과잉결

정 때로는 과소결정이라는 추상적 범주들을 물려받은 것은 사실이며, 이후 우리는 이를 정치적 정세, 혁명적 정세에 관해 뭔가를 말하기 위해 동원했습니다. 혁명이 성공하거나 실패하는 것은 자본주의의 법칙이 불가피한 결과를 결정하기 때문일 뿐만 아니라 우리가 위기의 순간이라고 부르는 이질적인 사회적 및 이념적 요인이 결정結晶화되기 때문이기도 합니다. 저는 이매뉴얼이 마르크스주의적 배경을 가진 인간과학 이론가 집단의 구성원이었을 때 그의 작업에 친숙해졌습니다. 그러나 이후 이매뉴얼은 브로델과 다른 사람들에게 영감을 받아 자본주의가 단순히 내적 모순이 있는 생산양식이 아니라 식민화에 기반을 두며 서로 다른 유형의 경제 및 사회 사이의 적대가 가로지르는 전 지구적 체계이자 세계체제라는 관념을 발전시켰습니다. 또 자본주의적 세계체제에 관한 그의 위대한 역사서 1권을 읽고 난 후, 저는 이런 맥락에서 과잉결정 같은 범주가 유익한 방식으로 적용될 수 있다는 가설에 이르렀습니다.[4]

보야지예브 : 통합적 분석에 대해 약간 얘기했으니까, 이 용어의 정의나 결정에 대해 좀 더 말씀해 주시겠습니까? 여러분은 1980년대에 논의를 할 때 이 용어법이 위기에 처했다고 지적했습니다. '인종'과 '인종주의'라는 개념의 의미가 변하고 있었습니다. 오늘날에 비추어 역사적으로 돌이켜볼 때, 인종주의에 관한 관념은 얼마나 달라졌을까요?

4 다음을 보라. Immanuel Wallerstein, *The Modern World-System*, quatre volumes parus chez Academic Press (New York/San Francisco/Londres) et University of California Press (Berkeley/Los Angeles/Londres), 1974-2011. 뿐만 아니라 다음도 보라. *Impenser la science sociale. Pour sortir du XIXe siècle*, PUF, Paris, 1991.

월러스틴 : 글쎄요, 우리는 수사학적 혼란에 빠져 있습니다. 오늘 아침에, 저는 어디선가에서, 아마 「뉴욕 타임스」나 인터넷일 텐데요, 우리의 친애하는 미국 대통령 도널드 트럼프가 샬러츠빌[5] 이후 여러 가지 사항에 대해 자신에게 쏟아지는 비난으로부터 스스로를 변호하려고 애를 쓰면서 "나는 인종주의자가 아니다"라고 선언했다는 기사를 읽었습니다. 그는 분명히 누군가를 인종주의자라고 딱지 붙이는 것을 모욕이라고 생각하고, 따라서 그것을 부인합니다. 어떤 면에서 이것은 이론적으로 반-인종주의에 대한 양보로 해석될 수 있습니다. 한편으로 우리는 오늘날 적어도 트럼프 같은 어떤 사람이 자신은 인종주의자가 아니라고 주장해야 할 의무가 있다고 느끼는 것이 그렇게 나쁘지 않다고 스스로에게 말합니다. 그는 50년 전에는 그렇게 느끼지 않았을 것이기 때문입니다. 다른 한편으로, 도널드 트럼프는 분명히 그곳에서 가장 유독하고 뻔뻔한 종류의 인종주의자이기 때문에 그것이 허풍이라는 것을 우리는 잘 알고 있습니다. 장기적으로 볼 때, 트럼프 같은 인물이 자신이 인종주의자라는 것을 부인하도록 반-인종주의가 강제할 때, 무엇인가를 성취한다는 것은 여전한 사실입니다.

오늘날 두 용어(인종, 국민)를 사용하는 것은 모두 문제이지만, 도널드 트럼프를 시작으로 모든 사람들이 '국민'을 주요 범주로 삼은 것 같습니다. 유엔 연설에서 그는 "나는 미국을 다시 위대하게

5 2017년 8월 12일 미국 버지니아주 샬러츠빌에서 젊은 백인 '우월주의자'가 운전하던 차가 남부 노예제 전통을 지지하는 시위('남부군' 장군 로버트 리의 동상 이전 결정으로 촉발되었다)에 반대하는 시위대 군중 속에 난입해 한 명이 숨지고 여러 명이 다쳤다. 이어진 전국 토론회에서 트럼프 대통령은 "양쪽에 극단주의자들이 있다"고 밝힘으로써 반인종주의 단체로부터 흑인에 반대하는 인종주의라는 비난을 받았지만, KKK(Ku-Klux-Klan)로부터도 찬사를 받았다.

만들고 싶고, 우리 국민을 지키고 싶고, 다른 사람들도, 여러분 모두도 마찬가지라고 확신합니다. 여러분 모두 똑같이 할 것입니다"라고 말했습니다. 어떤 면에서 그는 틀리지 않습니다. 일련의 모든 좋은 이유로, 보호무역주의에 반대하는 사람들을 포함하여 모두가 보호무역주의로 다소간 돌아섰습니다. 캐나다를 보세요. 공식적으로는 비타협적인 반보호무역주의적 수사를 전개하고 있지만, 사실상 캐나다 목재 수입을 막기로 한 미국의 결정에 항의하여 미국으로부터의 수입을 제한하겠다고 위협하는 나라이기도 합니다. 따라서 캐나다는 다른 나라가 자국의 경제 영역에 침입하는 것을 제한할 수 있는 권리를 방어하려고 합니다.

발리바르 : 동의하는데요, '인종'의 경우에는 적어도 제 관점에서는 대칭의 효과가 어떤 점에서는 깨졌다는 점을 덧붙이겠습니다. 한편으로 '인종'은, 다른 한편으로 '국민'과 '계급'은, '인종'이 정말로 유연하고 유동적인 범주라는 점을 제외하고는, 확실히 매우 상이한 문제설정입니다. 제도, 표상, 의미론, 사이비-과학적 담론 등을 포함하는 역사적 관점에서 검토하면, 인종의 그 의미작용은 결코 고정되어 있지 않음을 알 수 있습니다. 물론 이매뉴얼의 관점에서 볼 때 이것은 자본주의 세계-체제가 먼저 식민주의 위에 세워지고 그 후에 신식민주의 위에 세워진 한에서, 모든 종류의 가시적 및 비가시적인 기준을 가진 인구의 에스닉적 기원과 연결된 위계와 범주화에 의해 구조화된다는 사실과 관련이 있습니다.

그러나 이것은 '인종' 범주가 항상 똑같은 것을 의미한다는 뜻이 아닙니다. 저는 이 물음에 대해 계속 작업하고 다른 사람들과 협력하면서, 우리 모두가 공식 담론에서 '인종'이라는 용어를 사용한다는 것을 깨달았습니다. 대부분의 반인종주의 담론에서도 여전히 그렇다는 것도요. 이것은 어떤 의미에서는 상대적으로 최근이자 관례적인 것입니다. 이는 그 기원을 제2차 세계대전 이후로, 즉 유엔이 창설되고 세계인권선언이 선포되었을 때로 위치시킬 수 있는 현상입니다. 이건 기묘한 현상입니다. 유네스코, 그리고 따라서 유엔의 후원 아래에서 인종주의에 반대하는 두 차례의 연속 선언이 두 집단의 과학자, 사회과학자, 생물학자들에 의해 작성되었기 때문입니다. 첫 번째 선언은 1950년에 발표되었고, 그 후 곧바로 1951년에 두 번째 선언이 발표되었는데, 이 1951년 선언은 첫 번째 선언을 공식적으로 무효화하지는 않았지만 매우 중요한 제한을 들여왔습니다. 왜 그럴까요? 첫 번째 선언은 클로드 레비-스트로스를 비롯한 인류학자들이 주로 썼기 때문에 '인종'은 과학적 범주가 아니라 신화라고 강조했습니다. 반면 두 번째 선언은 주로 생물학자들의 결과물이었습니다. 그들이 보기에 '신화'에 대해 말하는 것은 적절치 않았습니다. 유전적 차이가 있기 때문입니다. 설령 개인을 물샐틈없는 범주로 분류하기 위해 사용하는 사회다윈주의 추종자들이 제공한 단순한 서술과 유전적 차이가 일치하지 않더라도 말입니다.[6] 미국에서는 일자리를 신청할 때 종종 백인, 아프리카계 미국인, 히스패닉 등과 같은 체크 박스가 있는 양식을 채워 넣어야 합니다.[7] 이러한

6 [옮긴이] 발리바르가 실제 대화에서 한 말은 다음과 같다. "첫 번째 선언은 본질적으로 인류학자들(그중 유명한 것이 레비-스트로스였습니다), 물론 멕시코인들과 미국인들 같은 다른 사람들이 썼습니다. 그리고 두 번째 선언은 생물학자들에게서 나온 반응이었습니다. 이들은 '인종'은 생물학적 범주가 아니라 생물학적 신화라고 선언했습니다. 하지만 이건 사실이 아닙니다. 설령 사회다윈주의자들이 말하는 것처럼 어리석은 방식으로 기술되지는 않는다고 하더라도 중요한 것은 생물학적 차이가 있다는 것입니다. 저는 지금 범주화에 대해 말하고 있습니다."

7 [옮긴이] 발리바르가 실제 대화에서 한 말은 다음과 같다. "이것은 공식적으로는 평등과 반차별 정책을 위한 것이지만, 그러려면 체크 박스를 건너야 합니다. 이것들은 도대체 무엇일까요?"

특성화는 인종차별의 세 가지 원천을 결합합니다. 사이비-생물학적 범주, 또 나치 정권 아래서 유대인을 말살하는 것으로 이어진 반-유대주의, 그리고 마지막으로 노예제도를 물려받은 미국에서 흑인의 격리 차별 혹은 프랑스와 영국 식민지들에서 확립된 인종적 위계와 차별입니다.[8]

그러니까 그것은 이 범주가 확실히 안정화되는 순간이었습니다. 예를 들어 스페인 식민지에서 인종적 위계가 시행되었던 더 오래된 시대로 돌아간다면, 그때도 '인종'이라는 단어가 매우 다른 의미를 가졌음을 알 수 있을 것입니다. 예를 들어 이 단어는 귀족에게 적용되었습니다. 요즘 우리는 몇몇 학자와 제가 다소간 기여한 바 있는 개념, '인종 없는 인종주의'라고 부르는 것, 즉 차별이 더 이상 똑같은 기준에 기반하지 않지만 차별이 여전히 존재하고 있다는 개념의 출현을 목격하고 있습니다. 많은 사회구조가 격변하고 있는 우리의 세계인 전 지구적 세계에서 '인종'은, 단지 인구가 점점 더 뒤섞이고 있다는 이유로 사라지지는 않을 것이라고 저는 생각합니다. 이 단어의 사용은 노동력의 서로 다른 범주들 사이의 적대를 창출하기 위한 목적으로 심지어 더욱 강화될 수 있습니다.

그래서 이매뉴얼이 사회주의와 민족주의, 즉 계급과 국민에 기반을 둔 운동을 그의 친구들과 동료들이 반체제적 운동이라고 부르는 것에 포함시켰다는 사실에, 저는 충격을 받지는 않았지만 당황했습니다.[9] 그는 이 범주들 사이의 접합이 지역에 따라 다르

8 다음 특집호에 수록된 논문들을 참조하라. "Le racisme après les races", *Actuel Marx*, n° 38, PUF, 2005.

9 Giovanni Arrighi, Terence K. Hopkins et I. Wallerstein, *Anti-Systemic Movements*, Verso, Londres, 2012(1989).

며, 그에 따르면 사회주의는 반체제 운동으로서 남반구보다는 북반부에서 더 중요한 위치를 차지하는 반면, 반대로 민족주의는 북반구보다는 남반구에서 이러한 역할을 더 많이 한다고 주장했습니다. 이것은 제게는 곤혹스러운 분석이었습니다. 저는 '계급'과 '국민'을 사회구조와 똑같은 범주에 포함시키고 싶지 않았기 때문입니다. 하지만 오늘날 저는 알튀세르 및 고전적 마르크스주의와 단절하면서 점점 더 월러스틴주의자wallersteinien 혹은 포스트-월러스틴주의자가 되고 있습니다.

월러스틴 : 국민 개념은 정통 마르크스주의에 매우 골치아픈 문제를 제기합니다.

발리바르 : 구식 학파의 옹호자들은 항상 '국민'을 상부구조로, '계급'을 토대와 관련된 구조로 보고 싶어 했습니다. 하지만 이매뉴얼이 옳습니다. 이것들은 둘 다 제도적 차원을 가지고 있으며, 둘 다 자본주의 세계-체제의 일부이며, 어떤 의미에서는 안티-테제적이며, 결코 실제로 매끄럽게 수렴하지 않지만, 그러나 똑같이 중요합니다.

보야지예브 : 오늘날에도 여전히 그러하다고 말할 수 있을까요?

발리바르 : 이 점에서 우리는 갈라질 수 있습니다. 가장 최근의 협력 작업에서 이매뉴얼은 자신이 세계 자본주의 세계체제의 일반적 위기와 그것이 전체로서의 정치 전략에 대해 지닌 결과에 대해 기술합니다. 저로서는 자본주의가 일반적 위기에 있다고 생각하지 않으며, 오히려 돌연변이mutation의 국면에 있다고 봅니다. 이매뉴얼이 이를 순전히 언어적 구별일 뿐이라며 반대할 수

도 있을 겁니다. 그러나 제 관점에서 볼 때 이러한 평가의 차이는 '국민'과 '계급'이 사라지지 않을 것이며 점차 체계 내에서 새로운 기능을 찾을 것이라는 함의를 지닙니다.[10]

보야지예브 : 역사가이자 사회학자로서 당신[월러스틴]은 대화의 형태로 이 작업에 참여했습니다. 그러나 여기 독일에서는 명백한 역사적 이유 때문에 '인종'이라는 용어가 더 이상 사용되지 않습니다. 개념적으로 영향력을 지닌 금기어입니다. 실제로 여러분 책의 독일어 판본은 원래 제목인 "인종, 국민, 계급"과는 다른 순서로 "인종, 계급, 국민"이라는 제목을 단 유일한 책입니다. 1980년대 독일에서는 '인종', '국민' **그 다음에** '계급'의 순서로 조합하는 것에 문제가 있다고 생각했고, 그래서 '인종'을 '국민'이라는 그 이웃사촌에서 떼어내기 위해 '계급'을 중간에 놓은 것 아닐까 합니다.

월러스틴 : '인종' 개념 자체는 위계의 현실과 떼려야 뗄 수 없이 연결되어 있습니다. 위계는 소수의 사람들이 더 많은 돈, 더 많은 권력, 더 많은 모든 것을 요구하려고 할 때 특권을 부여받거나 정당하다고 느낀다는 사실에 의해 특징지어집니다. 이를 정당화하려면 몇 가지 설명을 제공해야 합니다. 하지만 이렇게 하는 순간 여러분은 인종주의자가 됩니다. 다른 술어들을 어떻게 사용하든 아무 소용이 없습니다. 그리고 그렇기 때문에 인종주의는 사라

10 다음을 참조하라. I. Wallerstein, *La Gauche globale : hier, aujourd'hui, demain*, Maison des sciences de l'homme, Paris, 2017. 미셸 위비오르카Michel Wieviorka가 서문을 쓴 이 책은 에티엔 발리바르, 파블로 곤잘레스 카사노바Pablo González Casanova, 제임스 케네스 갈브레이스James Kenneth Galbraith, 요한 갈퉁Johan Galtung, 닐뤼페르 괼레Nilüfer Göle, 미셸 위비오르카가 논평한 일련의 컨퍼런스의 결과물이다.

지지 않습니다. 여러분이 위계적 체계 속에 있는 한, 여러분은 인종주의적 체계 속에 남아 있습니다. 인종주의는 주택, 교육, 수입, 사회적 존중 등의 면에서 일부 사람들이 다른 사람들보다 더 잘 살게 해 주는 질서를 정당화하는 것과 다름없습니다.[11]

보야지예브 : 동의합니다. 그러나 이것은 문제를 자리바꿈하는 것일 뿐입니다. 여기에서 위계에 대한 인종주의적 정당화는 사물화되며 그 이후 또 다른 문제설정, 즉 자본주의적 착취, 소유라는 문제설정하에서 재정식화됩니다. 여러분의 저작에서 매우 놀라운 점은, 우리가 인종주의가 존재한다고 생각하는 이유를 설명하는 인종주의적 지식의 생산에 의존하지 않거나 혹은 즉각적으로 가리키지 않는 이 인종주의적 술어의 취급과 생산성입니다.

발리바르 : 말씀하신 내용이 상당히 복잡하네요.

보야지예브 : 다른 식으로 정식화하면, '일반화된 반유대주의'로서의 인종주의에 대한 여러분의 접근법은 다음과 같은 가정에서 태어난 비판 이론의 내용을 갱신하고 급진화한 것입니다. 아도르노가 말했듯이, "반유대주의는 유대인에 관해 유포되고 있는 소문이다"라는 가정 말입니다. 이 때문에 우리는 반유대주의를 유대인의 현존에 의해서가 아니라 오히려 '유대인'의 형상이 반유대적 분류법에서 발명되고 재생산되는 방식에 의해서 설명할 수 있습니다. 이것은 인종화된 실체의 폭뿐만 아니라 젠더 관

11 [옮긴이] 월러스틴은 여기에서 다음 내용을 더 말했다. "어떤 사람들은 다른 사람들보다 더 잘하고 있고 그것을 정당화하며, 그리고 여러분은 얼마간의 정당화를 생각해 내며, 그들은 이렇게 할 권리를 갖고 있습니다. 왜냐하면 … 불가피하기 때문입니다. 그리고 이제 여러분은 인종주의적 술어에 빠져 있기 때문입니다."

계, '국민'의 역사적 형태, 자본 축적 및 계급투쟁의 질 같은 인종화된 실체를 과잉결정하는 또 다른 역사적 구축에 근거합니다. 이러한 구축 각각은 다른 구축의 매개가 되어 "인종 없는 인종주의"에 대한 엄격한 파악으로 이어집니다. 따라서 인종주의는 민족주의, 유행, 관행, 반인종주의 담론, 착취 양식 등과 같은 수많은 우연성에 의해 특징지어지는 **동시대의 시간성**에서, **전 세계적으로** 변별적 형태를 취합니다.

이 변별적 형태의 인종주의에서 두 가지 질문이 생깁니다. 첫째, 용어의 통일성이 있거나 있어야 한다면, 역사적으로 위치되고 가변적이며 우발적인 것으로서 다양한 형태의 인종주의에서 작동하는 역학을 어떻게 이해해야 할까요? 둘째, 과잉결정을 인종주의를 이해하기 위한 절차적 혹은 방법론적 기반으로 간주한다면 상호 결정과 호혜적 구성의 끝없는 순환 속에 휘말려 갇혀 버릴 위험이 있지 않을까요? 그러한 막다른 골목에 직면했을 때, 우리는 오래된 개념의 무기고로 돌아가 이렇게 자문해야 할 수도 있습니다. "결정인가 모순인가?" 혹은 문제는 주요 모순을 결정하는 것인가? 혹은 또다시, 도발적으로 말해서, '계급'은 인종주의와 민족주의의 외적이자 결정적인 요인인가? 혹은 현실을 조명해 주는 범주들로서 '인종', '국민', '계급'의 역사적 개념들을, 뿐만 아니라 젠더 관계를 사용하는 것 외에는 다른 선택의 여지가 없는 한, 그것은 모두 역사적 우연성의 문제일까?

발리바르 : 바로 이것이 제가 질문하고 싶었던 것입니다. 이매뉴얼이 말한 것으로 돌아가면, 제가 지적하고 싶은 것은 이매뉴얼이 반유대주의를 무시한다는 게 아니라 그가 말하는 것이 유네스코 선언에서 언급된 인종주의의 두 가지 고전적 형태에 다소 직접적으로 적용된다는 것입니다. [첫 번째 형태는] '예속된 인종'

에 부과된 식민지적 차별, 그리고 [두 번째 형태는] 물론 아파르트헤이트, 인종차별, 미국 노예제도의 유산입니다. 그러나 반유대주의는 이러한 정의에서 벗어납니다. [반유대주의의 경우, 적어도 명시적으로는 그렇지 않습니다. 거의 정반대입니다.] 유대인들은 열등한 인종적 위치에 있지 않았고, 오히려 내부로부터의 적으로, 자본주의의 전문가가 되는 데에서도 다른 사람들보다 더 재능이 있는 사람들 등으로 간주됩니다. 그래서 심리적으로 볼 때, 그들은 더욱 위협으로 간주되었습니다.

월러스틴 : 도널드 트럼프의 매력은 동일한 메커니즘 위에서 작동합니다. 저는 지금 하층 계급을 구성하는 사람들에 대해, 그리고 이것에 불만을 품고서 예를 들어 이러저러한 분야에서 그들을 지배하는 사람들을 이름에 의해 자격을 부여하기로 결정한 사람들, 예를 들어 '지식인'에 대해 생각하고 있습니다. '인종' 개념은 사회적 위계의 사다리를 오르려고 시도하기 위해 피지배자들이 사용하는 도구로 활용될 수 있습니다. 제가 보기에 이것은 고전적 반유대주의에서 관건인 것 같습니다. 반유대주의자들은 누구였는가요? 『베니스의 상인』에서 유대인 샤일록을 박해하는 사람들은 우리를 억압하는 사악한 사람들 중 한 명으로 인식됩니다. 이렇게 반유대주의가 시작됩니다.

발리바르 : 네, 저도 동의합니다. 하지만 저는 여기서 온갖 종류의 인용부호를 넣고 있는데요, 그것은 주로 적이나 경쟁자를 제거하는 것과 관련됩니다. 다양한 형태의 인종주의를 분류하고 조직하기 위해 제공되는 수많은 이분법이나 구별이 있다고 생각합니다. 그것이 너무 복잡해지면 이매뉴얼이 강조한 일반적인 강점과 경향 중 일부를 잊어버리고 싶은 유혹을 받습니다. 그

러나 다른 것들 몇 가지는 제거될 수 없습니다. 이것들은 무엇보다도 오늘날의 세계에서 인종주의의 정치적 기능을 이해해야 할 필요를 형성합니다. 이매뉴얼은 경제적 기능을 좀 더 강조하며, 따라서 '계급'과의 접합을 강조합니다. 제 경우에는 '국민'과의 접합을 더 강조합니다. 이 때문에 '인종'을 그 자체로 정의할 때 인종주의, 외국인 혐오(공포), 그리고 동질적 범주로서의 국민 정체성에 관한 특정 개념화 사이의 연결이 문화적 요인을 필연적으로 고려해야 한다는 사실과 연결되는 것입니다. 나치 독일을 그것에 의해 모든 것이 이해되어야 하는 패러다임으로 보지 않더라도, 물론 논리적으로는 이렇게 보는 것이 아도르노, 호르크하이머 등 전후 담론에서 지배적인 경향이었지만, 인종주의의 몇몇 형태는 절멸 혹은 좀 더 일반적으로는 제거로 이어지는 반면, 다른 형태는 착취 및 위계의 구조를 가능한 한 안정적이고 변동 가능하지 않게 유지하도록 이끌었다는 것을 설명해야 합니다. 물론 이 두 범주는 종종 서로 겹칩니다. 바로 이것이 한나 아렌트가 말한 것입니다. 예를 들어 콩고에서 그랬듯이 19세기와 20세기에 아프리카에서 유럽 식민화가 어떻게 펼쳐졌는지를 볼 때, 우리는 그것이 착취 체계로 국한되지 않고 전멸시키는 차원까지 포함하고 있다는 점을 깨닫게 됩니다. 물론 회색지대가 있지만, 그래 봤자 두 극 사이에 있습니다. 제 생각에 이 똑같은 범주를 사용하여 반유대주의를 완전히 설명하거나 기술할 수 있다고는 장담할 수 없습니다.

오늘날 이슬람 혐오(공포)는 우리나라, 유럽 및 미국에서 증가하고 있습니다. 이러한 혐오가 항상 거기에 있었던 것일 수도 있겠지만, 9·11 그리고 트럼프와 그의 동류의 이데올로기적 필요가 그것을 중심으로 끌고 오기 전까지는 중심 쟁점이 아니었습니다. 그러나 유럽에서 이슬람 혐오는 문화적 요인은 말할 것도 없고, 부분적으로는 터키, 마그레브, 사하라 사막 이남의 아프리카에서 온 이주 인구의 증가로 인해 20-30년 동안 두드러진 위치를 차지했습니다. 이것은 반인종주의 투쟁의 주요 쟁점입니다. 그리고 여기 프랑스에서는 맞서 싸우기가 매우 어려운 투쟁입니다. 프랑스는 이러한 관점에서 볼 때 가증스러운 나라입니다. 왜냐하면 우리의 특정한 형태의 국가 세속주의는 이 나라의 식민지 과거에 비판적인 시선을 던지는 것을 절대적으로 거부하는 것과 결합되어 있으며, 스스로를 자랑스럽게 여기고 자신의 인종주의적 성격을 부정하기로 결정한, 유독하기 짝이 없는 이슬람 혐오를 발생시키기 때문입니다.

보야지예브 : 여러분의 저작에 나중에 채우려고 시도했던 누락된 내용이 있습니까? 연구를 계속하거나 재개했습니까? 오늘날이라면 이 책을 어떻게 다시 쓰시겠습니까? 다른 범주를 포함시킬 건가요?

발리바르 : 네, 우리 책에는 빠진 게 있습니다. 바로 종교입니다. 저는 그 당시 우리 두 사람 모두, 적어도 명시적으로는 이 문제를 중요하다고 여기지는 않았다고 생각합니다.

월러스틴 : 파리의 새로운 대주교인 몬시뇰 오페티Monsignor Aupetit는 「르몽드」와의 인터뷰에서 새로운 금기어가 종교라고 설명했습니다. 신에 대해 공개적으로 이야기하지 않는 것이 가장 좋습니다…. 그리고 최근 대주교가 대부분이 무슬림인 청중에게 연설했을 때, 그 청중들은 적어도 당신은 신에 대해 이야기한다며 대주교에게 박수를 보냈습니다.

발리바르 : 맞아요, 맞아. 지금 금기어는 무엇입니까?

월러스틴 : 저는 프란치스코 교황이 난민과 이주자에 대해 말하는 것을 흥미롭게 생각합니다. 그가 신에 대해 말하지 않는다는 얘기가 아닙니다. 아무튼 난민과 이주자에 대해 말하는 것은 가톨릭주의의 또 다른 모델입니다.

보야지예브 : 그리고 그것은 동유럽에서는 그다지 성공적이지 못했다고 덧붙이고 싶네요.

월러스틴 : 맞아요, 그리고 더 주목할 만한 것은, 그의 전임자 중 한 명이 그곳에서 왔으며, 이것이 교회의 정치적 기능을 상당히 변화시켰다는 것입니다.

보야지예브 : 그래요, 그러니까 이제 종교에 대한 질문이 제기됩니다.

발리바르 : 우리 중에 종교에 대해 말하고 싶은 사람이 있을지 모르겠네요.

보야지예브 : 지구 전역에서 새로운 우파와 권위주의 권력의 부상은 매우 다른 극-보수주의적인 종교 운동과 연결되어 있습니다. 인도, 러시아, 터키 또는 심지어 미국, 또는 폴란드나 크로아티아, 세르비아 같은 작은 나라들을 생각할 때 일부 불길한 연결이 인종주의적이고 민족주의적인 우파 세력들을 다시 연결하고 있으며, 또한 민족주의적 수사를 사용하는 권위주의적 지배 형태와도 연결하고 있습니다. 이러한 전개에 비추어 볼 때 현재 상

황, 즉 민족주의로의 회귀와 동시에 우파적 수사에 깊이 스며들어 있는 종교를 어떻게 이해하고 계십니까? 무엇을 기대해야 할까요?

발리바르 : 이 주제에 대해 짧게 몇 마디만 하겠습니다. 아직 답이 나오지 않아 고심하는 것이 있습니다. 좀 더 자세하게 살펴보면, 그리고 종교가 요즘 얼마나 더 가시적인지를 알게 되면, 그리고 아마 심지어 정치적 변화와 갈등에서 객관적으로 더 큰 역할을 맡았다는 것을 보게 되면, 이것이 유럽에만 국한되는 게 아니라는 점을 알 수 있습니다. 예를 들어 인도는 매우 심각한 경우입니다. 그리고 결국 동유럽에서는 얼마 전까지만 해도 그것이 주도적인 역할을 했으며, 오늘날에도 계속 그렇게 하고 있습니다. 살인적입니다.

보야지예브 : 그리고 제도화되었습니다.

발리바르 : 따라서 물론 우리, 즉 역사가, 철학자처럼 계몽된 사람들은 그것을 일종의 퇴행으로 보고 싶다는 유혹에 빠질 수도 있습니다. 경제적, 교육적, 정치적 이해관계 사이의 온갖 종류의 갈등이 도사리고 있는 새로운 세계로 들어가는 대신, 우리는 과거에 속해 있는 것처럼 보이는 오래된 종교적 증오에 다시 한번 갇히게 될 것입니다. 이미 지나간 과거가 아니라면, 미래(avenir)로 가득 찬 과거입니다.[12] 왜 그럴까요? 제가 위에서 기술한 논리에

12 [옮긴이] 실제 대화 영상에 따르면 다음과 같이 옮길 수 있다. "그러나 이것은 분명히 [단순히 지나가 버린] 과거의 어떤 것이 아니라 오히려 밝은 미래를 지닌 과거의 어떤 것입니다."

서, 우리 책의 논리에서, 우리는 범주가 유연하며, 어떤 면에서는 스스로를 변형한다고 말할 수 있으며, 실제로 이러한 '종교적인 것의 회귀'는 단지 새로운 종류의 민족주의일 뿐이라고 말하고 싶은 유혹을 때때로 받습니다. 이것은 새로운 계급이며, 혹은 당신이 민족주의적 목적을 위해 사용되는 새로운 종교적 담론을 선호한다면, 집단적 신체를 정화하고 이방인들을 배제하기 위해, 이런 희생양을 종교적인 적으로 설정합니다. 파키스탄의 기독교인들, 유럽의 무슬림 등이 그렇습니다.
이런 게 민족주의의 논리입니다. 하지만 저는 또한 제 자신의 지적 조건형성conditionnement을 비판하지 않을 수 없게 됩니다. 아마 저는 오늘날의 탈식민주의적 혹은 포스트모더니즘적 담론에 너무 영향을 받았을 겁니다. 어느 정도 성공을 거둔 어떤 책에서 프랑스의 언론인 장 비른바움은 이렇게 설명했습니다. 좌파는 종교에 대해 아무것도 알고 싶어 하지 않는다, 그들에게 종교는 금기어다, 이렇게 말입니다.[13] 그에 따르면, 좌파가 역사에서 종교적 요인의 무게를 그렇게나 저평가한다면, 이는 좌파가 역사유물론, 경제결정론 등에 의해 눈이 멀었기 때문입니다. 비록 제가 이런 용어로 말하지는 않겠지만, 종교가 민족주의의 차폐물paravent일 뿐인지 확신이 서지 않네요. 이건 제게 매우 중요한 물음입니다.

보야지예브 : 그러나 어떤 면에서 여러분의 책이 세속주의, 혹은 인종주의와 민족주의 심지어 계급 관계에 대한 우리의 이해를 세속화하는 데 기여했다고 말할 수도 있습니다.

13 Jean Birnbaum, *Un Silence religieux. La gauche face au djihadisme*, Seuil, Paris, 2016.

발리바르 : 우리의 다음 세미나를 위한 것일 테죠.

보야지예브 : 좋아요. 마지막 질문입니다. 인종주의를 극복할 방법이 있다고 생각합니까?

월러스틴 : 저는 자본주의가 구조적 위기를 겪고 있다고 생각합니다. 이 위기로부터 역사상 한번도 결코 실존한 적이 없었던 것인 새로운 극, 즉 인종주의적인 위계적 체계나 아니면 상대적으로 평등주의적인 체계로 변형될 것입니다. 따라서, 그래요, 인종주의를 극복할 수는 있겠지만, 여전히 예측할 수 없습니다. 40년 후에 제게 다시 물어보세요. 그때쯤이면 우리는 이 두 갈래의 길 중 하나를 택했을 것입니다. 상황은 오늘날보다 훨씬 더 나빠지거나 아니면 훨씬 나아질 것이지만, 현상 유지는 없습니다. 우리가 이 점에 대해 긴 토론에 참여하지 않는 한, 당신의 질문에 대한 유일한 대답은 '아마도'일 수밖에 없을 겁니다.

발리바르 : 때때로 저는 미래가 더 좋거나 더 나쁠 것이라는 이매뉴얼의 예측을 비웃곤 합니다. 제게는 동어반복처럼 보이거든요. 실제로 저는 갈라짐을 미래에 두지 않고 현재에 둔다는 점을 제외하면, 갈라짐에 대한 그의 아이디어를 정말로 좋아합니다.

월러스틴 : 맞아요, 우리는 한동안 거기에 있었네요.

발리바르 : 이매뉴얼에게는 그가 즉각적이거나 중기적인 정치적 목표로 제시하는 정치적 쟁점의 목록이 있는데, 이 목록은 좌파에게 매우 중요하며, 또한 전 지구적 좌파 같은 어떤 것이 결정結晶화할 수 있게 하는, 따라서 적극적인 요인이 될 수 있을 것입

니다. 그러니까 세계가 이 방향이든 저 방향이든 가고자 하는 그런 역사적 경향을 결정할 것입니다.[14] 이것은 단순화인 동시에 딜레마입니다. 그리고 반인종주의는 그것의 일부이거나 혹은 모든 인종주의에 대한 비판, 특히 난민, 이주자, 외국인을 대상으로 하는 인종주의에 대한 비판입니다. 마지막으로 말씀드리고 싶은 것은 미래는 예측할 수 없는 것도, 피할 수 없는 것도 아니라는 점입니다. 더욱 불평등하고 억압적인 체계가 자본주의의 다양한 역사적 단계를 계승하는 경우에 차별, 증오, 폭력의 문제가 중심 쟁점이 될 것이고 반인종주의는 더욱더 시급해질 것입니다.

이매뉴얼에게, 그리고 이 점에서 그는 레비-스트로스에게 다소 동의하는데, 인간 다양성은 인간들에게 항상 문제입니다. 인간 다양성은 우리 모두가 같지는 않다는 것, 우리가 에스닉ethnique, 언어적, 성적, 그리고 아마도 가장 넓은 의미에서 종교적인 면에서 차이가 있다는 것, 이 차이가 결코 사라지지는 않을 것이라는 점을 의미합니다. 이건 문제입니다. 이 문제에 대처하기 위해서는 평등과 자유의 보편적 원칙을 주장하는 것만으로는 충분하지 않습니다. 물론 인간 다양성이 계속해서 위계와 인종주의적 억압 형태를 창출하기 위한 구실이 되는 것은 불가피한 일은 아닙니다. 그러나 제 관점에서 볼 때, 공산주의의 고전적 관념이 문제를 무시했다고 말할 정도까지는 아니지만, 그것은 이를 심하게 저평가했습니다. 문제는 다양성이 어느 정도까지 갈등인 채로 남을 수밖에 없었는지를 아는 것입니다.

월러스틴 : 사실 그것은 불가피하지 않습니다. 우리에게는 영원히 사람들을 범주화하고, 집단으로 쪼개고, 수직적 차원으로 정

14 다음을 보라. I. Wallerstein, *La Gauche globale, op. cit.*

렬하고, 각 개인을 이러저러한 집단에 배정하고, 그가 다른 사람들과 어떤 관계를 맺을지 공포하도록 미리 운명처럼 정해져 있지 않습니다.[15]

발리바르 : 지당한 말씀입니다. 하지만 우리 연구와 다른 숱한 연구에서 밝혀진 것은 위계, 차별, 억압의 이런 범주화를 단순히 사람들의 심리를 변화시킴으로써 극복할 수는 없다는 것입니다. 충족시켜야 할 객관적 조건이 있습니다.

보야지예브 : 당신은 다양성이 갈등보다 앞선다고 말하는 것 같은데, 하지만 그 반대는 아닐까요?

월러스틴 : 다양성은 똑같은 경제 체계의 한복판에서 인종주의적 범주들의 실존을 인식하기 위한 최근의 수사학일 뿐입니다. 우리가 "아뇨, 다양성은 좋은 것입니다"라고 말할 때, 이는 다양한 방식으로 도움을 제공함으로써 사회 일반과 관련하여 이러저러한 집단의 상황을 개선하기 위해 행동해야 한다는 것을 의미합니다. 그러나 이것은 개량주의적 수사입니다. 이렇게 하거나 저것을 함으로써 자신의 처지를 개선하는 것이지 인종주의를 제거하는 게 아니니까요.

보야지예브 : 이 인터뷰에 응해 주셔서 감사드립니다. 기쁨이었

15 [옮긴이] 월러스틴의 실제 발언은 다음과 같다. "맞습니다. 그리고 그것은 또한 불가피하지 않습니다. 우리가 사람들을 10개의 다른 방식 중 하나로 범주화하고, 범주의 이름을 부여하고, 이를테면 여러분을 이러저러한 집단에 속하는 것으로 하고, 그런 다음에 그 집단과의 관계가 무엇인지를, 하나는 높고 하나는 낮은 것으로 여기는 것은 미래에도 여전히 남아 있을 겁니다. 여전히 인종주의가 있는 겁니다."

습니다.

발리바르 : 감사합니다. 우리가 이 공동 기획에 대해 이렇게 길고 자세하게 인터뷰한 적은 없는 것 같아요. 세월이 얼마나 흘렀는지를 보는 것은 끔찍한 일이지만, 우리가 남긴 흔적, 우정, 문제, 당신 같은 사람들과의 만남 등을 보면 가슴이 따뜻해집니다.

월러스틴 : 이 만남을 꾸려 주셔서 감사합니다.

차례

4부. 사회 갈등의 자리바꿈?

2판 서문(1997년)

『인종, 국민, 계급』은 1988년 프랑스에서 출간된 후 여러 언어(잊은 게 아니라면, 독일어, 영어, 스페인어, 그리스어, 이탈리아어, 터키어)로 번역되었다. 우리는 이 책이 활용되고 논의되고 비판받는 모습을 볼 수 있어 좋았다. 이렇게 프랑스어 제2판을 새로운 독자층을 겨냥한 총서로 내놓는 자리를 빌어, 우리는 우선 이 책을 읽어 준 전 세계 독자들, 우리가 부러 실험적으로 다뤘던 물음들에 전문가와 비전문가가 보여 준 관심과 제안에 감사드리며, 그들에게 우정 어린 인사말을 전하고 싶다. 이는 의무를 넘어 하나의 즐거움이다.

이 책의 초판이 나온 지 9년이 흘렀고, 이 책의 기원이 된 세미나를 시작한 지 12년이 지났기에, 우리로서는 뭔가 그 이상을 기대한다. 우리가 이 책에서 제시한 테제와 분석에 대해 회고적이고 비판적인 시선을 보내고 싶은 것이다. 여기서 문제는 더 복잡 미묘해진다. '국민 정체성' 문제가 오늘날 얻게 된 극적인 성격을 우리가 미리 예견했다며 자화자찬할 생각은 추호도 없다. 그도 그럴 것이 그렇게 예견한 이가 우리뿐만은 아니기 때문이다. 오히려 놀라운 것은 우리가 살고 있고 또 '만들'고자 갈망하는 역사에 영향을 미치기 위해 지적 노력을 기울일 일이 아직도 얼마나 많이 남았는가 하는 점이다. 세기의 전환을 2년 앞둔 지금 우리가 어디에 와 있는지 알고 싶다.

이 자리에서 이 책에 이미 포함된 내용을 반복하거나 다른 식으로 되풀이해서는 안 되겠기에, 네 가지 방법론적 방향을 가리키는 데 만족하고 싶다. 우리가 보기에 그 네 방향은 설령 실험을 거치며 으레 변형과 수정이 필요할지라도 여전히 거부할 이유가 없다. 그리고 우리는 그것을 다른 틀에서 손질하였다.

첫째, 우리는 다른 각도에서, ('세계-체제', '국민 형태' 같은 범주에 의거하면서) 장기 지속이라는 관점에 위치하고자 했다. 이는 현재의 문제를 먼 과거(실제 과거든 아니면 흔히 말하는 신화적 과거든)로 돌려보내려고 그런 게 아니고(자생적 민족주의 분파가 그렇게 한다), 현재의 분쟁과 위기, 나아가 그 현재에서 돌출될 급진적 대안을 결정하는 구조와 씨름하고자 그랬다.

둘째, 우리는 문화, 역사, 소속의 차이를 부정하고 그것들을 동질적 세계성의 공간 안에 박아 넣으려 한 게 아니라, 그것들[문화, 역사, 소속]의 발생을 이해하고 그것들이 갖는 정치적 기능, 특히 그것의 양가적(그것들이 활용 대상이 되면서 갖는 기능)이면서 변화하는(새로운 분파와 새로운 세력 관계로 인해 갖는 기능) 기능을 연구하고자 했다. 그리하여 우리는 오늘날, '진영 분할'(과 그로써 은폐된 불균등 발전)의 끝나지 않는 결과에 사로잡힌 유럽에서, 혹은 저항할 수 있는 '문명 전쟁'의 가장자리에 언제나 매달려 있는 지중해에서, 이주의 물음과 경계의 물음에 한층 더 주의를 기울이게 됐다. 이주와 경계는 배가되고 곤두서고 방어되면서 집단적 정서를 짊어지게 됐고, [애초에 가졌던] 사회적 기능 대부분을 상실했다. 이는 아마도 오늘 그리고 내일을 위한 민주 정치 실천의 주요 쟁점이 될 것이다.

셋째, '북쪽' 상황과 '남쪽' 상황을 가르는 거대한 차이(또한 이 두 극 사이에 순전히 지리적 경계를 긋는 것의 어려움)를 충분히 인식하고 있기에, 우리는 정체성이나 에스니시티 문제가 두 극 사이에 어떤 특권도 가질 수 없음을 강조하고 싶었다. 이 대비된 상황은 같은 세계에 속한다. 북쪽은 사실상 '포스트-국민적' 시대에 진입하지 않았으며 남쪽도 '전-국민적' 시대에 틀어박히지 않았다. 북쪽이든 남쪽이든(심지어 어느 한쪽에 의해 다른 한쪽이) 국민-형태forme-nation의, 그리고 국민-형태를 구축하는 구실을 했던 국가의 무기력과 위기에 직면해 있다. 우리가 '모호한 정체성들'의 종교적 차원이나 색채(이 부분은 이 책에 수록된 논문들에는 너무 많이 빠져 있다)를 한층 더 고려할수록 이 진단은 강화될 수밖에 없었다.

마지막으로, 이 책에서 제시한 분석들이 부분적으로 불일치하여 충돌하는 한이 있더라도 우리는 순전히 '경제적' 설명(지난날 사람들은 이를 지나치게 남용했다)도 믿지 않고 순전히 '이데올로기적' 설명(오늘날 정체성 현상들 탓에 이러한 설명 방식이 인플레이션까지는 아니지만 어쨌든 회귀하고 있다)도 믿지 않음을 보여주고 싶었다.

하지만 기적의 방법은 가령 세계적 차원의 자본 축적 법칙과 집단적 상징이나 문화적·국민[민족]적·종교적 표현들에 대한 해석학처럼 상반된 관점을 절충하여 나란히 놓는 데 있지 않다. 단 하나의 인식의 길이 있다면, 그것은 역사적 상황들의 독특성을 연구하는 것, 즉 그 상황들이 속한 전 지구적 구조가 그것들에 부과하는 모순과 강제의 종별성spécificité에서 출발하는 것일 테다.

물론 이 추상적 고찰들로 업데이트를 대신할 수는 없다. 책은 다시 쓰이지 않는다. 책은 저자가 아닌 다른 이가 그 제안을 소진하거나 이어받는 한에서 다소 오래 지속된다. 바로 그것이 적어도 우리가 바라는 바이며 결국에는 우리에게 도달하리라.

1997년 9월 2일
파리와 빙엄턴에서

에티엔 발리바르, 이매뉴얼 월러스틴

서문(1988년)　　에티엔 발리바르

우리가 이 책에 함께 모아 독자에게 제시하는 논문들은 모두 우리 두 사람이 자신의 논문에 대해 각자 책임을 지고 있는, 우리가 개인적으로 작업하고 있는 순간들을 나타낸다. 하지만 여기 수록된 이 논문들을 최근 몇 년 동안 더 긴밀하게 좁혀진 대화의 요소들로 만든 정황circonstances이 있는데, 우리는 이제 이를 독자가 성찰할 수 있도록 제시하고 싶다. 즉, 이 책은 다음과 같은 화급을 다투는 중대한 문제의 해명에 기여하려고 한다. **현대 인종주의의 종별성spécificité[특정성]은 무엇인가?** 이 종별성이 자본주의 내의 계급 분할 및 국민국가의 모순들과 어떻게 연결될 수 있는가? 그리고 거꾸로 말해서, 인종주의 현상은 어떤 점에서 우리를 민족주의와 계급투쟁의 접합에 관해 재고하도록 이끄는가? 이런 물음을 통해, 이 책은 또한 '서구 마르크스주의' 안에서 지금까지도 10년 이상에 걸쳐 이루어진 더 폭넓은 논의에 기여하고자 한다. 논의의 결과, '서구 마르크스주의'가 충분하게 쇄신되어서 자신의 시대와 잘 결합되기를 우리는 기대한다. 물론 이 논의가 국제적 성격을 띠는 것은 결코 우연이 아니다. 또 이 논의가 철학적 성찰과 역사적 종합을, 그리고 개념을 재주조하는 시도와 (특히 프랑스에서) 오늘날 긴급함을 더하고 있는 정치적 문제들에 대한 분석을 결합시킨다는 것도 결코 우연이 아니다. 적어도 그것이 우리가 독자들과 공유하고 싶은 확신이다.

여기서 몇 가지 개인적 배경을 제시하는 것을 허락해 주기 바란다. 나는 이매뉴얼 월러스틴과 1981년에 처음 만났는데, 그때 나는 그의 주저 『근대세계체제』(1974년 간행) 1권을 이미 알고 있었으나 아직

2권을 읽지는 못한 상태였다. 그래서 그가 그 책에서 생산양식들의 시기 구분과 관련된 '전통적인' 마르크스주의의 테제—즉 매뉴팩처의 시기를 이행기와 동일시하고, 고유하게 말해서 자본주의적 생산양식의 시작을 산업혁명과 동일시하는 테제—를 '이론적으로 의식적'으로 제시한 것을 나의 공으로 돌리고 있다는 점을 몰랐다. 이 시기 구분은 근대성의 시작을 표시하기 위해, 1500년 전후(유럽의 팽창, 세계시장의 창출) 혹은 1650년 무렵(최초의 '부르주아' 혁명들, 과학혁명)을 역사적 시간의 '절단'으로 제기하는 사람들에게 맞서는 것이었다. 더군다나 나는 그가 17세기 네덜란드의 헤게모니를 분석할 때 ('중세적' 과거만이 아니라 현대의 경향들과 관련해서도 혁명적 특질을 지닌) 스피노자의 개입을 어떤 위치에 놓아야 할 것인가라는 거점을 찾아내려고 했던 것도 몰랐다. 스피노자는 당시의 정치적 및 종교적 당파들 사이의 기이할 정도로 비전형적인 투쟁에 개입한 것이다(이런 투쟁에는 민족[국민]주의, 세계시민주의[코스모폴리타니즘, 사해동포주의], 민주주의, '대중들의/에 대한 공포'가 뒤섞여 있었다).

반대로 월러스틴이 몰랐던 것은 『자본』에 관한 우리[알튀세르와 나]의 '구조주의적' 독해가 고무한 논의가 그 뒤를 이은 1970년대 초반 이래, '시기 구분'의 고전적 아포리아에서 확실하게 벗어나기 위해 내가 계급투쟁들 및 이것이 역으로 자본주의의 발전에 미치는 효과들에 대한 분석을, 단순히 이념적 평균 내지 (구조에 관한 전적으로 기계론적인 개념화인) 불변적 체계로 여겨졌던 생산양식의 틀이 아니라 **사회구성체**의 틀 속에 위치시킬 필요성을 인정했다는 것이다. 그러므로 한편으로는, 생산관계들의 편성configuration에서 규정적 역할을 (마르크스가 상부구조라는 애매한 개념으로 가리킨 것을 포함한) 계급투쟁들의 역사적 측면들의 **총체**에 귀속시켜야 한다는 것이 뒤따라 나온다. 그리고 다른 한편으로는, 나의 그런 인식은 자본주의가 축적의 세계화와 노동력의 프롤레타리아화의 세계화를 내포한다는 마르크스의 변함없는 단언이 지닌 모든 의미를 충분히 인정하면서도, 그러나 무차별의 '세계시장'이라는 추상화[추상적 개념]를 뛰어넘음으로써, 자본-노동 관계가 재생산되는 **공간**의 물음을 이론의 핵심부에 둔다는 것을 내포한다.

마찬가지로 1970년대 프랑스에서 출현한 이주 노동자들의 특유한spécifique 투쟁에 직면해서, 그리고 이는 모든 사회구성체는 복수의 생산양식들의 결합에 기대고 있다는 알튀세르의 테제와도 관련되는데, 이들의 투쟁을 정치적으로 표현할 때 부딪치는 어려움에 직면해서, 나는 **노동자 계급의 분할**이 결코 이차적이거나 잔여적인 현상이 아니고, 현행 자본주의 사회들의 구조적인 특징이라고 확신하게 되었다(이 경우 구조적이란 불변적이라는 의미가 아니다). 이 특징은 혁명적 변혁의 모든 전망, 심지어 사회운동의 일상적 조직화의 전망까지도 규정하고 있다.[1]

마지막으로 '현실 사회주의'에 대한 마오주의자의 비판과 (내가 지각한 바로서의) '문화혁명'의 역사에 관한 것이다. 물론 나는 수정주의의 악마화와 스탈린주의에 대한 향수를 간직하고 있지 않으며, '사회주의적 생산양식'이 실제로는 공산주의를 향한 프롤레타리아적 경향과 국가자본주의 사이의 불안정한 결합으로 구성되어 있다는 통찰을 간직하고 있다. 이런 다양한 정정은 모두 바로 그 분산적 성격 때문에 구조와 역사의 형식적인·안티테제를 '역사적 자본주의'라는 문제설정으로 대체하는 경향이 있으며, 비시장적 사회로부터 '일반화된 경제'를 가진 사회로의 장기적인 이행 속에서 생산관계들 사이에서 접합된 생산관계들의 변주variation를 이러한 문제설정의 중심 물음으

1 나는 여기에서 다른 무엇보다도, 노동력 재생산 및 '임금 형태'의 모순에 관한 다음 연구가 맡은 결정적인 역할을 언급해야 한다. Yves Duroux, Claude Meillassoux, Suzanne de Brunhoff, *État et capital*, Pug/Maspero, 1976.

로 규정하는 경향이 있었다.

월러스틴의 분석은 **경제주의**라고 빈번하게 비난받았지만, 나는 [구조주의적 방법을 취하는] 다른 사람들과는 달리 **경제주의**에 지나치게 민감하지 않았다. 사실 이해해야 할 것은 이 용어가 지닌 의미작용이다. 정통파적 마르크스주의 전통에서 경제주의는 생산력의 발전에 의한 결정론으로 제시된다. 월러스틴의 세계경제 모델은 나름의 방식으로 이러한 경제주의를 자본주의적 축적과 그 모순들의 변증법으로 대체했다. 팽창과 후퇴의 두 국면을 가진 순환이 어떤 역사적 조건하에서 수립될 수 있는가라는 물음을 제기할 때 월러스틴은 내게 마르크스의 본래적authentique 테제인 양 여겨지는 것으로부터, 즉 생산력들에 대한 사회적 생산관계들의 우위라는 그의 경제주의 **비판**의 표현으로부터 그리 멀리 떨어져 있지 않았다. 이 테제에 따르면, 자본주의의 모순은 생산관계들과 생산력들 **사이의** 모순들(예를 들어 엥겔스가 퍼뜨린) 정식화에 따르면, 한쪽의 '사적' 성격과 다른 쪽의 '사회적' 성격 사이의 모순들)이 아니라 다른 무엇보다도 생산력들의 발전 그 자체**에서의** 모순들이며 '진보의 모순들'이다. 다른 한편 경제주의에 대한 비판으로 불리는 것은 매우 많은 경우, 상품 경제 영역과 관련해서든 계급투쟁 그 자체와 관련해서든 정치적인 것과 국가의 자율성을 요구한다는 이름으로 행해지는데, 이러한 주장은 실제로는 마르크스가 결정적인 방식으로 [단호하게] 논박한 (시민사회/국가, 경제/정치라는) 자유주의적 **이원론**을 재도입하는 것으로 이어진다. 그런데 내가 이해하는 월러스틴의 설명 모델은 체계의 전체 구조가 일반화된 경제의 구조라고 생각하는 것도, 국가 형성의 과정들, 헤게모니의 정책들과 계급 동맹들의 정책들이 이런 경제의 짜임새texture를 형성한다고 생각하는 것도 동시에 가능케 한다. 그래서 자본주의적 사회구성체들이 왜 국민들의 형태를 취하는가, 혹은 좀 더 정확하게는, '강한' 국가장치를 둘러싸고 개별화된 국민들과 그 통일이 안팎으로부터 가로막히는 종속적 국민들을 차이화하는 것은 무엇인가, 그리고 이 차이가 자본주의의 역사와 더불어 어떻게 변형되는가 등의 물음은 사람들의 맹점이기를 멈추고 결정적인 쟁점이 되었다.

진실을 말하자면, 내 의문과 반론이 삽입된 것도 여기이다. [아래에서는 그중] 세 가지를 간략하게 언급할 텐데, 이것이 역사유물론의 '전통적' 개념화에 의거하고 있는지 여부를 결정하는 일은 독자에게 맡기겠다.

첫째, 나는 여전히 지배계급들의 헤게모니가 결국 노동과정과 또 이것 이상으로 노동력의 재생산 자체—넓은 의미에서의 노동력 재생산은 노동자들의 생계와 동시에 그들의 '문화적' 형성을 포괄한다—를 조직하는 지배계급들의 능력에 기초하고 있다고 여전히 확신한다. 달리 말하면, 여기서 문제는 마르크스가 『자본』에서 엄밀하게 말해 자본주의적 생산양식이 수립되었다는 것의 지표로, 즉 무제한적 축적과 '가치의 가치 증식' 과정의 돌이킬 수 없는 지점으로 중시한 **실질적 포섭**이다. 잘 생각해 보면, (마르크스가 단순히 '형식적' 포섭에 대립시킨) '실질적' 포섭이라는 관념은 계약적 세계, 화폐 수입의 세계, 법권리 및 공적 정치[활동]의 세계로의 노동자의 통합이라는 관념을 훨씬 넘어선다. 이 관념은 노동력의 교육에서부터 **피지배자 자신들에 의해** 채택될 수 있는 '지배적 이데올로기'의 구성으로까지 확장되는 인간적 개체성[개인성]의 변형을 내포한다. 필시 월러스틴은 이런 내 생각에 동의하지 않는다고 하지 않을 것이다. 왜냐하면 그는 자본주의 세계-경제의 틀 속에서 형성되는 모든 사회계급과 모든 지위집단이 '[만물의] 상품화'와 '국가들의 체계'의 효과에 복종하는 방식을 강조하기 때문이다. 그러나 갈등들 및 그로부터 생겨나는 변화들을 서술할 때에는, 그가 행하듯이 역사적 행위자들, 그들의 이해관계, 그들의 동맹 전략 또는 대결 전략의 일람표를 작성하는 것으로 과연 충분한지 여부를 물을 수 있다. **행위자들의 정체성조차 헤게모니의 형성 및**

유지의 과정에 의존하는 것이다. 그러므로 근대적 부르주아지는 농민층을 지도encadrement할 수 있는 계급이 된 후에, 프롤레타리아트를 지도할 수 있는 계급으로 스스로를 형성한 것이다. 근대적 부르주아지는 [농민층이나 프롤레타리아트의] 저항 자체가 표현되는 방식을 선취하고, 이런 저항들의 성격과 더불어 변형되는 정치적 능력과 '자기의식'을 획득해야 했다.

따라서 지배적 이데올로기의 **보편주의**는 자본의 세계적 팽창보다, 그리고 이러한 팽창을 지도하는 모든 '중간간부들cadres'이 공통의 행동 규칙을 확보할 필요성보다 훨씬 더 깊은 수준에 뿌리내려 있다.[2] 그것은 착취자들과 피착취자들의 적대antagonisme에도 불구하고 이들에게 공통적인 이데올로기적 '세계'를 구축할 필요에 뿌리내려 있는 것이다. (민주적이든 아니든) 근대 정치의 평등주의는 이러한 과정에 대한 둘도 없이 탁월한 예증이다. 이는 다음 두 가지를 동시에 의미한다. [첫째] 모든 계급 지배는 보편자의 언어로 정식화되어야 한다. [둘째] 역사 속에는 다수의 보편성들, 서로 양립할 수 없는 보편성들이 존재한다. [이런 보편성들] 각각은—그리고 현행 시대의 지배적 이데올로기들의 경우도 똑같은데—특정한 착취 형태에 특유한 긴장을 겪고 있다. 그리고 하나의 똑같은 헤게모니가 자본주의 세계-경제의 틀 안에 놓여 있는 모든 지배 관계들을 한꺼번에 포괄할 수 있을지 어떨지는 결코 확실하지 않다. 분명히 말해서, 나는 '세계 부르주아지'가 과연 실존하는지 의심스럽다. 좀 더 정확하게 말하자면, 나는 세계적인 규모로 확장된 [자본] 축적의 과정이 '세계 자본가 계급'의 구성을 내포한다는 점, 그리고 이들 사이의 끊임없는 경쟁이 법칙이라는 점을 전적으로 인정한다(그리고 역설 곱하기 역설인데, 나는 이러한 자본가 계급 안에 '자유 기업'의 경영자 및 국가의 '사회주의적' 보호주의의 관리자를 포

2 월러스틴은 이 점을 특히 *Le Capitalisme historique*, p. 79. 이하에서 주장했다.

함시킬 필요성을 알고 있다). 하지만 이러한 자본가 계급이 제도들 안에서 조직된 계급이라는 의미에서, 또 동시에 역사적으로 구체적인 유일한 계급이라는 의미에서 **세계 부르주아지**라고는 생각하지 않는다.

상상컨대, 이러한 의문에 대해 월러스틴은 곧장 다음과 같이 응수할 것이다. 세계 부르주아지에 공통적인 제도가 실제로 존재하며, 이 제도는 (심지어 군사적 충돌이라는 폭력적 형태를 취하는 경우도 있는데) 그들의 내적 갈등을 넘어서, 그리고 특히 피지배 주민에 대한 그들의 헤게모니의 조건들이 전적으로 다르다는 것을 넘어서, 세계 부르주아지에게 하나의 구체적 실존을 부여하는 경향이 있다고! 이 제도란 **국가들의 체계** 그 자체다. 이 체계의 활력은 혁명과 반혁명, 식민지화와 탈식민지화에 이어서 국민국가의 형태가 형식적으로 전 인류로 확산된 후에 특히 분명해진다. 나 자신이 여러 해 동안 강조한 것처럼, 모든 부르주아지는 자본주의가 계획된 국가자본주의로 조직되어 있지 않은 곳에서조차 '국가 부르주아지'이다. 그리고 내 생각에 이 점에 대해 우리의 견해는 일치한다. 월러스틴이 제기한 질문들 중에서 내가 보기에 가장 적실성이 높은 것은 왜 세계경제가 (16세기부터 20세기까지 다양한 기획이 있었음에도 불구하고) 정치적으로 통일된 세계-**제국**으로 변형되지 못했는지, 왜 세계경제에서 정치적 제도는 '국가 간interétatique 체계'의 형태를 취하는지를 묻는 데 있다. 이 물음에 선험적으로 대답할 수는 없다. 우리는 우선, 세계경제의 역사를, 특히 세계경제의 '중심부'—이 중심부는 오늘날에는 점점 더 단일한 지리적 영역으로 국지화되지 않는다—에서 그칠 줄 모르고 현시되는 이해관계의 갈등, '독점'의 현상, 힘puissance의 불균등 발전뿐 아니라, 역사 및 세계경제의 '주변부'에서 일어난 **불균등한 저항**의 역사도 정확하게 재검토해야 한다.

하지만 바로 [내가 추정한 월러스틴의] 이런 대답은 (이것이 옳다면) 내게 반론을 재정식화하도록 이끈다. 『근대세계체제』 1권 끝부분에서, 월러스틴은 '사회 체계들'의 상대적 자율성을 식별하기 위한 기준을 제안한다. 이는 사회 체계들의 발전의 (혹은 그 동력학의) **내적 자율성**이라는 기준이다. 이로부터 그는 다음과 같은 급진적인 결론을 끌어냈다. 즉, 우리가 일반적으로 '사회 체계들'이라는 딱지를 적용하는 ('부족들'에서 국민국가들까지의) 역사적 단위의 대부분은, 실제로는 사회 체계가 아니라 단순히 종속적 단위일 뿐이다. 지금까지의 역사에서, 고유한 의미에서 유일한 [사회] 체계는 한편으로는 자기충족의 공동체들과 다른 한편으로는 '세계들'(세계-제국들과 세계-경제들)뿐이다. 마르크스주의 용어로 재정식화해 보면, 이 테제는 우리를 다음과 같이 생각하게 이끌 것이다. 즉, 오늘날의 세계에서 고유한 의미에서 유일한 **사회구성체**는 오직 세계-경제 그 자체뿐인데, 왜냐하면 세계경제는 역사적 과정들이 그 안에서 상호의존적이게 되는 가장 큰 단위이기 때문이다. 달리 말하면, 세계-경제는 단순히 경제적 단위 및 국가들의 체계일 뿐만 아니라, 사회적 단위이기도 하다. 결국 세계경제 발전의 변증법은 그 자체로 **전 지구적** 변증법이며, 혹은 [세계경제의 발전은] 적어도 **국지적** 세력 관계에 대한 전 지구적 제약의 우위에 의해 특징지어진다.

월러스틴의 이런 논의가 정치와 이데올로기의 세계화 현상들—우리가 수세기 동안 목격했고, 내게는 수세기에 미치는 누적적인 결말인 것처럼 보이는 현상들—을 종합적으로 설명할 수 있다는 장점을 가지고 있는 것은 분명하다. 이 논의는 특별히 인상적인 예증을 위기의 시대에서 발견한다. 이 글 모음집[책]에서 앞으로 살펴볼 것처럼, 그의 논의는 근대 세계에 편재하는 **민족주의**와 **인종주의**를 '외국인 혐오'나 과거의 '불관용'이라는 또 다른 현상들과 혼동하는 것을 피하면서 해석하기 위한 강력한 도구를 제공한다. 즉, 전자(민족주의)는 중심부 국가들의 지배에 대한 [주변부의] 반작용으로, 후자(인종주의)는 세계적 분업에 포함된 위계의 제도화로 해석된다. 하지만 이런 형태하에서 월러스틴의 테제가 사회적 갈등들(과 특히 계급투쟁들)의 다양체에 대해 형식적인, 혹은 적어도 단면적인 균일성과 전반성을 덧대는[부과하는] 것은 아닌지 여부를 묻고 싶다. 내 생각에 이러한 [사회적] 갈등들을 특징짓는 것은 단순히 관국민화transnationalisation가 아니라 국지화된 사회관계들 또는 (경제적, 종교적, 정치적-문화적 형태를 취하는) 사회적 갈등의 국지적 형태들—그 '총합'은 즉각적으로 총체화할 수 없다—이 사회적 갈등들에서 맡는 결정적인 역할이다. 달리 말해서, 나는 기준으로서 체계의 조절이 그 내부에서 일어나는 경계의 가장 바깥쪽이 아니라 경계의 내부에서 생기는 사회적 운동과 사회적 갈등의 특정성(혹은 이렇게 말하는 것을 더 좋아한다면, 전 지구적 모순들이 거기에 반영되어 있는 특정한 형태)을 중시하는데, 현대 세계의 **사회적 단위**가 그 **경제적 단위**와 구별되어야 하는지 여부를 묻고 싶다. 요컨대, 왜 이 두 가지는 일치해야 할까? 이와 동시에, 내 생각에 세계-경제의 전체 운동은 [그것을 구성하는] 사회적 단위들의 운동의 원인이 아니라 이런 사회적 단위들의 운동의 우발적인 결과이다. 하지만 나는 문제가 되는 이런 사회적 단위들을 단순한 방식으로 식별하는 것이 어렵다는 점을 인정한다. 왜냐하면 사회적 단위들은 순수하고 단순하게 국민적 단위들과 일치하지 않고, 부분적으로는 서로 겹쳐 있기 때문이다(그렇기 때문에, [월러스틴이 말하는] 사회적 단위들이 왜 폐쇄적인지, 더군다나 왜 그것이 '자급자족적'인지 의문이 생긴다).[3]

3 나는 또한 이 시각이 '반체제 운동'—월러스틴은 '반체제 운동' 속에 노동자 계급의 사회주의 운동과 민족해방 운동뿐 아니라 성차별에 맞선 여성들의 투쟁과 (특히 인종주의에 종속된) 억압된 소수자의 투쟁을 포함시킨다. 이 모든 것은 잠재적으로는 '반체제 운동의 세계적 공동체'(*Le Capitalisme historique*, p. 108.)의 이해관계자[구성 요소]이다—의 수렴의 전망에 의문을 던지는 것이라는 점을 인정한다. 왜냐하면 이 운동들은 내게는 근본적으로, 서로 '비동시대적이며', 때로는 서로 양립하지 않으며, **보편적**이기는 하지만 **구별되는** 모순에, 즉 다양한 '사회구성체들'에서 **불균등하게** 결정적인 사회적 갈등과 결부되어 있는 것처럼 여겨지기 때문이다. 내 생각에, 이 운동들이 단일한 역사적 블록으로 응축되는 것은 장기적인 경

이 두 번째 물음은 나를 세 번째 물음으로 데려간다. 자본의 무한정한 축적에 내포된 '인구 법칙'에 관한 마르크스의 지적을 일반화하는 동시에 구체화한 것인 월러스틴의 모델이 지닌 강점은, 이 자본 축적이 '분업'의 다양한 사회 직업적 범주들로 인구를 재배분할 것을 (강제와 권리에 의해) 끊임없이 부과한다는 점을 보여준다는 것이다. 이러한 인구의 재배분은 인구의 저항과 타협하거나 이를 분쇄하면서, 또한 그들의 생존 전략을 활용하면서, 그리고 그들의 이해관계의 상호대립을 교묘하게 갖고 놀면서 이루어진다. 자본주의적 사회구성체들의 토대는 (넓은 의미에서는 자본의 생산에 필요한 여러 '기능들'을 포함하는) 분업이다. 아니 오히려, 사회적 변혁의 기초는 분업의 변혁이다. 하지만 알튀세르가 얼마 전에 **사회의 효과**라고 부른 것의 전체intégralité를 분업 위에 정초하는 것은 〔문제를〕 너무 순식간에 해치우는 것 아닐까? 달리 말하면, (마르크스가 몇몇 '철학적' 텍스트들에서 그렇게 했듯이) 사회들 또는 사회구성체들이 '생생하게' 유지되고 상대적으로 지속적인 단위를 구성하는 것은, 이것들이 일정한 역사적 관계하에서 생산과 교환을 조직한다는 사실 덕분이라고 간주할 수 있을까?

내가 생각하는 것을 잘 이해해 주기 바란다. 여기서 중요한 것은 유물론과 관념론의 갈등을 재판再版하는 것도, 사회들의 경제적 단위가 상징적 단위—그 정의定義를 법권리 쪽에서든, 종교 쪽에서든, 또 근친상간 금지 등등 쪽에서든 찾게 되는—에 의해 보완 또는 대체되어야 한다고 주장하는 것도 아니다. 오히려 중요한 것은 마르크스주

향으로서가 아니라, 그 지속이 정치적 혁신에 의존하는 정세와의 마주침으로서이다. 이는 무엇보다 먼저 페미니즘과 계급투쟁의 수렴에 들어맞는다. 이 두 가지 운동이 지금까지 결코 융합된 적이 없었음에도 불구하고, 조직된 계급투쟁이 마찬가지로 존재하는 사회구성체들에서만 왜 '의식적인' 페미니즘 운동이 실제로 존재하는가를 묻는 것은 흥미로울 것이다. 이것은 분업에서 기인하는 것일까? 혹은 투쟁의 정치적 형태에서 기인하는 것일까? 혹은 '계급의식'의 무의식에서 기인하는 것일까?

의자들이 자신들의 분석—그 대부분은 자유주의적인 경제 이데올로기(및 그 암묵적인 인간학)를 계승하고 있다—의 의미에 대한 거대한 환상[착각]의 희생자였던 것이 과연 우연이 아니었는지 여부를 묻는 것이다. **자본주의적** 분업은 개인 및 사회집단들의 직무상의 상보성과는 무관하다. 자본주의적 분업은 오히려 월러스틴 자신이 누차 강조했듯이, 사회구성체들의 양극화, 즉 '공통' 이해관계가 점차 사라져 가는 적대적 계급들로의 양극화를 초래한다. 사회적 통일(심지어 갈등적인 통일)은 이러한 분업에 어떻게 정초될까? [그러므로] 아마도 마르크스주의적 테제에 대한 우리의 해석을 전도시켜야 할 것이다. 자본주의적 분업을 상대적으로 안정된 '집합체'로서의 인간 사회를 정초하는 것으로, 혹은 이를 설립하는 것으로 제시하는 대신에 인간 사회를 **파괴하는** 것으로 생각해야 하지 않을까? 아니 오히려, **만약** 다른 사회적 실천들—모두 물질적이지만, 호모 에코노미쿠스의 행동으로 환원할 수 없는 실천들, 예를 들어 언어적 의사소통, 섹슈얼리티, 기술, 인식 같은 실천들—이 제국주의 생산관계에 한계를 부과하고 이를 내부로부터 변혁하지 않는다면, 인간 사회의 내적 불평등에 화해 불가능한 적대의 형태를 부여함으로써 이 인간 사회를 **파괴하는** 것으로 생각해야 하지 않을까?

만약 그렇다면, 사회구성체들의 역사는 비시장적[비상품적] 공동체에서 시장의 사회 혹은 (인간 노동력의 교환을 포함한) 일반화된 교환의 사회로의 이행—마르크스주의가 계속 간직했던 자유주의적 내지 사회학적 표상—이라기보다는 '비경제적인' 사회적 관계들의 복합체로부터 일어나는 **반작용**의 역사다. 가치 형태의 팽창은 개인들의 역사적 집합체를 탈구조화[파괴]함으로써 개인들을 위협하지만, '비경제적인' 사회적 관계들은 이러한 탈구조화에 대한 역사적 집합체의 시멘트를 형성한다. 자본의 확대재생산이라는 단순한 '논리'로, 혹은 심지어 분업과 국가들의 체계에 의해 정의된 행위자들의 '전략적 게임'으로 환원할 수 없는 모양새를 사회사에 부여하는 것은 이러한 반작용이다. 본질적으로 모호한 이데올로기적이고 제도적인 생산(예를 들어 인권의 이데올로기, 나아가 인종주의, 민족주의, 성차별주의, 그리고 이것들에 대한 혁명적인 안티테제)은 정치 활동의 진정한 소재인데, 이런 생산의 밑바탕에 놓인 것도 이러한 반작용이다. 마지막으로 계급투쟁의 양가적 효과를 설명해 주는 것도 이러한 반작용이다. 그 이유는 '부정의 부정'을 작동시키려고 추구함으로써—즉, 사회적 실존의 조건들을 경향적으로 **파괴하는 메커니즘을 파괴하려고** 추구함으로써—이러한 반작용은 상실된 통일을 유토피아적으로 **회복하는** 것을 목표로 하는 동시에, 다양한 지배 세력들에 의해 매우 용이하게 '회수'되기 때문이다.

그런데 이 추상화의 수준에서 논의에 임하기보다는 오히려 현행성 자체에 의해 제기된 결정적인 물음—성격상 [우리 두 사람의] 대면이 한걸음 더 나아가려 할 때 어려움을 주는 물음—에 대한 분석에 공동으로 씨름하고자 할 때, 곧바로, 우리가 마음대로 쓸 수 있는 이론적 도구들을 재투자하는 게 더 좋을 것 같다. 이 기획은 우리가 3년(1985-1987년) 동안 '파리 인간과학 회관'에서 조직한 세미나로 물질화[실현]되었다. 세미나는 점차 '인종주의와 에스니시티ethnicité', '국민과 국민주의', '계급들'이라는 테마에 순차적으로 할애되었다. 아래의 텍스트들은 우리의 발언을 글자 그대로 옮겨 적은 것이 아니며, 여러 가지 점에서 보완함으로써 재구성한 것이다. 또 몇몇 텍스트는 이미 다른 곳에서 발표 내지 출판되었다. 우리는 이런 텍스트들을 대결과 수렴의 지점들이 일목요연해지도록 재배치했다. [그렇지만] 우리는 이 논문집이 완벽한 일관성을 갖추고 있다거나, 논의를 다 끝냈다고 주장할 생각이 없다. 오히려 질문을 활짝 열었다고, 탐구의 몇 가지 길을 탐색했다고 이야기하고 싶다. 어떤 결론을 내리기에는 너무 시기

상조다. 그럼에도 불구하고 우리는 독자가 이 책에서 숙고와 비판을 위한 소재를 찾을 수 있기를 바란다.

1부 「보편적 인종주의」에서 우리는 자유주의에 의해 부과되었고, 그중 상당수가 마르크스주의적 역사철학에 의해 계승된 (어떤 조건에서 계승되었는지 이 책에서 보게 될 것이다) '진보' 이데올로기에 대한 대안적 문제설정을 그려 내려고 시도했다. 우리가 앞으로 확인하겠지만, 전통적인 또는 더 새로워진 (그러나 그 가계도filiation를 승인할 수 있는) 형태들하에서 **인종주의는** 현대 세계에서 **퇴행하고 있는 것이 아니라 진행 중이다.** 이 현상에 고유한 불균등 발전과 위기적 국면을 현상들의 현시manifestations와 혼동하지 않도록 각별히 주의해야 하지만, 이 현상은 최종 분석에서는 구조적 원인들에 의해서만 설명될 수 있을 뿐이다. 여기서 관건—학구적인 이론, 제도적 또는 민중적 인종주의와 관련된—이 인류를 인위적으로 분별된 종들espèces로 범주화하는 것인 한에서, 사회적 관계들 그 자체의 수준에서 폭력적으로 갈등적인 분열이 존재하는 것은 틀림없다. 그러므로 단순한 '편견'이 문제가 아니다. 더욱이 이 분열은 탈식민화와 같은 결정적인 역사적 변형을 넘어서 자본주의가 창출한 세계적 틀 안에서 재생산될 것임에 틀림없다. 그러므로 문제는 과거의 잔재도 시대착오도 아니다. 그럼에도 불구하고 이것은 일반화된 경제의 논리와도 개인주의적 권리의 논리와도 모순적이지 않은가? 결코 그렇지 않다. 우리 두 사람은 부르주아적 이데올로기의 보편주의가 (그러니까 또한 부르주아적 이데올로기의 인간주의도) 무엇보다도 인종주의와 성차별주의의 형태를 취하는 위계와 배제의 체계와 **양립하지 않는 것은 아니**라고 생각한다. 인종주의와 성차별주의가 똑같은 체계[의 구성 요소]를 형성하고 있는 것처럼 말이다.

그렇기는 하지만 분석의 세부 내용에서 우리는 여러 가지 점에서 의견이 갈렸다. 월러스틴은 보편주의를 시장의 형태 그 자체(축적

과정의 보편성)로부터, 인종주의를 노동력의 중심부와 주변부로의 분열로부터, 그리고 성차별주의를 세대나 가구*household*라는 중심지—그는 이것을 역사적 자본주의의 근본적 제도 중 하나로 생각한다—에서 남성의 '노동'과 여성의 '비노동' 사이의 대립으로부터 발생하는 것으로 여긴다. 내가 보기에 인종주의의 특정한 접합은 민족주의와의 접합이며, 역설적이게도 보편성은 인종주의 자체 속에 현존한다는 점을 보여줄 수 있을 것이다. 여기서는 시간적 차원이 결정적이게 된다. 즉, 모든 물음은 과거의 배제의 기억이 현재의 배제에 어떻게 전이되는지를, 혹은 인구[주민]의 이동의 국제화와 국민국가의 정치적 역할의 변화가 어떻게 '신인종주의'로, 심지어 '포스트인종주의'로 흘러들게 되는지를 아는 것이다.

2부 「역사적 국민」에서 우리는 '인민[민족]people' 및 '국민[민족]nation'이라는 범주에 관한 논의를 쇄신하려고 시도한다. 우리의 방법은 매우 다르다. 나는 통시적인 방식으로 논의를 진행하면서 국민 형태의 [발전] 궤적을 탐구한다. [그에 비해] 월러스틴은 공시적인 방식으로, 또 다른 정치적 제도들 중 하나로서의 국민적 상부구조가 세계경제에서 차지하는 기능적 장소를 탐구한다. 그 결과 우리는 또한 계급투쟁과 국민적 형성체를 상이한 방식으로 접합하고 있다. 극단적으로 도식화해서 말하면, 내 입장이 역사적인 계급투쟁을 국민적 형태 속에 기입하는 것이라면(계급투쟁이 그 안티테제를 재현함에도 불구하고), 월러스틴의 입장은 또 다른 [국민적] 형태들과 더불어 국민을 계급투쟁의 장 안에 기입하는 것이다(계급이 '대자적pour soi' 계급이 되는 것은 예외적인 상황일 뿐인데도. 우리는 나중에 이 논점으로 돌아갈 것이다).

'사회구성체' 개념의 의의를 묻는 것은 틀림없이 바로 여기이다. 월러스틴은 '인민[민족]'을 구축하는 세 개의 거대한 역사적 양식인 **인종, 국민, 에스니시티**ethnicité를 구별하자고 제안한다. 인종, 국민, 에스니시티는 각각 세계경제의 상이한 구조들을 가리킨다. 그는 '부르주아적' 국가(국민국가)와 그 이전의 국가 형태들(실제로 그의 생각에 따르면, 국가라는 용어 자체가 애매하다) 사이의 역사적 절단을 강조한다. 내 쪽은 '전-국민적' 국가에서 '국민적' 국가로의 이행을 특징지으려고 노력하면서, 세계경제의 구성 국면에서 **정치적 형태의 복수성**이라는, (그가 여기에서는 다루고 있지 않는) 그의 또 다른 관념에 특별한 중요성을 부여한다. 나는 인민의 구성이라는 문제(내가 허구적 에스니시티라고 부르는 문제)를 [국]내적 헤게모니 문제로 설정한다. 그리고 나는 언어 공동체 및 인종 공동체 각각을 구체화하는 제도들이 인민을 생산하는 데 맡는 역할을 분석하려고 시도했다. 이러한 차이의 결과, 월러스틴의 논의가 **소수자들**의 에스닉화를 더 잘 설명할 수 있는 데 반해, 내 논의는 **다수자들**의 에스닉화를 더 잘 파악하고 있다고 생각한다. 아마 이는 그가 너무 '미국인'이고, 내가 너무 '프랑스인'이기 때문일 것이다. … 그럼에도 불구하고 확실한 것은 국민과 인민을 역사적 구축물로 사고하는 것이 중요하다고 생각하는 점에서 우리 두 사람이 일치한다는 점이다. 이러한 역사적 구축물 덕분에 **현재의** 제도들과 적대들이 **과거에 투영되고**, 그 결과 개인 '정체성'의 감정을 좌우하는 '공동체들'에 상대적 안정성이 부여되는 것이다.

3부 「계급들 : 양극화와 과잉결정」에서 우리는 마르크스의 가장 독창적인 지적을 좇아 자본주의를 실제로 역사적 체계(또는 역사적 구조)로 분석할 수 있으려면 마르크스주의적 정통의 도식(간단히 말하면, 상이한 변종이 있는 '생산양식'의 진화론)에 어떠한 근본적 변혁을 추가해야 하는지를 검토한다. 우리의 명제를 미리 요약하는 일은 부질없을 것이다. 우리 둘이 각자의 이론을 '재구축'하면서 우리 둘 사이에서 모순이 생겨날 수도 있는데, 심술궂은 독자라면 이를 일일이 세면서 기뻐할지도 모르겠다. 그들이 누구든지 간에 두 명의 '마르크스주의자'가 똑같은 개념들에 항상 똑같은 의미를 부여할 수는 없음이 분명하다는 규칙을 우리도 외면하지 않는다. … 그렇다고 해서, 우리 논의가 스콜라적인[내용 없는 공허한] 놀이일 뿐이라고 서둘러 결론을 내리지는 않았으면 한다. 오히려 반대로, 이 3부를 다시 읽고서 내게 가장 의미심장한 것으로 보인 것은, 이토록 상이한 전제에서 출발했는데도 우리가 도달한 결론이 놀라울 정도로 일치한다는 것이다.

여기서의 쟁점은 분명히 계급투쟁의 '경제적' 측면과 '정치적' 측면 사이의 접합이다. 월러스틴은 '즉자적 계급'과 '대자적 계급'이라는 문제설정에 충실하다(나는 이를 인정하지 않는다). 그는 이 문제설정을 프롤레타리아화의 주요한 측면(그에 의하면 그것은 임노동의 일반화가 **아니다**)에 관한, 줄잡아 말해도, 도발적인 테제와 결부시킨다. 그의 논증에 따르면, 임노동자화는 자본가들의 직접적 이해관계**에도 불구하고** 실현의 위기의 효과 및 '주변부의' 초과착취(파트타임 임노동의 초과착취)에 맞선 노동자의 투쟁의 효과라는 이중적 효과하에서 확대된다. 이런 그의 추론은 모든 착취가 '확장적'이라고, 즉 기술 혁명에 종속된 임노동의 강도 증대와 연결된 초과착취의 형태(마르크스는 이를 '실질적 포섭'이나 '상대적 잉여가치'의 생산이라고 부른다)가 존재하지 않는다고 상정하는 것이지만, 나는 이에 반대한다. 그러나 분석의 이런 갈라짐은—이것들은 중심부의 관점이 아니라 주변부의 관점을 반영하는 것으로 간주할 수 있다—다음 세 가지의 공통적인 관념보다 아래에 놓여 있다.

1. 자본주의에서 계급들의 양극화와 관련된 마르크스의 테제는 불운한 오류가 아니고, 그의 이론의 **강력한 지점**이다. 그렇기는 해도 이 테제는 자본주의 발전과 더불어 '계급 관계들의 단순화'라는 이데올로기적 표상, 즉 [자본주의의] 역사적 파국과 결부된 관념과는 주의 깊게 구별되어야 한다.

2. 계급들(프롤레타리아트와 부르주아지)의 '이념형'이 존재하는 것이 아니라 각각의 계급이 그 고유한 내적 갈등을 담고 있는, 프롤레타

리아화 및 부르주아화[4] **과정**(내가 알튀세르를 좇아 적대의 '과잉결정'이라고 부르는 과정)이 존재한다. 이 책에서 설명되어 있듯이, 자본주의 **경제**의 역사는 국민적 및 관국민적transnational 공간에서의 **정치** 투쟁에 의존한다.

3. 부르주아지'는 단순한 이윤의 축적(또는 생산적 투자)에 의해 정의되는 것이 아니다. 이는 필요조건이지 충분조건은 아니다. 이 점에 관해 월러스틴은 이 책에서 독점의 지위를 추구하는 부르주아지를, 그리고 각종 역사적 양상을 따라 국가에 의해 보증되는 이윤의 '지대'로의 변형을 논증한다. 이는 분명히 다시 한번 언급해야 할 지점이다. '마르크스주의 사회학'에서 계급 개념의 역사화(그래서 통시화dialectisation)가 이제 막 시작되려 한다(바꿔 말하면 마르크스주의 사회학으로서 인정되고 있는 이데올로기를 무너뜨리려면 아직 해야 할 작업이 남아 있다). 우리는 여기서 다시 한번 프랑스의 국민[민족]적 전통을 거스르게 된다. (엥겔스로 거슬러 올라가는) 프랑스의 뿌리 깊은 편견과는 반대로, 나는 부르주아-자본가가 기생충이 아니라고 증명하고 싶다. 다른 한편, '경영자' 신화가 형성된 나라에서 온 월러스틴은 부르주아가 (과거에도 오늘날에도) 귀족의 대립물이 아님을 보여주려고 애쓰고 있다.

[월러스틴과는] 다른 이유에서이긴 하지만, 현행 자본주의에서 **학교 교육**의 일반화가 단순히 계급의 차이를 '재생산할' 뿐만 아니라 이를 **산출한다**고 생각하는 것에 나는 전적으로 동의한다. 그러나 나는 월러스틴보다 '낙관적'이지 않기에, 이 '능력주의적' 메커니즘이 특권적인 사회적 지위statut를 획득하는 종래의 역사적 메커니즘보다 정치

4 나는 월러스틴이 사용하는 영어 단어 **부르주아화**bourgeoisification보다 프랑스어로 **부르주아화**embourgeoisement라고 말하는 것을 더 좋아한다. 다만 용어가 애매해질 수 있다(하지만 정말로 애매하다는 게 확실할까? 군인들을 시민들 중에서 충원하는 것과 마찬가지로, n번째 세대의 부르주아지는 부르주아지로부터 충원된다).

적으로 **더 취약하다**고는 생각하지 않는다. 내가 보기에, 이것은 학교 교육—적어도 '개발' 국가들의 학교 교육—이 (중간)간부들의 선별 수단인 동시에 사회적 분업—특히 계기繼起적 형태들하에서 나타나는, 육체노동과 지적노동의 분업, 혹은 실행의 노동과 관리·지휘encadrement의 노동의 분업—을 '기술적으로' 그리고 '과학적으로' 자연화하는 데 고유한 이데올로기 장치로서 구성되어 있다는 것에서 기인한다. 그런데 이 책에서 보는 것처럼 이러한 자연화는 인종주의와 밀접하게 관련되어 있지 않은 것이 아니며, 특권의 또 다른 역사적 정당화에 못지않게 효과적이다.

위와 같은 내용은 마지막 논점인 「사회 갈등의 자리바꿈?」으로 직접 통하고 있다. 4부의 대상은 이 책의 첫머리에서 제기된 물음(인종주의의 물음, 혹은 더 일반적으로는 '지위'와 '공동체적' 정체성의 물음)으로 되돌아가, 위에서 논의된 성과들을 총괄하면서 실천적인 결론을—설령 그것이 아직 아무리 불충분할지라도—준비하는 것이다. 또한 사회학과 역사학에서의 몇 가지 고전적 테마와 관련해서 [우리 두 사람이] 취한 거리와 그 거리의 차이를 평가하는 것이 중요하다. 당연히 [월러스틴과 나 사이에는] 예전부터 나타난 접근법의 차이와 다소 중요한 분기점이 여전히 존속하고 있다. 그러므로 결론을 도출하는 것이 문제가 아니다. 부풀려 말한다면, 이번에는 월러스틴이 나보다 훨씬 '낙관적'이지 않다고 말할 것이다. 왜냐하면 '집단'의식은 필연적으로 '계급'의식보다 우월하다고, 혹은 적어도 집단의식은 계급의식이 역사적으로 실현[구체화]되는 필연적 형태를 구성한다고 그가 생각하기 때문이다. 확실히 그의 생각으로는 불평등과 갈등의 관국민화transnationalisation 속에서 [집단의식과 계급의식이라는] 두 용어는 ('점근선적인') **한계에서이긴 하지만** 서로 가깝게 결부되는 것이다. 나는 인종주의가 계급들의 구조의 **표현**이라고 여기지 않는다. 오히려 인종주의는 민족주의 장에서의 계급투쟁들, 특히 양가적인ambivalentes 형태의 계급투쟁(현행 위기에서 프롤레타리아트의 인종화, 노동자주의, '계급 상호 간의interclassiste' 합의 형성)에 고유한 **정치적 소외**의 전형적인 형태이다. 내가 주로 프랑스의 상황과 역사를 예로 들면서 논의를 전개하고 있다는 것은 맞는 말이다. 프랑스에서는 오늘날 국제주의적 실천과 이데올로기를 쇄신하는 물음이 아직 모호한 방식으로만 제기된다. 또 제3세계의 '프롤레타리아적 국민', 더 정확하게는 제3세계의 빈곤화된 대중과 서유럽 국가들 등의 '새로운 프롤레타리아'들이 **실천적으로는** 똑같은 적수adversaire를, 즉 제도적 인종주의와 그 만연, 혹은 대중의 [인종주의에 대한] 정치적 기대라는 적수를 가지고 있는 것도 확실하다. 즉 이 두 가지는 극복해야 할 똑같은 암초를 가지고 있다. 에스닉적 개별주의particularisme 혹은 정치적-종교적 보편주의와 **그것들의 내부에 있는** 구세주적 이데올로기 사이의 혼동이 그것이다. 십중팔구 가장 중요한 점인 이것을 가장 깊이 연구할 필요가 있으며 또 대학 연구자의 틀을 넘어서 관심 있는 사람들이 이를 널리 탐구해야 할 것이다. 그렇지만 똑같은 적수를 가지고 있다고 해서, 똑같은 직접적 이해관계를 내포한다는 의미도, 똑같은 의식 형태를 내포한다는 의미도, 하물며 그것이 투쟁들의 총체화를 내포한다는 의미도 아니다. 사실 그러한 총체화는 하나의 경향일 뿐이며, 총체화로의 경향은 구조적인 장애물에 의해 저해되고 있다. 이런 경향이 확산되기 위해서는 우호적인 정세와 정치적 실천이 필요하다. 그렇기 때문에 이 책을 통해 나는 특히 다음과 같이 주장한 것이다. 효과적인 반인종주의야말로 오늘과 내일의 민족주의의 폭주에 맞설 수 있는 계급의 이데올로기를 새로운 토대 위에서 (그리고 아마 새로운 말 속에서) (재)구성하기 위한 전제조건—이것이 새로운 계급적 이데올로기의 내용을 규정한다—이 될 것이라고.

끝으로, 이 책의 기원이 된 세미나에서 발표를 통해 기여해 준 동료들과 친구들에게 감사드린다. 클로드 메이야수Claude Meillassoux, 제라르 누아리엘Gérard Noiriel, 장-루 암셀르Jean-Loup Amselle, 피에르 도메르구Pierre Dommergues, 에마뉘엘 테레Emmanuel Terray, 베로니크 드 루데르Véronique de Rudder, 미셸 기용Michelle Guillon, 이사벨 타보아다-레오네티Isabelle Taboada-Leonetti, 사미르 아민Samir Amin, 로베르 포사에르Robert Fossaert, 에릭 홉스봄Eric Hobsbawm, 어네스트 겔너Ernest Gellner, 장마리 뱅상JeanMarie Vincent, 코스타스 베르고포울로스Kostas Vergopoulos, 프랑수아즈 뒤루Françoise Duroux, 마르셀 드라크Marcel Drach, 미셸 프라이세네Michel Freyssenet. 또한 이름을 거론할 수는 없으나 헛되지 않은 정식화로 기여해 준 모든 토론자들에게도 감사드린다.

1

보편적 인종주의

1장 "신-인종주의"는 존재하는가?[1]

에티엔 발리바르

'신인종주의'에 대해 말하는 것은 어느 정도까지나 적절할까? 이 물음은 각 나라마다 얼마간 상이한 형태를 띠고 있기는 해도, 관국가적transnational 현상으로서 현실에 의해 [우리에게 강제로] 던져지고 있다. 그런데 [언제나] 이 물음은 두 가지 의미로 이해될 수 있다. 즉 한편으로 우리는 위기의 정세나 다른 원인들을 통해 설명될 수도 있는 인종주의 운동과 정치의 새로운 역사적 **부활[고조]**을 목격하고 있는 것일까? 또 다른 한편으로, 그 테마와 사회적 의의에 있어서, 예전의 '모델들'로 환원할 수 없는 **새로운** 인종주의가 정말로 문제되고 있을까, 아니면 오히려 단순한 전술적 적용이 문제되고 있을 뿐일까? 나로서는 여기서 특히 후자의 관점에서 이 문제를 검토하고 싶다.

첫 번째 지적이 절대로 필요하다. 적어도 프랑스에 관한 한, 신인종주의의 가설은 본질적으로 [외국인] 배제 정책을 정당화하려는 경향을 가진 **이론**이나 담론에 대한 인류학과 역사철학에 입각한 내적 비판에서 출발해 정식화되었다. 그러나 교의의 새로움과 이 교의를 낳은 정치적 상황이나 사회적 변형의 새로움 사이의 연관에 대해서는 거의 고찰되지 않았다. 나는 예전과 마찬가지로 오늘날에도 인종주의의 이론적 차원은 역사적으로 본질적이지만, 그러나 결코 자율적이지도 않고 일차적이지도 않다고 곧바로 강조하고 싶다. 진정한 '총체적 사회현상'으로서의 인종주의는 실천(폭력과 경멸, 불관용, 모욕, 착취의 형태들) 속에, 또 담론과 표상[재현] 속에 기입되어 있다. 즉, 이 경우 담론과 표상은 예방이나 격리 같은 환영fantasme(사회체를 순화

1 이 글의 발췌본은 *Lignes,* n° 2, Librairie Seguier, Paris, 1988.에 수록되었다.

할 필요성, 즉 모든 혼종과 혼혈, 침입으로부터 '자기'나 '우리'의 정체성을 보호할 필요성)의 지적 정교화이며, 또한 이타성의 낙인(이름, 피부색, 종교적 실천)의 주위에서 접합되어 있다. 따라서 인종주의는 (심리학이 그 강박적 성격뿐 아니라 '비합리적인' 양가성을 기술하는 데 힘쓴) **정서**를 그 '대상'에 대해서도, 또 그 '주체'에 대해서도 마찬가지로 정형화[박제화]된 형태를 부여함으로써 조직한다. 이러한 정형화된 정서의 그물망 속에 실천, 담론, 표상이 결합됨으로써 인종주의적 **공동체**(혹은 그들 사이에서 '모방'의 연쇄가 널리 지배하고 있는 인종주의자들의 공동체)의 형성체를 고찰할 수 있으며, 또한 동시에 거울상으로서, 인종주의의 표적이 된 개인들과 집단들(인종주의의 '대상')이 스스로를 공동체로 지각하도록 강제되어 있다고 느끼는 방식을 고찰할 수 있다.

그러나 이 강제가 설령 절대적이라고 하더라도, **그 희생자들에게는** [단순히] 강제라고 하면서 기각될 수 있는 것이 결단코 아니다. 즉, 이 강제는 갈등 없이 내면화될 수 없으며(멤미Memmi의 작품을 재독해하라), 스스로를 자기 정의할 권리를 동시에 부정당하고 있는 집단성 자체에 공동체적 정체성이 부여된다는 모순을 이 강제가 말소하는 것도 아니며(파농의 작품을 재독해하라), 특히 그것은 담론이나 이론, 합리화를 둘러싸고 실행된 폭력이나 행위의 끊임없는 초과[과잉]를 제거할 수 없다. 따라서 희생자의 관점에서 보면, 인종주의적 복합체에는 본질적인 비대칭성이 존재한다. 그것은 교의에 대한 반론의 여지없는 우위를 행위들과 행위로의 이행에 부여한다(그 경우 당연히 행위에는 단순히 물리적 폭력이나 차별만이 아니라 발언 그 자체, 즉 경멸 및 공격의 행위로서의 언어폭력도 포함된다). 이처럼 우리는 우선 첫째로, 교의와 언어의 변이mutations를 상대화하도록 이끌린다. 즉 이러한 변이가 실제로 똑같은 행위를 이끄는 이상, 종교 언어에서 과학 언어로, 혹은 생물학에서 문화로, 그리고 역사로 이행하면서도 항상 똑같은 구조(권리의 부인이라는 구조)를 보존하고 있는 정당화에 그렇게나 많은 중요성을 [과연] 부여해야 할까?

이런 지적은 정당하고 대단히 중요하지만, 그러나 그것만으로 모든 문제를 해소할 수는 없다. 그것은 **인종주의적 복합체의 파괴**가 희생자들의 반란을 전제할 뿐만 아니라 인종주의자 자신의 변형, 따라서 **인종주의에 의해 제도화된 공동체의 내적 분해**도 전제하기 때문이다. 이 점에서 상황은 최근 20년 동안 자주 지적된 바처럼, 성차별주의의 상황과 완전히 유비적이다. 성차별주의의 극복[지양]은 여성의 반란과 동시에 '남성' 공동체의 분해를 전제하기 때문이다. 그런데 인종주의 공동체의 형성체에서는 인종주의 이론이 필수불가결하다. **결국 이론(들) 없이 인종주의는 존재하지 않는다.** 인종주의 이론들은 엘리트들로부터 생길까 아니면 대중들로부터 생길까, 지배계급들로부터일까 아니면 피지배계급들로부터일까 등을 묻는 것은 전적으로 쓸모없는 짓이다. 반대로, 이 이론들이 지식인들에 의해 '합리화되어' 있다는 것은 분명하다. 더 중요한 것은 학문적 인종주의의 이론화(그 원형은 19세기 말에 구성된 '생물학적' 인종들에 관한 진화론적 인류학이다)가 인종이라는 기표를 둘러싸고 제도화되는 공동체의 결정結晶화 속에서 완수하고 있는 기능에 대해 묻는 것이다.

이 기능은 내가 보기에는 지적 합리화의 일반적 조직 능력(그람시가 그 '유기성'이라고 부르고, 콩트가 그 '정신적 권력'이라고 부른 것)에만 오로지 머무는 것 같지 않다. 또 이 기능이 모든 사회계급의 개인들이 그 안에서 서로 승인할 수 있는 공동체의 이미지, 기원적 정체성의 이미지를 학문적 인종주의의 이론들이 정교화하고 있다는 사실에 있는 것 같지도 않다. 오히려 학문적 인종주의 이론들이 가시적인 '증거'(거기로부터 인종의 낙인, 특히 육체적 낙인의 본질적 중요성이 생긴다)에 기초하여 과학적 담론성을 흉내 낸다는 사실, 혹은 오히려 과학적 담론성이 '가시적인 사실들'을 '숨겨진' 원인들에 접합시키는 그 방식을 인종주의가 흉내 내며, 이렇게 해서 대중들의 인종주의에 고유한 자발적 이론화를 촉진한다는 사실에 이 기능은 놓여 있다.[2] 따라서 굳이 말하자면, 인종주의적 복합체는 **오인**이라는 결정적인 기능(이것 없이는 폭력을 실행하는 그 당사자들에게도 견딜 수 없는 것일 테다)과 '지식의 의지', 즉 사회관계들의 직접적 **인식에** 대한 **폭력적 욕망**을 풀어헤칠 수 없게 뒤섞고 있는 것이다. 이 기능은 서로가 서로를 끊임없이 지탱하고 있다. 왜냐하면 그 자체의 집합적 폭력이 개인과 사회집단에는 몹시 걱정스러운, 긴급하게 해명되어야 할 수수께끼를 구성하기 때문이다. 아무리 그 정교화가 세련되어 보일지라도, 바로 이것이 인종주의 이데올로그의 지적 태도를 특이하게 만들고 있다. 예를 들어 신학자들—그들은 비교적秘敎的, ésotérique인 사변과 일반 대중용 교의 사이의 거리를 유지해야 한다(그러나 완전한 단절이어서는 안 된다, 그렇지 않으면 '그노시스주의'로 빠져들게 될 것이다)—과는 달리, 역사적으로 유력한 인종주의 이데올로그들은 항상 '민주주의적' 교의를, 즉 즉각적으로 이해 가능한 교의를, 엘리트주의적 테마들을 정교화할 때에도 대중의 낮은 수준의 이해도에 미리 [맞추어] 조정된 교의를 내세웠던 것이다. 즉 이러한 교의는 개인들이 **체험하고 있는** 것에 대해서만 그런 것이 아니라, 그들이 사회적 세계 속에서 **그렇다**는 점에 대해서도 또한 즉각적인 해석의 열쇠를 제공할 수 있다(이 점에서는 점성술이나 성격학 등과 비슷하다). 심지어 이 열쇠가 인간적 조건의 '비밀'의 누설이라는 형태를 취하는 경우조차 그렇다(즉, 이 열쇠가 그 상상적 유효성에 있어서 본질적인 **비밀의 효과**를 담고 있을 때에도 그렇다. 레온 폴리아코프

2 내 판단으로는 근본적인 이 점에 대해 콜레트 기요맹은 완벽하게 해명하고 있다. "범주화의 활동은 **인식의 활동**이기**도** 하다. … 틀림없이 이로부터 정형화에 맞선 투쟁의 모호함 및 이 모호함이 보유하는 놀라움이 생긴다. 범주화란 억압 같은 인식을 잉태하고 있는 것이다(Colette GUILLAUMIN, *L'Idéologie raciste. Genèse et langage actuel*, Mouton, Paris/La Haye, 1972, p. 183 sq).

는 이 점에 대해 주목할 만한 예증을 하고 있다).[3]

이런 것들이 또한 학문적 인종주의의 내용과 특히 그 영향력을 **비판하는** 것을 어렵게 만들고 있다고 지적해야겠다. 결국 학문적 인종주의 이론의 구성 그 자체에서 실제로 전제되는 것은 다음과 같다. 즉, 대중이 추구하고 욕망하는 '지식'이란, 그들이 자발적 감정에서 스스로를 정당화할 뿐인, 혹은 그들을 본능의 진실로 다시 데려갈 뿐인 기초적 지식이다. 잘 알려져 있듯이, 베벨은 반셈주의[4]를 '멍청한 자들의 사회주의'라고 부르고, 니체는 그것을 허약한 자들의 정치에 거의 가까운 것으로 보았다(그러나 그렇다고 해서 그가 인종적 신화학의 상당 부분에 책임을 져야 한다는 것을 막지는 못한다). 그러나 우리가 인종주의적 교의를 바로 데마고기적인 이론적 정교화라고 규정할 경우(이 정교화의 유효성은 대중의 지식에 대한 욕망에 대해 이 교의가 마련해 주는 예견된 응답에서 유래한다), 우리 자신은 이러한 애매함équivoque에서 벗어날 수 있을까? **'대중**masse**'이라는** (혹은 '민중populaire'이라는) **범주 자체는 중**

3 L. POLIAKOV, *Le Mythe aryen,* Calmann-Lévy, 1971 ; *La Causalité diabolique: essais sur l'origine des persecutions,* op. cit., 1980.

4 [옮긴이] '반셈주의antisémitisme'는 보통 '반유대주의'의 의미로 환원되어 번역되고 유통된다. 그렇지만 '반유대주의'보다 '반셈주의'가 훨씬 더 넓은 의미망을 갖고 있다. 반셈주의anti-Semitism란 한마디로 유대인을 차별, 배척하려고 하는 사상을 가리킨다. 예로부터 기독교는 유대교와 거리를 두려고 하면서 스스로를 '이방인(비유대인)'의 종교로 자리매김하기 위해 사람들을 유대인과 비유대인으로 양분하는 사고방식을 확장해 왔다. 이것이 유럽 역사를 환류하는 반유대주의anti-Judaism의 원류가 된다. 19세기 후반에 유대인을 생물학적 '인종' 개념으로 파악하는 견해가 일반화되고, 더욱이 언어학적인 '셈어족'이나 '아리아어족'이라는 분류가 '인종' 개념으로 전환되면서, 유럽인 가까이에 존재하는 '유대인'은 '셈족'이라는 대명사로 변하고, 반유대주의는 반셈주의라는 말로 대체되었다. 반셈주의라는 용어 자체는 1879년에 빌헬름 마르Wilhelm Marr라는 저널리스트가 처음 사용한 것으로 알려져 있다. 현대에도 팔레스타인 사람들의 시각에서 본 이스라엘 국가 비판은, 서구에서는 모두 '반셈주의'의 이름으로 단죄되는 경향이 있다. 그렇지만 이 책에서는 가독성을 위해 둘 다 '반유대주의'로 통일하여 표기했으며, 다만 반유대주의라고 표기된 경우에는 반드시 원어를 병기했다.

립적이지 않으며, 사회적인 것의 자연화 및 그 인종화의 논리로 직접 통한다. 이 애매함을 일소하려고 시작하려면, 인종주의적 '신화'가 그 대중에 대한 장악력을 획득하는 방식을 고찰하는 것만으로는 틀림없이 충분하지 않으며, '지적' 활동과 (넓은 의미에서의) '육체적' 활동과의 분할의 틀 안에서 정교화된 또 다른 사회학 이론들이 왜 이 지식에 대한 욕망과 쉽사리 융합할 수 없는지를 물어야 한다. 인종주의적 신화들('아리아 신화', 유전의 신화)이 신화인 것은 단순히 그 유사-과학적 내용 덕분만이 아니라 지성을 대중으로부터 분리하는 단절fossé[도랑]의 상상적 극복의 형태(이것은 이른바 타고난 유치함에다 대중을 가둬 버리는 암묵적인 운명론과 떼어내기 어렵다)에서도 그렇다.

이렇게 우리는 '신인종주의'로 다시 돌아갈 수 있다. 여기서 난점을 이루는 것처럼 보이는 점은, 이미 말했듯이 인종주의의 **사실**이 아니다(특히 자기만족이나 후안무치aveuglement[맹목]를 드러내는 상당수의 '정치적 계급'에 의해 인종주의적 실천은 부인되는데, 이러한 부인에 속고 싶을 때 실천은 매우 확실한 기준이 된다). 오히려 어려운 것은 언어의 상대적 새로움이 어느 한도에서 사회적 실천과 집합적 표상 사이의, 학문적 교의와 정치적 운동 사이의 **새롭고** 지속 가능한 접합을 표현하고 있는지를 아는 것이다. 요컨대 그람시의 언어로 말하면, 여기서 헤게모니 같은 어떤 것이 어렴풋이 나타나고 있는지를 아는 일이 어려운 것이다.

인종 개념의 대체물로서의, 또한 '계급의식'을 해체하는 요인agent으로서 **이주** 범주가 맡은 기능이 우리에게 첫 번째 단서를 준다. 분명히 우리는 여기서 단순히 인종이라는 용어와 그 파생어의 비열함에 의해 [은폐하는 데] 필수적이게 된 위장의 작동만을 다루는 것도 아니고, 또 프랑스 사회의 변형의 결과만을 다루는 것도 아니다. 오래전부터 이주 노동자들의 집단성은 인종주의적 정형화가 침투해 들어간 차별과 외국인 혐오증적 폭력에 시달렸다. 또 다른 위기의 시대인 양차 대전의 전간기에는 유대인이든 아니든, 파시스트 운동의 틀을 뛰어넘어서 '프랑스 거류 외국인métèques[아랍계를 지칭]'에 대한 공격 캠페인이 맹위를 떨쳤다. 비시 정권이 히틀러의 야망에 기여한 것이 이런 운동의 논리적 결말을 표시한다. 그러나 그 당시 타자에 대한 증오와 공포의 표상의 결정적voûte 열쇠로서 '생물학적' 기표의 '사회학적' 기표로의 명확한 대체를 목격하지 못한 이유는 무엇일까? 인류학적 신화의 고유하게 프랑스적인 전통의 무게를 별도로 한다면, 이것은 십중팔구 한편으로는 당시 (본질적으로 유럽적) 이주의 지각과 식민지의 경험(한편으로 프랑스는 '침략'되고, 다른 한편으로는 프랑스가 '지배'되고 있던) 사이에 존속하던 제도적이고 이데올로기적 단절 때문이며, 다른 한편으로는 세계적 수준에서 국가들과 민족들peuples과 문화들 사이의 새로운 접합 모델의 부재 때문이다.[5] 물론 이 두 가지 이유는 연결되어 있다. 그런데 새로운 인종주의는 '탈식민지화' 시대의, 구식민지와 구 식민지 본국 사이의 인구 이동이 역전된 시대의 인종주의이자 단일한 정치적 공간 내부에서 인류가 분할된 시대의 인종주의이다. 이주의 복합체에 집중되어 있는 현행 인종주의는 이데올로기적으로는 프랑스 밖에서, 특히 앵글로색슨 나라들에서 이미 광범위하게 전개된 '인종들 없는 인종주의'라는 틀 속에 기입된다. 즉, 그것은 그 지배적 테마가 생물학적 유전이 아니라 오히려 문화적 차이의 환원불가능성인 인종주의이다. 또 이 인종주의는 언뜻 보면 어떤 특정 집단이나 인민들peuples이 다른 집단이나 인민들보다 우월하다고 가정하는 것이 아니라 오히려 '단순히' 경계[선]의 소멸의 해로움'만'

5 미국에서 '흑인 문제'가 유럽 이주의 계속적인 유입과 그 수용에 의해 제기된 '소수민족 문제problème ethnique'와 분리된 채로 있던 방식과 비교해 보라. 거기에서는 1950-1960년대 동안에, 새로운 '에스니시티의 패러다임'이 후자를 전자에 투영하는 데 이르렀다 (Michael OMI and Howard WINANT, *Racial Formation in the United States*, Routledge & Kegan Paul, Londres, 1986).

을, 생활방식과 전통의 양립 불가능성'만'을 가정하고 있는 인종주의이다. 즉, 그것은 **차이주의적 인종주의**(P. A. 타기에프)라는 정당한 제목으로 부를 수 있는 인종주의인 것이다.[6]

이 물음의 중요성을 강조하기 위해서는 첫째, [생물학적 유전에 기초한 인종주의에서 문화적 차이에 기초한 인종주의로의] 이 변화의 정치적 귀결을 지적해야 한다. 반인종주의의 논증이 뒤통수를 맞게 되는 한, 즉 이 논거가 반인종주의 자체를 향하게 되는 한, 전통적인 반인종주의를 옹호하기 어렵게 되었다는 것이 첫 번째 정치적 귀결이다(타기에프는 탁월하게도 이를 차이주의적 인종주의의 **보복 효과**라고 부른다). [이 새로운 인종주의 논의에서] 인종은 생물학적으로 따로 떼어낼 수 있는 단위를 구성하지 않는다는 것, 결국 '인간의 인종들races humaines' 따위는 **존재하지 않는다**는 것이 즉시 승인되었다. 또 개인의 행동과 그 '소질'은 피나 유전자에 의해서는 설명되지 않으며, 그 역사적인 '문화'에의 소속에 의해 설명된다는 것도 마찬가지로 승인되었다. 그런데 문화들의 다양성과 평등(이러한 문화의 다양한 총체만이 인간 문명을 구성한다)의 재인再認, 나아가 문화의 관역사적인 **영속성**의 재인으로 대체로 방향지어진 인류학적 문화주의는 전후의 휴머니즘적이고 세계시민주의적인 반인종주의에 대해 매우 많은 논거를 제공해 주었다. 이러한 인류학적 문화주의의 가치는 어떤 일방주의적인 제국주의의 헤게모니에 맞선 투쟁에서, 그리고 소수자적이거나 피지배적 문명의 근

6 특히 다음을 참조하라. "Les présuppositions définitionnelles d'un indefinissable : le racisme", (*Mots*, n°. 8, mars 1984) ; "L'identité nationale saisie par les logiques de racisation. Aspects, figures et problèmes du racisme différentialiste", (*Mots*, n°. 12, mars 1986) ; "L'identité française au miroir du racisme différentialiste", *in Espaces* 89, *L'identité française*, Éditions Tierce, Paris, 1985. 이런 사고는 이미 콜레트 기요맹의 연구에 나타나고 있다. 또한 다음을 보라. Veronique DE RUDDER, "L'obstade culturel : la différence et la distance", *L'Homme et la société*, n°. 77-78, 1985, pp. 23-49. 앵글로색슨 국가들에 대해서는 다음을 보라. Martin BARKER, *The New Racism: Conservatives and the Ideology of the Tribe*, Junction Books, Londres, 1981.

절, 즉 '인종말살ethnocide'에 맞선 투쟁에서 그것이 행한 기여에 의해 확인되는 것이다. 그런데 차이주의적 인종주의는 이 논증을 **문자 그대로** 받아들였다. 모든 문명이 마찬가지로 복잡하고 인간 사유의 발전에 필수적(클로드 레비-스트로스, 『인종과 역사』)이라고 논함으로써 이름을 날렸던 인류학의 대가가 이제 자발적이든 아니든, '문화의 혼합'이나 '문화적 거리'의 제거가 인간 지성의 죽음에 상응하며, 생물학적 생존을 보증하는 조절[기능]을 위험에 빠뜨리기까지 한다(『인종과 문화』)는 생각에 가담하고 있는 것이다.[7] 이러한 '증명'은, 인간 집단(실제로는 국민적 집단이다. 그렇다고는 해도 국민이라는 정치적 범주의 인류학적 의의가 분명 의심스럽기는 하다)의 '자생적' 경향, 즉 그 전통, 그러니까 그 정체성을 보존하려는 경향과 직접 결부된다. 이와 같은 것에 의해 밝혀진 것은 생물학적 내지 유전적 자연주의가 인간적 행동과 사회적 소속을 자연화할 때의 유일한 양식이 아니라는 점이다. 위계적 모델의 포기와 맞바꾸어(이것이 실제적이라기보다는 외견상의 것이라는 점은, 나중에 보게 될 것이다), **문화도 자연으로서 기능할 수 있으며,** 특히 개인과 집단을 선험적으로 하나의 계보, 즉 불변적이고 범접할 수 없는 기원에 의한 결정론에 감금해 버리는 방식으로서 기능할 수 있다.

그러나 이 최초의 보복 효과는 더 교활하고, 그러니까 더 효과적

7 1971년에 유네스코 강연을 위해 집필된 원고. 현재 *Le Regard éloignié*, Plon, 1983, pp. 21-48.에 재수록되었다. 다음의 비판을 참조하라. M. O'CALLAGHAN and C. GUILLAUMIN, "Race et race... la mode 'naturelle' en sciences humaines", *L'Homme et la société*, n° 31-32, 1974, pp. 195-210. 오늘날 레비-스트로스는 완전히 다른 관점에서 '반인간주의', '상대주의'의 신봉자라고 공격받고 있다(T. TODOROV, "Levi-Strauss entre universalisme et relativisme", *Le Debat*, n° 42, nov.-déc. 1986, pp. 173-192 ; A. FINKIELKRAOUT, *La Défaite de la pensée*, Gallimard, Paris, 1987). 논의는 종결되지 않았을 뿐 아니라 이제 막 시작되었을 뿐이다. 나로서는 레비-스트로스의 교의가 '인종주의이다'라는 게 아니라, 19세기 및 20세기의 인종주의적 이론이 인종주의의 개념적 장 안에서 구축된다고 강조하고 싶다. 그러므로 이런 식으로 인종주의와 인간주의를 식별할 수는 없을 것이다(이 책 3장 「인종주의와 민족주의」 참조).

인 두 번째 효과를 동반한다. 즉 만일 환원 불가능한 문화적 차이가 인간의 진정한 '자연 환경'이며, 역사를 호흡하는 데 불가결한 대기라면, 이러한 차이를 없애는 것은 필연적으로 방어적 반응이나 '에스닉 간의interethniques' 갈등, 공격성의 일반적인 고양을 부추기게 될 것이다. 이 같은 방어 반응은 '자연스럽기'도 하지만, 그러나 동시에 위험하기도 하다. 놀라운 뒤돌아서기에 의해, 차이주의적 교의가 여기서 스스로 **인종주의를 설명**하려 하고 있다(심지어 그것을 예방하려고 하기조차 한다)는 것이 보이는 것이다.

[이상에서 살펴본 것처럼] 우리는 사실상 문제설정의 일반적인 변경déplacement을 목격한다. 즉, 인류사에서 인종의 이론 혹은 인종 간 투쟁의 이론(그것이 생물학적 기초에 근거하든, 혹은 심리학적 기초에 근거하든)으로부터, 우리는 사회에서 '에스닉한 관계들'(혹은 **인종 관계**)의 이론으로 이행하는데, 후자의 이론은 **인종적 소속이 아니라 인종주의적 행동을 자연화하는** 것이다. 논리적인 관점에서 보면, 차이주의적 인종주의는 메타-인종주의méta-racisme, 혹은 '두 번째 입장position'의 인종주의라고 부를 수 있다. 그것은 인종주의와 반인종주의 사이의 갈등에서 교훈을 끌어낸 것인데, 즉 사회적 공격성의 원인에 관한, 정치적으로 조작 가능한 이론으로 제시된다. 즉, 만약 인종주의를 피하고 싶다면 '추상적인' 반인종주의를 피해야 하며, 인구 이동의 심리학적이고 사회학적 법칙에 대한 몰이해méconnaissance를 피해야 한다는 것이다. 그것에 따르면 또한 '인내의 문턱[한계]'을 존중해야 하고, '문화적 거리'를 유지해야 한다. 즉 개인이 유일한 문화의 배타적 계승자이자 그 담지자여야 한다는 가정에 입각해 집단을 분할해야 한다(이 점에서 여전히 더 좋은 장벽은 국경이다). 여기서 우리는 사변을 떠나 정치와 일상적 경험의 해석으로 직접 뚫고 나아간다. 당연히 [앞서 말한] '추상적'이라는 딱지는 인식론적인 성격의 것이 아니라 그에 상응하는 실천이 더 구체적이거나 더 효과적일수록 더욱 빈번하게 적용되는 가치 판단이

다. 이 실천에는 도시 재개발 계획이나 차별에 맞선 투쟁 계획, 즉 학교에서 그리고 고용에서의 반차별 투쟁 계획 같은 것이 포함된다(이것들은 미국의 신우파가 **역차별**이라고 부르는 것이다. 프랑스에서도 마찬가지로 결코 어떠한 극단적인 운동에 관여하고 있지 않는 '분별 있는' 정신의 소유자가 그 선동에 의해서 시민 대중의 국민적 소속 감정을 '도발하는' 방식으로, '인종주의를 창출하는 것은 반인종주의이다'라고 설명하는 것이 더욱더 자주 들려온다).[8]

(이제 **진정한 반인종주의,** 그러니까 진정한 인간주의로 스스로를 제시할 수 있는) 차이주의적 인종주의 이론이 비합리적인 운동이나 공격성, 집단적 폭력, 특히 외국인 혐오에 관한 일반적 설명으로서의 '군중심리학'이 누리는 특별 대우와 쉽사리 통한다고 해도 우연은 아니다. 여기에서는 앞서 말한 이중의 게임이 충분히 기능하는 것을 볼 수 있다. 즉, 한편으로 자기 자신의 '자생성'의 설명을 대중에게 제시하는 것, 다른 한편으로 이 똑같은 대중을 '투박한primitive' 군중이라고 암묵적으로 헐뜯는 것이다. 신인종주의 이데올로그는 유전의 광신자가 아니라 사회심리학의 '현실주의적' 기술자라는 것이다. …

이런 식으로 신인종주의의 보복 효과를 제시함으로써 나는 분명히 이 효과의 발생과 그 내적 변이의 복잡성을 단순화했지만, 이러한 전개의 전략적 관건을 꺼내 보이고 싶다. 물론 정정과 보충이 필요하겠지만, 여기에서는 이를 소묘하는 것밖에는 할 수 없다.

그런데 '인종 없는 인종주의'라는 관념은 사람들이 상상할 수 있

8 앵글로색슨 나라들에서 이 테마는 '인간행동학éthologie humaine'과 '사회생물학'에 의해 푸짐하게 예증되고 있다. 프랑스에서 이것들의 토대는 직접적으로 문화주의적이다. 신우파 이론가들에서 더 차분한 대학 종사자들에 이르기까지, 이런 테마의 선집으로는 A. BÉJIN et J. FREUND, eds, *Racismes, antiracismes*, Méridiens-Klincksieck, Paris, 1986. 을 참조하라. 이 책이 방대한 부수를 가진 대중 출판물을 통해 널리 퍼지고 있다는 점을 알아야 한다(Guillaume FAYE, (dir.), "Dossier choc : Immigrés : Demain la haine", *J'ai tout compris*, n°. 3, juin 1987).

는 것만큼 혁명적이지는 않다. 인종이라는 말의 의미가 겪은 우여곡절을 검토하는 데 들어가지 않고(실제로, 사료로 본 이 단어의 사용은 '유전학'에 그 '계보'를 모조리 재기입하는 것보다 선재한다)—반인종주의의 몇몇 속류적 해석에서도, 그러나 또한 신인종주의에 의한 반인종주의의 역전에서도 골칫거리겠지만—몇 가지 중요한 역사적 사실에 주목해야 한다.

이차적인 이론적 정교화의 수준에서는 사이비-생물학적인 인종 개념을 그 본질적인 동력으로 삼지 않는 인종주의도 항상 존재했다. 그리고 그 원형은 반유대주의이다. 계몽주의 시대의 유럽에서, 즉 **레콩키스타**[9]와 이단 심문 시대의 스페인에서 이루어진 신학적 반유대주의antijudaïsme의 국가적이고 민족주의적인 굴절 이래 결정結晶화되기 시작한 근대적 반유대주의는 **이미** '문화주의적' 인종주의이다. 그래도 신체적 낙인이 몇 가지 중요한 환영적fantasmatique 장소를 차지하긴 했지만, 이는 생물학적 유전의 기호로서라기보다는 오히려 심층심리학의 기호, 정신적 유산의 기호로서였다.[10]

9 [옮긴이] Reconquista : 스페인의 기독교인들이 이슬람교인들에게서 이베리아반도를 탈환하려고 한 국토 회복 운동으로, 1491년에 달성되었다.

10 다른 사람들 중에서도 특히 루스 베네딕트가 H. S. 체임벌린과 관련해 이를 지적한다. "그렇지만 체임벌린은 신체적 특징이나 계보[혈통]에 의해 유대인들Semites을 구별하지 않았다. 그도 알았듯이, 일람표로 만들어진 인체측정법으로는 근대 유럽의 다른 사람들로부터 유대인을 정확하게 분리할 수 없다. 그러나 그들이 특수한 사고 및 행위 방식을 갖고 있었기 때문에, 그들은 적이었다. '누구나 금새 유대인이 될 수 있다' 등등"(R. BENEDICT, *Race and Racism*, Routledge & Kegan Paul, Londres, 1983, p. 132 *sq.*). 그[베네딕트]가 보기에, 이것은 체임벌린의 '솔직함'의 기호인 동시에 그 내적 '모순'의 기호이기도 하다. 그런데 결국 그것은 몇 가지 모순 중 하나가 아니라 규칙이 되었다. 잘 알려져 있듯이 반유대주의에서는 유대인의 열등성이라는 테마가 환원 불가능한 이타성이라는 테마만큼 중요하지는 않다. 체임벌린은 유대인들의 지적, 상업적, 공동체적 '우수성'을 상기시키는 데 만족하기도 하지만, 그렇기 때문에 더욱더 그들은 '위험하다'고 간주하게 된다. 종종 시인되지만 나치의 시도는 유대인을 **사실상의** 인간-이하적 성격의 결과 따위가 아니라 '인간-이하의 것'으로 **축소[환원]**하는 시도인 것이다. 바로 그 때문에, 이 시도는 예속에 머물지 않고, 절멸에까지 도달해야 했던 것이다.

이렇게 말해도 좋다면, 이러한 기호는 가시적이지 않을수록 더 많은 것을 드러내며, 유대인은 더 분간할 수 없을수록 더 '진정한' 유대인이게 되는 것이다. 이러한 유대인의 본질은 문화적 전통에 있으며, 그것이 도덕적 퇴폐를 유발하는 요인이라는 것이다. 반유대주의는 특히 '차이주의적'이며, 많은 점에서 현행의 모든 차이주의적 인종주의는 형식의 관점에서 볼 때 **일반화된 반유대주의**로 간주될 수 있다. 이러한 간주는 특히 프랑스에서 현대의 아랍인 혐오를 해석하는 데서 매우 중요하다. 왜냐하면 바로 이 아랍인 혐오가 유럽성과 양립할 수 없는 '세계관'으로서, 그리고 보편적 이데올로기적 지배의 기획으로서 이슬람의 이미지를 담고 있기 때문이며, 따라서 '아랍성arabité'과 '이슬람주의'를 체계적으로 혼동하고 있기 때문이다.

이는 인종주의 전통을 지닌 프랑스의 국민적 형태에 관한, 아직 인정하기 어렵지만 그럼에도 불구하고 결정적인 어떤 역사적 사실로 우리의 주목을 향하게 한다. 틀림없이 아리아성[11]의 교의에 관한, 인체측정법과 생물학적 유전주의의 특정한 프랑스적인 족보는 존재하지만, 진정한 '프랑스적 이데올로기'가 거기에 있는 것은 아니다. '프랑스적 이데올로기'는 '인권의 나라'의 문화를 통한 인류genre humain의 교화를 보편적인 사명으로 여기는 데 있다. 이러한 이데올로기에 대응하는 것은 피지배 주민들로의 동화의 실천, 그리고 결국 이 **동화에 적응하느냐 저항하느냐 하는 성향의 많고 적음**에 입각해 개인이나 집단을 차이화하여 위계화할 필요성이다. 식민지화에서, 또 '백인의 책무'라는 바로 프랑스적인(혹은 '민주주의적인') 변종에서 전개되는 것이 치밀한 동시에 결정적이기도 한 배제/포함이라는 이런 형태이다. 나는 다른 곳에서 인종주의적 이데올로기의 기능에서의, 혹은 이데올로기

11 [옮긴이] aryanité : 정관계·사업계에서 모든 비아리아인을 내쫓는 운동.

들의 기능의 인종주의적 측면에서의 보편주의와 개별주의의 역설에 대해 재론하고자 한다.[12]

거꾸로, 신인종주의적 교의에서 위계화라는 테마의 소거가 실제적이라기보다는 외관상일 뿐이라는 점을 알아채기는 어렵지 않다. 실제로 위계화의 관념(이것의 가당찮음은 큰 소리로 비난을 사기도 한다)은 한편으로는 교의의 **실천적인** 사용 속에서(따라서 이 관념이 명백하게 언표될 필요는 없다), 다른 한편으로는 문화의 차이를 사고하기 위해서 적용된 **기준들의** 유형 그 자체라는 형태로(다시 '두 번째 지위'인 메타-인종주의의 논리적 수완이 작동하고 있는 것을 볼 수 있다) 재구성되어 있는 것이다.

제도화된 문화가 국가의 문화, 지배계급의 문화, 적어도 공식적으로는 '국민적' 대중masse—그들의 생활 및 사고 양식은 제도에 의해 정통화되었다—의 문화인 장소들에서는 사실상 혼합의 예방이 실행되고 있다. 따라서 이 예방은 표현의 금지로서, 그리고 일방향적으로 사회 진보의 금지로서 기능한다. 영국의 '흑인Black'이나 프랑스의 '[마그레브 출신의] 아랍인 2세Beur'에게는, 그들이 이미 생활하고 있는 사회에 '통합'되기 위해 요구받는 동화(그러나 이 동화는 항상 피상적이고, 불완전하며, 위장된 것으로 의심받는다)가 진보와 해방, 권리의 부여로 이루어진다는 사실은 모든 문화의 존엄성에 관한 이론적 담론이 어떤 것이든, 실제로 사라지지는 않을 것이다. 그리고 이러한 상황의 배후에서 작동하는 것은 인간의 역사적 문화가 두 개의 큰 부류로 분할된다—보편주의적이고 진보적인 문화와 돌이킬 수 없이 개별주의적이고 투박한 문화—는 관념의 약간 갱신된 변종이다. '일관성 있는' 차이주의적 인종주의가 **모든** 문화의 고정성[불변성]을 변호하면서도 한결같이 보수주의적이라는 역설은 우연이 아니다. 이 인종주의가 실

12 이 책 3장 「인종주의와 민족주의」에서 내가 한 연구를 참조하라.

제로 보수주의적인 것은 유럽의 문화와 생활양식을 '제3세계화'로부터 보호한다는 구실 아래 모든 실제적 발전의 길을 유토피아적으로 닫아 버리기 때문이다. 그러나 이 인종주의는 즉각적으로 '닫힌' 사회와 '열린' 사회, '정적인' 사회와 '동적인entreprenantes' 사회, '차가운' 사회와 '뜨거운' 사회, '집산적인' 사회와 '개인주의적인' 사회라는 낡은 구별을 재도입한다. 이 구별이 거꾸로 **문화** 개념의 모호함을 모조리 작동시키는 것이다. (이것은 특히 프랑스어의 경우에 타당하다!)

분리된 실체(혹은 상징적 구조)로 간주된 문화들(즉, 'Kultur'라는 의미에서의 문화) 간 차이는 '유럽적' 공간 자체에서의 문화적 불평등을 가리킨다. 혹은, 더 정확하게 말하면 이 차이는 산업화되고 학력화되고, 더욱더 국제화되고 세계화된 사회에서 경향적으로 재생산되는 **불평등의 구조**로서의 '문화'(지식인의 **교양**Bildung과 민중의 **교양**, 전문 기술적인 **교양**과 습속적인 **교양** 등)를 가리킨다. '상이한' [복수 정관사의] 문화**들**les cultures은 장해물을 구성하는 문화이거나, 학교나 국제적 의사소통의 규범에 의해 [단수 정관사의] 문화la culture를 획득하는 데 장해물이 되는 문화이다. 그리고 역으로, 피지배계급의 '문화적 핸디캡'은 외국인의 상태extranéité와 실천적으로 등가적인 것으로서, 또는 특히 '혼합'의 파괴적 효과(즉 이 '혼합'이 행해지는 물질적 조건의 효과)에 노출된 생활양식으로 제시된다.[13] 이전에는 인종적 유형의 본질적 고정성[불변성]이라는 가정을 언표할 수 있으려면, 노골적으로 불평등을 떠드는 인종주의는 차이주의적 인류학(유전학에 근거한 것이든, **민족심리학**Völkerpsychologie에 근거한 것이든)을 전제해야 했다. 그러나 이러한 위계

13 단순한 이웃사촌보다도, 학교에서 이주자의 존재에 관해 '인종 간 갈등'과 원한이 훨씬 더 첨예화하는 것은 명백히 (단수 정관사) 문화의 제도적 위계(즉, 사회적 분류와 그 자연화에서 결정적인 심급) 아래로 [복수 정관사의] 문화들**의** '사회학적' 차이가 포섭되는 것에 의한 것이다. 다음을 참조하라. S. BOULOT and D. BOYSON-FRADET, "L'échec scolaire des enfants de travailleurs immigrés", *Les Temps modernes*, numéro spécial, *L'Immigration maghrébine en France*, n° 452, mars-avril-mai 1984.

적 테마의 잠재된 현존은 오늘날 **개인주의적** 모델의 압도라는 특권화된 방식으로 표현되고 있다. 암묵적으로 우월한 문화는 '개인적인' 기획이나 사회적·정치적 개인주의를 제지하는 문화에 대립되는 것으로, 이런 개인주의를 가치 증식하고 두둔하는 문화이다. 이것이야말로 그 '공동체 정신'이 바로 개인주의에 의해 구성되는 문화일 것이다.

이로부터 **생물학적 테마의 회귀,** 즉 문화적 인종주의의 틀에서 생물학적 '신화'의 새로운 변종의 정교화를 최종적으로 재가하는 것을 우리는 이해할 수 있다. 잘 알려져 있듯이, 이 점과 관련해서는 각 국가마다 상황이 다르다. 동물행동학과 사회생물학의 이론적 모델(이것들 자체는 부분적으로 경합하는데)은 앵글로색슨 나라들에서 더 영향력이 있다. 이 나라들에서 이 모델들은 사회다윈주의와 우생학의 전통을 계승하고, 전투적인 신자유주의의 정치적 목표와 직접적으로 완전히 합치한다.[14] 그러나 이 생물학주의적 이데올로기 자체도 기본적으로 '차이주의적 혁명'에 의거하고 있다. 이러한 이데올로기가 설명하고자 하는 것은 인종의 구성이 아니라 개인적 성향이 축적될 때 문화적 폐쇄성과 전통이 결정적으로 중요하다는 것, 그리고 특히 외국인 혐오와 사회적 **공격성**의 '자연적' 토대이다. 그런데 이 공격성은 본질적으로 허구이며, 이것의 원용은 모든 형태의 신인종주의에 공통되며, **생물학주의를 한 단계 늦추는** 것을 가능케 한다. 그것에 따르면, 틀림없이 '인종들'은 존재하지 않으며, 주민들과 문화들밖에 존재하지 않는다. 그러나 문화의 생물학적(이고 생물심리학적)인 원인과 결과, 그리고 상이한 문화에 대한 생물학적 반응이 존재한다(이 반응은 확장된 '가족'과 그 '영토'에 항상 연결되어 있는, 인간이 지울 수 없는 '동물성'의 흔적으로 형성된다). 거꾸로 (프랑스에서처럼) 순수한 문화주의가 지배적으로 간주되는 곳에서는 '생명체'나 그 재생산, 그 성과, 건강 같

14 다음을 참조하라. M. BARKER, *The New Racism, op. cit.*.

은 외적인 조절로서의 생물학에 관한, 문화에 관한 담론의 정교화를 향한 진보적인 변동dérive을 볼 수 있다. 다른 사람들 중에서도 미셸 푸코가 이를 예감했다.[15]

신인종주의의 현행 변종은 다음과 같은 담론과 사회적 테크놀로지를 향해 발전하도록 정해져 있는 이행기의 이데올로기적 형성체를 구성할 뿐일지도 모른다. 즉, 그곳에서는 계보적[혈통적] 신화의 역사적 서사(인종과 민족people, 문화, 국민 사이의 대체 게임)의 측면이 상대적으로 영향력을 상실하는 한편, '정상적인' 사회생활에의 (혹은 반대로 범죄와 일탈에의), 또한 (정서적 및 위생학적, 우생학적 관점으로부터) '최적의' 재생산에의 지적 성향이나 '자질'의 심리학적 가치 평가의 측면이 전면에 나온다. 이때 일련의 인지과학이나 사회심리학, 통계학이 유전과 환경의 몫을 배합[조제]하면서, 이런 성향과 자질을 측정하고, 선별하고 관리[통제]하기 위해 제공된다. … 즉, 신인종주의의 현행 변종은 '포스트 인종주의'를 향하고 있다고 할 수 있다. 내가 이렇게 생각하는 것은 국민국가 체계의 틀에서 사회관계나 인구 이동의 세계화가 '국경' 개념을 재사고하고 그 적용 양상을 파급시키도록 하며, 나아가 이러한 세계화가 사회적 예방의 기능을 국경에 부여하고, 더 개체화된 규정statuts에 그것을 결부시키도록 하기 때문이다. 게다가 기술 변화는 계급투쟁에서, 또 개인의 일반화된 기술-정치적 선별이라는 관점에서, 교육 불평등과 지적 위계에 더욱 더 중요한 역할을 할 것이기 때문이다. 국민-기획[국민들-기업들nations-entreprises]의 시대에는 진정한 '대중의 시대'가 우리의 눈앞에 있는 것이다.

15 Michel FOUCAULT, *La Volonté de savoir*, Gallimard, Paris, 1976.
이 글을 쓴 후에야 나는 다음 책을 읽었다. Pierre-André TAGUIEFF, *La force du préjugé. Essai sur le racisme et ses doubles*, La Découverte, 1988. 이 책에서 타기에프는 내가 아래에서 언급하는 분석들을 주목할 정도로 발전시키고 완성시켰으며, 미묘한 차이를 잡아냈다. 그렇게 할 만한 충분한 가치가 있는 이 책을 가까운 시일에 논의할 수 있기를 바란다.

2장 보편주의, 인종주의, 성차별주의

: 자본주의의 이데올로기적 긴장들[1]

이매뉴얼 월러스틴

근대 세계는 협소한, 국지적 충성의 범위를 넘어 인류의 보편적 형제애를 선언한 최초의 것이라고 오랫동안 전해져 왔다. 혹은 1970년대까지는 그렇게 이야기되었다. 그때 이후로 우리는 보편주의적 교의라는 용어법 자체가, 예를 들어 '인류 형제애the brotherhood of man'라는 문구에서 볼 수 있듯이, 자기 기만적이라고 의식하게 되었다. 왜냐하면 이 문구는 젠더에서는 남성적이며, 그래서 모든 여성을 암묵적으로 배제하거나 혹은 부차적인 영역으로 강등시키기 때문이다. 이러한 언어의 예를 더 많이 드는 것은 쉬운 일일 것이다. 그 모든 예는 근대 세계에서 계속되고 있는 보편주의의 이데올로기적 정당화 작업과 이 똑같은 세계에서 계속되고 있는 인종주의 및 성차별주의의 (물질적인 동시에 이데올로기적인) 현실 사이의 근간에 놓여 있는 긴장을 드러낸다. 내가 논하고 싶은 것은 바로 이 긴장, 아니 더 정확히 말하자면 이 모순이다. 왜냐하면 모순들은 역사적 체계들의 동력을 제공할 뿐만 아니라, 역사적 체계의 본질적 특징들을 드러내기도 하기 때문이다.

물어야 할 한 가지는 보편주의적 교의가 무슨 까닭으로, 그리고 얼마나 널리 공유되는가를, 혹은 왜 인종주의와 성차별주의가 존재하고 존속하는가이다. 그리고 [인종주의와 성차별주의라는] 두 가지 이데올로기의 짝짓기의 기원을 탐구하는 것, 서로 반대된다고 추정되

1 원래 이 글은 다음 책에 수록된 것을 로트팔라 솔리망Lotfallah Soliman이 프랑스어로 번역한 것이다. "The ideological tensions of capitalism : universalism versus racism and sexism", in J. SMITH et al., *Racism, Sexism and the World-Economy*, Praeger, New York, 1988.

는 이것들 사이의 공생관계라고 주장할 수 있는 것을 탐구하는 것은 이와는 또 다르게 물어야 할 것이다. 겉보기의 역설로부터 우리 논의를 시작하자. 인종주의와 성차별주의에 대해 주요한 도전을 던진 것은 보편주의적 신념이었다. 그리고 보편주의에 대한 주요한 도전을 던진 것은 인종주의적·성차별주의적 신념이었다. 우리는 이 두 가지 신념의 주창자들이 서로 반대 진영에 있다고 믿는다. 포고Pogo가 말하듯이, 적이 우리 자신이라고 자각하는 것은 아주 간헐적으로 있을 뿐이다. 그리고 우리의 대부분(어쩌면 모두)은 두 가지 교의를 동시에 추구하는 것이 완벽하게 가능하다는 것을 이해한다. 이는 틀림없이 비통해 해야 할 일이지만, 그러나 또한 설명되어야 하며, 더군다나 단순히 위선이라고 단언하는 것 이상의 것에 의해 설명되어야 한다. 왜냐하면 이러한 역설(혹은 위선)은 끈질기게 이어지고 있고, 널리 퍼져 있으며, 구조적이기 때문이다. 그것은 지나칠 수 있는 인간 실패 따위가 결코 아니다.

기존의 역사적 체계에서는 일관성을 갖추기가 훨씬 쉬웠다. 이 기존 체계가 그 구조와 원리에서 아무리 다르더라도, 이 체계들은 모두 내부자와 외부자 사이에 모종의 도덕적이고 정치적인 구별을 행하는 데 망설임이 없었다.

이 구별에서는 내부자의 신념과 더 높은 도덕적 성질이, 그리고 다른 사람들에 대한 내부자의 의무감이 인류에 대한 그 어떤 추상적 개념들보다도 우선시되었다. 조금이라도 이런 추상화가 주장된다면 말이다. 세 개의 일신교적인 세계 종교 유대교, 기독교, 이슬람교조차 내부자와 외부자를 이렇게 구별했다. 비록 이것들이 단일한 인류를 관장하는 유일신을 원칙적으로 신앙하는 것이라고 해도 말이다.

이 글은 우선 근대의 보편주의적 교의들의 기원을 논하고, 다음으로 근대적 인종주의와 성차별주의의 원천을 논하며, 마지막으로 이 두 가지 이데올로기의 결합의 실체를, 이를 초래한 원인과 그 결과들이라는 두 가지에 입각해서 논한다.

보편주의의 기원들을 현재의 역사적 체계의 이데올로기로서 설명하는 데에는 두 가지 주요 방식이 있다. 하나는 보편주의를 더 오래된 지적 전통의 극치로 간주하는 것이다. 다른 하나는 보편주의를 자본주의적 세계경제에 특히 적합한 이데올로기로 간주하는 것이다. 이 두 가지 설명 양식이 반드시 서로 모순되는 것은 아니다. 보편주의가 오랜 전통의 결과나 극치라고 보는 논점은 바로 세 개의 일신교와 관련되어 있다. 인간들(혹은 몇몇 인간들)이 부족 신에 대한 신앙을 접고 신의 유일성을 인정하게 되었을 때, 그래서 인류의 유일성을 암묵적으로 인정하게 되었을 때, 중요한 도덕적 비약이 발생했다고 주장되어 왔다. 확실히 주장은 이렇게 이어진다. 즉, 세 개의 일신교는 자신들의 입장의 논리를 도중까지만 추구했을 뿐이라고. 유대교는 신이 선택한 민족[인민]에게 어울리는 특별한 지위를 만들어 내고, 또한 영입에 의해 신도 자격을 획득하는 것을 장려하는 일을 싫어했다. 기독교와 이슬람교는 둘 다 선민 집단에 진입하는 장벽을 허물고, 개종에 관해서는 사실상 유대교와는 다른 방향으로 나아갔다. 그러나 기독교와 이슬람교 둘 다 신의 왕국으로의 완전한 접근을 얻어 내기 위해서는 신에 대한 충성을 나타내는 적극적 행위(과거에는 신앙심 없는 성인일지라도 정식 회심으로 이를 행할 수 있었다)를 보통 필요로 했다. 근대의 계몽 사상은 이 일신교적 논리를 한 걸음 더 나아가게 하여 인간 본성 그 자체로부터 도덕적 평등성과 인권을 끌어냈을 뿐이라고 얘기된다. 그리고 이 특성은 천부적인 것이며, 또한 그 결과로서 우리의 권리는 후천적으로 획득된 것이라기보다는 선천적으로 부여된 것이라고 한다.

이것은 관념의 부정확한 역사가 아니다. 우리는 이런 계몽주의 이데올로기를 반영한 18세기 후기의 여러 가지 중요한 정치적-도덕적 문서를 갖고 있다. 이 문서들은 중대한 정치적 격변(프랑스대혁명,

미국의 탈식민지화 등)의 결과로서 광범위한 신빙성과 지지를 얻었다. 게다가 우리는 계몽주의 이데올로기의 역사를 현대로까지 연장할 수 있다. 이 18세기의 이데올로기적 문서들에는 사실상의 생략이 적지 않았다. 가장 현저한 것은 비백인과 여성의 생략이다. 하지만 시간이 지나면서 이 집단들도 보편주의적 교의의 항목 아래에 명확하게 포함됨에 따라 이 생략이 바로잡혔다. 오늘날에는 인종주의적 혹은 성차별주의적 정책의 실시를 그 존재 이유로 삼는 사회운동조차, 보편주의의 이데올로기에 적어도 입 발린 소리를 하는 경향이 있다. 이 때문에 자신들이 분명하게 믿고 생각하는 것이 정치적 우선성을 좌우해야 한다는 것을 명백하게 주장하는 일을 아무래도 부끄러운 일로 여기는 듯하다. 그러므로 보편주의적 이데올로기의 수용을 보여주는 일종의 장기적인 상승 곡선을 관념의 역사에서 도출하고, 그 곡선에 바탕을 두고서 일종의 불가피한 세계사적 과정이 작동한다고 주장하는 것도 그다지 어렵지 않다.

그러나 보편주의는 근대 세계에서 정치적 교의로서 본격적으로 추구되었을 뿐이기 때문에, 그 기원 또한 이 근대 세계의 특수한 사회경제적 틀 속에서 찾아내야 한다는 주장도 매우 설득력 있어 보인다. 자본주의 세계경제는 끝없는 자본 축적 위에 세워진 체계이다. 이 자본 축적을 가능케 하는 주요한 메커니즘 중 하나는 모든 것의 상품화이다. 이 상품들은 재화, 자본, 노동력의 형태로 세계시장 속에서 흐른다. 아마 이 흐름이 자유로울수록 상품화의 정도가 그만큼 커질 것이다. 그렇기에 이 흐름을 제한하는 모든 것은 억제되어야 한다고 가설적으로 말할 수 있는 것이다. 재화, 자본, 노동력이 시장 친화적인 상품이 되는 것을 방해하는 모든 것은 이런 흐름을 제한하도록 작용한다. 재화와 자본, 혹은 노동력을 평가하기 위한 기준으로서 이것들의 시장가치와는 다른 어떤 것을 사용하면, 이런 다른 가치 평가를 얼마나 우선시하느냐가 그 항목을 비-시장 친화적이거나 적어도 덜 시장 친화적으로 만들게 된다. 그래서 일종의 흠 잡을 데 없는 논리에 의해, 어떤 종류의 특수주의든 자본주의적 체계의 논리와는 양립 불가능하다고, 혹은 적어도 이것의 최적의 작동에는 장해물이라고 얘기된다. 만일 그렇다면, 자본 축적의 끝없는 추구에서 본질적인 한 요소로서, 보편주의적 이데올로기를 주창하고 이를 실행하는 것은 자본주의 체계 내부에서는 정언명령일 것이다. 그래서 자본주의적 사회관계들이란 '보편적 용매'와 다름없고, 그것은 화폐라는 단일한 척도에 의해 표시되는 동질적인 상품 형태로 모든 것을 환원하도록 작용한다.

이것은 두 개의 주요한 결과를 갖는다고들 한다. 첫째, 그것은 재화의 생산에서 효율성을 가장 높일 수 있게 해 준다고 한다. 노동력에 입각해서 구체적으로 말해 보자면, 우리가 "재능에 따라 출세할 수 있는 직업"(프랑스대혁명에서 생겨난 슬로건 중 하나)을 가진다면, 가장 유능한 인물이 세계적 분업 속에서 이들에게 가장 적합한 직무를 갖게 될 가능성이 높다는 것이다. 그리고 실제로 우리는 오늘날 우리가 '능력주의적' 체계라고 부른 것을 수립할 수 있도록 고안된 제도적 메커니즘들—공립학교 제도, 공무원 제도, 친족 등용 금지법 등—을 발전시켰다.

둘째로, 능력주의는 경제적으로 효율적일 뿐 아니라 정치적으로도 안정을 가져온다고 한다. 역사적 자본주의에서 (이보다 앞선 역사적 체계에서와 마찬가지로) 보수의 분배에 불평등이 존재하더라도, 이 불평등 정도에서 고보수자에 대한 저보수자의 분노가 심하지 않은 것은, 이것의 정당화가 전통이 아니라 능력에 기초하여 제공되기 때문이라고 한다. 달리 말하면, 대부분의 사람들은 상속에 의해 얻은 특권보다 능력에 의해 얻은 특권이 도덕적으로도 정치적으로도 좀 더 수용 가능하다고 생각한다.

이는 의심스러운 정치사회학이다. 실제로는 정반대가 진실이다.

상속에 의해 얻은 특권은 영원한 질서에 대한 신비적이거나 숙명론적인 믿음에 기초하여 피억압자들에게는 오랫동안, 적어도 미미하게나마 수용 가능한 것이었다. 그리고 이런 믿음은 적어도 그들에게 확실성의 위안을 주고 있다. 반면 다른 누구보다도 똑똑하고 충분한 교육을 받았기 때문에 얻은 특권은, 기본적으로 사다리를 기어오르고 있는 소수를 제외하면, 받아들이기가 매우 어렵다. 여피가 아니면 그 누구도 여피를 사랑하거나 존중하지 않는다. 왕자는 적어도 온화한 아버지 형상으로 보일 수도 있다. [반면] 여피는 과도한 특권을 누리는 형제자매일 뿐이다. 능력주의적 체계는 정치적으로 가장 안정적이지 않은 체계들 중 하나이다. 그리고 인종주의와 성차별주의가 그림 속에 들어서는 것은 바로 이 정치적 취약성 때문이다.

보편주의적 이데올로기의 추정상의 상승 곡선은 이데올로기로서도 사실로서도, 인종 혹은 젠더에 의해 발생된 불평등 정도의 하강 곡선과 일치한다고 이론적으로 오랫동안 생각되었다. 하지만 경험적으로는 그렇게 단순하지 않았다. 심지어 우리는 반대로 주장할 수도 있을 것이다. 즉, 인종과 젠더의 불평등 곡선은 실제로는 근대 세계에서 상승하고 있으며, 적어도 하강하지는 않았다고 말이다. 사실로는 확실하며, 이데올로기로서도 그럴 가능성이 높다. 왜 그런지를 알려면 인종주의와 성차별주의의 이데올로기들이 실제로 무엇을 주장하는지를 살펴봐야 한다.

인종주의란 (피부색 같은) 유전적 기준에 의해, 또는 (종교적 신앙, 문화적 패턴, 언어적 선호도 등의) 사회적 기준에 의해 정의된 다른 집단에 대해, 누군가가 경멸의 태도를 취하거나 공포심을 품고 있다는 문제가 아니다. 인종주의는 보통 그런 경멸과 공포를 포함하기는 하지만, 이것 이상이다. 경멸과 공포는 자본주의 세계경제에서의 인종주의의 실천을 정의하는 것에 비하면 완전히 이차적이다. 심지어 타자에 대한 경멸과 공포(외국인 혐오)는 모순을 수반하는 인종주의의 한 측면이라고 주장될 수도 있다.

선행하는 모든 역사적 체계에서 외국인 혐오는 하나의 중요한 행태적 결과를 갖고 있다. 공동체, 사회, 내집단의 물리적 거점으로부터 '야만인'의 퇴출—살해는 그 극단적인 방식이었다—이 그것이다. 타자를 물리적으로 퇴출할 때는 언제나, 우리가 짐작건대 추구하고 있는 환경의 '정화'를 얻겠지만, 동시에 다른 것을 불가피하게 잃게 된다. 우리는 퇴출된 자의 노동력을 잃으며, 그래서 그 사람이 있었더라면 거듭 전유할 수 있었을 잉여의 창출에 대한 그 사람의 기여 몫을 잃는 것이다. 이것은 어떤 역사적 체계에서도 상실을 나타내지만, 체계의 구조와 논리 전체가 무한한 자본 축적을 둘러싸고 세워져 있는 경우, 퇴출에 의한 상실은 특히 막대하다.

팽창하고 있는 자본주의 체계는 (대부분의 경우에는) 찾아낼 수 있는 모든 노동력을 필요로 한다. 왜냐하면 이 노동력은 재화를 생산하고 이 재화 생산을 통해 더 많은 자본이 생산되고 실현되고 축적되기 때문이다. 체계 밖으로의 노동력의 추방은 무의미하다. 하지만 만일 자본의 축적을 최대화하고 싶다면, 생산 비용(즉 노동력 비용)을 최소화하는 동시에, 정치적 혼란에 따른 비용을 최소화하는 (그래서 노동력의 항의를—제거하는 게 아니라, 왜냐하면 제거할 수 없기 때문인데—최소화하는) 것이 필요하다. 인종주의는 이런 목표들을 조화시키는 마법의 공식이다.

이데올로기로서의 인종주의에 대한 가장 초창기의, 가장 유명한 논의 중 하나를 살펴보자. 유럽인이 신세계에 왔을 때, 그들은 이윽고 대량 살육을 자행하게 된—무력에 의해 직접적으로든, 질병에 의해 간접적으로든—민족들peoples과 만나게 되었다. 스페인의 수도사 바르톨로메 데 라스 카사스는 인디언들이 구제를 필요로 하는 영혼을 지녔다고 주장하면서, 이들을 받아들였다. 교회에 의해, 또한 최종적으로는 국가에 의해 공식적으로 승인받은 라스 카사스의 주장이 내포하는 바를 추적해 보자. 그에 따르면, 인디언들은 영혼을 지녔기 때문에 인간이며, 자연법의 규정이 그들에게도 적용된다. 따라서 인디언을 무차별적으로 살육하는 것(또 그들을 영역에서 퇴출하는 것)은 도덕적으로 용납될 수 없었다. 하지만 그 대신에 그들의 영혼을 구제하려고 (그들을 기독교의 보편주의적 가치관으로 개종시키려고) 애쓸 의무가 있었다. 게다가 인디언은 활력으로 넘쳐났고, 아마 개종의 도상에 있을 것이라고 추정되었기에, 그들을 노동력으로 통합할 수도 있다는 것이었다. 물론 숙련 수준에 따른다는 것은 요컨대 그들이 직업 및 보수상의 위계제의 최저 수준에서 통합된다는 것을 의미하지만.

인종주의는 기능적으로 보면, 노동력의 '에스닉화'라고 불릴 수 있을 형태를 취해 왔다. 노동력의 '에스닉화'라는 말로 내가 말하고 싶은 것은 약간의 이른바 사회적 기준과 상관되기 쉬운 경향이 있는 직업-보수상의 위계제가 줄곧 존재했다는 것이다. 그러나 에스닉화의 패턴이 불변적이기는 하지만, 그 세부 내용은 때와 장소에 따라 바뀌었다. 즉, 인간의 유전적 및 사회적 풀pools 중 어느 부분이 특정한 시기와 장소에 놓이게 되느냐에 따라, 또 그 때와 장소에서 경제의 위계적 요구가 무엇이었는가에 따라 그 세부 내용은 바뀌었다.

바꿔 말하면, 인종주의는 우리가 인종 또는 에스닉적-국민적-종교적 집단 형성이라고 부르는, 이런 물상화된 실체의 정확한 경계선을 정의할 때, (유전적 그리고/또는 사회적) 과거와의 연속성에 기초를 두는 주장들을 현재-지향적인 유연성과 항상 결부시켜 왔다. 현재에서의 이런 경계선들을 끊임없이 다시 긋는 것과 결부된 과거의 경계선들과의 연결을 요구하는 이 유연성은, 인종적 그리고/또는 에스닉적-국민적-종교적 집단이나 공동체의 창출 및 부단한 재창출이라는 형태를 취한다. 이 집단들은 항상 거기에 있으며, 항상 위계적으로 등급이 매겨지지만, 항상 정확히 똑같은 것은 아니다. 몇몇 집단은 등급 체계들에서 이동할 수 있지만, 몇몇 집단은 사라지거나 다른 집단과 결부될 수도 있다. 다른 집단들은 분열되어 뿔뿔이 흩어지거나 새롭게 태어나기도 한다. 하지만 '검둥이niggers' 같은 집단은 항상 존재한다. 만일 그 역할을 하는 흑인이 없다거나 너무 적게만 있다면, '흰 검둥이White niggers'를 발명하는 일도 생각할 수 없을 것이다.

이런 종류의 체계—형태와 독성에서는 불변적이나 경계선은 다소 신축적인 인종주의—는 세 가지를 매우 잘 해낸다. 우선 첫째로 인종주의는 당면한 필요에 따라서, 특수한 시간-공간 지대에서 최소한의 지불로 보상할 것이 가장 적은 경제적 역할을 수행하는 데 이용할 수 있는 숫자를 늘리거나 줄일 수 있게 해 준다. 둘째로 인종주의는 실제로 아이들이 적합한 역할을 하도록 사회화하는 사회적 공동체들을 산출하고 부단히 재창출한다(물론 공동체는 아이들을 저항의 형태로 사회화하기도 한다). 셋째로 인종주의는 불평등을 정당화하기 위해 능력주의와는 무관한 기초를 제공한다. 이 마지막 점은 강조할 만한 가치가 있다. 인종주의는 교의에서는 반보편주의적이기 때문에 체계로서의 자본주의를 유지하는 데 도움이 된다. 그것은 항상 능력에 기초해서 정당화될 수 있는 것보다 훨씬 낮은 보수를 노동력의 주요한 구성 부분에 주도록 허용한다.

그러나 체계로서의 자본주의가 인종주의를 야기한다면, 그것이 성차별주의도 야기할 필요가 있을까? 그렇다. 왜냐하면 이 두 가지는 실제로 밀접하게 연결되어 있기 때문이다. 노동력의 에스닉화가 존재하는 것은 노동력의 구성 부분들 전체에 매우 낮은 임금을 받아들이게 하기 위해서이다. 이러한 저임금은 평생 동안의 임금 수입이 가구[세대] 총수입의 상대적으로 적은 비율만 제공할 뿐인 가구 구조 속에 임노동자가 자리 잡고 있기 때문에 실제로 가능하다. 이런 가구는 이른바 생존 유지 활동과 소규모 시장 활동으로의 노동의 대규모 투입(부분적으로는 확실히 성인 남성에 의해서, 그러나 대부분은 성인 여성, 게다가 남성과 여성 청년 및 노령자)을 필요로 하고 있다.

이러한 체계에서 비임금 작업으로의 이런 노동의 투입은 낮은 임금 수입을 '벌충하고', 그래서 실제로 이런 가구에 속하는 임노동자의 고용자에 대한 간접적인 보조금을 나타낸다. 우리에게 이런 것을 생각하지 못하게 하는 것이 성차별주의이다. 성차별주의는 여성에게 [남성과는] 상이한, 아니 심지어 정당하게 평가받지 못하는 노동 역할을 강요하는 것만이 아니다. 이는 인종주의가 단순히 외국인 혐오증에 국한되지 않은 것과 마찬가지다. 인종주의가 사람들을 작업 체계 내부에 붙잡아두고 이로부터 떠나가지 못하게 하는 것이듯이, 성차별주의도 똑같은 것을 의도한다.

자본의 소유자를 위해 잉여가치를 심지어 아무런 대가 없이 창출하도록 여성(및 청년과 노령자)이 노동하게끔 독려하는 방법은, 이들의 노동이 실제로는 노동이 아니라고 공언하는 것이다. 우리는 '주부'라는 말을 발명하고, 주부란 '노동'하는 게 아니라 단지 '집안일'을 하고 있을 뿐이라고 주장한다. 그래서 정부가 이른바 취업 노동자의 비율을 산정할 때, '주부'는 전혀 계산의 분자에도 분모에도 들지 않는다. 게다가 성차별주의와 나란히 연령에 따른 차별도 자동적으로 이뤄지고 있다. 우리는 주부의 노동이 잉여가치를 창출하지 않는 것처럼 말하는데, 이와 똑같이 타인에게 고용되지 않은 청년과 노령자의 다양한 노동 투입도 잉여가치를 창출하지 않는 것처럼 말한다.

이런 주장 중 그 어떤 것도 노동의 현실을 반영하지 못한다. 그것은 요컨대 아주 강력하고, 서로 딱 들어맞는 하나의 이데올로기와 다름없다. 중간간부층 또는 중간 계층이 체계를 정당화할 수 있는 기반으로서 도움이 되는 보편주의-능력주의와 노동력의 대다수를 구조화하는 데 도움이 되는 인종주의-성차별주의의 조합은 매우 잘 작동한다. 하지만 이는 어떤 지점까지만 그럴 뿐이며, 게다가 단순한 이유 때문에 그렇다. 즉, 자본주의 세계경제의 두 가지 이데올로기적 패턴은 서로 공공연한 모순 관계에 놓인다. 그리고 이 미묘하게 균형 잡힌

조합은 항상 감당하기 어렵게 될 위험성을 품고 있다. 왜냐하면 다양한 집단이 한편으로는 보편주의의 논리를, 다른 한편으로는 인종주의-성차별주의의 논리를 너무 멀리까지 밀어붙이기 때문이다.

우리는 인종주의-성차별주의가 너무 멀리까지 나아가면 무슨 일이 일어날지를 알고 있다. 인종주의자는 외집단을 전체적으로 추방하려고 시도할 것이다. 예를 들어 우리는 나치의 유대인 대량 학살의 경우에서처럼 민첩하게, 혹은 덜 민첩하기는 해도 전면적인 아파르트헤이트의 추구에서 이를 볼 수 있다. 이 극단적인 사례를 취하면, 이 [인종주의-성차별주의의] 교의는 불합리하며, 또한 불합리하기 때문에 저항을 받는다. 저항은 물론 그 희생자에 의해 야기되지만, 그러나 저항하는 것은 그들만이 아니다. 인종주의에 반대하지는 않으나 인종주의의 일차 목표—에스닉화되어 있으나 생산적인 노동력의 형성—가 망각되고 있다는 사실에 반대하는 강력한 경제적 세력도 인종주의-성차별주의의 교의에 저항하는 것이다.

우리는 보편주의가 지나치면 무슨 일이 일어날지도 상상할 수 있다. 인종(혹은 이것의 등가물)과 젠더가 정말로 아무런 몫도 하지 않는, 직무 및 직무 보수의 진정으로 평등한 배정을 실시하려고 하는 사람들이 있을 수 있다. 그러나 인종주의를 지나치게 하는 것과는 달리, 보편주의를 지나치게 할 수 있는 그 어떤 민첩한 방식은 없다. 왜냐하면 이 경우에는 보편주의에 대한 법적-제도적 장벽을 제거해야 할 뿐 아니라 에스닉화의 내부화된 패턴도 제거해야 하기 때문이다. 그리고 이것은 불가피하게 적어도 한 세대를 필요로 한다. 그러므로 보편주의가 지나친 것에는 그다지 어렵지 않게 저항할 수 있다. 인종주의와 성차별주의의 제도화된 장치를 해체하기 위한 조치가 취해질 경우에는, 반드시라고 말해도 좋을 정도로, 우리는 보편주의 그 자체의 이름으로, 이른바 인종주의의 역류를 공공연하게 비난하지 않을 수 없게 되는 것이다.

그래서 우리가 보는 것은, 적당한 정도의 보편주의와 적당한 정도의 인종주의-성차별주의 사이의 긴장 어린 연결에 의해 가동되는 체계이다. 이 등식 중 어느 한쪽을 "과도하게" 밀어붙이려고 하는 노력이 항상 이뤄지고 있다. 그 결과는 모종의 지그재그 패턴이다. 이것은 특별한 지장이 없다면 영원히 계속될 것이다. 시간이 지날수록 지그와 재그 사이의 거리는 더 커질지언정 작아지지는 않는다. 보편주의로 향하는 추진력은 점차 강해지고 있다. 인종주의 및 성차별주의로 향하는 추진력도 마찬가지다. 판돈은 점점 올라가고 있다. 이것에는 두 가지 이유가 있다.

한편으로 모든 참가자에 의한 역사적 경험의 축적이 초래한 정보 측면에서의 영향이 있다. 다른 한편으로 체계 자체의 장기적 추세가 있다. 왜냐하면 보편주의와 인종주의-성차별주의의 지그재그만이 체계에서의 유일한 지그재그인 것은 아니기 때문이다. 예를 들어 경제의 확장과 수축의 지그재그도 있고, 보편주의와 인종주의-성차별주의의 이데올로기적 지그재그도 어느 정도 이것과 상관되어 있다. 경제적 지그재그도 역시 갈수록 첨예해지고 있다. 왜 그런지는 또 다른 설명이 필요하다. 하지만 근대적 세계체제의 일반적 모순들이 이 체계를 장기적인 구조적 위기로 밀어 넣었기 때문에, 후속 체계를 탐구하는 데에서도 첨예한 이데올로기적-제도적 거점은 실제로 보편주의와 인종주의-성차별주의 사이의 긴장의 첨예화, 지그와 재그의 간극의 확대 속에서 발견된다. 그것은 이 이율배반의 두 극 중 어느 쪽이 어떤 의미에서 승리를 거두느냐의 문제가 아니다. 왜냐하면 양자는 긴밀하고 개념적으로 서로 결합되어 있기 때문이다. 그것은 보편주의 이데올로기도 인종주의-성차별주의 이데올로기도 이용하지 않는 새로운 체계를 우리가 발명할지의 여부, 또 어떻게 발명할 것인가라는 문제이다. 그것은 우리의 과제이지만, 결코 쉬운 과제는 아니다.

3장 인종주의와 민족주의[1]

에티엔 발리바르

인종주의적 조직은 종종 인종주의적이라고 지칭되기를 거부하고 **민족주의**로 불릴 것을 요구하며, 이 두 통념의 환원 불가능성을 주장한다. 그것은 [그들의] 은폐 전술일 뿐일까 아니면 인종주의적 태도에 내재한 말들을 두려워한다는 징후일까? 사실 인종과 국민[민족]의 담론들은 결코 멀리 떨어져 있지 않다. 설령 [멀리 떨어져 있지 않다는] 부인의 형태하에서일 뿐이라고 해도 말이다. 그러므로 [프랑스의] 국민적 영토에 '이주자들'이 현존하는 것이 '반프랑스적 인종주의'의 원인으로 여겨지고 있는 것이다. 적어도 어휘 자체의 진동[애매함]이 시사하는 것은 이미 구성된 국민국가에서 민족주의가 정치운동으로 조직화되는 것이 불가피하게 인종주의를 포함하고 있다는 것이다.

적어도 역사가들 중 일부는 인종주의가—이론적 담론으로서, 그리고 대중의 현상으로서—근대 시대에 편재하는 '민족주의의 장 안에서' 발전된다는 점을 보여주기 위해 이런 논점을 끌어들였다.[2]

이렇게 해서, 민족주의는 인종주의의 유일한 원인은 아닐지라도 아무튼 그 생산의 결정적인 조건일 것이다. 더욱이 [인종주의의 발생을 논할 때] (위기의 효과에 의한) '경제적' 설명, 혹은 (개인적 정체성과 집단적 소속이라는 감정의 양가성에 의한) '심리학적' 설명은, 이 설명들이 민족주의의 전제나 혹은 민족주의의 되먹임 효과를 분명하게 해 주는 한에서만 적실성을 갖고 있는 것 같기도 하다.

1 이 텍스트의 발췌본은 다음에 수록되어 있다. *M*, n° 18, décembre 1987-janvier 1988.

2 가장 논쟁적인 최근의 설명은 다음의 것이다. René GALLISSOT, *Misère de l'antiracisme*, Arcantère, Paris, 1985.

틀림없이 이와 같은 테제는 인종주의가 객관적인 생물학적 '인종들'의 실존과는 거의 관계가 없다는 것을 확증해 준다.[3] 이 테제는 [또] 인종주의가 역사적 또는 문화적 생산물임을 보여주지만, 또 다른 각도에서는, 인종주의를 모종의 인간적 자연[본성]의 불변성으로 만드는 경향이 있는 '문화주의적' 설명의 애매함도 피하고 있다. 게다가 이 테제는 인종주의의 심리를 그 자체로 순수하게 심리학적인 설명으로 다시 돌려보내는 순환을 부숴 버린다는 장점을 갖고 있다. 결국 이 테제는 민족주의 장의 **바깥**에 인종주의를 두는 데 신경을 쓰는 다른 역사가들의 완곡화 전략에 대한 비판적 기능을 완수하게 된다. 즉, 이런 완곡화 전략은 마치 민족주의에 인종주의적 운동을 포함시키지 **않고서도**, 그러므로 인종주의적 운동을 초래하는 사회관계로 다시 돌아가지 않고서도, 또 현대 민족주의(특히 제국주의)의 나누기 힘든 사회관계로 다시 돌아가지 않고서도 인종주의를 정의할 수 있는 것처럼 생각한다.[4] 그러나 이러한 훌륭한 이유를 아무리 축적한들, 이 축적은 인종주의가 **민족주의의 불가피한 귀결**이라는 것을 필연적으로 내포하지 않으며, 하물며 **명백한 것이든 잠재한 것이든 인종주의의 실존 없이 민족주의는 그 자체로는 역사적으로 불가능하다**는 것을 필연적으로 내포하지도 않는다.[5] 인종주의와 민족주의라는 두 개의 범주 및 이 둘의 접합은 모호하기 짝이 없다. 우리로서는 모든 개념적 '순화'를

3 이것은 이미 1942년 『인종과 인종주의』라는 책에서 루스 베네딕트의 주제가 되었다(Ruth Benedict, *Race and Racism*, Routledge & Kegan Paul, London, 1983). 그러나 베네딕트는 국민, 민족주의, 문화를 진정으로 구별하지 않고 있으며, 오히려 인종주의를 민족주의 측면에서 '역사화함'으로써 인종주의를 '문화화'하는 경향이 있다.

4 예를 들어 다음을 참조하라. Raoul GIRARDET, article "Nation : 4. Le nationalisme", *Encyclopaedia Universalis.*

5 나는 이미 선행 연구에서 이를 강조했다. "Sujets ou Citoyens? - Pour l'égalité", *Les Temps Modernes*, numéro spécial, *L'Immigration maghrébine en France*, n° 452, mars-avril-mai 1984.

쓸모없는 것으로 만드는 이유들을 길게 조사하는 것을 두려워해서는 안 된다.

과거의 현존

준-공식적인 정의로까지 소중하게 떠받들어진 우리의 인종주의 개념은 어떤 모델로부터 20세기 말에 형성된 것일까? 부분적으로는 나치의 반유대주의로부터, 또 미국에서 (노예제의 장기간의 속편으로 간주된) 〈흑인들〉의 [인종] 격리로부터, 그리고 마지막으로는 식민지 정복, 전쟁들, 지배라는 '제국주의적' 인종주의로부터 형성되었다. (민주주의의 방어, 인권 및 시민권의 천명, 민족해방 등의 정치와 연관된) 이 모델들에 대한 이론적 성찰은 일련의 구별들을 산출했다. 그 추상화에도 불구하고, 이 구별을 상기하면서 시작하는 것은 쓸모없지 않다. 왜냐하면 효과들의 제거는 바로 원인들의 제거에 의존한다는 다소간 널리 선포된 관념에 따른다면, 이 구별들은 원인들의 탐구가 향할 방향성을 지적하기 때문이다.

우리가 마주치는 첫 번째 구별은 **이론적**(혹은 교의적) 인종주의와 **자생적** 인종주의(인종주의적 '편견') 사이의 구별이다. 후자의 인종주의는 어떤 때에는 집단심리의 현상으로, 또 어떤 때에는 다소간 '의식적인' 개인적 인성의 구조로 간주된다. 나중에 이 점으로 돌아가자.

더 역사적인 관점에서 볼 때, 식민지적 인종주의와 비교한 반유대주의의 특이성을 고려해야 하며, 또는—합중국에서라면—〈흑인〉에 대한 인종주의적 억압과 이주자의 '에스닉 집단'이 겪는 차별을 상이하게 해석할 필요성이 있다. 이런 상이한 해석은 많든 적든 이념적으로 (국민적 공간에서 소수자화된 주민에 대해 행해지는) **내적** 인종주의와 (외국인 혐오증의 극단적 형태로 간주된) **외적** 인종주의를 구별하는 것으로 우리를 인도한다. 이것이 지적하는 바는, 이 구별이 사전적 기준으로서 **국경이 부여되어 있다**는 것을 전제하며, 또 포스트-식민지적 상황이나 (라틴아메리카에 대한 북아메리카의 지배와 같은) 반半 식민지적 상황에 적용할 경우에는 이 구별이 매우 부적절해질 것이라는 위험을 무릅쓴다는 것을 전제한다. 이런 상황에서는 경계라는 통념이 다른 무엇보다도 애매하기 때문이다.

인종주의적 담론에 대한 분석이 현상학적이고 의미론적 분석 방법을 이용하게 된 이래, **타자-참조적**hétéro-référentiel 내지 '타자-혐오증적hétéro-phobique' 인종주의에 대립시켜 **자기-참조적**auto-référentielles 인종주의적인 어떤 자세를 특징짓는 것이 유효해졌다고 본다. 자기-참조적 인종주의가 물리적 또는 상징적 폭력을 행사하는 편견의 담지자가 자기 자신을 우월한 인종의 대표자로 지칭하는 인종주의인 반면, 타자-참조적 인종주의에서 열등한 혹은 사악한 종으로 지정되는 것은 인종주의 과정, 혹은 더 적절하게 말하면 인종주의화 과정의 희생자이다. 이 구별이 제기하는 것은 단순히 인종들의 신화가 어떻게 형성되는가일 뿐만 아니라 인종주의가 인종들의 신화와 불가분한가 여부의 물음이기도 하다.

현행 현상들에 적용되는 것이든 혹은 과거 현상들의 발생을 재구성하려는 것이든, 정치적 분석은 **제도적** 인종주의와 **사회학적** 인종주의의 각각의 몫을 평가하기 위해 애쓴다. 즉, 이런 [인종주의의] 구별은 이론적 인종주의와 자생적 인종주의 사이의 구별과 상당히 겹쳐져 있다(실제로 어떤 교의적인 정당화 없이 인종주의적 격리를 목표로 삼는 역사적인 국가 제도들을 상상하거나 지칭하기란 어렵다). 그러나 전자[제도적 인종주의와 사회학적 인종주의]의 구별은 후자[이론적 인종주의와 자생적 인종주의]의 구별과 순수하고 또 단순하게 일치하지 않는다. 왜냐하면 [한편으로] 이 제도들의 정당화를 인종적 신화학과는 또 다른 이론적 이데올로기들로부터 끌어올 수 있기 때문이며, 또 이와 동시에 [다른 한편으로] 사회학적 인종주의의 통념은 인종주의적 성격을 띤

집단적 **운동들**이 제기하는 문제에 대해 우리의 주목이 쏠리게 함으로써 편견의 심리학을 넘어서는 역동적 차원을, 정세적 차원을 담고 있기 때문이다. 제도적 인종주의와 사회학적 인종주의라는 양자택일은 **국가의** (공식적인) 인종주의 구성과 **국가 안에서의** 인종주의의 현존을 나누는 차이들을 소홀하게 다뤄서는 안 된다고 경고한다. 또 양자택일은 어떤 특정한 사회계급들이 인종주의에 빠지기 쉽다는 것을, 그리고 어떤 주어진 정세에서 이러한 계급들이 인종주의에 부여하는 형태에 대해 검토하는 것이 중요하다는 점을 시사한다. 그러나 근본적으로 이 양자택일은 [증오나 욕구불만이라는 심리적 요인을 인종에 투사하는] 투사 전략과 부인 전략으로 종종 번역되는, 신비화하는 것이다. 모든 역사적 인종주의는 제도적인 **동시에** 사회학적이다.

결국 나치즘, 식민지적 인종주의들, 합중국에서의 [인종] 격리와 대면하는 것은 대개 **절멸** 내지 제거의 ('배제적') 인종주의와 **억압** 내지 착취의 ('포함적') 인종주의 사이의 구별을 강요한다. 즉 한쪽은 열등한 인종들이 표상한다고 여겨지는 더러움이나 위험으로부터 사회체를 정화하는 것을 목표로 하는 인종주의이며, 그와 반대로 다른 한쪽은 사회를 위계화하고 분할하는 것을 목표로 한다. 그러나 극단적인 경우일지라도, 이 두 가지 형태가 결코 순수한 상태로는 존재하지 않는다는 것이 곧바로 드러난다. 그리하여 나치즘은 절멸과 강제수용[강제이주]을, 또 '최종적 해결'과 노예화를 결합했으며, 식민지적 제국주의들은 강제노동과 카스트 체제의 설립, 에스닉 집단의 격리, '인종 학살', 즉 주민들에 대한 체계적인 대량 학살을 동시에 실천한 것이다.

실제로 [인종주의의] 이런 구별은 행동이나 구조가 순수하게 이념형적 유형들을 분류하기보다는 오히려 역사적 궤적을 알아내는 데 도움이 된다. 즉, 이 구별의 상대적 적실성은 **하나의** 불변적인 인종주의가 존재하는 것이 아니라 상황들에 따라 다양하게 열린 온갖 스펙트럼을 형성하는 **여러** 인종주의가 존재한다는 상식적인 사실 확인으로 우리를 인도한다. 이와 동시에 지적으로나 정치적으로나 불가결할 수 있는 주의사항으로도 우리를 인도한다. 즉, 특정한 인종주의적 편성configuration[형세]은 고정된 경계들을 갖고 있지 않으며, 그것은 자신의 잠복한 잠재성들뿐 아니라 역사적 정황이나 사회구성체에서의 세력 관계들이 가능한 인종주의들의 스펙트럼 위에서 이동하는 발전의 계기일 뿐이다. 극단적으로 말하면, 현대 사회들에서 인종주의가 부재한 사회를 찾아내는 일은 어렵다(특히 인종주의를 공적으로 표현하는 것이 지배적 문화에 의해 금지되고 있다고, 혹은 폭력적 '행위로의 이행'이 사법적 기구에 의해 거의 억제되고 있다고 진술하는 것에 만족하지 않는다면). 그러나 이 점으로부터 우리가 하나같이 '인종주의적 사회들'에서 살고 있다고 결론을 내릴 수는 없을 것이다. 물론 이런 신중한 말투가 알리바이로 변형되어서는 안 된다는 조건에서. 그리고 바로 여기에서 [인종주의의] 유형론을 넘어서 나아가는 것이 필수적이게 된다. 즉, **인종주의**는 형식적 범주들로 분류되어야 할 하나의 유형이나 특별한 사례들의 병치라기보다는 오히려 **하나의 독특한 역사 그 자체이다.** 물론 그것은 직선적인 역사가 아니다(역행의 지점들, 지하의 국면들, 폭발들을 갖고 있다). 그리고 이 역사는 근대적 인간성의 정세들을 다시 연결시키거나 혹은 거꾸로 이 정세들에 의해 영향을 받는다. 이 때문에 나치의 반유대주의와 식민지적 인종주의, 그리고 노예화의 형상들은 단순히 이러한 '인종주의적 고조'의 순도와 심각도를 측정하는 모델로만 언급될 수 없으며, 인종주의의 장소를 역사 속에서 정하는 시기들이나 사건들로서만 언급될 수 없다. 오히려 이 형상들은 부분적으로는 의식적이고 부분적으로는 무의식적인, 언제나 활동적인 **형성체들**로서 간주되어야 한다. 이 형성체들은 현행 조건들에서 발생하는 행동들과 운동들을 구조화하는 데 기여한다. 여기서는 남아프리카공화국의 **아파르트헤이트**가, 우리가 언급한 **세 가지** 형성체들(나치즘, 식민지화, 노예화)의 특성들을 밀접하게 혼합하고 있다는 패러다임적인 사실을 강조하자.

게다가 우리는 다음의 것을 잘 알고 있다. 즉, 나치즘의 패배와 수용소에서의 절멸의 폭로는 단순히 현행 세계에서 이른바 보편적 문화의 일부를 이루는 깨달음을 재촉했을 뿐만이 아니다(이러한 의식의 내용과 그 함의가 불균등하고 불확실하며, 결국 현실적 인식이 되지는 않았다고 하더라도). 그것은 또한 반쯤은 법적이고 반쯤은 윤리적인 금지를 초래했으며, 모든 금지와 마찬가지로 양가적인 결과들을 가져왔다. 즉, 현대의 인종주의적 담론은 나치즘의 전형적인 언표들을 ('말실수'를 빼고서) 교묘하게 피해야 할 필요성에서부터 나치즘과 관련해서 [나치즘과 동일시되는 것을 두려워하고] 스스로를 인종주의의 **타자**로서 제시할 가능성에 이르기까지, 그리고 유대인들과는 다른 '대상들'로 증오를 이동시켜야 할 필요성에서부터 히틀러주의의 잃어버린 비밀에 대한 강박적인 매혹에 이르기까지. 그래서 나는 진지하게 (이런 현상이 결코 주변적인 것으로 보이지는 않기 때문에 더욱더 진지하게) 다음을 강조하고 싶다. 즉, '아포칼립스' 이후 제3세대에 속하는 젊은 '스킨헤드' 패거리의 나치 모방은, 그것이 매우 초라하다는 점에서, 현행 인종주의의 한복판에서 **집합적 기억의 형태들 중 하나**를 재현하고 있다는 것이다. 혹은 이렇게 말하기를 좋아한다면, 집합적 기억이 현행 인종주의가 향하는 방향을 소묘하는 데 기여하는 방식들 중 하나를 재현한다고 강조하고 싶다—이것은 또한 단순한 억압이나 단순한 설교로는 인종주의를 제거할 수 있을 거라고 바랄 수는 없다는 의미이기도 하다.

틀림없이 그 어떤 역사적 경험도 그 자체로는 스스로를 재활성화할 힘을 갖고 있지 않다. 말뿐인 반나치즘에서 침묵으로, 나아가 신화적 재생산으로 진행된 1980년대 인종주의의 진폭을 해석하기 위해서는, 인종주의가 표적으로 삼은 집단성과 이 집단들 자체의 작용[행동]과 반작용도 고려해야 한다. 왜냐하면 인종주의는 하나의 사회적 관계이지, 단순한 인종주의적 주체들의 망상 따위가 아니기 때문이다.[6] [그럼에도 불구하고] 현행성이 과거의 특이한 흔적들에 묶여 있다는 점은 남는다. 그러므로 마그레브 이주자들에 대한 인종적 증오의 고착화가 어떤 의미에서 반유대주의의 고전적 특징들 중 몇 가지를 재생산하고 있는지를 물어볼 때에도, 19세기와 20세기의 전환점에 있는 유럽에서의 유대인 소수자들과 오늘날의 프랑스에서 '아랍-이슬람적' 소수자들 사이의 유비적 상황을 지적하는 것뿐이어서는 안 된다. 또 '내적 인종주의'라는 추상적 모델—이 모델에서 한 사회는 자기 자신의 일부분에 (혹은 이 사회를 구성하는 개인들의 일부분에) 그 좌절과 불안을 투사한다고 여겨진다—을 참조하는 것뿐이어서도 안 된다. 오히려 우리는 '유대인의 정체성'[에 대한 질문]을 넘어서, 프랑스에 고유한 반유대주의의 반복, **그리고** 나아가 히틀러에 의한 그 촉진 같은 반유대주의의 독자적인 조류에 대해 질문해야 한다.

식민지적 인종주의의 흔적을 둘러싸고도 똑같은 것을 말할 것이다. 우리 주위에 편재하는 [식민지적 인종주의의] 효과를 발견하는 것은 어려운 일이 아니다. 왜냐하면 첫째, **모든** 직접적인 프랑스 식민지화가 사라진 것은 아니기 때문이다(몇몇 '영토들'과 그 2등 시민 지위의 '원주민들autochtones'은 탈식민지화를 통과해 왔다). 둘째, 신식민지주의가 무시할 수 없는 대중적 현실이기 때문이다. 셋째이자 특히, 현행 인종주의의 특권화된 '대상들'인 구 프랑스 식민지 출신 노동자들과 그 가족들이 식민지화와 탈식민지화의 산물로서 나타나기 때문이며, 이렇게

6 인종주의적 콤플렉스를 기술하려고 할 때 아무래도 망상délire이라는 범주가 자생적으로 펜에 찾아오는 것은, 인종주의적 담론이 공격과 박해의 [피해망상적인] 시나리오들을 투사함으로써 현실을 부인하는 방식 때문이다. 그러나 이 범주는 다음과 같은 이유 때문에 정정을 가하지 않고서는 채용될 수 없다. 즉, 한편으로 이 범주가 인종주의가 항상 담고 있는 사고 활동을 감춰 버릴 위험을 가지고 있기 때문이며, 다른 한편으로 **집합적 망상**이라는 통념이 용어 모순에 가깝기 때문이다.

해서 끈질긴 제국[주의]적 멸시와 쇠퇴한 강대국의 시민들이 빠지게 된 원한을 그들 자신에게로 집중시키는 데 성공했기 때문이다. 그것이 보복당하지 않을까 하는 환영에 뒤따르는 강박관념은 아니라고 할지라도. 그러나 이 [식민지적 인종주의의] 연속성만으로는 상황을 특징짓기에 충분치 않다. 즉, 더 원대한 역사적 사건들과 경향들이 (사회집단들이나 이데올로기적 입장들을 좇아 상이하게) 국민적 공간에서 반영됨으로써 이 연속성은 (사르트르가 말했듯이) 매개되거나 (알튀세르가 말했듯이) 과잉결정되고 있는 것이다. 즉, 이 연속성 속에서 나치즘과는 전적으로 이질적인 양상을 따라 어떤 단절이 생기고 있는 것이다. 다시 말해 식민지적 인종주의의 연속성은 부단한 침전이며, 비교적 급속하지만 심대하게 애매한 단절인 것이다.

식민지적 인종주의는 얼핏 보면 '외적 인종주의'의 걸출한 예를 형성하는 것처럼 보일 수도 있을 것이다. [이때의] '외적 인종주의'란 공포와 멸시를 결합한 외국인 혐오의 극단적인 변종이며, 지속 가능한 질서를 정초했다고 공언했음에도 불구하고 식민자들이 항상 품었던 의식, 즉 이 질서가 역전 가능한 세력 관계들에 의존한다는 의식에 의해 영속화되었다. 식민지적 인종주의와 반유대주의 사이의 많은 대척점들은 바로 이 [외적 인종주의라는] 특징에 의지하고 있으며, 이와 동시에 이 대척점들은 억압과 절멸 사이의 차이에도 의지한다(나치의 '최종적 해결'은 반유대주의의 모든 역사에 회고적으로 투사된다). 이리하여 다음과 같은 경향적으로 양립 불가능한 두 가지 유형의 인종주의가 있다(그 때문에 어떤 사람들은 유대인 민족주의를 가리키지 않는 게 아니면서도 '반유대주의는 인종주의가 아니다'라고 말한다). 즉, 한편으로는 내부의 소수자를 제거하는 경향을 지닌 인종주의가 있다. 이 소수자는 '동화될' 뿐 아니라 그 기원에서부터 유럽 국민[국가]들의 문화와 경제의 구성 요소를 형성한다. 그리고 다른 한편으로는 힘에 정복된 다수자를 법적으로도 사실적으로도 시민권에서, 지배적 문화에서, 사회적 역량에서 계속해서 배제하는, 그러니까 무한정하게 '배제'하는 인종주의가 있다(물론 그렇다고 해도, 그것은 가부장적 후견주의를, '토착민' 문화의 파괴를 방해하지도 않고, 피식민지 민족들의 '엘리트'에게 식민자들의 생활방식과 사고방식을 강요하는 것을 방해하지도 않는다).

그러나 식민지화에서 '토착' 주민들의 **외부성**, 혹은 오히려 **인종적** 외부성으로서의 그 표상이 결코 주어진 사물의 상태가 아니라는 점을 고찰해야 한다. 설령 이 표상이 '차이'의 매우 오래된 이미지들을 부활시키고 또 이런 이미지들을 자신의 담론에 병합하고 있다 하더라도. 실제로 이 표상은 정복과 식민지화에 의해 구성된 [본국과 식민지라는] 공간 자체 속에서 생산되고 재생산되었다. 이 공간의 구체적인 행정 구조들이나 강제노동, 성적 억압과 더불어, 그러니까 어떤 **내부성**에 기초하여 이 인종적 외부성이라는 표상이 생산되고 재생산된 것이다. 이런 내부성 없이는 '토착민'의 동화와 배제라는 이중 운동의 양가성을 설명할 수 없을 것이며, 또한 피식민자들에게 할당된 2급 인간의 지위가 세계 분할의 시대 동안 식민지 본국의 국민들이 발전시킨 자기 자신의 이미지를 결정하기에 이른 그 방식을 설명할 수 없을 것이다. 사실 식민지주의의 유산은 계속된 외부화와 '내부적 배제' 사이의 불안정한 결합이다. 나아가 제국주의적 우월감이 형성되는 방식을 고찰함으로써 이를 확인할 수 있다. 즉, 다양한 국적(영국인, 프랑스인, 네덜란드인, 포르투갈인 등)으로 이루어진 식민지 카스트가 **공동으로** '백인의' 우월성이라는 관념을 주조하고, 또 야생에 맞서 방어되어야 할 문명의 이익이라는 관념을 주조한 것이다. '백인의 중책'이라는 이 표상은 유럽 또는 서양이라는 초국민적 정체성의 근대적 통념을 구성하는 데 결정적인 방식으로 기여하였다. 그럼에도 불구하고 이 카스트는 키플링이 '위대한 게임'이라고 부른 것, 즉 '그들' 토착민의 반란 운동에 서로 끊임없이 개입하고 있었고, 더 나아가 경쟁국의 식민지 실천에 인종주의 이미지를 투사하면서 **서로 경쟁적으로** 자신들의 특별한 인간성을 자랑하며 뽐내고 있었다. 예를 들어 프랑스식 식민지화는 스스로를 '동화주의적'이라고 선전했고, 영국식 식민지화는 '문화를 존중한다'고 선전했다. 이렇게 또 다른 〈백인〉은 동시에 나쁜 〈백인〉이기도 하다. 각각의 백인 국민은 정신적으로도 '가장 백인적인 것[하얀 백인]'이라는 것이다. 즉, 그들은 가장 엘리트주의적인 동시에 가장 보편주의적이다. 이런 명백한 모순에 대해서는 나중에 다시 언급하기로 하자.

탈식민지화 과정이 가속화되면서, 이 모순은 그 형태를 바꿨다. 그 이상들에 비춰볼 때, 탈식민지화는 불완전한 동시에 도착적이게 되고 말았다. 그러나 상대적으로 독립적인 다른 사건들(지구적 규모의 군사 및 커뮤니케이션 망의 시대로의 진입)과 서로 교차하면서, 탈식민지화는 새로운 정치적 공간을 창출했다. 이 공간은 전략들이 형성되고 자본과 테크놀로지, 메시지가 순환되는 공간일 뿐 아니라 시장의 법칙에 복종하는 전체 주민들이 물리적이고 상징적으로 만나는 공간이다. 이렇게 식민지 정복 시대 이후부터 인종주의를 구조화하는 차원들 중 하나를 형성하는 내부성-외부성이라는 애매한 편성이 재생산되고 확대되고 재활성화되고 있다. 구 식민지 또는 반-식민지에서 자본주의 '중심부'로 향하는 이주를 통해 야기되는 '국내의 제3세계[화]' 효과에 대해서는 이를 언급하는 것이 진부할 지경이다. **외부의 내부화**라는 이 형태는 '인종'과 '에스니시티'의 표상이 가동되는 지평을 이루지만, 그러나 이 형태는 **내부의 외부화**라는 외견상 안티테제의 형태로부터 추상적으로 분리될 수 있을 뿐이다. 특히 이것[내부의 외부화]은 식민지 지배자들의 다소간의 완전한 떠남 이후에, 국민적이길 원하는 국가들의 형성에서 유래한다. 이 국가들은 자본주의적 부르주아지들 혹은 '서양화된' 국가의 부르주아지들과 바로 이 사실에 의해 '전통주의'[7]로 다시 던져진 비참한 대중 사이의 처절한 적대와 더불어,

7 구 식민지의 '새로운' 국민을 이루는 '각각의' 계급이 이리하여 민족적·문화적 관점에서 다른 계급들과의 사회적 구별을 투영시키게 된다.

지구의 막대한 주변부에서 국민적이기를 원한다(그러나 매우 불평등하게만 그렇게 되고 있다).

베네딕트 앤더슨은 몇몇 선동에서 '대항인종주의contre-racisme'(반백인, 반유럽인)라고 부르는 것의 전개에 의해 제3세계에서 탈식민지화가 표현된 것은 아니라고 강조한다.[8] 물론 우리의 정세에서 '외국인 혐오' 흐름에 대한 이슬람 원리주의의 공헌이 어떤 것인지는 앞으로 검토되어야 할 것이지만, 그의 저서가 최근 이슬람 원리주의가 발전하기 전에 쓰였다는 점을 감안해야 한다. 하지만 어찌되었든 이것은 불완전한 주장이다. 왜냐하면 아프리카와 아시아, 라틴아메리카에서는 '제3세계주의적인' 대항인종주의가 존재하지 않는다고 해도, '국민들' **사이에서**, 또 '에스닉 집단들' **사이에서**, 그리고 '공동체들' **사이에서** 제도적인 동시에 대중적인, 파괴적인 인종주의가 만연해 있기 때문이다. 그리고 거꾸로 인류의 4분의 3은 스스로를 통치할 수 없다는 낡은 관념을 유지함으로써 세계적 커뮤니케이션에 의해 왜곡된 [제3세계의] 이런 인종주의들의 스펙터클은 백인 인종주의의 정형화를 끊임없이 부양하고 있다. 틀림없이 이 모방 효과들의 배경은 식민지 지배자 국민들과 이들의 작전 영역(인류의 나머지)으로 이루어진 구세계가 형식적으로 평등한 국민국가들(모든 국민국가는 국제 제도들 속에서 '대표되고 있다')로 이루어진 새로운 세계로 대체되었지만, 그러나 국가들의 경계들로 환원될 수 없는, **두 인류**의 끊임없이 이동하는 경계에 의해 횡단되었다는 점이다. 이 **두 인류**란 비참한 인류와 '[과잉] 소비'하는 인류이며, 저발전한 인류와 과잉 발전하는 인류이다. 외견상 인류는 제국주의적 위계화가 말소됨에 따라 재통일되었다. [그러나] 사실상 **재통일된 것으로서 인류가 존재하는 것은 어떤 의미에서는 오늘날뿐**

8 Benedict ANDERSON, *Imagined Communities: Reflections on the origin and spread of nationalism*, Verso, Londres, 1983, p.129 *sq.*

인데, 그것은 경향적으로 양립 불가능한 대중들로 **분열되어 있다.** 실제로 세계-정치, 세계-이데올로기의 공간이 되고 있는 세계-경제의 공간에서 하위 인간과 상위 인간의 분할은 구조적이지만, 그러나 지극히 불안정한 것이다. 무엇보다 먼저 인류라는 통념이 하나의 추상일 뿐이다. 그러나 '인간이란 무엇인가?'라는 물음—이 물음의 형태들이 아무리 엉뚱한 것처럼 보일지라도—은 인종주의적 사고 속에 집요하게 지속되는데, 오늘날 이에 대한 모든 응답은 이런 분열에 사로잡혀 있다.[9]

이로부터 어떤 결론을 내릴 수 있을까? 내가 방금 암시한 이동은 니체의 언어를 빌린다면, 인종주의의 현대적 가치 전환이라고 부를 수 있는 것의 일부를 이루고 있다. 이 가치 전환은 인류의 정치적 집단 형성의 일반 경제[구조]와 관련되어 있는 동시에 인류의 역사를 어떻게 상상하는가와 관련되어 있다. 또 이 가치 전환은 내가 전에 인종주의의 특이한 생성 변화라고 불렀던 것을 형성한다. 이 생성 변화는 유형론을 상대화하며, 우리가 '인류의 교화'라고 믿는 것과는 반대 방향에서, 축적된 경험들을 재가공[수선]한다. 이런 의미에서 인종주의적 이데올로기 그 자체의 가장 불변적인 언표 행위들 중 하나가 가정하는 것과는 반대로, **인간의 생물학적 또는 심리학적 '기억'이 '인종'인 게 아니라 근대 사회들의 역사적 기억에서 가장 집요한 형태를 나타내는 것이 인종주의인 것이다.** 즉, 인종주의가 과거와 현재의 상상적 '융합'—이것 안에서 인류사의 집합적 지각이 전개된다—을 계속 작동시키고 있는 것이다.

9 이런 거울 같은 구조가 근본에 있다고 생각한다. 즉 '저개발 인류'에게 '과잉 개발 인류'란 인종주의적 경멸을 격렬하게 실천하고 있는 사람이며, '과잉 개발 인류'에게 '저개발 인류'란 그들 자신이 서로를 경멸하고 있는 사람들이기 때문에 그렇게 정의되는 것이다. 각각에게 인종주의는 '다른 쪽의 문제'이며, 달리 말하면 다른 쪽이야말로 인종주의의 장인 것이다. 그러나 '과잉 개발 인류'와 '저개발 인류' 사이의 경계선은 제어하기 어려울 정도로 이동하기 시작하며, '누가' 다른 편인가를 정확하게 말할 수 없는 것이다.

이 때문에 식민지주의적 인종주의로의 반유대주의의 환원 불가능성이라는 부단히 다시 제기되는 질문이 잘못 제기되는 것이다. 이것들[식민지주의적 인종주의와 반유대주의]은 결코 완전히 독립적이지도 않았고, 불변적이지도 않다. 이것들은 그 결합에서 생겨난 후예를 갖고 있는데, 그 후예는 그 선행 형태들에 관한 우리의 분석에 반작용한다. 몇몇 특징은 언제나 다른 특징들을 가리는 장막이지만, 그러나 이 특징들은 마찬가지로 다른 특징들이 침묵하고 있음을 나타내기도 한다. 이렇게 반유대주의로의, 또 특히 나치즘으로의 인종주의의 동일화는 알리바이로 기능한다. 즉, 이런 동일화는 이주자들을 표적으로 삼은 '외국인 혐오'의 인종주의적 성격을 부인할 수 있게 해 준다. 그러나 역으로 오늘날 유럽에서 전개되고 있는 외국인 혐오증적 운동의 담론에서 (명백히 전적으로 '근거 없는') **반유대주의와 반이주적 인종주의의 연합**은 유적générique 반-인간주의의 표현, 그 모든 형태에서의 '〈타자〉'의 배제의 항구적인 구조의 표현이 아니다. 또 이 연합은 보수적인 (민족주의적 혹은 파시즘적이라고 불리는) 정치적 전통의 단순한 수동적 효과도 아니다. 오히려 이 연합은 다음과 같은 의식적이고 무의식적인 모델들을 부여함으로써 더 특정하게, 더 '도착적인' 방식으로, 인종주의적 사고를 조직한다. 즉, 나치의 절멸이라는 바로 상상할 수 없는 성격이, 반터키인 혹은 반아랍인적인 인종주의를 따라다니는 **절멸의 욕망**의 은유로써 현대의 인종주의 복합체 **안에** 깃들게 되는 것이다.[10]

10 반파시스트 조직들이 나치즘 모델의 배태가 특히 학살을 은폐하는 데서 생긴다고 믿는다면, 그들이 현재의 위협에 대치시키려고 하는 '기억에 의한 교육'에는 곤란이 생길 것이다. 이 점에서 '수정주의적' 역사가의 시도는 진정한 덫으로서 기능한다. 왜냐하면 이 시도는 매우 애매한 부정의 방식으로, 가스실에 대해 '주야장천 이야기한다'는 것이기 때문이다. (진실로 반유대주의자인) 인종주의자에 의한 나치적인 학살의 은폐를 고발하는 것만으로는, 반유대주의와 반아랍주의에 '공통된 것'이 존재하는 것을 집합적으로 승인케 하는 방향 부여를 행하기에는, 안타깝게도 불충분하다. 그러나 더욱이 인종주의

민족주의의 장

이제 민족주의와 인종주의의 연결로 돌아가자. 우선 민족주의 범주 자체가 근원적으로 애매하다는 점을 인정하는 것에서 시작하자. 이 애매함은 무엇보다도 먼저 민족주의적인 운동들이나 정치들이 생겨나는 역사적 상황의 대립적 성격에서 비롯된다. 피히테나 간디는 비스마르크가 아니며, 비스마르크나 드골은 히틀러가 아니다. 그러나 단순한 지적 판정에 의해서는 적대하는 세력들에 대해서 [민족주의] 이데올로기가 대칭적인 효과를 갖는다는 것을 부정할 수가 없다. 지배자들의 민족주의와 피지배자들의 민족주의를, 또한 해방의 민족주의와 정복의 민족주의를 순수하게 단순하게 동일시할 수는 없다. 그러나 그렇다고 해서 알제리 FLN(민족해방전선)의 민족주의와 프랑스 식민지 군대의 그것에 공통된, 또 오늘날 ANC(아프리카민족회의)의 민족주의와 남아프리카인들의 그것에 공통적인 요소가 존재한다는 것을 무시할 수도 없다(이러한 공통 요소가 상황의 논리, 즉 현대 세계의 정치적 형태들로의 구조적 기입이라는 요소일 뿐이라고 해도). 극단적으로 말하면, 이 [민족주의의] 형식적 대칭성은 우리가 반복해 온 고통스러운 경험(해방의 민족주의가 지배의 민족주의로 변형된다는 것이며, 사회주의 혁명이 국가 독재로 역전된다는 것이다)과 무관하지 않다. 이러한 경험은 모든 민족주의에 담겨 있는 억압적 잠재력에 대해 끊임없이 우리에게 물은 것이다. 말에 깃들기 전에, 역사 그 자체에 모순이 깃들어 있는 것이다.[11]

의 '리더'의 담론에서 나타나는 나치즘의 향수를 고발하는 것만으로는, 보통의 인종주의자 '대중'에게 인종주의자가 일상적으로 행하는 인종주의의 대상의 이동(그렇지만 이 이동은 기본적으로, 의식되지 않고서 일어난다)에 대해 계몽하는 데에는 불충분할 것이다. 적어도 이러한 불가결한 교육이, 사고 체계로서의 또한 모든 역사를 응축한 사회관계로서의 현대 인종주의에 대한 완전한 해명에 이르지 않는 한 불충분한 것이다.

11 이런 모순의, 집요한 동시에 뉘앙스가 있는 분석에 대해서는 막심 로댕송의 저작 전부를 참조할 수 있지만 특히 다음의 책에 수록된 텍스트를 참조하라. *Marxisme et monde musulman*, Seuil, Paris, 1972 ; *Peuple juif ou problème juif?*, F. Maspero, Paris, 1981.

왜 민족주의를 정의하는 것이 이토록 어려운 것이라고 증명되는 것일까? 그것은 우선 이 개념이 결코 단독으로는 기능하지 않으며, 항상 어떤 연쇄의 일환이기 때문이다(이 개념은 이 연쇄 안에서 중심적인 고리인 동시에 약한 고리이다). 더욱이 이 연쇄는 다음과 같은 새로운 중간적인 혹은 극단적인 용어들에 의해 끊임없이 풍요로워지고 있다(그 풍요화의 양상은 언어에 따라 달라진다). 예를 들어 시민의식, 애국주의, 포퓰리즘, 에스니슴, 자민족중심주의, 외국인 혐오, 배외주의, 제국주의, 감정적 징고이즘[12] 같은 용어들. … 이런 용어들의 의미작용의 차이를 결정적으로, 일의적인 방식으로 정할 수 있으면 정하라고 누구에게나 말하고 싶다. 그러나 그 전체 형상은 매우 간단하게 해석될 수 있을 것 같다.

민족주의-국민이라는 관계의 측면에서, 의미의 중심은 국민이라는 '현실'을 민족주의라는 '이데올로기'에 대립시키는 것이다. 그러나 이 관계에는 다음과 같은 수많은 모호한 의문들이 따라다니기 때문에, 사람들에 따라서 상이하게 지각되고 있다. 즉 민족주의적 이데올로기는 국민들의 실존을 (필연적으로 혹은 정황적으로) 반영하는 것일까? 아니면 반대로 국민들이 민족주의 이데올로기에서 출발해 구성되는 것일까(이 이데올로기가 그 '목적'을 달성한 후에는 변형된다고 해도)? 더욱이 '국민' 자체는 먼저 '국가'로서, 혹은 '사회'(사회구성체)로서 간주되어야 할까(그리고 물론 이 물음은 앞의 물음들과 독립해 있지 않다)? 도시—민족people—국적 등의 용어를 도입함으로써 이런 의문들은 그 변종들을 낳게 되는데, 그렇지만 이런 의문도 포함해 이 논의를 일단 중단하자. …

그런데 **민족주의와 인종주의**의 관계라는 측면에서는 '정상적인' 이데올로기와 정치(민족주의)를 '초과적' 이데올로기와 행동(인종주의)

12 [옮긴이] 본서 15쪽 각주 3번을 참조하라.

에 대면시키는 것에 의미의 핵심이 있다(이 두 가지를 대립시키기 위해서든, 혹은 한쪽으로 다른 한쪽의 진실을 증명하기 위해서든). 그러나 여기서도 또한 즉각적으로, 의문들과 또 다른 개념적 구별의 의문들이 생겨난다. 즉, 인종주의에 우리의 고찰을 집중시키기보다 차라리 민족주의/제국주의라는 더 '객관적인' 양자택일을 특권화하는 것이 적절하지 않겠느냐는 것이다. 그러나 이러한 대면은 또 다른 가능성들을 출현하게 만든다. 예를 들어 민족주의 자체가 국민들의 제국주의적 성격의 이데올로기적-정치적 효과일 가능성이든, 또는 제국주의적 시대와 환경에서 국민들의 생존의 이데올로기적-정치적 효과의 가능성이든. 더욱이 파시즘과 나치즘 같은 통념들을 도입함으로써 연쇄는 더욱 복잡해진다. 즉 파시즘과 나치즘은 민족주의인가 아니면 제국주의인가라는, 관련된 물음들의 네트워크와 더불어서.

실제로 그리고 이 모든 의문들을 표시하는 것, 이 모든 연쇄에는 하나의 근본적인 물음이 깃들어 있다. 즉, 이러한 역사적-정치적 연쇄의 '어느 부분'에서, 외견상 '불합리한' 관용하기 어려운 폭력이 무대에 진입하는 이상, 도대체 **어디에** 이 무대 진입을 자리매김하면 좋을까? 여전히 [폭력의 무대 진입을 찾기 위해] '현실들'에만 관련될 뿐인 시퀀스 속으로 자르고 들어가야 하는가, 아니면 '이데올로기적' 갈등의 측면에서 이 폭력의 등장을 고찰해야 할까? 다른 한편에서는 사물의 정상 상태의 도착으로, 즉 '직선적' 인류사라는 가설과 관련한 간극으로 이 폭력을 간주해야 하는 것일까? 아니면 이 폭력이 예전의 계기들의 진실을 나타내고 있다는 점, 그리고 이 관점에서 민족주의의 등장 이래, 즉 국민들의 성립 이래, 인종주의의 싹이 정치의 중심에 있었다는 것을 인정해야 할까?

당연하지만 이 모든 물음에는—관찰자의 시점視點을 좇아, 또 그들이 고찰하고 있는 상황을 좇아—극히 다양한 응답이 대응한다. 그러나 내 생각에는 이런 해답의 다양함에도 불구하고, 모든 해답은 **민**

족주의의 통념은 끊임없이 분할된다는 똑같은 딜레마의 주변을 맴돌고 있을 뿐이다. 즉, 항상 '좋은' 민족주의와 '나쁜' 민족주의가 존재하는 것이다. 즉, 국가 혹은 공동체를 구축하는 경향을 가진 민족주의와 굴복시키고 파괴하는 경향을 가진 민족주의가 존재한다. 또 권리를 참조하는 민족주의와 역량을 참조하는 민족주의가 존재한다. 또 다른 민족주의를 용인하고 나아가 그것들을 정당화하고 똑같은 역사적 전망('민족peuples의 봄'이라는 장대한 꿈) 속에 포함시키는 민족주의와 다른 민족주의를 제국주의적, 인종주의적 관점에서 철저하게 배제하는 민족주의가 존재한다. 또한 (심지어 과잉적인) 사랑에 속하는 민족주의와 증오에 속하는 민족주의가 존재한다. 요컨대 이러한 민족주의의 내적 분할은 '조국을 위해 죽는 것'에서 '조국을 위해 죽이는 것'으로의 이행만큼이나 본질적인 것처럼 보이며 또한 분할하기가 어렵다. … '이웃한' 용어들—동의어든 반의어든—의 증식은 이런 분할 불가능성을 나타낼 뿐이다. 내 생각에는 민족주의 개념 자체에 이러한 딜레마를 형식적으로 재기입하지 않은 사람은 누구도 없다(그리고 이 재기입은 이론의 편에서는 철거되었다고 해도 실천에 의해 재입장된다). 그러나 이 딜레마의 재기입은 특히 자유주의적 전통 속에서 잘 보인다. 아마 이 자유주의적 전통은 적어도 2세기 동안에 자유주의와 민족주의의 지극히 애매한 관계에 의해 설명될 수 있다.[13] 이렇게 해서 다음과 같

13 자유주의적 역사가에게 민족주의에 관한 주요한 문제는 다음과 같은 것이었다. 즉, 어디에서, 또 언제, '자유주의적 민족주의'에서 '제국주의적 민족주의'로 이행했는가 하는 문제가 그것이다. 이 문제에 대해서는 다음을 참조하라. Hannah ARENDT, 'Imperialism', Part II of *The Origins of Totalitarianism*, Andre Deutsch, London 1986. 그리고 Hans KOHN, *The Idea of Nationalism. A Study of Its Origins and Background*, MacMillan Co., New York, 1944. 그들에게서 공통된 답변은 다음과 같다. 즉, 18세기의 '보편주의적' 혁명과 19세기의 '로마주의' 사이의 '협간에서' (이러한 이행이 일어나며), 먼저 독일에서, 이어서 유럽 전역으로 퍼지고, 20세기에는 마침내 전 세계로 퍼졌다는 것이다. 그러나 좀 더 자세히 검토해 보면 프랑스대혁명 자체도, 자신 안에 이 두 가지 측면의 알력을 '이미 포함하고 있었다'는 것이 밝혀진다. 따라서 민족주의를 '폭주'시킨 것은 프랑스대혁명 그 자체인 것이다.

이 단언하지 않을 수 없다. 즉, 이런 딜레마를 한두 발짝만 이동시켜도, 인종주의적 이데올로기는 위의 논의를 모방하고 이를 써먹을 수 있다. 예를 들어 '생활공간' 같은 통념들은 제국주의나 인종주의의 '좋은 측면'이라는 물음을 소생시키는 기능을 하고 있지 않을까? 그리고 우리는 오늘날 '차이주의적' 인류학에서 사회생물학에 이르는 신인종주의의 증식을 목격하고 있다. 이 신인종주의는 (직접적 폭력이나 행위로의 이행이라는) 그 자체로 쓸모없고 해로운 것으로부터 (모종의 '외국인 혐오'처럼) 불가피하고 결국에는 유익한 것을 구별하는 데 끊임없이 매달리고 있지 않을까(직접적 폭력과 행위로의 이행은 에스니시티의 기본적 요구가 오인될 때 불가피해지는 반면, '외국인 혐오'는 '영토'나 '문화적 정체성'을 방어하도록 집단을 몰아세우고, 집단 사이에 '적절한 거리'를 유지하도록 만든다).

이런 순환에서 어떻게 벗어날까? 최근의 분석가들처럼 가치 판단을 기피하라고, 즉 여러 가지 정세에서 민족주의가 초래하는 귀결에 대한 판단을 중지하라고 요구하는 것으로는 충분치 않다.[14] 또한 민족주의 그 자체를 국민(과 국민국가) 구성이 지닌 '객관적' 과정의 이데올로기적 효과로 간주하는 것은 충분치 않다.[15] 왜냐하면 이러한 효과의 양가성이 모든 민족주의의 역사 자체의 일부를 이루기 때문에, 설명하지 않으면 안 되는 것이 바로 이 양가성이기 때문이다. 이러한 관점에서 보면, 민족주의에서 인종주의가 차지하는 장소를 분석하는

14 다음을 참조하라. Tom NAIRN, "The Modern Janus", *New Left Review*, n° 94, 1975(*The Break-Up of Britain*, New Left Books, London, 1977.에 재수록). 이에 대한 에릭 홉스봄의 비판도 참조하라. Eric HOBSBAWM, "Some reflections on the break-up of Britain", *New Left Review*, n° 105, 1977.

15 이런 입장은 마르크스주의적 입장뿐만 아니라 자유주의적 전통의 또 다른 '경제주의적' 사상가들의 테제에서도 발견된다. 다음을 참조하라. Ernest GELLNER, *Nations and Nationalism*, Blackwell, Oxford, 1983.

것이 결정적으로 중요하다. 즉, 모든 민족주의에서, 또는 그것의 역사의 모든 계기에서 인종주의가 그다지 현저하지 않다고 해도, 인종주의는 그것[민족주의]의 구성에 필연적 경향을 항상 표상한다. 최종 분석에서, 이 [민족주의와 인종주의의] 착종은 역사적으로 분쟁이 끊이지 않는 **영토들** 위에 수립된 국민국가가 **주민**[인구]의 운동을 통제하려고 애써 온 사정을 가리키며, 계급 분할에 우선하는 정치적 공동체로서의 '민족people'의 산출 자체를 가리킨다.

그렇기는 하지만, 이 점은 논의의 용어 자체를 사정 범위에 넣는 하나의 이의 제기가 생기게 한다. 콜레트 기요맹처럼 인종주의의 '광의의' 정의를 채택하려고 하는 모든 사람들에 대해, 특히 막심 로댕송은 이러한 이의를 제기하고 있다.[16] 이런 정의는 생물학적 이론화와 함께이든 그렇지 않든, **모든** 형태의 배제와 소수자화를 설명 범위에 넣으려고 한다. 또 이 광의의 정의는 '에스닉한' 인종주의 이전의 '인종이라는 신화' 및 이 계보학적 담론의 기원으로까지, 즉 봉건제 이후의 귀족제에서의 '계급의 인종주의'로까지 거슬러 올라가려는 것이다. 특히 이 정의는 차이의 자연화에 공통되는 메커니즘을 분석하기 위해 '인종주의'라는 이름하에 소수자성의 모든 억압들을 포괄하려고 한다(이러한 억압은 형식적으로 평등한 사회에서 사회집단들—에스닉 집단들뿐만 아니라 여성, 성적 일탈자, 정신병자, 프롤레타리아-이하 등등—의 '인종[주의]화'의 다양한 현상들로 이어진다).[17] 그런데 [이러한 인종주의에 대한 광의의 정의와는 반대로] 로댕송에 따르면, 다음과 같이 선택해야 한

16 C. GUILLAUMIN, *L'idéologie raciste. Genèse et langage actuel*, Mouton, Paris-La Haye, 1972 ; M. RODINSON, "Quelques theses critiques sur la démarche poliakovienne", *in* M. OLENDER, (dir.), *Le Racisme, mythes et sciences*. Éditions Complexe, Bruxelles, 1981. 또 다음도 참조하라. 로댕송의 글 "Nation : 3. Nation et idéologie", *Encyclopaedia universalis.*

17 다음 책과의 비교가 유용하다. Erving GOFFMAN, *Stigma. Notes on the Management of Spoiled Identity*, Penguin Books, Londres, 1968.

다. 즉 내적 인종주의와 외적 인종주의를 민족주의의 한 가지 경향, 그리고 더 나아가 그 근대적 형태인 자민족중심주의의 한 가지 경향으로 볼 것인지, **혹은 아니면** 그 심리학적 메커니즘(혐오증적 투사, 즉 환영적 이타성altérité fantasmatique의 기표들로 뒤덮인 현실적 〈타자〉의 부인)을 이해하기 위해 인종주의의 정의를 확대할 것인지—그러나 이러한 정의의 확대는 인종주의의 역사적 종별성[특정성]을 해소할 위험을 동반한다—라는 선택이다.

그러나 [로댕송의] 이런 이의 제기는 해결될 수 있다. 즉 민족주의와 인종주의의 역사적 뒤얽힘이 더 잘 해소되는 식으로 이런 이의 제기가 해결될 수 있다는 것이다. 즉, 인종주의의 '광범위한' 정의의 관념 가운데 일부를 정정하거나 혹은 적어도 정확하게 하는 다음과 같은 몇 개의 테제가 제기된다는 조건하에서, 이런 해결이 이루어지게 된다.

1. **그 어떤 국민**(즉 어떠한 국민적 국가État national)**도 실제로 에스닉한 토대를 소유하고 있지 않다.** 이것이 의미하는 바는 민족주의가—바로 **허구적** 에스니시티의 생산이라는 의미가 아니라면—자민족중심주의로서는 정의될 수 없다는 것이다. 다른 식으로 추론하는 것은 다음 사항을 잊는 게 될 것이다. 즉, 조상, 문화의 공통성, 혹은 선재하는 이해관계 덕분에 '인종들'이 존재하지 않듯이, '민족peuple'도 자연적으로는 실존하지 않는다. 하지만 그것은 다른 가능한 통일성에 **맞서**, 실재 속에서 (그리고 따라서 역사의 시간 속에서) 그들의 상상적 통일성을 설립해야 한다.

2. **'소수자화'와 '인종화'라는 현상**은 전적으로 상이한 '출생'의 상이한 사회집단들(특히 '외국인' 공동체들과 '열등 인종들', 여성들, '일탈자들')을 동시에 겨냥한다. 그러나 이 현상은 서로 독립적이고 잠재적으로 무한정한 일련의 대상들에 적용된, 단순하게 유사한 행동과 담론의 병치를 나타내는 게 아니라 오히려 **상호 보완적인 배제와 지배의 역사**

적 체계를 나타낸다. 달리 말하면, '에스닉한 인종주의'와 '성적 인종주의'(즉 성차별주의)가 평행적으로 존재하는 것이 아니라, 오히려 인종주의와 성차별주의가 함께 기능한다는 것, 특히 **인종주의는 항상 성차별주의를 전제한다**는 것이다. 이런 조건에서 [소수자의 모든 억압을 포섭하고자 하는] 인종주의의 일반적 범주는 하나의 추상화, 즉 이 범주가 보편성 속에서 획득하는 역사적 정확성과 적실성을 상실할 위험을 무릅쓰는 추상화가 아니다. 그러나 이 범주는 인종주의에 필수적인 다형성, 그 포괄적인 기능, 사회적 규범화 및 배제라는 실천들의 총체와의 연결을 고려한 더 구체적인 통념이다. 이는 이 범주가 신인종주의와 관련해 보여줄 수 있는 것에서도 분명히 드러난다. 즉, 신인종주의의 특권화된 대상은 '아랍인'이나 '흑인'이 아니라 '마약중독자(로서의) 아랍인', '비행자', '난동꾼' 등으로서의 아랍인이며, 또는 '아랍인'이나 '흑인'으로서의 난동꾼과 비행자 등이다.

3. 우선은 환영의 네트워크에 의해, 이어서 담론과 행동에 의해 이질적이면서도 강력하게 묶인 **인종주의의 이 광범위한 구조가 민족주의와의 필연적인 관계를 유지하고** 민족주의를 구성하는 데 공헌한다 (즉 인종주의의 광범위한 구조는 민족주의를 조직하는 허구적 에스니시티를 산출함으로써 민족주의를 구성한다).

4. 결국 인종주의가 발전되고 있는 사회들이 동시에 '평등한' 사회, 즉 개인들 사이의 지위 차이를 (공식적으로는) 무시하는 사회들이라는 사실을 상징적인 동시에 제도적인 근대 인종주의의 구조적 조건들 속에 집어넣는 것이 필요하다고 하더라도, 이런 사회학적 테제(특히 L. 뒤몽에 의해 주장되었다[18])는 국민적 환경 그 자체를 무시할 수가 없다. 바꿔 말하면, '평등'한 것은 **근대** 국가가 아니고, 근대적인 **국민적**(이고 민족주의적인) 국가이다. 이 **평등은 국민적 공동체를 내적·외**

18 다음을 참조하라. L. DUMONT, *Essai sur l'individualisme*, Seuil, Paris, 1983.

적 제약으로 삼고, 이 공동체를 직접 나타내는 행위들(특히 보통선거나 정치적 '시민권')을 본질적 내용으로 삼고 있다. 즉, 그것은 무엇보다도 먼저 국민성과 관련된 평등이다.

이 논쟁은 (우리가 참조할 수 있는 또 다른 유사한 논쟁처럼[19]) 우리에게 매우 유익하다. 왜냐하면 우리는 〔이 논쟁을 통해〕 민족주의와 인종주의의 연결이 도착의 문제도 아니고(왜냐하면 민족주의의 '순수한' 본질은 존재하지 않기 때문이다), 형식적인 유사성의 물음도 아니고, 〔이 두 가지의〕 역사적 접합의 물음임을 이해하기 시작할 것이기 때문이다. 우리가 이해해야 할 것은 인종주의의 특정한 차이이며, 민족주의와 접합될 때 **인종주의가 그 차이 때문에 민족주의에 필수적이게 되는** 그 방식이다. 다시 말해 바로 이 때문에 민족주의와 인종주의의 접합은 고전적인 인과관계의 도식에 의해서는 해명될 수 없는 것이다. 즉, 기계론적인 도식에 의해서도(B의 원인으로서의 A는, 결과는 원인에 비례한다는 규칙에 따라서 B를 '생산한다'), 유심론적인 도식에 의해서도(A는 B를 표현한다, 혹은 A는 B에 그 의미를 부여한다, 혹은 A는 B의 숨겨진 본질을 폭로한다) 해명될 수 없는 것이다. 이 접합의 해명에 필요한 것은 대립물의 통일의 변증법이다.

'나치즘의 본질'에 대해 끊임없이 다시 시작된 논쟁에서만큼 이 필요성이 더 분명해지는 것은 없다. 이 논쟁은 현재의 정치적 불안정성이 거울처럼 비춰지고 있는 (또 전이되고 있는) 사회관계에 대한 모든 해석학을 포착하기 위한 진정한 원천이다.[20]

어떤 사람 눈에는 히틀러의 인종주의가 민족주의의 극치이다.

19 이미 인용한 저작(Tom Nairn and Benedict Anderson, *The Break-Up of Britain and Imagined Communities*)에서 네언과 앤더슨의 '민족주의', '애국심', '인종주의'의 관련에 대한 논쟁을 참조하라.

20 이 점을 빼어나게 설명한 것으로 다음이 있다. P. AYÇOBERRY, *La Question nazie. Essai sur les interpretations du national-socialisme, 1922-1975*, Seuil, Paris, 1979.

독일의 낭만주의 내지 루터까지 거슬러 올라가지 않는다 하더라도, 그것은 적어도 비스마르크나 1918년의 패배 및 베르사유 조약의 굴욕에서 유래하며, 절대[주의]적 제국주의의 기획에 그 이데올로기('생명공간Lebenstaum'으로서의, 독일인의 유럽)를 제공한 것이었다. 이 이데올로기의 정합성이 망상의 그것과 유사해 보인다 하더라도, 우리는 거기에서 온갖 사회적 출신의 '대중' 및 '지도층'—지도층의 맹목은 결국 국민을 파멸로 몰아넣는다—에 대한, 짧지만 거의 총체적인 이 이데올로기의 영향력을 설명하는 것을 찾아내야 한다. '혁명적'이라는 온갖 [미사여구의] 기만과 정세의 역전[우여곡절]을 넘어 세계 지배의 야망이 대중과 지도층이 공통적으로 갖고 있는 민족주의 논리에 본래 갖춰져 있었다는 것이다.

그러나 다른 사람들이 보기에 이런 설명은, 설령 그것이 사회세력들과 지적 전통들, 사건들, 권력의 전략들을 날카롭게 분석한다고 해도, 그것이 나치즘의 괴물성을 독일사의 변칙성anomalie과 솜씨 좋게 관련시키고 있다고 해도, 본질적인 점을 결여할 뿐이다. 당시의 '민주주의' 국가들의 여론과 지도자들은 나치즘 속에서 자신들의 민족주의와 유비적인 민족주의—둘은 정도의 차이만 있다—밖에 보지 않았기 때문에, 나치즘의 목표를 착각하고 나치즘과 타협할 수 있다거나 나치즘의 약탈·유린을 제한할 수 있다고까지 믿어 버린 것이다. 나치즘은 예외적이다(아마도 근대적 인간의 조건에 기입된 정치적 합리성의 위반 가능성을 드러내는 것이다). 왜냐하면 나치즘에서는 인종주의의 논리가 다른 모든 것을 압도하며, '순수' 민족주의적 논리를 희생시키면서 스스로를 강요하기 때문이다. 또 내부와 외부의 '인종전쟁'이 결국 '국민적 전쟁'(그 지배의 목표는 여전히 **실정적인** 목표다)으로부터 그 모든 정합성을 내쫓아 버리기 때문이다. 이렇게 나치즘은 그것이 불러일으킨 '허무주의'의 형상 그 자체로 간주될 수 있다. 그런 형상에서 〈악Mal〉의 화신으로 간주되는 상상된 〈적〉(〈유대인〉, 〈공산주의자〉)의 절멸과 자기 파괴(히틀러 친위대 및 나치당이라는 '인종[주의]적 엘리트'는 자신의 실패를 고백하기보다는 오히려 독일의 전멸을 택한다)가 재결합되는 것이다.

이 ['나치즘의 본질'에 관한] 논쟁에서는 분석적인 담론과 가치 판단이 끊임없이 서로 포개지고 있음을 볼 수 있다. 역사는 정상적인 것과 병리적인 것에 관한 진단자로서 나타나고, 자신의 적수와 희생자를 악마화한 나치즘 자체를 악마화함으로써 결국 자신의 대상의 담론을 모방하기에 이른다. 그러나 이 [악]순환에서 벗어나는 것은 쉽지 않다. 왜냐하면 현상을 관례적인 일반성으로 환원하는 것이 중요한 것이 아니라 바로 나치즘이 이런 일반성의 **실천적** 무능력을 현시하기 때문이다. 우리는 여기서 모순적인 인상을 품게 된다. 왜냐하면 나치의 인종주의와 더불어 민족주의는 그 잠재적 경향—한나 아렌트의 표현을 빌리면, 비극적이게도 '평범한' 경향—의 가장 심층으로 빠져들게 되지만, 그와 동시에 그것 자체를, 즉 민족주의가 일반적으로 실현되고 제도화되어 대중의 '상식'에 지속적으로 침투하는 평균적 형상을 **넘어서는** 것이다. 한편으로 우리는 인종[주의]적 신화가 그 절대적 우월성을 찬양하는 국민적 국가를 결국 스스로 와해시키고 만다는 인종[주의]적 신화의 비합리성을 (진실을 말하면, 사후적으로) 깨닫는다. 우리는 일상적 폭력의 진부함과 대중의 '역사적' 도취를, 또한 강제노동과 절멸의 수용소의 관료주의와 '주인 민족peuple des maîtres'의 '세계적' 지배의 망상을 결합시키는 복합체로서의 인종주의를, 이제 민족주의의 단순한 한 측면으로 간주할 수 없다는 것의 증명을 이 점에서 찾아낸다. 그러나 우리는 곧바로 자문해야 한다. 이 [인종주의 신화의] 비합리성이 자신의 원인이 되며, 나치의 반유대주의의 예외적 성격이 신성화된 신비로, 즉 역사를 〈악〉의 역사 그 자체로 나타내는 (이와 상관적으로, 역사의 희생자를 진정한 〈신의 어린 양〉으로 나타내는) 사변적 역사관으로 변화되는 것을 어떻게 피해야 할까라고. 그럼에도 불구하고 정반대로 나치의 인종주의를 독일의 민족주의에서 연역해 봐도, 결코 우리를 모든 비합리주의에서 해방시키는 것으로 되지는 않는다. 왜냐하면 우리는 '극단적' 강력함을 가진 민족주의만이, 내적 및 외적 갈등의 '예외적' 연쇄에 의해 고조된 민족주의만이 무수한 가해자들에 의해 실천 가능한 폭력들을 준비하고, 이 폭력을 다른 대중들이 볼 때 '정상화하는' 지점에 이르기까지 **인종주의의 목적들을 이상화할** 수 있었다는 것을 진술하지 않을 수 없는 것이다. 이런 진부함과 이상주의가 결합함으로써 독일 민족주의는 민족주의 그 자체로서도 역사의 '예외'였다는 형이상학적 관념[시각]이 비교적 강화되는 경향을 지녔다. 민족주의 패러다임은 자유주의에 비해 병리학적인 것을 갖고 있지만, 그렇더라도 독일 민족주의를 '평범한' 민족주의로 환원할 수는 없을 것이다. 여기서 우리는 '좋은' 민족주의와 '나쁜' 민족주의라는 이미 지적한 아포리아에 다시 빠진다.

그런데 인종주의와 민족주의는 각 정세에서 담론, 대중운동, 종별적인 정치운동으로 개별화되지만, 나치즘에 관한 논쟁이 대문짝만하게 전시한 것을 이런 정세에 비추어 재발견할 수 있을 것이다. 인종주의와 민족주의의 내적 연결, **그리고** 이것들에 의한 이해관계와 합리적 목적의 위반—이런 것은 우리가 현행성에서 그 싹을 새롭게 알아차리는 것과 **똑같은 모순**이 아닐까? 예를 들어 '유럽 신질서'나 '식민지적 영웅주의'에 대한 향수를 떠벌이는 운동이 '이주자 문제'의 '해결책'을 전망하는 데 성공하고 있는 것을 볼 수 있다.

이런 고찰을 일반화하면서, 나는 **첫째**로 민족주의의 역사적 '장'에는 항상 민족주의와 인종주의의 결정의 상호성이 있다고 말할 것이다.

이 상호성은 우선 민족주의의 발전 및 국가에 의한 민족주의의 공적 이용이 적대들을, 다른 모든 기원에 따른 박해들을 근대적 의미에서 인종주의로 변형시키는 (그리고 그것들을 에스니시티의 기표들 아래에 놓는) 방식 속에서 표명된다. 이는 **레콩키스타** 시대 이후의 스페인에서 스페인 인종[raza]이 신대륙 정복에 나서는 동시에 신학적인 반유대주의가 '피의 순수성'에 기초한 혈통적 배제로 전위轉位된 방식에서부터, 근대 유럽에서 국제적 프롤레타리아트[내부]의 새로운 '위험 계급들'이 경향적으로 '이주'이라는 범주—이 범주는 포스트 식민지 시대에 위기에 처한 국민들에서 **인종의 이름**이 되었다—에 포섭되는 방식에 이르기까지 타당한 것이다.

더욱이 이 상호적 결정은 다민족국가의 이질성[21]에 국민이라는 정치적·문화적 통일성을 부여하는 것을 목표로 하는 19세기와 20세기의 모든 '공식적 민족주의들'이 반유대주의를 이용한 방식에서 표명된다. 동화될 운명에 있는 '소수자들'의 에스니시티 및 문화의 위계화된 다양성에 대한 다소간 허구적으로 통일된 문화 및 국민성에 의한 지배(예를 들면 러시아, 독일, 루마니아)는 모든 문화 및 모든 피지배 주민들에게 공통적인 내부의 적을 형상화하는 (고유한 영토 없이, '국민적' 언어 없이) 절대적으로 특이한 **유사-에스닉** 집단의 인종주의적 박해에 의해 '벌충되고', 거울로 반사되어야 할 것이다.[22]

마지막으로 이 상호적 결정은 최초의 식민지화 시대의 구 제국들에 맞선 것이든, 왕조적인 다민족국가들이나 혹은 근대 식민지 제국들에 맞선 것이든, 민족해방 투쟁들의 역사 속에 나타난다. 이 과정들을 단일한 모델로 환원시키는 것은 논외이다. 그럼에도 불구하고 미합중국—립셋의 유명한 표현에 의하면, 미합중국은 '최초의 새로운 국민들'이다—의 독립 직후부터, 인디언에 대한 인종청소가 체계적

21 다른 최근 설명으로는 다음을 보라. Benedict ANDERSON, *Imagined Communities*. 앤더슨은 '러시아화'의 실천 및 담론과 '영국화'의 그것을 적절하게 비교 검토한다.

22 다음을 참조하라. Leon POLIAKOV, *Histoire de l'antisemitisme*, t. II, Le Livre de Poche "Pluriel", Paris, p. 259 *sq.* ; Madeleine REBÉRIOUX, "L'essor du racisme nationaliste", in P. DE COMARMOND et Cl. DUCHET, (dir.), *Racisme et société*, F. Maspero, Paris, 1969.

으로 행해진 것은 우연한 결과일 수 없다.[23] 마찬가지로 비판 찬드라의 계발적인 분석에 따르면, 인도에서는 '민족주의'와 '공동체주의'가 한 몸으로 구성되어, 현행 상황에 이르기까지도 떼려야 뗄 수가 없는데(이는 대부분 **인도의** 민족주의와 **힌두교의** 공동체주의가 [꽤 이른 시기에] 역사적으로 융합했기 때문이다), 이것도 우연의 효과일 수가 없다.[24] 또 식민지화의 유산인 다문화성과 싸움을 벌이고 있는 독립된 알제리인들이 '베르베르인들'을 '아랍성'에 동화시키는 것을 국민적 동의의 시금석이라고 여기는 것도 우연의 효과가 아니다. 게다가 또한, 국내외의 적수와 직면하고 '이스라엘 국민'을 구축한다는 극히 어려운 도박에 직면한 이스라엘 국가가 '동쪽의' 유대인들(이른바 '블랙')과 자기네 땅에서 쫓겨나 식민지화된 팔레스타인인들을 향해 동시에 강력한 인종주의를 전개한 것도 우연이 아니다.[25]

이상의 매우 특이하지만 역사적으로 서로 연쇄를 이루는 사례의 축적으로부터, **민족주의와 인종주의의 역사적 상호성의 주기**—국민국가 체계의 다른 사회구성체들로의 점차적 지배의 시간적 형상—라고 부를 수 있는 것이 귀결된다. 외부를 향해서일 뿐만 아니라 내부를 향해서도 **인종주의는 끊임없이 민족주의에서 나온다.** 미합중국의 경우 최초의 공민권droits civiques 운동을 저지하는 체계적인 인종 격리 제도[의 창설]는 제국주의적 세계 경쟁에 대한 미국의 진입, 그리고 북유럽 인종들이 헤게모니적 사명을 가져야 한다는 관념을 고수한 것과 때를 같이하여 생겨났다. 프랑스의 경우 '토지와 죽은 자들'의 과거에 뿌

23 다음을 참조하라. R. ERTEL, G. FABRE, E. MARIENSTRAS, *En marge. Les minorités aux États-Unis,* F. Maspero, Paris, 1974, p. 287 *sq.*

24 Bipan CHANDRA, *Nationalism and Colonialism in Modern India*, Orient Longman, New Delhi, 1979, p. 287 *sq.*

25 다음을 참조하라. Haroun JAMOUS, *Israël et ses juifs. Essai sur les limites du volontarisme,* F. Maspero, Paris, 1982.

리를 둔 '프랑스 인종'이라는 이데올로기의 정교화는 대량 이주의 시작, 독일에 대한 복수의 준비, 식민지 제국의 창설과 때를 같이한다. 그러므로 **민족주의가 인종주의에서 나온다**는 것은, 자신이 그것에 대해 반작용하는 공식적 민족주의가 심층적으로 인종주의적이지 않다면, 그것은 '새로운' 국민의 이데올로기로서 스스로를 구성하지 않을 것이라는 의미에서이다. 예를 들어 시오니즘은 반유대주의에서 생겨났고, 제3세계 민족주의는 식민지 인종주의에서 생겨났다. 하지만 거대한 주기의 내부에는 다수의 개별적인 주기들이 있다. 이리하여 프랑스 국민의 역사 속에서 결정적인 한 가지 예만 들자면, 드레퓌스 사건 이후 반유대주의에 의해 겪게 된 패배(그것은 공화정의 이상에 상징적인 형태로 탑재되었다)는, 어느 정도까지 식민지적 양심을 자각시키고, 이렇게 함으로써 (적어도, 식민지 본국의 지각에서는) 장기간에 걸쳐 인종주의의 통념과 식민지화의 통념을 분리해낼 수 있게 해 주었다.

그러나 나는 또한 **둘째**로, **민족주의와 인종주의의 표상들과 실천들 사이에는 항상 간극이 존속한다**고 말하고 싶다. 간극은 모순과 강제된 동일화 사이에서 흔들린다. 그리고 아마 나치의 예가 보여주듯이 이 동일화가 외관상 완벽하게 보일 때 모순은 가장 첨예화된다. 민족주의와 인종주의 **그 자체** 사이에 모순이 있는 것이 아니라 일정한 **형태들** 사이에, 즉 민족주의의 정치적 목표와 **어떤** '대상'에 대한 어떤 순간에 인종주의의 결정結晶화 사이에 모순이 존재하는 것이다. 이런 모순이 생기는 것은, 예를 들면 민족주의가 잠재적으로 자율적인 피지배 주민인 '프랑스계' 알제리인이나 '프랑스계' 뉴칼레도니아인을 '통합하자'고 제안했을 때이다. 그러므로 나는 지금부터, 내가 이미 언급한 많은 예로부터 불거져 나오는 중요한 논점들을 더 잘 이해하기 위해서, 이 간극 및 이것이 취하는 역설적인 형태들에 더 관심을 쏟아볼 생각이다. 즉, 인종주의는 민족주의의 '표현'이 아니라 **민족주의의 대체보충, 더 정확히 말하면 민족주의에 대한 내적 대체보충이다.** 그리고 민족주의가 국민의 형성 혹은 사회의 '국민화' 기획을 성취하는 데 불가결한 동시에 항상 여전히 불충분한 것과 마찬가지로, 민족주의와 관련해서 항상 초과인 인종주의도 민족주의 구성에 항상 불가결하지만 그럼에도 불구하고 그 기획을 성취하는 데 항상 여전히 불충분하다. [이것이 지금부터 내가 검토할 중심 논점이다.]

보편성의 역설들

민족주의 이론들과 전략들이 항상 보편성과 특수성의 모순에 사로잡힌다는 것은 일반적으로 받아들여지는 관념인데, 이 관념은 무한하게 발전될 수 있다. 사실 민족주의는 획일화의 요인인 동시에 합리화의 요인이며, 다양한 기원에서 유래하는 이 국민적 동일성이라는 물신들을 양성한다. 이 국민적 동일성은 모든 산종에 맞서 보수되어야 한다. 여기서 내가 흥미를 느끼는 것은 [보편성과 특수성의] 모순의 일반성이 아니라 이러한 모순이 인종주의에 의해 전시되는 방식이다.

실제로 인종주의는 보편적인 것의 측면과 특수적인 것의 측면에서 **동시에** 형상화된다. 인종주의가 민족주의와 관련해 표상하는 초과, 그리고 인종주의가 민족주의에 가져오는 대체보충은 민족주의를 보편화하고, 결국 [민족주의의] 보편성 결여를 교정·보완하는 동시에 [민족주의를] 특수화하고, 결국 [민족주의의] 특정성 결여를 교정·보완한다. 달리 말해, 인종주의는 민족주의의 양가성을 더욱 강하게 하지 않을 수 없는 것이다. 즉, 민족주의는 인종주의를 통해 그 물질적 모순의 이상적 모순으로의 변신métamorphose이라는 '전방 도주fuite en avant'에 착수하는 것이다.[26]

26 19세기와 20세기의 다른 거대한 정치적 이데올로기들과는 달리, 민족주의는 **이론**과 이

이론적으로 말하면, 인종주의는 하나의 역사철학이다. 혹은 더 정확히 말하면 인종주의는 역사를 인간의 고유한 본성이나 고유한 탄생에 관한 감춰지고 폭로되는 비밀의 결과로 만드는 하나의 **역사철학**이다. 그것은 사회들과 민족들peuples의 운명에 관한 **비가시적 원인을 가시적으로 만드는** 철학이며, 이 비가시적 원인에 대한 몰이해가 타락을, 또는 악의 역사적 권능[번창]을 설명해 준다.[27] 물론, 섭리주의적 신학들과 진보의 철학에도, 또한 변증법적 철학에도, 역사철학의 몇 가지 측면들이 존재한다. 마르크스주의도 예외가 아니어서 그 점은 '계급들의 투쟁'과 '인종들의 투쟁' 사이의, 진보의 원동력과 진화의 수수께끼 사이의 대칭성의 효과를, 그러니까 하나의 이데올로기적 우주[공간]를 다른 이데올로기적 우주[공간]로 번역할 가능성을 양성하는 데 적지 않게 기여했다. 그렇지만 이 대칭성은 매우 명백한 한계를 갖는다. 나는 여기서 합리주의와 비합리주의라는 추상적 대립명제도, 낙관주의와 비관주의의 그것도 그다지 생각하지 않는다. 물론 인종주의적 철학들의 대부분이 국민적 문화, 국민적 동일성, 국민

론가**를 결여하고 있다**고 단언할 수 있다고 종종 생각되었다(B. ANDERSON, *Imagined Communities* ; Isaiah BERLIN, "Nationalism—Past Neglect and Present Powers", in *Against the Current: Essays in the History of Ideas*, Oxford University Press, Oxford, 1981.을 참조하라). 이런 생각은 인종주의가 매우 종종 **민족주의에 그 이론들을 제공한다**는 것을 잊고 있다. 인종주의는 '이데올로기 운동'의 두 극에서 협연하면서 민족주의에 일상적인 상상의 산물을 제공한다.

[옮긴이] 'fuite en avant'은 '밀어붙이기, 위기나 불황으로부터 탈출하기 위한 적극적인 정책'이 아니라 무엇인가가 닥치기 전에 미리 내뺀다는 의미이다. 이를 긍정적으로 보면 적극적인 대비라고 볼 수 있으나, 부정적으로 보면 미리 놀라 도망친다는 의미가 된다. 이 단어에는 이 두 가지 의미가 모두 담겨 있다.

27 이데올로기적 운동들에서 **복음 선포**kérygme의 기능에 관해서는 다음의 성찰을 참조하라. M. RODINSON, "Nature et fonction des mythes dans les mouvements sociopolitiques d'après deux exemples comparés : communisme marxiste et nationalisme arabe", *Marxisme et monde musulman*, *op. cit.*, pp. 245 *sq.*

적 통합의 쇠퇴·타락·퇴폐에 입각해서 진보라는 테마를 전도하는 것으로서 제시된다는 것이 사실이기는 해도(그리고 이것이 실천적으로는 결정적으로 중요하다).[28] 그러나 내 생각에는 인종들의 투쟁 내지 문화들의 투쟁, 혹은 '엘리트'와 '대중' 사이의 적대에 대한 역사철학과 달리, 역사의 변증법이 마니교[이원론]적 테제의 단순한 정교화로서 제시될 수는 결코 없다. 그것은 '투쟁'과 '갈등'뿐만 아니라 **투쟁 중인 세력들과 투쟁의 형태들의 역사적 구성**을 설명해야 한다. 다시 말해 역사의 과정에 대한 자신의 표상에 관해 **비판적** 물음을 제기해야 한다. 이런 관점에서 보면, 인종과 문화에 관한 역사철학들은 근본적으로 무-비판적이다.

확실히 **하나의** 인종주의 철학이 존재하는 것은 아니다. 왜냐하면 인종주의 철학이 항상 체계의 형식을 취하는 것은 아니기 때문이다. 오늘날 우리가 직접적으로 대면하고 있는 현대의 신인종주의는 다양한 역사적·국민적 형태를 취하고 있다. '인종 간 투쟁'의 신화, 진화론적 인간학, '차이주의적' 문화주의, 사회생물학 등이 그것이다. 이

28 사회다윈주의 안에 퇴화라는 '비관주의적' 테마를 도입하는 것은, 이 테마가 다윈의 자연선택 이론과 무관한 것은 분명하지만 (**유전**이라는 통념의 이중적 의미를 갖고 노는) 진화론을 이데올로기적으로 이용할 때에는 본질적인 단계이다. 인종주의가 필연적으로 **가설적[지나친 억측]**이라지만, 모든 인종주의가 **정언적[단정적]으로** '비관주의적'인 것은 아니다. 즉, 우월한 인종(문화)이 야만인들이나 열등한 인종들의 대양 안으로 '잠겨드는' 것으로 끝난다면, 이것은 없어지고 만다(그리고 이와 더불어 인류의 문명도 사라진다). 차이주의자의 변종에 따르면, **모든** 인종들(과 문화들)이 그들의 다양성의 대양 안으로 빠져든다면, 또 이것들 전체가 구성하는 '질서'가 획일화된 '대중문화'의 엔트로피 속에서 퇴화된다면, 이것들은 없어지고 만다(그래서 인류의 문명도 없어지고 만다). 역사에 관한 비관주의는 정치에 관한 의지주의적 혹은 결단주의적 개념화를 수반한다. 순수 의지와 사태의 경과 사이의 안티테제, 그러니까 의지의 인간들과 수동성의 인간 사이의 안티테제를 표현하면서, 급진적 결단만이 쇠퇴(데카당스)를 저지할 수 있고 이를 역전시킬 수 있다. 그러므로 마르크스주의(더 일반적으로는 사회주의)가 그 역사적 결정론이라는 표상[설명]을 **붕괴론**—붕괴론은 '결단주의적' 혁명관을 불러낸다—으로까지 밀어붙일 때, 이러한 견해와의 위험스러운 근접성이 수립되는 것이다.

런 성좌의 주변을 인구학, 범죄학, 우생학 같은 사회-정치적 담론들과 기술들이 맴돌고 있다. 우리는 또 인종주의 이론들의 계보의 실타래를 풀어내야 한다. 이 계보는 고비노나 체임벌린, 뿐만 아니라 '민족peuples의 심리학'과 사회학적 진화론을 거쳐 계몽주의 시대의 인간학과 자연사로까지 거슬러 올라가며,[29] 심지어 L. 살라-몰랭이 '백인성서blancobiblique' 신학[30]이라고 부른 것으로까지 거슬러 올라간다. 문제의 핵심에 가장 지름길로 도달하기 위해서, 나는 무엇보다도 먼저 오늘날까지의 3세기 동안에 어떠한 지적 조작이 이론적 인종주의에 항상 작동되어 왔는지, 그리고 어떤 지적 조작에 의해 이론적 인종주의가 일상적 인종주의의 '지식 욕망'이라고 부를 수 있는 것에 접합될 수 있었는지를 검토하고 싶다.

무엇보다 우선, **분류**라는 근본적인 조작이 있었다. 분류란 인간 종espèce humaine을 구성하는 차이에 대해 인간 종 내부에서 고찰하는 것이며, 인간들이 '인간들'일 수 있는 기준을 연구하는 것이다. 무엇에 의해 인간은 인간이 되는가? 어떤 **척도**에서? 어떤 **장르[젠더]**의? 이 분류가 모든 위계화에 의해 전제되었다. 즉, 분류는 위계화로 통하는 것이다. 왜냐하면 인간 종을 구성하는 집단들의 위계적 도표가 다소간 일관되게 구축된다면, 이 구축은 **불평등** 속에서 그리고 불평등에 **의해서** 그[분류 도표의] 통일성을 특권적으로 표상하기 때문이다. 그러나 분류는 또한 순수한 '차이주의'로서는 자기충족적일 수 있다. 적어도 외견상으로는 그렇다. 왜냐하면 차이화의 기준들은 [현실의] 상황 속

29 특히 뒤셰Michèle Duchet의 연구인 *Anthropologie et histoire au siècle des Lumières*, F. Maspero, Paris, 1971 ; "Racisme et sexualité au XVIII siècle", in L. POLIAKOV et al., *Entretiens sur le racisme*, t. II : *Ni juif ni grec*, Mouton, Paris/La Haye, 1978 ; "Du Noir au blanc, ou la cinquième génération", in L. POLIAKOV et al., *Entretiens sur le racisme,* t. III : *Le Couple interdit, op. cit.*,1980.

30 다음을 참조하라. Louis SALA-MOLINS, *Le Code noir ou le calvaire de Canaa*, PUF, Paris, 1987.

에서는 '중립적'일 수 없기 때문이다. 차이화의 기준들에 탑재[병합]되는 사회-정치적 가치들은 실천 속에서 도전을 받고, 에스니시티나 문화라는 우회로에 의해 강제로 부과되는 것이다.[31]

분류와 위계는 뛰어난 자연화의 조작에 속한다. 혹은 더 정확히 말하면, 그것은 역사적·사회적 차이들을 상상의 자연이라는 지평에 투사하는 조작이다. 그러나 결과의 자명성에 속아서는 안 된다. 인간 종의 한복판에서 '자연적 차이들'의 체계에 의해 배가된 '인간적 자연'은 결코 무매개적인 범주가 아니다. 특히 '인간적 자연'은 '효과들' 또는 징후들의 편에서도('인종적 특징들'은 심리학적인 것이든 육체적인 somatiques 것이든, 항상 양성 간 차이의 은유이다), 이와 동시에 '원인들'(혼혈, 유전) 편에서도 필연적으로 성 도식을 탑재하고 있다. 그러니까 아무리 봐도 '순수' 자연의 범주에는 들지 않는 **혈통**이라는 기준이 매우 중요해지는 것이다. 혈통은 상대적으로 법적 통념들과 접합된, 무엇보다도 친자관계의 정통성에 접합된 상징적 범주이다. 그러니까 인종의 '자연주의'에는 잠재적인 모순이 존재한다. 즉 인종의 '자연주의'는 원초적인, '태고의' '초자연'의 방향으로 자기 자신을 극복해야 한다. 이 '초자연'은 언제나 이미 행운과 불운, 순백함과 도착이라는 상상의 산물에 투사된다.[32]

이런 첫 번째 측면은 즉각 두 번째 측면을 도입한다. 즉, 모든 이

31 차이주의는 분류된 집단들의 직접적인 외양을 이전시키면서 **차별을** 분류의 기준들로 **대체하는데**, 이것은 '일보 후퇴한 입지 구축'의 인종주의이다. 차이주의는 또한 '인종들'의 자연성을 '인종주의적 태도들'의 자연성으로 대체한다. 이 책의 1장인 나의 논문 「'신인종주의'는 존재하는가?」를 참조하라. 이 글에서 나는 프랑스와 영국에서 인종주의 담론들에 관한 최근 분석들(C. GUILLAUMIN, V. DE RUDDER, M. BARKER, P. A. TAGUIEFF)로부터 많은 도움을 받았다.

32 인종주의와 성차별주의 이데올로기들에서 '환영의 〈어머니〉'로서의 자연에 관해서는 다음을 참조하라. C. GUILLAUMIN, "Nature et histoire. A propos d'un Matérialisme", in *Le Racisme, mythes et sciences, op. cit.* 또한 혈통과 유전에 관해서는 다음을 참조하라. Pierre LEGENDRE, *L'Inestimable objet de la transmission*, Fayard, Paris, 1985.

론적 인종주의는 **인류학적 보편자들**에 준거한다는 것이다. 인종주의의 학설적 전개를 구성하는 것은, 어떤 의미에서는 인종주의가 인류학적 보편자들을 선택하고 그것들을 조합하는 방식이기도 하다. 이런 보편자들 중에는 물론 '인간의 유전적 체질'이나 '문화적 전통'이라는 통념은 물론이고, **인간적 공격성**이나, 혹은 그 반대로 **'선택적' 이타주의**[33] 같은 매우 특정한 개념들도 포함되어 있다. 이 개념들은 외국인 혐오, 자민족중심주의, 부족주의tribalisme의 관념 등 다양한 변종으로 우리를 이끈다. 여기에서 보이는 것은 '신인종주의'가 반인종주의적 비판을 뒷면에서 공격하도록 허용하는 이중적 게임의 가능성이다. 즉, 신인종주의는 어떤 때는 인류를 직접 분할하고 위계화하며, 어떤 때는 '인종주의의 자연적 필연성' 그 자체를 설명하는 요인으로 바뀐다. 그리고 이 관념은 다음 차례에는, 다른 보편자들 속에서—사회학적 보편자들이든(예를 들어 족내혼은 모든 인간 집단 형성의 조건이자 규범이며, 그래서 족외혼은 불안과 보편적 금지의 대상이 되었다), 심리학적 보편자들이든(예를 들어 군중 심리학의 전통적인 동력인 최면 암시와 최면 상태의 전염)—'정초'된다.

우리는 이 모든 보편자들 속에서 똑같은 '물음'이 존속하고 있음을 발견한다. **인간성과 동물성 사이의 차이**의 물음이 그것이다. 이 문제설정의 특징은 사회와 역사에서의 갈등들을 해석하기 위해 재이용된다. 이리하여 우리는 고전적인 사회다윈주의에서 고유하게 말해서 **인간성**(즉 문화, 기술에 의한 자연 지배·인간적 자연의 지배, 즉 우생학을 포함한다)을 동물성에서 **추출해내야** 한다는, 게다가 동물성('적자생존')을 특징짓는 수단에 의해서, 달리 말해서 **인간성의 등급들 사이에서 '동물**

33 첫째는 직접적 가족, 둘째는 친인척—**친족 간 이타주의**—, 셋째는 친족의 확대를 나타내는 것으로 간주되는 에스닉 공동체라는 식으로, 사회생물학이 '이타주의적 감정들'을 위계화하는 방식에 대해서는 Martin BARKER, *The New Racism. Conservatives and the Ideology of the Tribe*, Junction Books, London, 1981.을 참조하라.

적' 경쟁에 의해 그것을 추출해내야 한다는 진화[론]의 역설적 형상을 찾아내는 것이다. 현대 사회생물학과 동물행동학에서는 개인들, 그리고 특히 인간 집단들의 '사회적-정서적' 행동들(공격성과 이타주의)이 진화된 인류 속에서 동물성의 지워지지 않는 표시로 제시된다. 또한 차이주의적 문화주의에는 이 테마가 전적으로 부재하다는 인상을 받을 수도 있겠다. 그럼에도 불구하고 나는 이 테마가 간접적인 형태로 존재한다고 생각한다. 즉, 그것은 문화적 차이의 담론과 에콜로지의 담론의 빈번한 짝짓기(문화들의 고립이 인간 종의 '자연환경'을 보전하기 위한 조건인 것 같은) 속에, 그리고 특히 개체성·선택[도태]·재생산[생식]·혼혈에 입각해 문화적 범주들을 철저하게 은유화하는 것 속에 존재한다는 것이다. 따라서 인간의 동물성, 즉 인간 내부의 동물성, 인간에 맞선 동물성—이로부터 개인들 및 인종화된 인간 집단들의 체계적인 '짐승화'가 생긴다—은 이론적 인종주의가 인간의 역사성을 사고하기 위한 고유한 수단이다. 그렇게 고찰된 역사성은 퇴행적이지는 않더라도 역설적이게도 부동적이다. 역사가 우월한 인간들의 '의지'를 긍정[확증]하는 무대를 제공할 때조차도 그렇다.

인종주의적 운동들이 혁명과 반동이라는 모순적인 이데올로기들의 역설적인 종합을—그리고 일정한 상황에서 이 종합은 역설적이기 때문에 더욱 효과적이게 되는데—나타내는 것과 마찬가지로, 이론적 인종주의는 변형과 불변의, 혹은 반복과 운명의 이념형적 종합을 나타낸다. 이론적 인종주의가 끝없이 반복적으로 행하는 '비밀'의 발견이란 동물성에서 영원히 벗어나면서도 동물성의 영향력에 의해 영원히 위협당하고 있는 인간성의 비밀이다. 그렇기 때문에 이론적 인종주의가 인종의 기표를 문화의 기표로 대체할 때, 그것은 항상 문화의 기표를 '유산 상속', '자손', '정착'이라는, 인간과 그 기원들 사이의 상상적 대면과 관련된 모든 기표들에 결부시켜야 한다.

따라서 문화주의에 대한 최근 몇몇 비판들이 그렇게 하듯이, 이론적 인종주의가 모든 초월과 양립할 수 없다고 믿는 것은 엄청난 잘못일 것이다. 이 비판들은 민족주의와 관련해서도 똑같은 오해를 저지르고 있다.[34] 초월성과 양립할 수 없기는커녕, 인종주의의 이론들은 특권시된 형상이 **미적인[감성적인]** 듯한 종의 숭고화나 이상화라는 측면을 필연적으로 담고 있다. 그 때문에 이 이상화는 육체로서 그리고 이와 동시에 정신으로서 **인간적 이상**의 모범을 이루는 어떤 **인간의 유형**(어제의 '고대 게르만인'과 '켈트인'부터 오늘의 '발전된' 국민[국가]들의 '매우 높은 지능지수의 인간'에 이르기까지)의 묘사와 중시 속에서 성취되어야 한다. 이런 이상은 (타락하지 않은) 기원들의 인간과도, 장래의 인간(초인)과도 연결되어 있다. 이것은 인종주의와 성차별주의가 접합되는 방식(인종주의에서 남근적 기표의 중요성)을 이해하는 데에도, 인종주의가 노동 착취와 정치적 소외에 부착되는 방식을 이해하는 데에도 결정적인 점이다. 사회적 관계들의 미학화는 정치적 기획이 구성되는 장에서 인종주의가 막강한 영향력을 갖게 해 준다. 효율성이라는 테크노크라트적인 가치들의 이상화조차도 미학적 숭고화를 전제한다. 그러므로 지구를 지배하는 기업들의 근대적 경영자가 운동선수인 동시에 색마인 것도 우연이 아니다. 그리고 이와 반대로 사회주의 전통에서 **노동자**의 형상을 도래할 인류의 완성된 유형으로서, 극단적인 소외에서 극단적인 역량으로의 '이행'으로서 높이 평가한 상징적 역전은, 잘 알려져 있듯이, 파시즘에 의한 노동자의 소생을 허용한 강렬한 미학화와 성적 의미 부여sexualisation[성별화]를 동반한 것이었다. 또한 이런 미학화와 성별화는 인종주의의 어떤 요소들이 '사회주의적 인간주의' 속에서 역사적으로 어떻게 재현되었는지를 묻도록 강제하고 있다.[35]

34 다음을 참조하라. A. FINKIELKRAOUT, *La Défaite de la pensée*, Gallimard, Paris, 1987.

35 정치의 미학화[심미화]로서 나치의 사상에 관해서는 Philippe LACOUE-LABARTHE, *La*

이런 역사적이고 인류학적인 테마들의 항상성에 주목함으로써 우리는 이론적 인종주의가 2세기 동안 인간주의의 이데올로기들(또는 보편주의적 이데올로기들)와 맺어 온 관계들의 모호함을 해명하기 시작할 수 있다. '생물학적' 인종주의에 대한 비판으로부터, 특히 프랑스에서 널리 유포되고 있는 관념이 나왔다. 이 관념에 따르면, 인종주의는 정의상 **인간주의와는 양립할 수 없으며, 그러므로 [인종주의는] 이론적으로 말해서 반-인간주의이다.** 왜냐하면 인종주의는 도덕, 인식, 개인의 존엄성 같은 고유하게 인간적인 가치들을 희생시키면서 '생명(vie)'을 높게 가치 평가하기 때문이다. 그런데 이런 관념에는 혼동과 오해가 존재한다. 혼동이라고 한 것은 (인체 측정[에 의한 범죄자식별법]에서 사회다윈주의로, 그리고 사회생물학으로 이르는) 인종주의 이론들의 '생물학주의'는 생명을 그 자체로서 높게 가치 평가하지 않으며, 하물며 생물학의 응용도 아니기 때문이다. 오히려 그것은 성적 의미를 부여받은 몇몇 사회적 가치들—에너지, 결단, 주도성, 일반적으로는 지배의 모든 남성적 표상들, 혹은 반대로 수동성, 관능성, 여성성, 혹은 연대, 단체정신, 그리고 일반적으로는 근친 '가족' 모델에 근거한 사회의 '유기적' 통일이라는 모든 표상들—에 대한 생기론적 은유이다. 이 생기론적 은유는 **육체적인** 특징들을 심리적 혹은 문화적 '성격들'의 징후들로 만들어 버리는 해석학과 연관되어 있다. 하지만 [이런 혼동과 나란히] 오해도 존재한다. 왜냐하면 생물학적 인종주의 자체는 인간의 종별성을 생명, 진화, 혹은 자연이라는 더 넓은 전체 속에

Fiction du politique, Christian Bourgois, Paris, 1988.을 참조하라. 아이소베리(Pierre Ayçoberry, *La Question nazie*, p. 31)의 지적에 따르면, 나치의 미학은 "각각의 [사회적] 범주를 인종 공동체에서의 그 등급rang 속에 교묘하게 위치시킴으로써 계급투쟁의 흔적들을 말소한다는 기능을 갖고 있었다. 그 결과 대지에 뿌리내린 농민, 생산의 운동선수로서의 노동자, 가정 속의 여성이 생겨난 것이다." 나아가 A. G. RABINBACH, "L'esthétique de la production sous le IIIᵉ Reich", *in* L. MURARD et P. ZYLBERMAN, *Le Soldat du travail, Recherches*, nᵒˢ 32-33, septembre 1978.도 참조하라.

서 해소하는 방식인 적이 결코 없었으며, 반대로 **인간 종을 구성하고** 인간 종을 개선하는 데, 혹은 쇠퇴로부터 지키는 데 사이비-생물학적 통념들을 적용하는 방식이었기 때문이다. 마찬가지로 생물학적 인종주의는 영웅주의와 금욕주의의 **도덕성**과 밀접하게 연대를 맺고 있다. 바로 여기에서 '초인Übermensch'과 '우월한 인간'의 니체적 변증법이 우리에게 명백해진다. 콜레트 기요맹은 이를 다음과 같이 빼어나게 말하고 있다. "생물학적 차이에 의해 특징지어지는 이 범주들은 인간 종의 한복판에 위치된다. 그리고 우리는 이를 자명하게 간주하고 있다. 이 지적은 매우 중요하다. 사실 인간 종은 핵심 통념이다. 인종주의는 이 통념을 통해서 구성되었고 일상적으로 구성되고 있다."[36] '인간성에 반하는 범죄'가 인간주의적 담론의 이름으로, 또 인간주의적 담론을 수단으로 삼아 영속화되지 않았다면, 인종주의에 맞선 투쟁을 지적으로 조직하는 일은 그렇게 어렵지 않았을 것이다. 아마 이것은 무엇보다도 마르크스가 다른 맥락에서 "역사의 나쁜 면"[『철학의 빈곤』]이라고 부른 것에, 그렇다고는 해도 [역사적] 현실을 구성하는 것에 우리를 대면하게 만들고 있다.

하지만 인종주의의 이데올로기적 구성 속에 인간주의적이고 보편주의적인 구성 요소가 역설적으로 현존함으로써, 우리가 '인종'(과 그 현행적 대체물)의 기표의 뿌리 깊은 양의성을 국민적 통일과 국민적 동일성의 관점에서 밝힐 수 있게 해 준다.

[민족주의] 특수성의 대체보충으로서의 인종주의는 무엇보다도 **과잉-민족주의**sur-nationalisme로 제시된다. 경쟁의 공간 또는 격화되는 전쟁의 공간(국제적인 '경제 전쟁'이라는 담론은 오늘날 전에 없이 널리 퍼져 있다)에서는 단순한 정치적 민족주의는 취약한 것으로서, 유화적인 입장으로서 지각된다. [이에 비해] 인종주의는 스스로 '통합적' 민족주

36 *L'Ideologie raciste, op. cit.*, p. 6.

의가 되기를 바란다. 내부와 외부를 향한 국민의 통합성에 근거할 때에만 그 의미(와 기회)를 갖는 '통합적' 민족주의. 그러므로 이론적 인종주의가 '인종' 또는 '문화'(혹은 인종 및 문화)라고 부르는 것은 국민의 연속된 기원, 국민들에게 '고유하게' 속하는 성질들의 농축이다. 즉, 국민이 자신의 고유한 정체성을 순수 상태로 관조할 수 있는 것은 '그네들 자식들의 인종' 안에서이다. 따라서 국민은 인종을 중심으로 스스로 결집해야 한다. 그리고 인종은 모든 타락으로부터 보존되어야 할 '유산'인데, 국민은 이러한 인종과 '정신적으로'도 '육체적으로'도, 나아가 '관능적으로'도 동일화되어야 한다(마찬가지로 국민은 인종의 대체물 혹은 내부성으로서의 문화와 동일화되어야 한다).

이것은 물론 인종주의가 (주데텐[체코와 폴란드의 국경으로 이어진 산맥 지역] 출신의 독일인, 티롤 출신의 독일인 같은) '잃어버린' 개인들과 주민들의 국민적 '신체'로의 병합 요구('반환' 요구)의 기반이 된다는 것을 의미한다. 잘 알려져 있듯이 이 요구는 **민족주의의 범민족주의적 전개**라고 부를 수 있는 것(범슬라브주의, 범게르만주의, 범투란주의[범우랄-알타이어족주의], 범아랍주의, 범아메리카주의…)과 밀접하게 연계되어 있다. 그러나 이는 무엇보다도 인종주의가 국민에 관해서는 끊임없이 과도한 '순수주의'를 유발한다는 것을 의미한다. 즉, 국민이 **그 자신**이기 위해서는, 국민은 인종적으로든 혹은 문화적으로든 순수해야 한다. 그러므로 국민은 '가짜의', '외래의exogène', '혼혈의', '세계시민적인' 요소들을 제거하거나 퇴출하기 전에 우선 그런 요소들을 자신의 한복판에서 분리해야 한다. 사회집단들을 집단화하는 특징들—이것들은 생활 방식이나 신앙이나 에스닉적 기원과 관련되어 있다—이 외부성과 불순성의 낙인으로서 수립되는 사회집단들의 인종화에 직접적으로 책임이 있는 것은 [순수해야 한다는] 이런 강박적 명령 때문이다. 하지만 인종을 초국민성surnationalité으로 구성하는 이 과정은 전방 도주로 귀착된다. 원리상으로는 외관이나 행동에 관한 몇 가지 기준에 따라 '진정한 국민[동포]', '본질적 국민'인 사람들, 예를 들어 '토박이 프랑스인', '토박이 영국인'(이에 대해서는 대영제국의 카스트적 위계와 공무원들의 범주화와 관련해서 베네딕트 앤더슨이 말한 바 있다), 진정으로 '게르만적인' 독일인(나치즘에 의해 설정된 **민족으로의 귀속** Volkszugehörigkeit과 **국가로의 귀속**Staatangechörigkeit의 구별을 보라), WASP[앵글로색슨계 백인 신교도]의 진정한 미국인성, 분명히 잊어서는 안 되는 예인 아프리카어를 말하는 '시민'의 백인성이 국민들을 **승인할** 수 있어야 한다. 하지만 실천적으로는 또 다른 집단화하는 특징들을, 환원 불가능한 '차이들'의 또 다른 체계들을 상상적으로 **부정함**으로써 진정한 동포라는 기준을 법적 관례나 애매한 문화적 특수주의에서 출발해 **구성**해야 하고, 그리하여 국민성[동포인지 여부]의 탐색은 인종을 통과해 접근 불가능한 목표를 향해 재개된다. 게다가 자주 볼 수 있듯이, 이렇게 '인종적'(그리고 **더욱이** 문화적)인 의의가 투여된 기준들은 대개 사회계급의 기준들이다. 혹은 이런 기준들은 경제적·정치적 계급들의 불평등에 의해 **이미** 선별된 엘리트를 상징적으로 '선별하는' 것으로 귀착된다. 혹은 피지배계급들은 그 '인종적 구성'과 '문화적 정체성'이 가장 의심스러운 계급들이라는 것이다. … 이 효과들은 엘리트주의를 재창출하는 것이 아니라 포퓰리즘을 정초하려는 민족주의적 목표와 직접적으로 반대된다. 즉, '인민peuple'의 역사적이고 사회적인 이질성을 의심하는 것이 아니라 그것의 본질적 통일성을 전시하려는 민족주의의 목표와 직접적으로 반대된다.

이 때문에 인종주의에는 우리가 유럽의 민족주의들에서 반유대주의의 역할에 관해 이미 언급한 투사의 메커니즘을 따라 전도된 방식으로 기능하는 경향이 항상 있는 것이다. 즉, '진정한 국민들'의 인종적-문화적 정체성은 비가시적으로 남아 있지만, 그것은 유대인, 메텍métèques, 이주자들, 인디오들Indios,[37] 토착민들, 블랙들 등과 같은 '가짜 국민들'에 대한 반쯤은 환각에 근거해 추정되는 가시성에서 역으로 도출된다. 달리 말해 그것은 항상 의심과 위태로움 속에 놓여 있다. '가품'이 **너무** 가시적이라는 것은 '진품'이 **충분히** 가시적이라는 것을 결코 보장하지 않을 것이다. 따라서 국민들의 공통적 본질을 한정하려고 노력함으로써 인종주의는 불가피하게, 발견될 리 없는 진정성의 '핵심'에 대한 강박적인 탐험에 몰입한다. 그리하여 인종주의는 국민성을 좁혀 버리고 역사적 국민을 불안정하게 만든다.[38] 극단적인 경우 이것은 인종적 환영의 역전을 초래한다. 인종적-국민적 순수성을 **발견하고**, 민족peuple의 기원에서 출발해 인종적-국민적 출신지를 보장할 수 없다면, (초)국민적인 초인이라는 이상을 좇아 인종적-국민적 순수성을 **제조하려고** 시도할 것이다. 이런 게 나치의 우생학의 방향[의미]이다. 하지만 똑같은 방향성은 인간 선택을 위한 모든 사회적-기술들 속에, 예를 들어 '전형적으로 영국적인' 교육의 어떤 전통 속에 깃들어 있다고 분명히 말해야 한다. 이 방향성은 오늘날 차이[주의]적 심리학(그 절대적인 무기는 지능지수이다)의 '교육학적' 응용 속에서 소생되고 있다.

또한 이것에서 과잉-민족주의sur-nationalisme가 **초-민족주의**supra-nationalisme로서의 인종주의로 이행하는 그 신속성이 생겨난다. 19세기와 20세기의 인종 이론들이 항상 언어, 혈통[후손], 전통으로 이뤄진

37 [옮긴이] 메텍은 프랑스에 거주하는 아랍계 이주자에 대한 경멸적 호칭이며, 인디오들은 영어판에 따르면 파키들, 즉 파키스탄인들을 가리킨다.

38 이로부터 모든 궤변이 생긴다. 프랑스 국적이 이주자들 및 이주자들의 자손의 셀 수도 없이 계속된 세대들을 포함하고 있다는 점을 인정해야 한다면, 이주자들의 정신적 탐재는 프랑스성에 동화될 수 있는 이들의 능력—이 능력은 프랑스성에 대한 성향으로서 이해된다—에 의해 정당화될 것이다. 하지만 (일찍이 이단심문소 앞에 선 **개종자들**과 마찬가지로) 이 동화가 표면적이고 허울뿐인 것은 아닌지를 묻는 것은 항상 가능하다.

공동체들—이 공동체들은 언어, 혈통, 전통이라는 구성 요소 중 하나 혹은 몇 가지에 간접적으로 준거한다고는 하지만, 대개의 경우 역사적 국가들과 일치하지 않는다—을 정의했다는 사실을 전적으로 진지하게 받아들여야 한다. 이것은 이론적 인종주의 **보편성의 차원**—우리는 이미 그 인간학적 측면을 소묘했다—이 여기에서 본질적인 역할을 한다는 것을 의미한다. 이 차원은 '종별적 보편화'를, 그러니까 민족주의의 **이상화**를 가능케 한다. 내가 마지막으로 검토하고 싶은 것은 이 측면이다.[39]

인종에 관한 고전적 신화, 특히 아리아성에 관한 신화는 당장은 국민이 아니라 계급, 즉 귀족제의 관점에서 본 계급에 준거하고 있다. 이 조건들에서, '우월한' 인종(혹은 우월한 인종들, 즉 고비노가 말하는 '순수' 인종들)은 정의상 국민적 주민 전체와는 결코 일치하지 않으며, 또 국민적 주민로 한정되는 것도 아니다.[40] 따라서 '가시적이고' 제도적인 국민적 집합체는 경계들[국경]을 초월하고 또 정의상 관-국민적인trans-nationale '비가시적인' 또 다른 집합체에 준거하여 자신의 변형을 조절해야 한다. 그러나 귀족제에 대해 진실한 것이, 그리고 민족주의가 막 주목을 받기 시작한 시대의 사유 양식들의 일시적인 결과처럼 보일 수 있는 것이, 이후의 인종주의 이론들 **전체**에—그 참조 틀이 생물학적 차원(사실 이미 봤듯이 육체적 차원)이든 혹은 문화적 차원이

39 한나 아렌트가 『전체주의의 기원』의 결론[「이데올로기와 테러」]에서 말한 '과잉-의미 sur-sens'[영어판에는 sixth sense(6감)라고 적혀 있다]는, 그에게 이상화의 과정이 아니라 테러에 의한 구속contrainte terroriste—그는 테러에 의한 구속을 '이데올로기적 일관성'이라는 망상에 고유한 것으로 여겼다—과 관련지어졌다. 그렇지만 그가 과잉-의미를 다양한 인간주의와 관련지은 것은 전혀 아니다. 그에게 과잉-의미는 〈역사〉나 〈자연〉이라는 익명의 운동—전체주의 운동은 이 익명의 운동을 '가속시키'려고 했다—으로 인간 의지가 흡수되는 것과 관련된다.

40 고비노에 대해서는 특히 다음 연구를 참조하라. Colette GUILLAUMIN, "Aspects latents du racisme chez Gobineau", *Cahiers internationaux de sociologie,* vol. XLII, 1967.

든—진실인 채로 남는다. 피부색, 두개골의 형태, 지적 소질, 정신 등은 **실정적 국적을 넘어선다**. 그것은 순수성이란 강박관념의 또 다른 얼굴일 뿐이다. 그렇게 해서 생긴 결과는 수많은 분석가들이 부딪치게 된 다음의 이 역설이다. 즉, 실제로 존재하는 것은, '인도-유럽인', '서양인', '유대-기독교 문명' 같은 무시간적 또는 초-역사적인 공동체들을 이상화하는 경향이 있는 인종주의적 '국제주의' 또는 '초-민족주의supra-nationalisme'이다. 그러므로 이 공동체들은 열려 있는 동시에 닫혀 있으며, 경계선들[국경] 없는 공동체들이며, 그 유일한 경계선들은 일찍이 피히테가 말했던 것처럼 개인과 분리될 수 없는, 혹은 더 정확하게는 개인의 '본질'(한때 '영âme'이라고 불렸던 것)과 분리될 수 없는 '내적' 경계선들이다. 실제로 이것은 이상적 인간성의 경계선들이다.[41]

여기에서 인종주의가 민족주의의 구성 요소이기를 그치지 않음에도, 민족주의에 대한 인종주의의 초과는 [우리가 앞서 본 것과는] 반대의 형상을 취한다. 즉, 인종주의는 민족주의를 무한한 총체성의 차원으로 팽창시킨다. 이로부터 신학, 특히 '그노시스주의'와의 유사점 및 신학으로부터의 다소간의 희화적인 차용이 생긴다. 또한 이로부터 신학이 근대 민족주의에 밀접하게 예속된다면, 보편주의적 신학들이 인종주의로 미끄러져 들어갈 가능성이 생긴다. 이는 특히 왜 인종적 기표가 민족주의의 유효성을 보장하는 것을 대가로 하여 상이한 국민들을 초월해야 하는지를, '관국민적' 연대들을 조직해야 하는지를 설명한다. 이리하여 반유대주의는 **유럽적 규모**에서 기능했다. 즉, 각 민족주의는 〈유대인〉(그들은 [한편으로] 절대로 타자들로 동화될 수 없는 것으로, [다른 한편으로] 세계 시민으로, 기원들의 민족으로, 그리고 '조국 상실자'로 모순적으로 사고된다) 속에서 **자신의** 개별적 적뿐만 아

41 현대 문학에서 가장 전형적인 사례는 에른스트 윙거의 작품에 의해 제공된다. Ernest JÜNGER, *Der gordische Klostermann*, Frankfurt-am-Main, 1953.

니라 자신들의 '조상 대대로의 적들' **모두**의 대표자를 찾아냈다. 하지만 모든 민족주의는 이렇게 **똑같은** 선구자[42] 및 똑같은 '무국적자'[43]에 비추어 윤곽이 드러났으며 이것이 '근대적인' 국민적 국가들의, 달리 말해 문명의 땅으로서의 유럽이라는 관념 자체의 구성 요소였다. 이와 동시에 세계의 식민지 분할을 위해 경쟁적으로 열중하던 유럽 혹은 유럽-아메리카의 (국민)국가들은 이 경쟁 자체 속에서 그들이 '백인의'라고 명명한 공동체와 '평등'을 공유했다는 점을 인정했다. 아랍인의 민족성nationalité, 혹은 유대인-이스라엘인의 민족성, 혹은 소련인의 국민성nationalité의 보편주의적 확대에 대해서도 유비적인 서술을 이끌 수 있을 것이다. 역사가들이 민족주의의 이런 보편주의적 과녁을 평가할 때, 그들이 그것을 문화적 제국주의(인간과 보편적 문화에 관한 '영국의', '미국의', '독일의', '프랑스의', 혹은 '소비에트의' 개념화를 모든 인류에게 강제하는 것)의 요구와 프로그램으로서만 이해하고 인종주의의 물음을 회피한다면, 그들의 논의는 아무리 봐도 불충분하다. 왜냐하면 제국주의가 단순한 정복의 기획으로부터 '문명'의 건설이라는 보편적 지배의 기획으로 변신할 수 있는 것은 오로지 인종주의인 한에서일 뿐이기 때문이다. 즉, 제국주의적 국민이 또 다른 민족들이 인식할 수 없는 본질적인 사명 혹은 더 본질적인 운명의 특수한 도구로서 상상되고 제시되는 한에서 제국주의는 그렇게 변신할 수 있는 것이다.

이런 고찰과 가설로부터 다음 두 가지 결론을 끌어낼 것이다.

첫째, 이런 [논의] 조건에서 현대의 인종주의적 운동들이 일찍이 빌헬름 라이히가 '민족주의적 국제주의'[44]라는 도발적인 방식으로 불렀던 것 같은 국제적 '축들'의 형성[체]을 발생시켰다고 해도 전혀 이상

42 [옮긴이] repoussoir : 이것은 원래 '돋보이게 만드는 것'이라는 의미이다.

43 [옮긴이] apatride :이것은 원래 '고향이나 고국을 상실한 자'라는 의미이다.

44 다음을 참조하라. W. REICH, *Les Hommes dans l'"État*, Payot, Paris, 1978.

하지 않다. 민족주의적 국제주의라는 라이히의 표현은 도발적이지만 정곡을 찌른다. 왜냐하면 그에게 중요한 것은 이 역설적 국제주의, 그리고 '국제주의적 민족주의'로 점점 더 실현되는 경향이 있던 또 다른 [민족주의의] 모방 효과를 이해하는 것이었기 때문이다. '사회주의 조국'의 예를 좇아, 그것 주위와 그것 아래에서 [각국] 공산당들은 종종 반유대주의에 준거하는 '국민 정당'으로 변질되었다. 마찬가지로 19세기 중엽 이후 서로 대립한, '계급투쟁'으로서의 역사의 표상과 '인종투쟁'으로서의 역사의 표상 사이의 대칭성 또한 결정적이다. '계급투쟁'과 '인종 투쟁'은 둘 다 인류의 운명이 달려 있는 '국제적 내전'으로 사고된다. 이런 의미에서 둘 다 초국민적supranationales이다. 하지만 양자 사이에는 지울 수 없는 차이가 있다. 즉, 계급투쟁이 국민성들과 민족주의들을 해체한다고 여겨지는 반면, 인종 투쟁은 국민들의 영속성을 정초하고 국민들 사이의 위계를 설립하고, 민족주의에 고유하게 국민[민족]적 요소와 사회적으로 보수적 요소(전투적 반사회주의, 전투적 반공산주의)를 융합하는 것을 가능케 한다고 여겨진다. 인종 투쟁의 이데올로기가 이른바 계급투쟁의 보편주의를 한정하고, 계급투쟁에 또 다른 '세계관'을 대립시킬 수 있는 것은 초민족주의supranationalisme를 구성하는 데 투자된 보편적인 것의 대체보충으로서이다.

둘째, 이론적 인종주의는 결코 인간주의의 절대적 안티테제가 아니다. 의미작용과 직접행동주의의 과잉은 민족주의 내부 자체에서 민족주의가 인종주의로 이행하는 것을 특징짓고, 민족주의에 그 고유한 폭력을 결정結晶화하여 부여하는 것인데, 이런 의미작용과 직접행동주의의 과잉에서는 역설적이긴 하지만 보편성의 측면이 우세해진다. 이를 인정하고 이로부터 [필요한] 결과를 끌어내는 일을 망설이게 하는 것은 **이론적 인간주의와 실천적 인간주의** 사이에서 계속 군림하고 있는 혼돈이다. 만일 우리가 실천적 인간주의를 제한도 배제도 없는 시민권을 방어하는 정책 및 윤리와 동일시한다면, 물론 인종주의와 인간주의가 양립 불가능하다는 것을 보게 될 것이며, 왜 효과적인 반인종주의가 '결과에서는' 인간주의로서 구성되어야 하는지를 어렵지 않게 이해할 수 있을 것이다. 그렇지만 이로부터 실천적 인간주의가 이론적 인간주의(즉, 종으로서의 인간을 선언하고 제도화[설립]된 권리들의 기원이자 종언이라고 보는 학설)에 필연적으로 기반을 둔다는 것이 따라 나오지는 않는다. 실천적 인간주의는 신학에도, 또 인간이라는 관념을 자연이라는 관념에 종속시키는 세속적profane 지혜에도, 혹은 전적으로 상이한 것, 즉 인간 및 인간 종이라는 일반성을 종별적인 사회적 관계들로 대체하는 사회 갈등과 해방운동에 대한 분석에도 기반을 둘 수 있는 것이다. 거꾸로, 반인종주의와 실천적 인간주의의 필연적 연결이 이론적 인종주의 또한 이론적 인간주의일 뿐이라는 것을 반드시 방해하는 것은 아니다. 이것은 갈등이 바로 인간주의라는 이데올로기 공간 속에서 펼쳐지고, 동일성의 인간주의와 차이의 인간주의의 단순한 구별과는 다른 정치적 기준들을 좇아 결정이 이뤄진다는 것을 의미한다. **특정 국가로의 '소속'에 선행하는 절대적인 시민 평등**이라는 정식화는 [인간주의보다] 더 우회 불가능하다. 이 때문에 나는 우리가 이 통념들 사이의 전통적 연결을 역방향에서—혹은 '물구나무 선 것을 제 발로 서게'—읽어야 한다고 생각한다. 오늘날 실천적 인간주의는 이것이 무엇보다 우선 효과적인 반인종주의인 한에서만 달성될 수 있다. 물론 이것은 [종으로서의] 인간이라는 관념에 [종별적인 사회적 관계들로서의 인간이라는] 또 다른 관념을 맞세운다는 것을 의미한다. 하지만 이것과 분리 불가능하게, 그것은 시민권의 민족주의적 정치에 국제주의적 정치를 맞세운다는 것을 뜻한다.[45]

45 나는 이 입장을 '오늘날의 정황'과 관련된 몇 개 논문에서 전개하려고 노력한 적 있다. "Suffrage universel", (with Yves BENOT), *Le Monde*, 4 Mai 1983 ; "Sujets ou citoyens?—Pour l'égalité", ; "La Société métissée", *Le Monde*, 1er décembre 1984 ; "Propositions sur la citoyenneté", in C. WIHTOL DE WENDEN. (dir.) *La Citoyenneté*, Edilig-Fondation Diderot, Paris, 1988.

2

역사적 국민

4장 인민들의 구축

: 인종주의, 민족주의, 에스니시티[1]

이매뉴얼 월러스틴

인민people[민족]이 누구인가 혹은 무엇인가보다 더 명백한 것은 아무것도 없는 것 같다. 민족들은 이름을, 친숙한 이름을 갖고 있다. 그것들은 또한 오랜 역사들을 가진 것 같다. 그렇지만 여론조사원이라면 다 알고 있듯이, 추정상 같은 '민족[인민]'에 속할 것 같은 개인들에게 "당신은 누구인가?"라고 자유 응답 형식으로 질문을 던져 본다면, 그 대답은 믿을 수 없을 만큼 다채로울 것이다. 그 질문이 특히 그 당시의 정치적인 핵심 쟁점에 관한 것이 아니라면 더욱 그렇다. 또 이런 명칭을 둘러싸고 매우 격렬한 정치 논쟁이 전개되는 것도 정치 분야의 연구자라면 누구나 알고 있다. 팔레스타인인은 있을까? 유대인은 누구일까? 마케도니아인은 불가리아인일까? 베르베르인은 아랍인일까? 니그로Negro나 아프로-아메리칸, (대문자) 흑인, (소문자) 흑인은 정확한 호칭일까? 민족이 호칭의 물음을 둘러싸고 격투를 벌이지 않은 날은 없다. 그럼에도 불구하고 그렇게 하려는 민족은 호칭이 복잡하거나 곤혹스럽거나 심지어 결코 자명하지 않다는 점을 부정하기 십상이다.

I 나는 어떤 특수한 민족에 관한 최근의 한 논쟁을 묘사하면서 시작하고 싶다. 그것은 공통의 정치적 목표를 공유한다고 주장하는

1 이 장은 *Actuel Marx*, n° 1, L'Harmattan, paris, 1987.(지금은 PUF에서 발행한다)에 수록된 것으로, 베르나스C. Bernas와 르세르클J.-J. Lecercle이 다음에서 프랑스어로 번역했다. "The Construction of Peoplehood : Racism, Nationalism, Ethnicity", *Sociological Forum*, vol. II, n° 2, 1987. [옮긴이] 이 장의 제목은 「민족성의 구축 : 인종주의, 민족주의, 에스니시티」로 번역할 수 있다.

민족 사이에서 이루어진, 상대적으로 우호적인 논쟁이라는 보기 드문 성질을 지녔다. 그것은 동료들 사이에서 쟁점을 평화적으로 해결하려는 명확한 기대를 담아 공개적으로 이뤄진 논쟁이다.

논쟁의 무대는 남아프리카공화국이다. 남아프리카공화국 정부는 '민족' 속에 네 개 집단이 존재한다는 것을 법률로 선언하고, 각 집단을 유럽계 백인Europeans, 인도인Indians, 컬러드Coloureds, 반투Bantus라고 명명했다. 이 법률적 범주들 각각은 복잡하며, 그 내부에 다수의 하위 집단을 담고 있다. 하나의 법률적 호칭 아래에 결합된 하위집단은 외부인이 볼 때는 때때로 기이하게 비칠 수도 있다. 그럼에도 불구하고 이 호칭들은 법률의 힘을 가지며, 개인들에게 매우 특정한 결과를 갖는다. 남아프리카공화국의 각 거주자는 이 네 개 범주 중 어느 하나로 행정상 분류되고, 그 결과 상이한 정치적-사회적 권리를 갖게 된다. 예를 들어 그들은 국가에 의해서 소속된 범주에, 그리고 어떤 경우에는 그 하위 범주들에 할당된 거주 구역에 사는 것을 요구받았다.

남아프리카공화국에서 수많은 민족[인민]은 아파르트헤이트로 잘 알려진 이런 법률적 범주화 과정에 반대하고 있다. 그러나 그들의 반대의 역사는 법률적 호칭에 관해 적어도 하나의 중대한 전술적 변화가 있었음을 보여준다. 애당초 아파르트헤이트를 반대하는 사람들은 각각 별개의 범주 틀 내부에서 조직을 형성했다. 이후 이 조직들은 정치적인 동맹을 형성하고, 공동 행동을 벌였다. 예를 들어 1955년에는 네 개 집단이 공동 발기인이 된 매우 유명한 민족회의Congress of the People가 등장했는데, 거기에는 어떤 집단도 정부의 네 가지 민족 범주 중 어느 하나에 속하는 사람들로 구성되었다. 이 민족회의는 다른 무엇보다도 우선 아파르트헤이트의 종식을 요구하는 자유헌장을 발표했다.

네 개 저항 조직 중 가장 큰 것은 아프리카민족회의ANC였다. 이 조직은 국가의 관할권하에 있는 총 인구 중 약 80퍼센트를 차지하는,

정부가 반투라고 부르는 세력을 대표했다. 1960년대나 아마 1970년대 무렵인 것 같은데—그 시기는 분명하지 않다—ANC는 '유럽계 백인' 이외의 대부분의 사람들에게 '아프리카인'이라는 용어를 언제부턴가 슬며시 사용하게 되었고, 그래서 정부가 반투, 컬러드, 인도인이라고 부른 것을 모두 하나의 호칭하에 포함시켰다. 누구였는지는 분명치 않지만, 다른 사람들 또한 유사한 결정을 했지만 이 집단을 '백인'에 대립되는 '비백인'이라고 지칭했다. 아무튼 결과는 네 개의 분류를 두 가지 분류법으로 축소했다.

그러나 이 결정이 현실을 반영하고 있다고 하더라도, 모호하지 않은 것은 아니었다. 예를 들어 인도인들 사이에서 ANC의 동맹 조직인 남아프리카인도인회의SAIC는 계속 존재했다. 비록 의장과 그 주변 사람들이 SAIC의 구성원인 동시에 ANC의 구성원이긴 했지만.

'컬러드'라는 범주는 확실히 네 가지 중에서도 가장 골치 아픈 것이었다. 이 '집단'은 역사적으로는 아프리카인들과 유럽인들 사이의 다양한 혼혈의 자손들로 구성되었다. 그것은 또한 수세기 전에 동인도에서 끌려와서 케이프 말레이인으로 알려진 사람들을 포함했다. 세계의 다른 지역에서 '컬러드'는 주로 '물라토mulattos[백인과 흑인 부모 사이에서 태어난 사람을 모욕적으로 말]'라고 불리며, 또 미국에서는 지금은 폐지되었지만, 인종 격리를 규정한 과거의 법률에 입각한 표현에 따르면, 그것은 항상 '니그로 인종' 가운데 일부로 간주되는 사람들이었다.

1984년 6월, ANC의 구성원으로 정부 입장에서 보면 컬러드에 속하는 알렉스 라 구마Alex La Guma는 ANC의 공식 기관지 『세차바Sechaba』 편집자에게 편지를 한 통 썼다. 편지에서 그는 다음과 같은 쟁점을 제기했다.

『세차바』에 게재된 연설, 논설, 인터뷰 등으로 알게 되었는데, 나는 '이른바 컬러드so-called Coloured'(때로는 소문자 컬러드coloured)라고 불리고 있습니다. 언제 ANC가 나를 이렇게 부르기로 결정했을까요? 남아프리카공화국에서 나는 회의동맹Congress Alliance에서 활동했으며, 또 '이른바 컬러드민족회의so-called Coloured People's congress'가 아니라 컬러드민족회의의 구성원이었습니다. 우리가 민족회의에서 일하고, '컬러드 민족인 우리는 존재하기 위해 싸워야 한다…'고 자유헌장을 노래했을 때, 그 당시에 이른바 통일운동Unity Movement[ANC의 경쟁 조직]의 몇몇 사람들이 이른바 컬러드 민족을 언급한 적이 있었다는 것을 기억합니다. 그러나 우리의 회의는 그렇게 언급하지 않았습니다. 이런 변경이 언제 혹은 언제 결정되었는지 『세차바』의 오랜 사본들은 보여주지 않습니다. 아마 정부, 행정기관들, 수세기 동안의 정치적 및 사회적 관계가 저를 컬러드라고 불렀을 수도 있습니다. 하지만 약삭빠른 민족people, 민족지학자, 인류학 교수 등은 제가 실제로 누구인지를 전혀 개의치 않았습니다.

편집자 동지, 나는 혼란스럽습니다. 분명히 할 것을 원합니다. 이 호칭은 인간 존재의 모든 특징들을 갖고 있으나 실제로는 인공적인 '이른바' 인간 같다고 나를 느끼게 만듭니다. 다른 소수민족은 '이른바'라고 불리지 않습니다. 그런데 왜 제가? 그것은 틀림없이 '함의 저주'[2]일 것입니다.

이 편지에 대해 세 통의 답신이 왔다. 첫 번째는 『세차바』 6월호에도 게재되었는데, 편집자가 보낸 것이었다.

2 [옮긴이] 함Ham은 노아의 차남으로, 창세기 6장 10절부터 나오는 인물이다.

제가 기억하는 한, 우리 운동에서 '컬러드'를 '이른바 컬러드'로 바꾸자는 결정이 이뤄진 적은 없습니다. 제가 알고 있는 것이라곤 종주국의 민족—예를 들어 UDF[반아파르트헤이트 운동 조직인 통일민주전선]가 발족했을 때의 지도자였던 앨런 보삭Allan Boesak 신부[그는 정부가 컬러드로 분류한 인물이다]—이 '이른바 컬러드'라는 용어를 점차 사용하게 되었다는 것뿐입니다. 당신이 주목한 것은 이런 사정을 반영한 것 아닌가 싶습니다.

얼마 전에 『세차바』는 리처드 리브Richard Rive의 책 『흑인을 논하다Writing Black』에 대한 서평을 냈는데, 거기에서 우리는 이렇게 썼습니다.

> 통일에 대한 우리의 노력이 우리가 차이들을 보지 못하도록 눈멀게 만들어서는 안 된다. 만약 이런 차이들이 무시된다면, 우리가 달성하려고 노력하는 통일에 매우 중대한 지장을 야기할 것이다. 이른바 컬러드라고 말하거나 혹은 컬러드라는 용어를 따옴표를 붙여 말하는 것만으로는 충분치 않다. 이 문제에 대한 명확한 접근법을 꾀할 필요가 있다. 왜냐하면 우리는 동일시 가능하고 식별 가능한 일군의 민족을 상대하고 있기 때문이다.

바꿔 말해, 우리가 이 서평에서 말하는 것은, 이 쟁점에 관한 토론이 필요하다는 것입니다. 그리고 제가 생각하기에, 당신의 편지는 그런 논의의 출발점일 것 같습니다. 이 쟁점에 관한 논평이라면 어떤 것이든 환영합니다.

『세차바』 1984년 8월호에, P. G.라는 서명이 들어간 편지 한 통이 실렸다. 그 내용으로 미루어 볼 때, P. G.는 아무래도 정부가 컬러드라고 분류한 인물인 것 같다. 알렉스 라 구마와는 달리, 그는 그 용어를 단호히 거부한다.

웨스턴케이프에서 우리가 동지운동Comrades Movement이라는 [잡지] 그룹으로서 만났을 때, 컬리드리는 용어에 대해 자주 토론했던 것을 기억합니다. 이 그룹들은, 1976년 봉기를 통해 행동과 연구에 집중된, 대개 친-ANC인 젊은이들로 이루어진 느슨하게 조직된 그룹들이었습니다. '이른바 컬러드'라는 용어는 아파르트헤이트 용어법을 거부하는 대중적인 표현으로서 젊은이들 사이에서 흔하게 사용되었습니다.

저는 리처드 리브의 『흑인을 논하다』에 대한 『세차바』의 서평에서 발언된 것에 전적으로 찬성합니다. 하지만 저는 이렇게 덧붙이고 싶습니다. 당신이 말하듯이, "'이른바 컬러드'라고 말하거나, 혹은 컬러드라는 용어를 따옴표를 붙여 말하는 것만으로는 충분치 않다"고 하더라도, '컬러드'라는 용어를 받아들이는 것도 마찬가지로 잘못이라고 말입니다. 특히 대부분의 민족=인민이 '컬러드'라는 용어를 거부하고 있다는 사실을 감안해서 저는 이렇게 말하는 것입니다. 회의파 사람들Congress people, UDF계 사람들, 시민 그룹·교회 그룹·노동조합의 사람들, 인기가 많은 지도자들은 '이른바 컬러드'를 말할 때, 그들도, 그들의 대화 상대자인 민족도 휴머노이드 같다고 느끼지 않습니다. [그렇지만] 사실 '컬러드'라는 용어는 민족을 인공적으로 느끼게 하는 것으로서 인용됩니다. 컬러드는 정체성의 결여를 외치는 용어인 것입니다.

'컬러드'라는 용어는 어떤 특정 그룹에서 생겨난 것이 아니라, 오히려 1950년의 인구등록법에서 '외모로 보았을 때 명백하게 백인도 인도인도 아니며, 또 토착 인종의 구성원도 아프리카 부족의 구성원도 아닌 자'로 정의된 사람에게 붙여진 딱지였습니다. 이것은 배제에, 즉 ~이 아닌 민족이라는 것에 토대를 둔 정의입니다. '컬러드'는 인종주의자들이 주변부 민족으로 간주하는 집단에 부여한 용어였습니다. '컬러드'라는 용어는 순혈 백인 아프리카너에 대해 인종주의자가 품은 신화의 근간을 이루었습니다. '컬러드'라는 용어를 받아들이는 것은 곧 그 신화가 계속 유지되도록 허용하는 것입니다. …

오늘날 민족은 "우리는 인종주의자의 프레임을 거부한다. 우리는 그들의 용어법을 거부한다"고 말하고, 적의 한복판에서, 과거의 것을 무시하고 〈새로운 것NEW〉을 세우기 시작하고 있습니다. '혼혈아', '브루앵 아프리카너Bruinc Afrikaner', '남아프리카의 서자South Africa's step-children' 같은 '컬러드 클컬링Coloured-Klcurling'[혼혈을 나타내는 말]은 인종주의자들이 물려준 것입니다. 우리들 중에는 이런 용법의 매우 좁은 해석을 채택한 것에 대해 분개하거나 당혹해 하는 사람도 있지만, 그러나 '이른바'라는 접두사를 몇 년째 골칫거리였던 것을 해결하기 위한 첫걸음으로 삼아야 할 것입니다.

우리는 '이른바 컬러드'라는 용어에서 더 긍정적으로 나아가야 합니다. 민족은 지금 자신들이 어떻게 불릴지를 선택할 권리가 있다고 말하고 있으며, 대부분의 경우 지금 형성되고 있는 국민의 정신으로 '남아프리카인'이라는 용어를 선택하고 있습니다. 논쟁은 많은 형태를 취할 수 있지만, 백인우월주의Baasskap의 용어를 받아들이는 것으로 되돌아가는 것이어서는 안 됩니다. 만일 우리가 정말로 남아프리카인이라는 정체성에 대한 하위-정체성을 필요로 한다면, 아마 그 문제는 대중적 논쟁을 통해 해결될 것입니다.

『세차바』 1984년 9월호에서는 정부에 의해 유럽계 백인으로 분류되는 아놀드 셀비Arnold Selby라는 인물이 '국민들nations'과 '소수민족national minorities'을 구별하는 한 쌍의 범주들을 활용해서 논쟁에 끼어들었다.

얼마간 수용된 기성의 사실들을 검토하는 것에서 시작합시다.

(a) 지금으로서는 남아프리카 국민 같은 것은 존재하지 않습니다.
(b) 아프리카인 다수자majority는 피억압 국민이며, 컬러드 민족과 인도 민족은 변별적으로 정체성 부여 가능한 피억압 소수민족이지만, 백인 인구는 억압하는 소수민족을 구성합니다.
(c) 컬러드, 인도인, 백인 소수민족은 동질적이지 않으며, 다른 국민적 집단 혹은 에스닉 집단을 내부에 포함하고 있습니다. 예를 들어 레바논인 공동체는 주로 백인으로 분류되고 있고, 또 스스로도 그렇게 봅니다만, 말레이 민족과 그리콰Griqua[남아프리카에서 볼 수 있는 아프리카 원주민과 유럽인(특히 네덜란드인)의 피를 받은 혼혈아] 민족은 스스로를 컬러드 국민의 일부로 간주하며, 중국인 소수민족 중에는 백인으로 분류되는 구성원이 있는가 하면, 아시아인이나 컬러드로 분류되는 구성원도 있다는 것입니다.
(d) 남아프리카의 미래와 국민 문제national question의 해결을 위한 열쇠는 아프리카 국민들의 민족[국민]적 해방에 놓여 있습니다. 우리 국민의 민주주의 혁명의 승리는 그것과 함께 아프리카 국민의 민족[국민]적 해방을 초래하고 있는 ANC의 지휘하에서, 남아프리카 국민 탄생 과정의 시동을 걸게 될 것입니다.

(b)에서 말한 바처럼, 컬러드 민족은 변별적으로 정체성 부여 가능한 피억압 소수민족을 구성합니다. 그러나 '컬러드'의 정의, 이로부터 생기는 용어법, 일상생활에서의 그 실제 용법은 자연적-사회적 원인에서 출현하는 것이 아니고, 또한 컬러드 민족이 스스로 선택한 것도 아니었습니다. 그것들은 교역과 제국주의라는 두 국면에서, 그리고 침략자들에 의해 1910년에 남아프리카 국가가 수립된 이후에 유럽의 부르주아 국민들에 의한 남아프리카 침략, 침투, 정착의 잇따른 물결의 결과로서 탄생한 역대 정권들에 의해 컬러드 민족에게 부과되었습니다. …

이제 우리 중 일부가 이야기하는 경향이 있는 '이른바' 컬러드 민족에 대해 살펴봅시다. 이 경향은 아무래도 우리가 직면하고 있는 두 가지 현실적 요인에서 비롯된 것 같습니다.

첫째로 해외에서의 연구라는 문제가 있습니다. 다른 나라들과 국민들은 '컬러드 민족'이라는 용어에 관해 상이한 관념을 가지고 있으며, 이것들은 우리나라에서 피억압 소수민족 컬러드의 현실과 몹시 동떨어져 있습니다. 우리가 우리나라와 이곳에서의 투쟁 및 이 투쟁에서 컬러드 민족의 역할과 지위에 대하여 말할 때, 컬러드 민족이 누구인지를 설명해야 하며, 그러므로 그 용어가 침략자가 억지로 강요한 것임을 강조하기 위해서 우리는 '이른바'라는 용어(따옴표가 붙은 것에 주의하시오)를 자주 사용합니다. 마찬가지로 오늘날 미국 원주민을 지칭할 때, 사람들은 '이른바' 인디언이라고 부르곤 합니다. 우리나라의 해방 투쟁에 대해 더 알고 싶어 하는 해외 사람들은 이를 통해 사태를 더 잘 이해하게 됩니다.

둘째, 나는 종주국의 일부 인사들이 '이른바'라는 말을 사용하는 경향이 있다고 해서, '컬러드 민족'이라는 일반적으로 용인되는 용어마저 거부해야 한다고는 할 수 없다고 봅니다. 내 생각에 '이른바'라는 말은 피억압 소수민족인 컬러드 및 인도인과 피억압 다수자인 아프리카 국민 사이의 통일성 증대를 강조하기 위해 사용되고 있는 것 같습니다. 이 말의 용법은 컬러드를 흑인으로부터 분리한다기보다는 컬러드와 흑인을 동일시한다는 것을 가리킨다고 생각합니다. 동시에, 이 용법은 컬러드 민족을 억압자 소수민족 백인으로부터 떼어 놓습니다. 억압자 소수민족 백인은 여러 차례 컬러드 민족이 원래 혈연관계가 있는 백인 국민nation의 열등한 자손이라는 생각을 일반적으로 받아들이려고 노력했으나 성공하지 못했습니다. '이른바'라는 용법은 과학적 용어법을 걸치고 있는 인종주의적 이데올로기를 일반적으로 수용하려는 침략자의 시도를 거부

> 한다는 것을 의미하는 것입니다.
>
> 우리가 '이른바'를 사용하든 사용하지 않든, 우리나라에 컬러드라는 피억압 소수민족이 있는 현실은 달라지지 않습니다. 내 견해로는, 오늘날 상황에서는 '이른바'를 사용해도 틀렸다고 할 수 없습니다. 단, 그것이 참된 의미를 전달하는 그 적절한 맥락에서 사용되고 또 이것에 따옴표를 붙인다는 조건에서 말입니다. 그 어떤 상황에서도 피억압 소수민족으로서의 컬러드 민족이 실존한다는 현실을 무시할 수는 없습니다.

셀비의 입장이 실제로 P. G의 입장과 꽤 다르다는 점에 주목하자. 두 사람 모두 '컬러드' 앞에 '이른바'를 붙여 사용하는 것은 받아들이지만, P. G.가 그렇게 하는 것은 컬러드 같은 것은 존재하지 않는다고 보기 때문이다. 셀비는 그가 '소수민족'이라고 부르는 바의 여러 민족의 하나로서 컬러드가 존재한다고 생각하지만, 그러나 그는 정치적 커뮤니케이션의 한 가지 전술로서 '이른바'의 사용을 옹호한다.

마지막으로 1984년 11월호에서 라 구마는 고집스럽게도 다음과 같이 답변하고 있다.

> '이른바 컬러드'는 '아파르트헤이트 용어법'의 거부를 의미하는 일반적인 표현으로서 사용되었다고 [P. G.]는 말합니다. 그러나 더 나중에 그는 "형성되고 있는 국민의 정신에 있어서 대부분의 사람들이 '남아프리카인'이라는 용어를 택하고 있다"고 말합니다. 하지만 편집자 동지, 그는 우리나라에 남아프리카라는 정식 명칭을 붙인 것이 누구인지를 말하지 않습니다. 무슨 혹은 누구의 인가를 받은 것일까요? 또 이 '용어법'을 거부하고, 남아프리카를 '아자니아 Azania'라고 부르는 사람도 있습니다. (또다시, 누구의 인가를 받은 것일까요?) 이것에 따르면, 그들은 나머지 주민을 '이른바 남아프

리카인'이라고 부를 수도 있을 겁니다. 하지만 보어인의 찬가가 수이드 아프리카Suid-Afrika를 언급하기는 해도, 대체로 남아프리카라는 명칭이 수용되는 것처럼 보입니다. 그래도 어떤 소수파라고 해도(심지어 이른바가 붙은 것도) 스스로를 남아프리카인이라고 자칭할 권리를 취하는 것은, 그 권리가 본래 다수파에 속하기 때문에, 완전히 주제넘은 짓은 아니라고 해도 적잖이 비민주적인 것으로 내게는 비칩니다.

나는 '컬러드'라는 용어가 인구등록법 혹은 집단지역법에 의해 내려진 정의의 결과로서 출현했다(고 P. G.가 말하는 것 같은데)는 것을 유감스럽게도 몰랐습니다. 나는 이 법률들이 제정된 때보다 훨씬 전에 태어났기에, 우리 민족의 역사는 그 용어보다 조금 더 오래되었을 것입니다. 게다가 P. G.가 묘사한 모든 끔찍한 경험들(가족의 이산, 배척 등)을 겪고 있는 것이 우리들뿐이라고 생각해서는 안 됩니다. 세계 다른 지역에서 혼혈 인종 혹은 주변부 공동체도 비슷한 온갖 고난을 겪고 있습니다.

편집자 동지, 이제 심지어 P. G.조차 '이른바'라고 말해서는 안 되며 '컬러드'라고 말해서도 안 된다고 말하는데, 이게 나를 더욱 혼란스럽게 하고 있습니다. 그러나 '몇 년째 골칫거리'는 컬러드라고 명명되었다는 데 있지 않습니다. 그것은 마치 '아시아인'이라든가 '인도인'이라는 용어 자체가 골치 아픈 일을 의미하지 않는 것과도 같습니다. 오히려 우리 민족이 설령 어떻게 불리든, 그 과거 및 현재의 대우 방식 속에 '몇 년째 골칫거리'가 있습니다. … 나는 P. G.의 '대중 논쟁'의 결과를 참을성 있게 기다리지만, 그래도 역시 현재의 나 자신에 대해 알고 싶습니다. 그러니까 편집자 동지, 나를 당신이 하고 싶은 대로 불러도 좋지만, 부디 '이른바'라고는 부르지 않았으면 좋겠습니다.

II 내가 이런 의견 교환을 꽤 길게 인용한 것은, 우선 첫째로 가장 우호적인 논쟁에서조차 꽤 격앙되기 쉽다는 것을 보여주기 위함이다. 또 둘째로, 역사적이거나 논리적인 근거 위에서 쟁점을 해결하는 것이 얼마나 어려운지를 보여주기 위함이다. 컬러드 민족, 컬러드 소수민족, 혹은 컬러드 에스닉 집단이 있는 것일까? 심지어 과거에는 있었을까? 내가 말할 수 있는 것은 현재에도 있고, 그리고/또는 과거에도 있었다고 생각하는 사람도 있다면, 그렇게 생각하지 않은 사람도 있고, 또 무관심한 사람들과 그 범주를 모르는 사람도 있다는 것뿐이다.

그래서 어떻다는 건가? 만약 컬러드 민족이라는 어떤 본질적인 현상이 있다면, 우리는 그 특질에 관해 합의를 볼 수 있을 것이다. 그러나 우리가 어떤 '민족'을 가리키는 이 이름에 관해, 아니 어떤 인민을 지칭하는 사실상의 또 다른 이름에 관해 합의를 이룰 수 없다면, 그 이유는 어쩌면 민족성이 단순한 구축물일 뿐만 아니라 각각의 특수한 심급에서도 끊임없이 변화하는 경계선들을 갖고 있기 때문이기도 할 것이다. 혹은 민족이 형태상으로는 변하기 쉬운 것이라고 생각할 수도 있을 것이다. 하지만 만일 그렇다면, 왜 그런 정념인가? 어쩌면 그 누구도 이 변하기 쉬움을 논평하지 않게 되어 있기 때문일 수도 있다. 내 말이 옳다면, 우리는 분명히 매우 기묘한 현상—그 중심적 특징들은 변하기 쉬움이라는 현실과 이 현실의 부정이다—을 가지고 있는 게 된다. 이 얼마나 복잡하고 기묘한 현상이란 말인가! 우리가 처해 있는 역사적 체계에서 이처럼 기묘한 사회적 과정을 야기할 수 있는 무엇일까? 필시 거기에는 밝혀내야 할 수수께끼가 있다.

나는 이 문제를 순차적으로 다룰 것이다. 먼저 민족성에 관한 사회과학의 기존 견해를 간략하게 개괄해 보자. 그 다음으로 이 역사적 체계의 구조와 과정들 속에서 그런 개념을 산출했을 수도 있는 무엇인가가 존재하는 것에 대해 고찰해 보자. 그리고 마지막으로, 도움이 될 만한 어떤 개념적 재정식화가 있는지를 검토하고 싶다.

역사 사회과학의 문헌을 먼저 다루자면, '민족'이라는 용어가 실제로는 그다지 빈번하게 사용되지 않는다는 점에 유의해야 한다. 오히려 가장 평범한 세 개의 용어는 '인종', '국민', '에스닉 집단'이다. 이 세 가지는 모두 근대 세계에서 '민족들'의 거의 모든 종류라고 해도 좋을 것들이다. 이 세 개 용어 중에서 마지막인 '에스닉 집단'은 가장 최근의 용어로, 전에 광범위하게 사용되었던 '소수자 집단'이라는 용어를 실제로 대체한 것이다. 물론 이 용어들 각각은 많은 변종이 있지만, 그럼에도 불구하고 나는 이것들이 통계적으로도 논리적으로도 세 가지 기본 용어라고 생각한다.

'인종'은 눈에 보이는 신체적 형태를 지닌 유전적 범주로 여겨진다. 인종들의 명칭과 특성에 관해서는 과거 150년 동안 학자들 사이에 많은 논쟁이 있었다. 이 논쟁은 꽤 유명하지만, 그 대부분은 악명이 높다. '국민'은 국가의 현행적 혹은 잠재적 경계선들과 다소나마 연결된 사회 정치적 범주로 여겨진다. 그리고 '에스닉 집단'은 문화적 범주로 간주되고 있다. 그래서 세대에서 세대로 계승되지만, 이론적으로는 보통 국가 경계선들과 연결되지 않는 어떤 연속적인 행동 양식이라고 얘기된다.

이외에도 다수의 용어가 사용되고 있다는 것을 별개로 치더라도, 물론 이 세 용어는 믿을 수 없을 정도로 일관성 없이 사용된다(위의 논쟁에서 우리는 어떤 사람이 '에스닉 집단'이라고 불렀을 것을 다른 사람은 '소수민족'이라고 부른다는 것을 이미 봤다). 사용자들 대다수는 이 용어들을 사용하며, 심지어 세 가지를 모두 다 사용하는데, 이는 어떤 지속되고 있는 현상, 즉 그 연속성 덕분에 작금의 행태에 강한 영향을 미칠 뿐 아니라 현재의 정치적 주장을 하기 위한 기초도 제공하는 현상을 지적하기 위해서이다. 즉, 어떤 '민족'이 어떤 것으로서 존재하거나 행동하는 것은 유전적 특성 때문이라고, 아니면 그 사회 정치적 역사 때문이라고, 아니면 그 '전통적' 규범과 가치 때문이라고 지적하기 위해서인 것이다.

이 범주들의 전체적 특징은, 현재의 조작 가능하고 '합리적인' 과정에 반대하여 과거에 기반한 요구를 우리가 주장할 수 있게 해 준다는 점에 있는 것 같다. 왜 사물들이 지금과 같은 방식으로 있고 바뀌어서는 안 되는가 혹은 왜 사물들이 지금과 같은 방식으로 있고 바뀔 수 없는가를 설명하기 위해 우리는 이 범주들을 사용할 수도 있다. 혹은 거꾸로, 왜 현재의 구조가 더 깊고 더 오래된, 그래서 더 정당성 있는 사회적 현실이라는 이름으로 대체될 수 있는가를 설명하기 위해 이것들을 사용할 수도 있다. 과거성이라는 시간적 차원은 민족성 개념에 중심적이며 고유한 것이다.

왜 우리는 과거라는 '정체성'을 원하거나 필요로 하는 것일까? 이렇게 묻는 것은 완벽하게 합당하고 심지어 때때로 그렇게 물어야 한다. 이 점에서 주목해야 할 것은, 예를 들어 위에서 인용한 논쟁에서 P. G.라는 인물이 '남아프리카인'이라는 더 넓은 범주를 옹호하면서 '컬러드'라는 호칭을 버릴 것을 호소하고 "만약 우리가 정말로 남아프리카인이라는 정체성과 함께 하위 정체성을 필요로 한다면…"이라고 발언하는 것이다. 만일 …라면,이라고 한다면 왜 그럴까 하는 것이다.

과거성은 사람들이 현재에서 달리 행위하지 않을 수 있는 방식으로 행위하도록 설득하는 하나의 양식이다. 과거성은 사람들이 서로에게 사용하는 하나의 도구이다. 과거성은 개인의 사회화에서, 집단 연대의 유지에서, 사회적 정당화의 수립 혹은 이에 대한 도전에서 중심적인 요소이다. 그러므로 과거성은 뛰어나게 도덕적 현상이며, 따라서 정치적 현상이고, 항상 동시대적 현상이다. 물론 그 때문에 과거성은 항상성이 결여되어 있다. 현실 세계가 끊임없이 변화하고 있기 때문에, 동시대적 정치에 관한 것은 필연적으로 끊임없이 변화하고 있다. 그러므로 과거성의 내용은 필연적으로 끊임없이 변한다. 하지만 과거성은 정의상 불변하는 과거를 주장하는 것이기 때문에, 어떤 특수한 과거라도 그것이 항상 변해 왔다고 혹은 심지어 변할 수 있을 것이라고 그 누구도 인정하지 않는 것이다. 과거란 보통 비석에 새겨져 돌이킬 수 없는 것으로 간주된다. 물론 진짜 과거는 실제로 비석에 새겨져 있다. 이 진짜 과거를 우리가 어떻게 이해하든, 사회적 과거는, 다른 한편으로는 기껏해야 부드러운 점토판에 새겨져 있을 뿐이다.

그렇기 때문에, 우리가 과거성을 정의할 때, 유전적으로 연속적인 집단(인종), 역사적 사회 정치적 집단(국민) 혹은 문화적 집단(에스닉 집단)에 입각해서 정의하는지 여부는 거의 중요하지 않다. 그것들은 모두 민족성을 구축하는 것이며, 과거성의 발명이자 동시대의 정치적 현상이다. 하지만 만약 그렇다고 해도, 우리는 또 다른 분석적 수수께끼를 품고 있다. 하나의 용어로도 충분했을 수도 있었을 텐데, 왜 세 개의 상이한 기본 용어들이 발전되어야 했을까? 하나의 논리적인 범주를 세 개의 사회적 범주들로 분리할 수밖에 없는 어떤 이유가 있는 것이 틀림없다. 그것을 찾아내기 위해서는 자본주의적 세계경제의 역사적 구조를 고찰하면 된다.

세 가지 기본 용어들 각각은 자본주의적 세계경제의 기본적인 구조적 특징들 중 하나에 의존한다. '인종' 개념은 세계경제에서 노동의 수직적 분업, 즉 중심부-주변부라는 대립[이율배반]과 관련되어 있다. '국민' 개념은 이 역사적 체계의 정치적 상부구조, 즉 국가 간 체계를 형성하고 이로부터 파생되는 주권국가들과 관련되어 있다. '에스닉 집단' 개념은 자본을 축적할 때 비임금 노동의 광대한 구성 요소를 유지할 수 있게 해 주는 가구 구조의 창출과 관련되어 있다. 이 세 용어 모두 계급과 직접적으로 관련되어 있지 않다. 왜냐하면 '계급'과 '민족성'은 직각으로 정의되기 때문이다. 하지만 뒤에서 보겠지만, 이것은 역사적 체계의 모순들 중 하나이다.

세계경제 내부에서 수직적 분업은 공간적 분업을 낳았다. 중심부-주변부의 이윤배분은 이 분업으로 구성되어 있다고 한다. 중심부와 주변부는 엄밀히 말해서 생산의 변별적 비용 구조와 관련된 관계적 개념이다. 공간적으로 떨어진 지대에 이 상이한 [비용 구조를 지닌] 생산과정이 배치되는 것이 그 관계의 불가피하고 항상적인 특징은 아니다. 하지만 그것이 정상적 특징이게 되는 경향이 있다. 거기에는 몇 가지 이유가 있다. [첫째,] 주변적 과정이 일차적 생산과 결부되어 있는 한—오늘날에는 예전만 못하다고 해도, 실제로 역사적으로 볼 때에는 사실이다—농경에 적합한 환경적 조건들이나 지질학적 매장물들과도 결부된 이 과정들의 지리적 재배치 가능성에 대한 제약이 존재한다. 둘째, 일련의 중심부-주변부의 관계를 유지하는 데 정치적 요소가 존재하는 한, 생산물이 상품 연쇄 속에서 정치적 국경을 넘는다는 사실은 그것에 필수적인 정치적 과정을 촉진한다. 왜냐하면 국경 통과를 통제하는 것은 국가 실제로 행사하는 현실적인 힘들 중에서 가장 큰 것이기 때문이다. 셋째, 중심부의 생산과정과 주변부의 생산과정은 각기 다른 부문에 집중하기 위해 국가별로 상이한 국내적 정치 구조가 창출되는 경향이 있다. 그리고 국내적 정치 구조의 차이는 다시 수직적 분업을 운영·관리하고 유지하는 불평등한 국가 간 체계를 지탱하는 주요한 보루가 된다.

그러므로 간단하게 표현하면, 시간이 지남에 따라 세계의 일부 지대는 주로 중심부적 생산과정의 거점들이 되고, 다른 지역은 주로 주변부적 생산과정의 장소들이 되는 경향이 있다. 양극화의 진척 정도에는 분명히 순환적 부침이 있지만, 이 간극이 확대되는 방향으로 가는 장기적인 추세도 존재한다. 이 전 세계적 규모의 공간적 분화는 유럽 중심의 자본주의적 세계경제의 팽창이라는 주로 정치적 형태를 취했다. 그리고 이 경제는 마침내 전 지구를 뒤덮을 정도로 팽창했다. '유럽의 팽창' 현상으로 알려지게 된 것이 이것이다.

지구상에서 인류가 진화하면서 정착 농업의 발달에 앞선 시기에 유전적 변종의 확산이 발생한 결과, 자본주의 세계경제의 발전 초창기에는 그 어떤 장소 배정에서도, 그곳에서의 다양한 유전적 유형들은 오늘날보다도 훨씬 동질적이었다.

자본주의 세계경제가 주로 유럽에서 그 첫 번째 장소로부터 팽창됨에 따라, 중심부와 주변부의 생산과정의 집중이 갈수록 지리적으로 분기됨에 따라, '인종[주의]적' 범주도 일정한 딱지하에서 결정結晶화되기 시작했다. 상이한 사람들 사이에서, 서로 다르고 상당히 다른 일련의 다양한 유전적 특질들이 존재한다는 것은 분명할 터이다. 그러나 이것들이 우리가 인종이라고 부르는 세 가지, 다섯 가지, 혹은 열다섯 가지의 구체적인 집단화로 코드화되는 것은 조금도 명백하지 않다. 범주들의 수는, 심지어 어떤 범주화의 사실도 사회적으로 결정된 것이다. 우리가 고찰한 바는 양극화가 심화됨에 따라, 범주들의 수도 점차 줄어든다는 점이다. W. E. B. 듀보이스가 1900년에 "20세기의 문제는 피부색의 문제이다"라고 말했을 때, 그가 언급하고 있던 피부색은 실제로는 백인과 비백인에 귀착되었다.

인종은, 그러므로 인종주의는 수직적 분업과 결부된 [생산과정의] 지리적 집중의 표현이자 촉진자이자 그 결과이다. 남아프리카공화국이 지난 20년 동안 자국을 방문한 일본 사업가들을 아시아인으로서가 아니라 (현지 중국인은 아시아인으로 간주되었다) 오히려 '명예 백인'이라고 지칭하기로 결정함으로써 이것은 누가 봐도 놀랄 만큼 명백해졌다. 법률이 유전적 범주들의 영속성에 기초를 두도록 요구하는 나라에서, 마치 유전학이 세계경제의 현실을 고려하고 있는 것처럼 모든 것이 이루어지고 있다는 것이 명백하다. 그런 부조리한 결정은 남아프리카공화국에 국한된 것이 아니다. 남아프리카공화국은 이런 부조리를 공식 문서로 표현해야 한다는 불리한 입장에 놓여 있을 뿐이다.

그러나 인종은 우리가 사용하는 사회적 정체성의 유일한 범주가 아니다. 분명히 그것으로 충분치 않기에, 우리는 국민이라는 범주도 사용한다. 이미 말했듯이, 국민은 세계체제의 정치적 구조화에서 유래한다. 현재의 유엔 회원국은 모두 근대 세계체제가 창출한 것이다. 그 대부분은 1, 2세기 이상 전에는 이름으로도 행정단위로도 존재하지 않았다. 왜냐하면 1450년 이전 시기로 거슬러 올라가 보면, 거의 동일한 지리적 위치를 차지하는 명칭과 연속적인 행정적 실체를 가진 국가는 극히 적기 때문이다(그러한 국가는 우리가 생각하는 것 이상으로 적다. 예를 들면, 프랑스, 러시아, 포르투갈, 덴마크, 스웨덴, 스위스, 모로코, 일본, 중국, 이란, 에티오피아는 아마 가장 모호하지 않은 사례일 것이다). 그러나 이들 국가조차 말하자면 현재의 세계체제의 출현과 더불어 비로소 근대 주권국가로서 실존하게 되었다고도 주장할 수 있을 것이다. 한 지역zone을 묘사하기 위한 이름의 사용에 관해 좀 더 불연속적인 역사를 추적할 수 있는 몇몇 다른 근대 국가들도 있다. 예를 들어 그리스, 인도, 이집트, 터키, 독일, 이탈리아, 시리아 같은 명칭은 더욱 모호하다.

사실 1450년이라는 관점에서 당시 존재하고 있던 많은 [행정] 실체들—예를 들어 부르고뉴공국, 네덜란드, 신성로마제국, 무굴제국—의 미래를 내다본다면, 현재는 각각의 경우에 대해 하나의 국가가 아니라 적어도 세 개의 주권국가가 존재한다는 점, 그리고 이것들은 행정 실체들에서 모종의 정치적·문화적·공간적 전통을 이어 가고 있음을 알 수 있다.

그러면 이제 세 개의 국가가 존재한다는 사실은 세 개의 국민들이 있다는 것을 의미하는 것일까? 오늘날 벨기에 국민, 네덜란드 국민, 룩셈부르크 국민이 있는 것일까? 대부분의 관찰자는 그렇게 생각하는 것 같다. 만일 그렇다면, 이는 네덜란드 국가, 벨기에 국가, 룩셈부르크 국가가 먼저 실존하게 되었기 때문이 아닐까? 근대 세계의 역사를 얼마간 체계적으로 바라본다면, 거의 모든 사례에서 국가로서의 존재가 국민이라는 존재에 선행하며, 설령 이와 반대의 신화가 유포되고 있더라도 그렇지 않다는 것을 알게 될 것이다.

확실히 일단 국가 간interstate 체계가 제대로 기능했다면, 새로운 주권국가 창출을 요구하며 많은 지역에서 민족주의적 운동이 발생했고, 이 운동들은 때로는 그 목적을 달성하기도 했다. 하지만 두 가지 주의사항이 있다. [첫째] 이 운동들이 드문 예외는 있어도, 이미 구축된 행정구역 내부에서 일어났다는 점이다. 그러므로 국가는 비록 비-독립 국가일지라도, 이 운동에 선행했다고 할 수 있다. 그리고 둘째, 국가의 현실적 창출에 앞서 공동체적 감정으로서의 '국민'이 얼마나 깊이 뿌리내렸는지는 논란의 여지가 있다. 예를 들어 살라위 민족의 경우를 생각해 보자. 살라위 국민은 있을까? 만약 국민해방운동의 폴리사리오전선에 물으면 그들은 그렇다고 대답할 것이며, 1천 년 이상 살라위국이 존재했다고 덧붙일 것이다. 만약 모로코인에게 물으면 살라위 국민은 결코 없었고, 구 스페인령 사하라 식민지였던 곳에 살고 있는 국민은 항상 모로코 국민의 일부였다고 대답할 것이다. 이 차이를 지적[학술적]으로 어떻게 해결할 수 있을까? 우리가 해결할 수 없다는 것이 그 대답이다. 만약 2000년까지, 어쩌면 2020년까지, 폴리사리오전선이 작금의 전쟁에서 승리한다면, 살라위 국민은 존재하게 될 것이다. 그리고 만약 모로코인이 승리한다면, 그들은 더 이상 존재하지 않을 것이다. 2100년에 이 문제에 대해 쓰는 역사가가 있다면, 그는 그것을 이미 해결된 문제로 간주하거나 오히려 문제로 보지 않을 것이다.

국가 간 체계 내부에서 어떤 개별 주권국의 수립도 왜 그것에 조응하는 '국민', '민족'을 창출해야 하는 것일까? 이것은 전혀 이해하기 어렵지 않다. 증거는 모두 우리 주위에 있다. 이 체계에서 국가들은 [통합을 어떻게 강화할 것인가라는] 강제의 문제를 품고 있다. 일단 주권을 가진 것으로 인정받은 국가들이 이후 내적 붕괴와 외적 침략 모두에 의해 위협을 받는 일이 흔하다. '국민적' 감정이 발달하는 한, 이런 위협들은 줄어든다. 정부는 국가 내부의 모든 종류의 하위집단과 마찬가지로 이 감정을 고무시키는 데 관심을 가지고 있다. 국가의 외부 집단이나 국가의 어떤 작은 지역 집단에도 맞서서 자신의 이익을 증진시키기 위해, 국가의 합법적인 권력을 이용하는 데 편익을 느끼고 있는 그 어떤 집단도 그 요구를 정통화하는 것으로서 민족주의적 감정을 고무하는 데 관심을 갖고 있다. 더 나아가 국가들은 그들 정책의 효력을 높이게 될 행정단위의 균일성에도 관심을 갖고 있다. 민족주의란 이런 국가 차원의 균일성들의 표현이며, 그 추진자이자 그 결과이다.

민족주의의 대두에는 또 다른, 심지어 더 중요한 이유가 있다. 국가 간 체계는 이른바 주권국가들의 단순한 모음이 아니다. 그것은 안정적이지만 변화 가능한 서열을 지닌 위계적 체계이다. 다시 말해, 서열에서 등급의 느린 변화는 단순히 가능할 뿐만 아니라, 역사적으로도 정상적이다. 중대하고 굳건하지만 변경할 수 없는 것은 아닌 불평등은 바로 일종의 과정이며, 이 과정은 이데올로기들이 상위 등급을 정당화할 수 있게 해 주지만 하위 등급이 이의 제기를 할 수 있게 해준다. 그런 이데올로기들을 우리는 민족주의라고 부른다. 국가가 국민이 아니라는 것은 그 국가가 자신의 등급 변경에 저항하거나 혹은 그것을 촉진하는 게임 바깥에 있다는 것이다. 하지만 그 경우 그 국가는 국가 간 체계의 일부가 아닐 것이다. 자본주의적 세계경제의 정치적 상부구조로서의 국가 간 체계의 발전 외부 및/또는 이것에 앞서 존재했던 정치적 실체는 '국민들'일 필요가 없었고, '국민들'도 아니었다. 우리는 이 다른 정치적 실체들과 국가 간 체계의 내부에서 창출된 국가들을 함께 묘사하기 위해 '국가'라는 똑같은 단어를 잘못 사용하기 때문에, 국가 간 체계에서 '국가들'의 국가성과 그 국민성 사이의 명백하게 불가피한 연결을 놓치곤 한다.

이때 두 가지 범주—인종과 국민—를 모두 가짐으로써 얻게 되는 편익이 무엇인지를 묻는다면, 다음을 알 수 있을 것이다. 즉, 인종적 범주화가 주로 중심부-주변부의 이율배반을 표현하고 공고화하는 수단으로 등장한 반면, 국민적 범주화는 인종에 기반한 노골적인 분류와는 대립되게, 위계제적 질서와 따라서 체계가 제공하는 다양한 장점이 느릿하지만 규칙적으로 수정되는 동안에 일어나는 국가들 사이의 경쟁을 표현하는 수단으로 생겨난 것이라는 점이다. 지나치게 단순화된 정식으로 말하면, 인종과 인종주의는 중심부 지대와 주변부 지대의 상호 전투에서 그들을 지역 내적으로 통일하는 반면, 국민과 민족주의는 세부적인 서열 경쟁을 겨루는 더 복잡한 지역 내 및 지역 간 경쟁에서 중심부 지역들과 주변부 지역들을 지역 내적으로 분리한다고 말할 수 있다. 두 범주들은 자본주의 세계경제에서 우위를 차지할 권리에 대한 주장인 것이다.

이 두 범주로는 충분치 않았기에, 우리는 기존의 소수자 집단에 해당되는 에스닉 집단이라는 범주를 창안했다. 소수자 집단들이 존재하는 이상, 다수자 집단이 있을 것이다. 소수자성이 반드시 산술에 근거한 개념이 아니라는 점은 분석가들에 의해 오래전부터 지적되었다. 그것은 사회적 힘의 정도를 가리킨다. 숫자상의 다수자 집단이 사회적 소수자 집단들일 수도 있다. 우리가 이 사회적 힘을 측정하는 장소는 물론 세계체제 전체가 아니고, 개별 국가들이다. 그러므로 '에스닉 집단' 개념은 '국민'의 개념과 마찬가지로, 실천적으로 국가의 경계선들과 연결되어 있다. 이것이 '에스닉 집단'의 정의에는 결코 포함된 적이 없다는 사실에도 불구하고 말이다. 차이점은 국가가 하나의 국민과 다수의 에스닉 집단들을 갖는 경향이 있다는 점뿐이다.

자본주의 체계는 영속적이고 그것에 근본적인 자본-노동의 이율배반[대립]뿐만 아니라 노동 절편[구성 부분] 내부의 복잡한 위계질서에도 기초를 두고 있다. 이 위계질서 내부에서, 타인들에게 이전되는 잉여가치를 창출하는 모든 노동자가 착취당하고 있기는 해도, 몇몇 노동자들은 다른 노동자들보다 그들이 창출한 잉여가치의 더 많은 비율을 '잃는다.' 이를 가능케 하는 핵심 제도는 시간제 임노동자들의 가구이다. 이 가구들은 임노동자들이 비례적인 계산법으로는 노동 재생산 비용에 비해 시간당 임금을 더 적게 받을 수밖에 없도록 구축되어 있다. 이것은 세계의 노동력의 대다수를 포괄하는 매우 널리 퍼져 있는 제도이다. 이 분석에 대한 논의는 다른 곳에서 했기에 여기서는 반복하지 않을 것이다.[3] 나는 민족성에 입각해서 그 결론에 대해 논하고 싶을 뿐이다. 임노동자는 더 '프롤레타리아화된' 가구 구조들 속에 자리잡고 있는 고임금노동자들부터 '반프롤레타리아화된' 가구 구조들 속에 자리잡고 있는 저임금노동자들에 이르기까지, 다양한 종류의 가구 구조 속에 자리잡고 있지만, 이와 동시에 이 다양한 가구 구조들은 '에스닉 집단'이라고 불리는 '공동체들' 내부에 자리잡고 있다. 즉, 직업적인 위계질서와 나란히, 어떤 일정한 국가의 경계 내부에서 노동력의 '에스닉화ethnicization'가 생기고 있는 것이다. 오늘의 남아프리카공화국이나 어제의 미국에서처럼, 포괄적인 법적 틀 없이도, 에스니시티와 직업은 모든 곳에서 높은 상관성을 지닌다. 단, '직업들'을 넓은 범주가 아니라 좁은 범주로 분류한 경우에.

직업상의 범주들을 에스닉화하는 데에는 다양한 장점이 있는 것처럼 보인다. 생산관계들의 상이한 유형들은 노동력에 의한 상이한 유형의 규범[표준]적인 행동을 필요로 한다고 주장할 수도 있을 것이다. 이 [노동력이 취하는] 행동은 사실상 유전적으로 결정되는 게 아니

3 [옮긴이] Wallerstein, *Historical Capitalism*, New Left Books, London, 1983.과 특히 이 책의 "Household Struc-tures and Labour-Force Formation in the Capitalist World-Economy", pp. 107-112.를 보라.

라 교육되어야 한다. 노동력들은 상당히 특정한 일련의 태도로 사회화될 필요가 있다. 에스닉 집단의 '문화'는 그 에스닉 집단에 속한 부모가 그것을 통해서 자녀들을 사회화하도록 압력을 받는 규칙들의 집합에 다름없다. 물론 국가나 학교 [제도]는 어린이를 사회화할 권한을 갖고 있다. 그러나 그것들은 그러한 특수주의적 기능을 단 하나만, 혹은 너무 공공연하게 수행하는 것을 보통은 피하려고 한다. 왜냐하면 이렇게 하면 '국민적' 평등이라는 개념을 위반하기 때문이다.

이런 위반을 거리낌 없이 공언하는 몇몇 국가들은 이 위반을 그만두라는 압력을 끊임없이 받게 된다. 그러나 '에스닉 집단'은 서로 다른 방식으로 각자의 구성원을 사회화할 것이다. 특수한 방식으로 구성원들을 사회화하는 것이 에스닉 집단들의 정의 자체이다. 그래서 국가가 행하면 위법한[정당성이 없는] 것이 사회적 '정체성'을 옹호하는 '자발적인' 집단 행동으로서 뒷문으로 슬그머니 들어오는 것이다.

따라서 이것은 자본주의의 위계적 현실에 어떤 정당화를 제공한다. 이것의 공공연한 정치적 전제들 중 하나인 법 앞에서의 형식적 평등에 저촉되지 않는다. 우리가 찾고 있던 쿼크 입자[수수께끼에 대한 해답]는 아무래도 거기에 있는 것 같다. 에스닉화 또는 민족성은 역사적 자본주의의 기본적 모순들 중 하나—이론적 평등과 실천적 불평등을 향한 그 동시적인 추진력—를 해결하며, 더욱이 세계의 노동자 계층의 심성들mentalities을 활용함으로써 그렇게 한다.

이렇게 해결하려고 노력하면서, 우리가 지금까지 언급한 민족성 범주들의 비일관성[빈자리] 자체가 결정적으로 중요하다는 게 드러난다. 왜냐하면 역사적 체계로서의 자본주의가 일관된[부단한] 불평등을 필요로 하는 반면, 경제적 과정들의 일관된[부단한] 재구조화도 요구하기 때문이다. 그러므로 오늘은 일련의 특수한 위계적인 사회관계들을 보증하는 것이 내일에는 유효하게 작용하지 않을 수도 있다. 노동력의 행태는 체계의 정당성을 무너뜨리지 않고 변화시켜야 한다. 에스닉 집단의 재탄생, 재구조화, 소멸이라는 반복은 그래서 경제 기계들의 작동에 있어서 유연성의 매우 귀중한 도구이다.

민족성은 역사적 자본주의의 주요한 제도적 구축물이다. 그것은 [역사적 자본주의의] 본질적인 대들보이며, [역사적] 체계가 더 농밀하게 발전됨에 따라 이와 같은 것으로서 더욱더 중요해지고 있다. 이런 의미에서 그것은 주권 국가성과 비슷하다. 주권 국가성도 [역사적 자본주의의] 본질적인 대들보이자 또 점점 더 중요해지고 있다. 우리는 자본주의적 세계경제라는 우리의 세계-역사적 게젤샤프트Gesellschaft 내부에서 형성된 이 기본적 게마인샤프트Gemeinschaften를 약화시키는 것이 아니라 오히려 강화시키고 있다.

계급들이 실제로 민족들과는 꽤 다른 구축물이라는 것은, 마르크스도 베버도 잘 알고 있었다. 계급들은 '객관적인' 범주들, 즉 분석적 범주들이며, 역사적 체계에서의 모순들에 관한 진술이지 사회적 공동체들의 기술이 아니다. 쟁점은 계급 공동체가 창출될 수 있는지 여부, 그리고 어떤 상황에서 창출될 수 있는가이다. 이것이 그 유명한 즉자sich/대자für sich의 구별이다. 대자적 계급들은 매우 불가해한 실체이다.

아마, 그리고 여기서 마무리를 지어야 할 것 같은데 그 이유는 구축된 '민족들'—인종들, 국민들, 에스닉 집단들—이 불완전함에도 불구하고, '객관적 계급'과 그토록 무겁게 상관되어 있기 때문이다. 그 결과는, 근대 세계에서 계급 기반의 정치 활동의 상당 부분이 민족 기반의 정치 활동의 형태를 취했던 것이다. 이른바 '순수' 노동자의 조직을 면밀히 살펴보면, 그 비율이 우리가 보통 생각하는 것보다 훨씬 높다는 게 드러날 것이다. 그리고 이러한 노동자 조직은 비-민족적인 용어, 순수하게 계급 용어를 사용하고 있기는 해도, 암묵적으로 그리고 사실상 '민족'에 기초를 두고 있다는 것은 매우 빈번한 일이다.

100년이 넘는 기간 동안, 세계 좌파는 세계의 노동자들이 종종

'민족' 형태들로 스스로를 조직한 딜레마를 너무나도 한탄해 왔다. 하지만 이것은 해결할 수 있는 딜레마가 아니다. 이것은 체계의 모순들에서 비롯된다. 그러므로 민족 기반 정치 활동과는 전적으로 절연된 대자적 계급 활동이란 있을 수가 없다. 우리는 이를 이른바 민족해방운동 속에서, 그리고 모든 새로운 사회운동 속에서, 사회주의 나라들의 반-관료주의적 운동들 속에서 볼 수 있다.

민족성이란 무엇인가를 이해하려는 것이 좀 더 현명하지 않을까? 즉, 그것은 원시시대부터의 안정적인 사회적 현실이 결코 아니며, 적대적인 세력들이 서로 투쟁하게 되는 자본주의 세계경제의 복잡한, 점토 모양의 역사적 산물인 것이다. 우리는 이 체계에서 민족성을 결코 폐기할 수 없으며, 또한 이를 부차적인 역할로 격하시킬 수 없다. 다른 한편, 우리는 민족성에 귀속된 덕목들에 넋이 나가서는 안 된다. 그렇게 하지 않으면 그것이 기존 체계를 정당화하는 방식에 의해 배신당할 것이다. 더 꼼꼼하게 분석해야 할 것은, 민족성이 이 역사적 체계에 점점 더 중심적이게 되듯이, 우리의 현재의 역사적 체계에서 이를 대체할 하나의 체계나 여러 체계들로의 불확실한 이행 과정에서, 체계의 분기점에서 우리를 다양하고 가능한 대안적 결과들로 밀어붙일 가능한 방향들을 찾아내는 것이다.

5장 국민 형태 : 역사와 이데올로기[1]

에티엔 발리바르

"[…] 결코 현존한 적 없고, 결코 현존하지 않을 과거."

자크 데리다.[2]

우리[프랑스인]의 역사와 함께 시작되는 국민[민족]들의 역사는 항상 이미, 이런 실체들에 주체의 연속성을 부과하는 서사의 형태로 제시된다. 따라서 국민 형성체는 몇 세기에 걸친 '기획'의 성취로서 나타난다. 이 성취는 역사가들의 편견을 다소간 결정적인 것으로 보이게 만드는 단계들과 [의식의] 각성들을 수반한다(예를 들어 프랑스의 기원을 어디에 두는가? 선조들인 갈리아인[골족]인가, 카페 왕조인가, 아니면 1789년의 프랑스인가? 등). 하지만 어쨌든, 이 단계들과 자의식 획득의 계기들[성취]은 국민적 개성의 자기 현시라는 하나의 동일한 도식에 기입된다. 분명 그런 표상은 회고적 환영을 구성하지만, 그것은 또한 구속하는 제도적 현실들을 표현한다. 환영은 이중적이다. 그러한 환영은 대략적으로 말해 수세기 동안 안정적인 영토 위에서 대를 이어 가는 세대들이 줄잡아 말해서 일의적인 호칭하에서 하나의 불변적 실체를 전달하고 있다고 믿는 데 있다. 그리고 그것은 [현재의] 우리 자신을 변화의 극치로 지각하기 위해서 우리가 그로부터 몇 가지 측면들을 회고적으로 선별하는 그런 발전이 유일하게 가능했다고, 그러한 발전이 운명을 나타낸다고 믿는 데 있다. 투영[기획]과 운명은

1 [옮긴이] 이 글은 서관모의 번역으로 『이론』 1993년 가을(통권 6호)에 「민족 형태 : 그 역사와 이데올로기」라는 제목으로 수록된 바 있는데, 그중 「2부 : 역사」가 이번 장의 내용에 해당된다. 전반적으로 빼어난 번역임에도 불구하고, 용어의 통일, 일부 대목에서의 부정확함 등을 감안해 새롭게 옮겼다.

2 『철학의 여백Marges de la philosophie』, Paris, 1972, p. 22.

민족적 동일성이라는 환영의 대칭적인 두 형상이다. 1988년 현재 프랑스인은 최소한 셋 중 하나가 조상이 '이방인etranger'[3]이거니와, 이 현재의 프랑스인들은 그 원인들이 '프랑스'의 운명과는, '프랑스 왕들'의 기획이나 '프랑스 인민'의 열망들과는 아무런 관계가 없는 일련의 우연적 사건들을 통해서만 루이 14세의 신민들과(갈리아인들은 말할 것도 없고) 집합적으로 연결되어 있을 뿐이다.

그렇지만 이 비판이 현재성 속에서 느껴지고 있는 것으로서의 민족적 기원이라는 신화가 지닌 효력을 감추는 것이 되어서는 안 된다. 이 효력을 아주 잘 보여주는 한 예가 프랑스대혁명인데, 이는 바로 그것이 서로 모순적인 전유의 대상이기를 그치지 않았다는 점에서 그렇다. (헤겔 및 마르크스와 더불어) 각각의 근대적 국민의 역사에서—해당되는 어떤 경우에도—결국 창설자적인 혁명적 사건은 **단 한 번** 있을 뿐이라고 생각할 수도 있을 것이다(이 점이 그런 혁명적 사건의 형태를 반복하고자 하는, 그 에피소드들과 등장인물들을 모방하고자 하는 영속적인 시도를 설명하는 동시에, 두 '극단적인' 입장에서 고유하게 보이는 것인데 이 혁명적 사건을 무효화하려는 시도도 설명해 준다. 그 두 가지가 [한편으로는] 국민적 정체성이 혁명 이전으로 거슬러 올라간다는 것을 증명하는 것이든, [다른 한편으로는] 첫 번째 혁명적 사건의 과업을 완수하는 것일 **새로운** 혁명의 실현을 기다리는 것이든). 그러므로 국민적 기원들과 국민적 연속성이라는 신화—이 신화가 (인도나 알제리 같은) 탈식민지화에서 생겨난 '젊은' 국민들의 현대사에 자리 잡고 있다는 것을 관찰하는 일은 쉽지만, '늙은' 국민들의 경우에는 이 신화가 지난 세기들을 통해 제조되었다는 것을 망각하는 경향이 있다—는 현재에서 과거로 거슬러 올라감으로써 국민적 형성[체]의 상상적 특이성이 일상적으로 구축되는 효과적인 이데올로기 형태이다.

3 다음을 참조하라. Gérard NOIRIEL, *Le Creuset français*.Seuil, Paris, 1988.

'전-국민적' 국가에서 국민국가로

이런 왜곡을 어떻게 간주해야 할까? 국민적 형성[체]의 '기원들'은 매우 다양한 시기에 생긴 제도들의 다양체로 [우리를] 돌려보낸다. 사실 몇몇 제도들은 매우 오래되었다. 예를 들어 성직자의 신성한 언어와 동시에 '지방의' 방언과도 구별된 국가 언어의 창설[제도]은 유럽의 경우 중세 초창기로 거슬러 올라간다. 국가의 언어는 엄격하게 말해서 처음에는 행정상의 목적에서 창설되었고, 이어서 귀족의 언어로 사용되었다. 국가어의 창설은 군주제 권력의 자율화 및 그 신성화에 연결되어 있다. 동시에 절대군주제의 잇따른 형성은 그 결과로서 통화 독점, 행정적·재정적 집중화, 법적 표준화, 상대적으로 내적인 '질서 회복'을 동반했다. 이런 형성은 또한 국경과 영토의 제도들을 혁명화[혁신]했다. 종교개혁과 반종교개혁은 〈교회〉와 〈국가〉 사이의(성직자의 〈국가〉와 세속적 〈국가〉 사이의) 경쟁 단계에서 이것들의 보완 단계(극단적인 경우에는 〈국가〉의 종교)로의 이행을 촉진했다.

이 모든 구조는 우리에게 회고적으로 **전-국민적**으로 나타난다. 왜냐하면 이 구조들은, 이것들이 최종적으로 다소간의 변화와 더불어 탑재되는 국민적 〈국가〉의 몇 가지 특징들을 가능케 하기 때문이다. 이렇게 해서 우리는 국민적 형성[체]이 오랜 기간에 걸친 '전사前史'의 결과라는 사실을 확인할 수 있다. 그러나 이 전사는 직선적 운명이라는 민족주의적 신화와 본질적으로 다르다. 첫째, 그것은 질적으로 변별적이고 시간적으로 동떨어져 있는 사건들의 다양체로, 이 사건들 중 그 어떤 것도 다음의 사건들을 내포하지 않는 그런 사건들의 다양체로 이루어져 있다. 둘째, 이 사건들은 본래 **어떤 하나의** 특정한 국민의 역사에 속하지 않는다. 이 사건들은 오늘날 우리에게 최초의 에스닉적인 독자성personnalité을 부여하는 듯한 단위들과는 다른 정치적 단위들의 틀 속에서 일어났다(예를 들어, 20세기에 '젊은 국민들'의 국가장치가 식민지화 시기의 국가장치에 의해 미리 형성되어 있었던 것처럼, 유럽 중세에서 '시실리', '카탈로니아', '부르고뉴'의 틀 속에서 근대 국가의 윤곽이 형성되었다). 심지어 이것들은 본성상 국민국가의 역사가 아니라 또 다른 경쟁 형태들(예를 들면, '제국적' 형태)에 속한다. 그러한 사건들을 사후에 국민 형태의 전사 속에 기입한 것은 변화의 필연적인 선이 아니라 정세적 관계들의 연쇄이다. 어떤 국가가 됐든 간에 국가들의 고유한 특성은 국가들이 창설하는 질서를 영원한 것으로서 표상한다는 것이지만, 그러나 실천은 거의 대부분 그 반대가 참이라는 것을 보여준다.

이런 모든 사건들이, 그것들이 되풀이되며 새로운 정치적 구조들에 통합된다는 조건 아래, 국민 구성체의 발생에서 실제로 [유효한] 역할을 했다는 것은 여전히 변함없는 사실이다. 이는 바로 그것들의 제도적 특성과 관련되거니와 이는 그것들이 국가로 하여금 특정한 시점에 취했던 바로 그 형태로 개입하도록 한다는 사실에서 볼 때 그렇다. 달리 말해, 아주 다른 목표들을(예컨대 왕조의 목표를) 갖는 **비민족적** 국가장치들이 점차 민족국가의 요소들을 산출했다. 말하자면 그것들[비국민적 국가장치들]은 의도하지 않은 채 스스로 '국민화'되었고 사회를 '국민화'하기 시작했다. [우리는 여기서] 로마법의 부활, 중상주의, 중세 귀족의 순치[봉건 귀족 길들이기], '국가이성'이라는 교의의 형성 등을 생각하고 있다. 근대 세계[시대]에 접근하면 할수록 이런 요소들의 축적이 부과한 제약은 점점 더 강해지고 있다. 이것은 불가역성의 **문턱**이라는 결정적으로 중요한 질문을 제기한다.

이 문턱을 넘어선 결과, 한편으로는 주권국가들의 체계라는 짜임새가 생겨나게 되었고, 다른 한편으로는 2세기에 걸친 폭력적 갈등을 통해 거의 모든 인간 사회에 차례차례로 국민 형태가 보급되었는데, 이 문턱은 어떤 시기에, 또 어떤 이유로 넘어서게 되었을까? 이 문턱 넘기를 특정한 한 시점에 이루어진 것으로 보기는 명백히 불가능하거니와[4] 나는 그것이 근대 자본주의에 고유한 시장 구조와 계급 구조의 발진에 (특히 노동 인력을 점차 봉건적, 동업조합적 관계들로부터 빼내 온 프롤레타리아화에) 조응한다는 것을 인정한다. 그러나 보통 받아들여 온 이 테제는 몇 가지 점에서 정확을 기해야 할 필요가 있다.

국민 형태를 자본주의적 생산관계들로부터 '연역하는' 것은 전혀 실행 불가능하다. 화폐의 유통과 임노동의 착취는 논리적으로는 특정한 **하나의** 국가 형태를 내포하지 않는다. 더욱이 축적이 내포하는 [가치] 실현의 공간인 자본주의적 세계시장은 사회적 자본의 특정 분파에 의해 설립되었거나 혹은 '경제 외적' 수단에 의해 [강제로] 부과되었을 모든 국민적 제한을 극복한다는 본질적인 경향을 가지고 있다. 이런 조건들 속에서 우리가 국민 형성체를 '부르주아적 기획'으로 계속해서 볼 수 있을까? 마르크스주의가 자유주의적 역사철학한테서 넘겨받은 이 정식화는 필시 그 자체로 하나의 역사적 신화를 구성한다고 해야 할 것이다. 그러나 브로델과 월러스틴의 관점에 의거한다면, 우리는 이 어려움을 잠재울 수 있을 것 같다. 그들의 관점에 따르면, 국민의 구성은 자본주의적 시장이라는 추상화가 아니라 자본주의적 시장의 구체적인 역사적 형태 즉, '중심부'와 '주변부'라는 형태로 항상 위계적으로 조직된 '세계경제'의 형태와 결부되어 있다. 각각이 축적과 노동력 착취의 상이한 방법을 가지고 있으며, 둘 사이에 불균등 교환 관계와 지배 관계가 확립되어 있는 '중심부'와 '주변부' 말이다.[5]

4 그러나 만약 상징적으로 그 날짜를 선택해야 한다면, 스페인에 의한 신세계 정복의 완성, 합스부르크 제국의 해체, 영국의 왕위 계승 전쟁의 종료, 네덜란드 독립 전쟁의 개시 등이 일어난 16세기 중반을 지적할 수 있을 것이다.

5 Fernand BRAUDEL, *Civilisation matérielle, Économie et capitalisme*, vol. 2, *Les Jeux de l'échange* vol. 3, *Le Temps du monde*, A. Colin, Paris, 1979 ; Immanuel WALLERSTEIN, *The Modern World-System*, vol. 1, *Capitalist Agriculture and the Origin of the European World-Economy in the Sixteenth Century*, Academic Press, 1974 ; vol. 2, *Mercantilism and the Consolidation of the European World-Economy*, Academic Press, 1980(trad. fr. Flammation).

국민적 통일체들은 세계경제의 전 지구적 구조에서 출발해서 이것들이 세계경제에서 일정 시기 동안 수행하는 역할에 따라 중심부에서 시작하여 구성된다. 더 정확하게 말하면, 국민적 통일체들은 주변부에 대한 중심부의 지배의 경쟁적 도구로서 서로 대립하면서 구성된다. 첫 번째로 기해야 할 이 정확성은 근본적이다. 왜냐하면 그것은 마르크스와 특히 마르크스주의적 경제학자들의 '이념으로서의' 자본주의를 '역사적 자본주의'로 대체하기 때문이다. 이 역사적 자본주의에서는 제국주의의 초기 현상이, 그리고 전쟁과 식민지화의 접합이 결정적인 역할을 한다. 어떤 의미에서 모든 근대적 '국민'은 식민지화의 산물이다. 그것은 항상 어느 정도까지는 식민지화의 수행자 colonisatrice이거나 식민지화의 대상colonisée이었으며, 때로는 둘 다이기도 했다.

하지만 두 번째로 기해야 할 정확성이 필요하다. 브로델과 월러스틴이 행한 강력한 기여 중 하나는 **자본주의의 역사 속에서 국민적 형태와는 다른 '국가적' 형태들이 돌발하고**, 최종적으로 억제되거나 도구화되기 전까지 일정 기간 동안 그것이 국민적 형태와 경쟁했다는 것을 보여준 점에 있다. 하나 혹은 여러 **도시**에 집중된 **제국**의 형태, 그리고 특히 관국민적인 정치적-상업적 네트워크의 형태가 그것이다.[6] 이 형태는 본래적으로 '부르주아적인' 정치 형태가 한 가지만 있었던 것이 아니라 **여러 개** 있었다는 점을 보여준다(한자동맹이 그런 예이다. 그러나 17세기 네덜란드 북부 7 연합주의 역사는 종교적이고 지적인 삶을 포함한 사회적 삶 전체에 영향을 미친 이 대안에 의해 직접적으로 결정되었다). 다시 말해 갓 태어난 자본주의적 부르주아지는 정황에 따라 여러 형태의 헤게모니 사이에서 '주저하고 있었던' 것처럼 보인다. 말하자면

6 다음을 참조하라. BRAUDEL, *Le Temps du monde*, *op. cit.*, p. 71 sq. ; WALLERSTEIN, *Capilalist Agriculture ...* , *op. cit.*, p. 165 sq.

오히려 세계경제의 자원을 착취하는 다양한 부문들과 연결된 **상이한 부르주아지**가 존재하고 있었던 것이다. 결국 '국민적 부르주아지'가 일찍이 산업혁명에 앞서서 (그러나 '지연'과 '타협'을 대가로 해서, 그러니까 다른 지배계급들과 융합한다는 것을 대가로 해서) 최종적으로 승리를 거머쥔다고 해도, 이는 필시 국민적 부르주아지가 국내외에서 현존 국가의 군사력을 이용할 필요가 있었기 때문이며, 또 이들이 농민층을 새로운 경제 질서에 예속시키고 농촌으로 침투함으로써 농촌을 제조업 제품을 위한 구매 시장 및 '자유로운' 노동력의 예비군으로 바꿔 만들어야 했기 때문이다. 따라서 결국, 각자 자신의 역사를 지닌 국민국가들의 구성 및 그에 상응하는 사회구성체의 국민적 구성체로의 변전mutation을 설명하는 것은 계급투쟁의 구체적 짜임새[형세]이지, 경제의 '순수' 논리가 아니다.

사회의 국민화

세계경제는 자기조절적이고 전반적으로 불변적인 체계, 그것을 구성하는 사회구성체가 그것의 국지적 효과일 뿐인 그런 체계가 아니다. 세계경제는 오히려 내적 모순들의 예측할 수 없는 변증법에 종속되어 있는 구속들로 이루어진 체계이다. 모든 축적 공간에서 유통하는 자본들의 통제는 중심에서 실행되어야 한다고는 하지만, 이런 집중화가 이뤄지는 형태는 끊임없는 투쟁의 대상이 되어 왔다. 국민형태라는 특권[적 지위]은 그것에 의해 (적어도 하나의 역사적 시기 전체를 통해) 국지적으로 이질적인 계급들의 투쟁이 제압될 수 있게 해 주었고, 더 나아가 이 계급들의 투쟁으로부터 '자본가 계급'뿐만 아니라 고유한 의미에서의 **부르주아지**, 즉 정치적·경제적·문화적 헤게모니를 가지는 동시에 이 헤게모니에 의해 **산출되는** 국가의 부르주아지를 출현할 수 있게 해 주었다는 것에서 유래한다. 지배적 부르주아지와 부르주아적 사회구성체는 국가를 국민적 형태로 재구조화하고, 다른 모든 계급들의 지위를 수정함으로써 '주체 없는 과정'에 의해 상호적으로 구성된다. 이는 민족주의와 세계시민주의의 동시적 발생을 밝혀 준다.

아무리 단순화되었다고 하더라도, 이 가설은 역사적 형태로서의 국민을 분석하는 데 중대한 결과를 초래한다. 즉, 우리는 생산양식뿐만 아니라 정치적 형태에 입각한 단선적인 발전 도식을 이번을 마지막으로 포기해야 한다. 그렇게 한다면, 우리는 그 무엇의 방해도 받지 않고 세계경제의 새로운 국면에서 국민국가와 경쟁하는 국가 구조가 새롭게 형성되는 경향이 있는지 여부를 검토할 수 있다. 실제로 사회구성체의 필연적이고 단선적인 변화라는 환영과, 국민국가를 ('국가의 종언'이라는 가설에 자리를 내주는 대신에) 무한정하게 영속되도록 운명지어진 정치제도의 '궁극적 형태'로서 무비판적으로 받아들이는 것 사이에는 암묵적으로 밀접한 연관이 존재한다.[7]

국민 형태의 구성 및 변화 과정의 상대적 미결정성을 강조하기 위해서 다음과 같은 의도적으로 도발적인 질문의 시각에서 사태를 고찰해 보자. **오늘날 그것은 누구에게 너무 늦은 것인가?** 즉, 세계경제 및 이것이 야기한 국가들의 체계의 전 지구적인 구속에도 불구하고, **더 이상** 국민으로의 변형을 완벽하게 실행하지 못하는 사회구성체란 도대체 무엇인가? 물론 여기에서는 순전히 법적인 방식으로만 이뤄지는 경우나 결정적인 출구 없는 끝도 없이 긴 갈등을 대가로 하여 이뤄지는 경우는 제외되어 있다. 선험적인 답변은 물론이고, 심지어 일반적인 답변조차 틀림없이 불가능하다. 그러나 분명한 것은 탈식민

7 이 관점에서 보면 생산양식들의 단선적 계기라는 '정통' 마르크스주의 이론이 소련에서 민족주의의 승리와 더불어, 특히 그것이 '최초의 사회주의 국가'로 하여금 새로운 보편적 국민으로서 표상될 수 있도록 해 주었기 때문에 거기서 공식 교의가 되었다는 사실은 놀랄 일이 아니다.

지화, 자본 및 의사소통의 관국민화, 행성적 전쟁 기계들의 구성 이후에 창설된 '새로운 국민들'의 편에서만이 아니라 오늘날 **똑같은** 현상들에 의해 영향을 받고 있는 '옛날의 국민들'의 편에서도 물음이 제기되고 있다는 점이다.

아마 이렇게 말하고 싶을 수도 있겠다. 즉, 형식적으로 평등하고 정확히 이른바 '국제적인' 제도들에 가맹한 독립 국가들이 모두 자기 중심화된 국민들이게 되는 것은 이미 때가 늦었다고 말이다. 여기서 자기 중심화된 국민들이란 각각이 문화·행정·상업에 관한 국민 언어를 가지는 동시에, 독립적인 군사력·보호된 국내 시장·자국 통화·세계적 규모에서 경쟁력 있는 기업 등을 보유하고, 특히 지배적인 부르주아지(모든 부르주아지는 어떤 의미에서는 국가 부르주아지이기 때문에 사적인 자본주의적 부르주아지인지 국가의 '노멘클라투라[특권계급]'인지는 문제가 아니다)를 갖고 있는 국민이다. 하지만 또한 그 반대로 말하고 싶을 수도 있겠다. 국민이 재생산되고 국민 형태가 전개되는 장은 오늘날 구舊-주변부와 반-주변부에서만 열려 있을 뿐이라고 말이다. 구 '중심부'에 관해 말하자면, 중심부는 다양한 정도로, 자신의 지배의 옛 형태들과 연결되어 있는 국민적 구조들이 해체되는 국면에 들어섰다. 비록 국민적 구조들의 해체의 결과가 아직 멀리 있는 동시에 불확실하다고 해도 말이다. 그렇지만 만약 우리가 이 가설을 받아들인다면, 도래할 국민들은 과거의 국민들과는 닮지 않았을 것임이 분명하다. 오늘날 도처에서 (북과 남, 서와 동에서) 민족주의의 일반적인 불길을 목격하고 있다고 해도, 이 사실은 이런 종류의 딜레마를 해소할 수 있게 해 주지 않는다. 이것은 국가들의 국제적인 체계의 형식적 보편성의 일부를 이루고 있는 딜레마이다. 현대 민족주의는 그 언어가 무엇이든, '세계 시간'과 관련한 국민 형태의 실제 나이를 조금도 말해 주지 않는다.

실제로 이 문제를 좀 더 명확하게 보려고 한다면, 국민적 구성체의 역사가 지닌 또 다른 특징을 고려해야 한다. 이것은 내가 **사회의 뒤늦은 국민화**라고 부르고자 하는 것인데, 이는 우선 바로 옛 국민들과 관련된다. 너무 늦으면, 사회의 국민화는 결국 언제 끝날지 모르는 무한한 과제로서 나타난다. 유진 웨버 같은 역사가(와 그에 이어진 다른 연구들)가 잘 보여주었듯이 프랑스의 경우에 학교 교육의 일반화, 육체노동자의 지역 간 이주와 군 복무를 통한 관습과 신앙의 통일, 정치적·종교적 갈등이 애국적 이데올로기에 종속된 것 등은 20세기 초 이전에는 아직 나타나지 않았다.[8] 그의 연구에 따르면, 프랑스 농민층이 최종적으로 결국 "국민화된" 것은 그들이 수적으로 다수를 차지하는 계급으로서는 소멸하려 했던 시기이다(물론 알다시피, 이 소멸 자체는 국민적 정치에 본질적인 보호주의에 의해 지연되었다). 더구나 제라르 누아리엘의 더 최근의 연구는, 19세기 말 이후 '프랑스인의 정체성'이 이주자 주민들을 통합하는 능력에 의존했음을 보여준다. 이 능력이 오늘날 그 한계에 도달한 것인지 아니면 똑같은 형태 속에서 계속해서 실현될 수 있는지, 둘 중 어느 쪽인지를 판별하는 것을 놓고 질문이 제기되고 있다.[9]

그러므로 국민적 구성체가 상대적 안정성을 지닌 이유를 완전히 파악하려면, 그 발생의 최초 문턱을 가리키는 것만으로는 불충분하다. 따라서 도시와 농촌의 불균등 발전을 비롯해, 산업화와 탈산업화, 식민화와 탈식민화, 전쟁과 이것의 여파로 인한 혁명들, 초국민적 supranationaux '블록'의 구성… 등이 실제로 어떻게 극복되었는지가 검토

8 Eugen WEBER, *Peasants into Frenchmen*, Stanford University Press, Stanford, CA, 1976. ; trad. fr., *La Fin des terroirs*, Fayard, 1983.

9 Gérard NOIRIEL, *Longwy. Immigrés et prolétaires, 1880-1980*, PUF, Paris, 1984 ; *Le Creuset français. Histoire de l'immigration XIXe-XXe siècles*, Seuil, Paris, 1988.

되어야 한다. 이것들은 모두 국민적 국가들의 '합의'에 의해 계급 갈등이 다소나마 쉽게 봉쇄되었던 한계 안에서 계급 갈등을 일탈시킬 위험을 적어도 담고 있는 사건들과 과정들이다. 프랑스에서, 그리고 필요한 변경을 가하면mutatis mutandis, 또 다른 오랜 부르주아적 구성체에 관해서도 말할 수 있는 것인데, 자본주의에 의해 야기된 모순들을 해결할 수 있게 해 주고, 나아가 국민 형태가 완성되지 않은 시점에 국민 형태를 다시 만들 수 있도록 시작할 수 있게 해 주는 것은 (혹은 국민 형태가 완성되기도 전에 국민 형태가 해체되는 것을 막을 수 있게 해 주는 것은) **사회적-국민적 국가**État national-social의 창설이다. 즉, 경제의 재생산 자체에, 그리고 특히 개인의 형성[교육]에, 가족의 구조에, 공중위생의 구조에, 그리고 더 일반적으로는 '사생활'의 모든 공간에 '개입하는' 국가의 창설이다. 이것은 국민 형태의 기원부터 현존한 경향이다. 나는 나중에 이 점으로 돌아갈 것이다. 그러나 19세기와 20세기에 걸쳐서 지배적이게 된 이 경향의 결과는, 모든 계급에 속한 개인들의 실존이 국민국가의 시민이라는 지위에, 즉 국민들의 자격에 전적으로 종속되었다는 것이다.[10]

인민을 산출하기

장치들과 일상적 실천의 네트워크를 통해 요람에서 무덤까지, 개인이 국민적 인간homo nationalis으로서 동시에 경제인, 정치인, 종교인 등등에 의해 창설[설립]되는 한에서만, 하나의 사회구성체는 스스로를 국민으로서 재생산한다. 이 때문에 국민 형태의 위기라는 물음

10 이 점에 관한 몇 가지 더 진전된 언급에 관해서는 다음 내 글을 참조하라. "Propositions sur la citoyennete", in C. WIHTOL DE WENDEN, (dir.), *La Citoyenneté*, Edilig-Fondation Diderot, Paris, 1988.

은 이것이 향후에도 열려 있는 물음이라면, 결국 어떤 역사적 조건들에서 그러한 창설이 가능한지를 아는 물음인 것이다. 즉, 안팎의 어떤 세력 관계 덕분에, 또 기본적인 물질적 실천에 투자된 어떤 상징적 형태 덕분에 그러한 창설이 가능한지를 아는 물음인 것이다. 이 물음을 제기한다는 것은 사회들의 국민화가 문명 속에서의 어떤 이행에 조응하는지를, 그리고 국적이 그 안에서 움직이는 그런 개인성의 형상이 무엇인지를 스스로에게 묻는 또 다른 방식이다.

결정적인 점은 다음과 같다. 즉, 국민은 무엇에 의해 '공동체'가 되는가? 혹은 오히려 국민이 창설하는 공동체의 형태는 무엇에 의해 다른 역사적 공동체들과 종별적으로 구별되는가?

이 공동체라는 통념에 전통적으로 들러붙어 있는 안티테제들을 곧바로 제거하자. 우선 '현실적' 공동체와 '상상적' 공동체의 안티테제. **제도들의 기능에 의해 재생산된, 모든 사회적 공동체는 상상적이다.** 즉, 사회적 공동체는 개인적 실존을 집합적 서사라는 씨실에 투사하는 것에, 공통의 **이름**의 승인에, 기억도 할 수 없는 먼 과거의 흔적으로서 체험되는 전통에 기초를 두고 있다(설령 사회적 공동체가 아주 최근의 정황 속에서 주조되고 주입되었다고 하더라도). 하지만 위와 같은 것에서 도출되는 것은, 일정한 조건들에서는 **오직 상상적 공동체만이 현실적**이라는 점이다.

국민적 구성체의 경우, 이처럼 현실적인 것 속에 기입된 상상적인 것은 '인민[민족]'이라는 상상적인 것이다. 인민이란 미리 국가적 제도 속에서 스스로를 승인하고, 다른 국가들과 대결하면서 이 국가를 '자신의 것'으로 승인하는, 그리고 특히 자신의 정치 투쟁을 국가라는 지평 속에 기입하는—예를 들어, 사회개혁과 사회혁명의 열망을 '자신의' 국민적 '국가'의 변형의 기획으로 정식화함으로써—그런 [상상적] 공동체이다. 상상적 공동체 없이는, "조직된 폭력의 독점"(막스 베버)도 "국민적-인민적 의지"(그람시)도 있을 수 없다. 그러나 이와 같은 민족은 자연적으로 존재하는 것이 아니다. 설령 그것이 경향적으로 구성되었다고 해도, 그 존재는 단번에 완성되는 것이 아니다. 어떤 근대적 국민도, 설령 국민적 독립 투쟁에서 생겨났다고 해도, 주어진 '에스닉적' 기초를 가지고 있는 것은 아니다. 다른 한편, 어떤 근대적 국민도, 아무리 그것이 '평등주의적'일지라도, 계급 갈등의 근절에 조응하는 것은 아니다. 그러니까 근본 문제는 인민을 산출하는 것이다. 더 정확히 말하면, 그것은 인민이 끊임없이 **자기 자신**을 국민적 공동체로 **산출하는** 것이다. 아니 또다시 말하면, 인민이 만인의 눈에 '하나의 민족peuple으로서', 즉 정치 권력의 기초이자 원천으로서 나타나는 통일성의 효과를 산출하는 것이다.

"인민peuple을 민족peuple으로 만드는 것은 무엇인가?"라는 용어로 이 물음을 명확하게 이해한 최초의 인물이 루소이다. 근본적으로 이 물음은 조금 전에 등장한 다음의 물음, 즉 개인들이 어떻게 국민화되는가, 다시 말해 개인들이 국민적 소속의 지배적 형태 속에서 어떻게 사회화되는가라는 물음과 다를 바 없다. 이는 우리로 하여금 또 다른 인위적 딜레마를 치워 버릴 수 있게 해 준다. 즉, 개인의 정체성을 집단의 정체성에 대립시키는 것은 문제가 아니다. 왜냐하면 **모든 정체성은 개인적**이지만 역사적이지 않은, 즉 사회적 가치들·행동 규범들·집단적 상징들의 장에서 구축되지 않는 개인적 정체성은 결코 존재하지 않기 때문이다. (심지어 대중운동의 '융합된' 실천 속에서든 정서적 관계의 '친밀성' 속에서든) 개인들은 서로 동일시될 수 없다. 그러나 고립된 정체성이라는 것은 본래적으로 모순적인 통념으로, 개인들은 그러한 정체성을 결코 획득할 수가 없다. 진정한 물음은 개인의 정체성의 지배적 표지가 시간 및 제도적 환경과 더불어 어떻게 변형되는가를 아는 것이다.

그러나 민족[인민]의 역사적 생산(혹은 국민적 개인성의 역사적 생산)이라는 물음에 대한 대답으로, 우리는 정복이나 인구의 이동, '영토화'의 행정적 실천에 대한 기술에 만족할 수는 없다. 스스로를 단일한 국민의 구성원으로서 지각하도록 정해져 있는 개인들은 〔그 역사적 생산을 추적한다면〕 이주로 이루어진 국민들(미국이나 프랑스)처럼 외부에서, 즉 다양한 지리적 출신으로부터 모이거나 아니면 그들이 포함되어 있는 역사적〔으로 형성된〕 국경의 내부에서 서로 〔같은 국민으로서〕 승인하게 된다. 민족은 공통의 법을 준수하는 다양한 주민들로부터 구성된다. 그러나 이 모든 경우에 민족의 통일성의 모델은 민족의 구성을 '선취'해야 한다. 이 통일의 과정(그 효력은, 예를 들어 전쟁에서의 집단적 동원에서, 곧 집단적으로 죽음과 대결하는 능력에서 측정될 수 있다)은 **종별적인** 이데올로기적 형태의 구성을 전제한다. 이 종별적인 이데올로기적 형태의 구성은 대중의 현상인 동시에 개인화의 현상이며, 정치적 가치들의 단순한 주입보다 훨씬 강력한 "개인들을 주체들로 호명하는 것"(알튀세르)을 실현해야 한다. 아니 오히려 이 종별적인 이데올로기적 형태는 정치적 가치들의 주입을 사랑과 증오라는 정서들의 고착과 '자기'의 표상의 고착이라는 ('일차적'이라고 부를 수 있는) 더 기초적인 과정 속에 통합해야 한다. 그 형태는 개인들('시민들') 사이와 사회집단들 사이의 의사소통의 선험적 조건이 되어야 한다. 〔그러나〕 그것은 모든 차이를 폐절함으로써가 아니라 차이를 상대화하고 차이 자체를 '우리'와 '이방인들' 사이의 상징적 차이에 종속시킴으로써, 상징적 차이가 우위를 점하고 환원 불가능한 것으로 체험되도록 함으로써 달성된다. 달리 말해, 즉 피히테가 1808년 『독일 국민에게 고함』에서 제기한 용어를 빌려서 말한다면, 국가의 '외적인 국경선'은 또한 '내적인 국경선'이 되어야 한다. 또는—마찬가지 말인데—외적인 국경선은 내적인 집단적 인격의 투영이자 보호로서 끊임없이 상상되어야 한다. 즉, 우리들 개개인은 자기 자신 안에 그런 국경을 담지하고 있으며, 또 그러한 국경 덕분에 우리는 지금까지 항상 '안심하고 편히' 지낼 수 있었고, 앞으로도 항상 그렇게 할 수 있는 장소로서의 국가라는 시간과 공간에 거주할 수 있게 되는 것이다.

이런 이데올로기적 형태는 어떤 것일 수 있을까? 정황에 따라서는 애국주의라고 부르거나 민족주의라고 부를 수 있을 것이다. 애국주의나 민족주의의 구성을 촉진한다든가 그 강함을 드러내 보이는 사건들을 조사할 수도 있을 것이다. 애국주의나 민족주의의 기원은 (마키아벨리와 그람시가 말했듯이) '강제'와 '교육'의 결합으로서의 정치적 방법으로 연결될 수도 있을 것이다. 국가는 '강제'와 '교육'의 결합에 의해 어느 정도까지 민중적 의식을 제조할 수 있다. 하지만 이 제조는 아직 외적인 측면일 뿐이다. 그 효력의 더 깊은 이유를 이해하기 위해서는 지난 3세기 동안 정치철학과 사회학이 그래 왔듯이, 우리는 그것들과 종교의 유비[유사성]로 돌아가서 민족주의와 애국주의가 **유일한**^{la} 종교는 아닐지라도 근대 〈시대〉의 하나의 종교임을 증명해야 한다.

이 대답에는 필연적으로 진실의 일부가 존재한다. 그 이유는 단순히 종교가 형식적으로, '영혼'과 개인의 정체성에서 출발해 공동체의 형태를 창설하기 때문만이 아니고, 사회적 '도덕'을 규정하기 때문만도 아니며, 또한 신학적 담론이 국민의 이상화에, 국가의 신성화에 모델을 제공했기 때문이기도 하다. 이러한 이상화와 신성화 덕분에 개인들 사이에 희생의 연결을 창설하고, 법권리droit의 규칙에 '진리'와 '법loi'의 표시를 부여할 수 있는 것이다.[11] 모든 국민적 공동체는 어떤 순간이나 다른 순간에, '선택받은 민족'으로 표상되어 왔음에 틀림없다. 그렇지만 고전고대의 정치철학은 이미 이 [종교와의] 유비의 불충분함을 깨달았다. 이런 유비의 불충분함은 '시민종교'를 구성하려는 각종 시도의 실패에 의해, '국가종교'가 결국에는 국민적 이데올로

11 이 모든 점에 관해서는 칸토로비츠Ernst Kantorowicz의 저작이 특히 결정적으로 중요하다. 다음을 참조하라. *Mourir, pour la patrie et autres textes*, PUF, Paris, 1985.

기의 이행기적 형태를 구성할 뿐이라는 사실(비록 이 이행이 오래 지속되고 국민적 투쟁에 종교적 투쟁이 중첩됨으로써 여러 가지 중요한 효과들을 산출했지만)에 의해, 그리고 신학적 보편성과 민족주의의 보편성을 대립시키는 끊이지 않는 갈등에 의해 분명하게 드러났다.

사실은 그것과는 반대로 추론해야 한다. 국민적 이데올로기는 이론의 여지없이 이념적 기표(무엇보다 우선 국민이나 '조국' 같은 **이름** 그 자체)를 담고 있다. 이 이념적 기표를 통해 종교적 공동체를 공고하게 해 온 신성한 것의 감정이나 사랑·존경·희생 두려움의 정서가 전이될 수 있다. 하지만 이 전이는 공동체의 **다른 유형**이 문제가 되기 때문에 생겨날 뿐이다. [민족주의와 종교의] 유비 자체는 더 깊은 차이에 기초를 두고 있다. 이런 차이가 없다면, 다소간 완벽하게 종교적 정체성의 형태들을 통합하고 있는 국민적 정체성이 최종적으로는 종교적 정체성을 경향적으로 대체함으로써, 그리고 종교적 정체성 자체로써 스스로를 '국민화'하도록 강제하는지를 이해할 수 없을 것이다.

허구적 에스니시티와 이념으로서의 국민

나는 국민적 국가에 의해 창설된 공동체를 **허구적[의제적] 에스니시티**라고 부른다. 이것은 의도적으로 복잡한 표현이며, 허구라는 용어는 내가 위에서 언급한 것에 부합하게, 역사적 효과가 없는 순수하고 단순한 환영이라는 의미에서가 아니라, 그 반대로 법적 전통에서 사용하는 **의제적 인격**과의 유비에 의해, 제도적 효과의 의미에서, '제조'의 의미에서 이해되어야 한다. 어떤 국민도 자연적으로 그 에스닉적 기초를 갖춘 것이 아니고, 사회구성체들이 국민화됨에 따라 사회구성체들에 포함되어 있는 주민들—사회구성체들 사이에서 분할되어 있고, 또한 그에 의해 지배되는 주민들—이 '에스닉화'되는 것이다. 즉, [이런] 주민들은 과거에 또는 미래에 **마치** 그들이 자연적 공동체를 형성하고, 개인들과 사회적 조건을 초월하는 기원·문화·이해관계의 동일성을 그들 스스로 갖추고 있는 것**인 양** 표상된다.[12]

허구적 에스니시티는 애국주의의 대상을 이루는 **이념으로서의 국민**과 순수하고 단순하게 혼동되지 않지만, 허구적 에스니시티는 이념으로서의 국민에게 불가결하다. 왜냐하면 그것이 없으면 [이념으로서의] 국민은 정확히 관념이나 자의적인 추상화로서만 나타날 뿐이기 때문이다. [이럴 경우] 애국주의에 호소한들 **그 누구에게도** 닿지 못할 것이다. 이 허구적 에스니시티 덕분에 선재先在하는 통일성의 표현을 국가 속에서 볼 수 있게 되며, 또 항구적으로 국가를 국민에게 봉사하는 '역사적 사명'에 비추어 측정할 수 있게 되며, 그 결과 정치를 이상화할 수 있게 된다. 국민적 이데올로기는 모든 개인에게 **유일한** 에스닉적 정체성을 귀속시키며, 또 인류 전체를 각 국민들에게 잠재적으로 대응하는 상이한 에스니시티로 분할하는 보편주의적 표상에 기반을 두고 인민[민족]을 허구적으로 에스닉적인 통일체로서 구성함으로써, 국민적 이데올로기는 그것을 통해 국가가 주민을 통제하기 위해 활용하는 전략들을 정당화하는 것을 훨씬 넘어서는 일을 수행한다. 즉, 국민적 이데올로기는 주민의 요구를 미리 이 용어의 이중적 의미에서 '소속'의 감정—즉 우리가 자기 자신에 속해 있는 것인 동시에 다른 동류들에 속한다는 감정—속에 기입하는 것이다. 이는 사람들이 바로 그 이름을 담지하는 집합체의 **이름으로**, 개인으로서 호명된다는 것을 뜻한다. [에스닉적] 소속의 자연화와 이념으로서의 국민의 숭고

12 나는 "그 안에 포함되어 있는"이라고 말하지만, 여기에 "또는 그것들이 배제하는"이라고 덧붙여야 할 것이다. 왜냐하면 '인민의 에스닉화는 '타자들'의 에스닉화와 동시에 일어나기 때문이다. 에스닉적 차이와는 다른 그 어떤 역사적 차이도 존재하지 않는다(그리하여 유대인들 역시 '하나의 인민'이 되어야 한다). 식민지화된 주민들의 에스닉화에 대해서는 다음을 보라. J.-L. AMSELLE et E. M'BOKOLO, *Au cœur de l'ethnie. Ethnies, tribalisme et État en Afrique*, La Découverte, Paris, 1985.

화는 똑같은 과정의 두 가지 얼굴이다.

그렇다면 에스니시티는 어떻게 산출되는가? 그리고 에스니시티가 허구로서가 아니라 가장 자연스러운 기원으로서 나타나는 그런 방식으로 어떻게 산출되는가? 역사는 그것에는 크게 경쟁하는 두 가지 길이 있다는 점을 보여준다. **언어**와 **인종**이 그것이다. 매우 자주 이 둘은 서로 결부되어 있다. 왜냐하면 이 둘의 보완성만이 '인민'을 절대적으로 자율적인 통일성으로 표상할 수 있게 해 주기 때문이다. 두 가지는 모두 (영혼 또는 정신이라고 불리는) 국민적 성격이 민족[인민]에 내재한다고 언표한다. 하지만 두 가지 모두, 현실적 개인들 및 정치적 관계들을 초월하는 수단을 제공한다. 언어와 인종은 역사적 주민을 '자연'이라는 사실 속에 뿌리내리게 하는 두 가지 방식이며(즉 언어와 인종의 다양성이 운명으로서 나타난다), 또한 [역사적 주민의] 지속에 의미를 부여하고 그 우발성을 넘어서게 하는 두 가지 방식이다. 그러나 때로는 둘 중 어느 하나가, 때로는 다른 하나가 지배적이게 될지 여부는 정황이 좌우한다. 왜냐하면 이 둘이 똑같은 제도들의 발전에 기대고 있는 게 아니기 때문이며, 또 똑같은 상징이나 국민적 정체성의 동일한 이상화에 호소하는 게 아니기 때문이다. 이처럼 지배적인 언어적 에스니시티와 지배적인 인종적 에스니시티라는 이 상이한 접합은 분명한 정치적 결과를 초래한다. 이런 이유 때문에 그리고 분석의 명확성을 위해서도, 우리는 이 둘을 따로따로 검토하는 것부터 시작해야 한다.

언어 공동체는 가장 추상적인 통념인 것처럼 보이지만 실은 더 구체적이다. 왜냐하면 언어 공동체는 개인들을 어떤 순간에도 현실화될 수 있는, 나아가 **공동 행위**라는 내용을 갖는 기원에 연결시키기 때문이다. 개인들 자신의 교환이나 개인들의 담론적 의사소통을 내용으로 하는 **공동 행위**는 구어口語의 도구 및 언제든지 갱신되는, 기록되고 등록되는 방대한 양의 텍스트 모두를 이용하여 이루어진다. [그렇지만] 이는 언어 공동체가 내적 한계 없는 직접적 공동체라는 것을 뜻하지 않는다. 하물며 의사소통이 실제로 모든 개인들 사이에서 '투명한' 것이라는 뜻도 아니다. 하지만 이 한계는 항상 상대적이다. 비록 사회적 조건들이 매우 상이한 개인들이 서로 직접적으로 의사소통을 하지 않는다 할지라도, 그들은 매개적인 담론의 부단한 연쇄에 의해 연결되어 있다. 그들은 법권리에 있어서나 사실에 있어서나 고립되어 있지 않다.

하지만 이런 상황이 세계만큼이나 오래된 것이라고 믿지는 말자. 반대로 놀라울 정도로 최근의 일이다. 고대 제국들과 앙시앵레짐 사회들은 여전히 언어적으로 고립된 주민들의 병존에, 혹은 지배자와 피지배자 사이 및 신성한 영역과 세속적 영역 사이에서 양립할 수 없는 '언어들'의 중첩superposition에 입각해 있었다. 그러므로 이들 사이에는 실로 번역의 체계가 존재해야 했다.[13] 근대의 국민적 구성체에서는 문필가, 저널리스트, 정치인, 활동가들이 그러한 번역자이다. 이들이 자연적으로 보이는 방식으로 '민족[인민]'의 언어를 구사할수록, 국민적 구성체의 구별이 강조되는 것이다. 번역은 무엇보다 우선 '언어의 수준들' 사이의 내부적 번역이 됐다. 사회적 차이들은 공통의 코드와 심지어 공통의 규범을 전제하는 국민 언어를 실천하는 상이한 방식들로서 표현되고 상대화된다.[14] 공통의 규범은, 알다시피, 일반화된 학교 교육에 의해 주입되며, 이렇게 하는 것이 학교 교육의 일차적 기능이다.

이 때문에 국민적 구성체와 '인민적' 제도로서의 학교 교육의 보

13 어네스트 겔너(Ernest Gellner, *Nations and Nationalism*, Blackwell, Oxford, 1983)와 베네딕트 앤더슨(Benedict Anderson, *Imagined Communities*, Verso, London, 1983)의 분석은 이 점에 관해서 둘 다 올바르게 지적하면서도 '유물론'과 '관념론'처럼 서로 대립된다.

14 Renée BALIBAR, *L'Institution du français. Essai sur le colinguisme des Carolingiens à la République*, PUF, Paris, 1985.를 참조하라.

급 사이에는 긴밀한 역사적 상관관계가 존재하는 것이다. 고등교육 또는 엘리트층의 문화로 한정되지 않는 학교 교육의 보급은 개인들의 사회화의 전체 과정의 기초를 다지는 데 도움이 되었다. 그러나 학교가 국민주의적 이데올로기를 주입하는—때로는 국민주의적 이데올로기에 이의를 제기하는—장소였다는 것은 파생적 현상이었고, 엄밀히 말하면 그것은 언어 공동체의 산출에 비하면 그다지 불가결한 현상이 아니었다. 단적으로 말해 학교 교육은 언어 공동체로서의 에스니시티를 산출하는 주요한 제도이다. 그러나 이는 학교 교육이 유일한 장소라는 의미가 아니다. 국가, 경제 교환, 가족생활도 어떤 의미에서는 학교이며, '공통' 언어에 의해 승인 가능한 이념으로서의 국민—'공통' 언어는 '각각 고유한 것으로서' 각 국민에게 속해 있다—을 산출하는 기관이다. 왜냐하면 결정적인 것은 단순히 국민 언어가 공식화되는 것이 아니며, 훨씬 더 근본적인 것은 국민 언어가 민족의 생활의 요소 그 자체로서, 즉 각자가 자신의 정체성을 파괴하지 않고 각자의 방식으로 전유할 수 있는 **현실**로서 나타나기 때문이다. [한편으로] **하나의** 국민 언어의 제도와 [다른 한편으로] 정확히 말하면 상이한 언어가 아닌 '계급의 언어' 사이의 괴리 및 일상적 충돌에는 모순이 존재하는 게 아니라 상보성이 존재한다. 모든 언어적 실천들은 단일한 '언어 사랑'에 쏟아지는데, 이 언어 사랑은 교과서적 규범이나 특별한 용법이 아니라 '모어'에, 즉 언어 학습과 전문적 용법의 배후에 투사된 공통의 기원이라는 이념을 향해 쏟아진다. 바로 이 때문에 모국어는 민족들의 상호애의 은유가 되는 것이다.[15]

그렇다면 다음으로 **왜 언어 공동체가** 에스니시티를 산출하는 데 **충분하지 않은지**를 검토해 보자. 국민 언어들의 역사가 제기하는 구체

15 장-클로드 밀네르Jean-Claude Milner는 *L'Amour de la langue*, Seuil, Paris, 1978.에서보다 *Les Noms indistincts*, Seuil, Paris, 1983, p. 43 *sq.*에서 이 점에 관해 몇 가지 매혹적인 시사점을 던져 준다. '일국사회주의' 정책이 지배적이던 시점의 소련에서 '계급투쟁'과 '언어 전쟁'의 대안에 관해서는 다음을 참조하라. F. GADET, J.-M. GAYMANN, Y. MIGNOT and E. ROUDINESCO, *Les Maîtres de la langue*, F. Maspero, Paris, 1979.

적인 역사적 물음들—국민 언어의 통일 또는 강요에 수반되는 어려움 즉, 국민 언어들을 '인민적'인 동시에 '교양 있는' 관용어로서 정교화하는 데 수반되는 어려움들(국민 언어들의 통일은 여러 국제기구들의 지원을 받는 각국 지식인들의 노력에도 불구하고 오늘날에도 모든 국민국가들에서 그 완성과는 거리가 멀다)—과는 무관하게 말이다.

아마도 이는 언어적 기표가 그 구조 자체에 의해 개인적 정체성을 부여하는 역설적 속성들과 관련이 있을 것이다. 어떤 의미에서 개인들은 언어의 요소 속에서 항상 주체로서 호명된다. 왜냐하면 모든 호명은 담론의 차원에 속하기 때문이다. 법권리, 계보학, 역사, 정치적 선택, 직업 자격, 심리 등이 그 안에서 언표되는 담론의 차원에서는 모든 '인격성'이 말과 더불어 구축된다. 하지만 언어를 통한 정체성의 구축은 정의상 **열려 있다.** 어떤 개인도 자신의 '모국어'를 '선택'할 수 없고, 마음대로 모국어를 '바꿀' 수 없다. 그렇지만 여러 언어를 전유하는 것은 항상 가능하며, 또한 다른 종류의 담론이나 언어의 변형의 담지자가 되는 것도 항상 가능하다. 언어적 공동체는 가공할 정도로 구속적인 에스닉적 기억을 불러들이지만(R. 바르트는 언젠가 언어적 공동체를 '파시스트적'이라고까지 말했다), 그럼에도 불구하고 그것은 기묘한 가소성可塑性, plasticité을 갖추고 있다. 즉, 언어적 공동체는 〔새롭게〕 획득된 것을 즉시 자연화하는 것이다. 어떤 의미에서 이 자연화는 **너무도 빠르게** 이뤄진다. 집단적 기억이 영속화되는 것은 개인이 '출신'을 망각한다는 대가를 통해서다. '2세대' 이주자—이 점과 관련해서는 구조주의적 의의를 획득하게 되는 통념—는 정서성과 상상적인 것에 관련되는 한 자생적이고 또한 '유전적'이고 또한 거역할 수 없는 방식으로 국민 언어(와 이를 통해 국민 그 자체)를 익힌다. 그것은 우리가 집에서 자주 화제로 삼는 '고향'의 아들들과도 같다(주민의 대부분이 국민 언어를 일상적으로 말하게 된 것은 아직 아주 최근의 일에 불과하다). '모'어가 꼭 '친'엄마의 말인 것은 아니다. 언어 공동체가 **항상** 존재해 왔다는 감정을 산출한다고는 해도, 이는 후속 세대에 어떤 숙명도 처방하지 않는 **현재의** 공동체이다. 이념적으로 말하면, 언어 공동체는 아무나n'importe qui를 '동화'하지만, 그 누구도 붙잡지 않는다. 끝으로 언어 공동체는 (개인이 주체로서 구성되는 방식을 통해) 모든 개인에게 가장 깊숙이 영향을 미치지만, 그 역사적 특수성은 서로 교환 가능한 제도들에 연결되어 있을 뿐이다. 정황이 허락한다면, 언어 공동체는 (영어, 스페인어, 프랑스어가 그렇듯이) 다양한 국민에게 도움이 될 수 있고, (라틴어, '고대' 그리스어, '문어文語'로서의 아랍어처럼) 그것을 사용한 주민들의 '물리적인' 소멸 후에도 살아남을 수 있는 것이다. 그러므로 언어 공동체가 특정 민족의 국경과 굳게 결합되기 위해서는 특수성의 대체보충이, 혹은 폐쇄의 원리 또는 배제의 원리가 필요하다.

이 원리가 인종 공동체이다. 하지만 우리는 여기서 오해하지 않도록 신중을 기해야 한다. 모든 종류의 육체적 내지 심리학적 특징은 가시적이든 비가시적이든 인종적 동일성이라는 허구를 구성하는 것에, 그러니까 똑같은 국민의 내부에서든 그 경계선의 외부에서든, 사회집단들 사이의 자연적 및 유전적 차이를 형상화하는 것에 복무하기 쉽다. 나는 다른 곳에서, 같은 주제를 다룬 몇몇 사람들의 뒤를 이어, 인종적 낙인의 변천 및 이것이 사회적 갈등의 다양한 역사적 형태와 맺는 관계를 논한 적이 있다. 우리가 여기서 다뤄야 할 것은 오로지, 인종과 에스니시티를 이념적으로 동일시할 수 있게 해 주고, 인종적 통일성을 민족[인민]의 역사적 연속성의 기원 또는 원인으로 상상할 수 있게 해 주는 상징적 핵심에 대한 것이다. 그런데 언어적 공동체와는 달리 여기서 문제시되는 것은 정치적 통일성[단위]을 형성하는 **모든** 개인에게 실제로 공통되는 실천이 아니다. 우리는 의사소통의 등가물을 다루고 있는 게 아니다. 그러므로 문제는 말하자면 두 번째 단계의 허구다. 그러나 이 허구 역시 그 유효성을 일상의 실천에서, 즉 개인들의 '삶'을 직접 구조화하는 관계들에서 끌어낸다. 그리고 특히 중요한 것은 언어 공동체가 언어적 실천에서의 사회적 불평등을 '자연화'함으로써만 개인들의 평등을 창설할 수 있는 반면, 인종 공동체는 사회적 불평등을 '유사성'이라는 극히 양의적인 것으로 해소한다는 점이다. 이 '유사성'은 '진짜로' 국민적인 것과 '가짜로' 국민적인 것으로 분할하는 형태를 사회적 차이에 부여함으로써 화해 불가능한 적대를 현시하는 사회적 차이를 에스닉화한다.

나는 이 역설을 다음과 같이 해명할 수 있다고 생각한다. 인종 관념(및 그 인구학적·문화적 등가물)의 상징적 핵심은 계보 도식이다. 계보 도식이란 그저 단순히 개인들의 혈통이 한 세대에서 다른 세대로 생물학적인 동시에 정신적인 실체를 전달하고, 이를 통해 개인들을 '친척관계'라 불리는 시간적 공동체 속에 기입한다는 관념이다. 이것이 바로, 똑같은 민족[인민]을 구성하는 개인들이 서로 인연을 맺을 수 있다(처방적인 양식으로 표현하자면, 개인들은 확대된 친척관계의 고리를 구성할 것이다)는 주장을 국민적 이데올로기가 언표하자**마자** 우리가 에스닉화의 두 번째 양식과 대면하게 되는 이유이다.

여기서 다음과 같은 반론, 즉 이와 같은 표상은 전혀 국민적 성격을 띠지 않은 사회들과 공동체들을 특징짓는다는 반론이 나올 수 있을 것이다. 하지만 국민 형태와 근대적 인종 관념을 접합하는 혁신은 바로 이 점에서 작동한다. 이 관념은 선호적 결혼이나 족보 같은 전통적인 체계에 의해서 코드화된(지금도 여전한) '사적' 계보의 경향적 소멸과 상관적이다. **인종 공동체의 관념이 등장한 때는 친척관계의 경계선이 씨족이나 촌락 공동체의 수준에서 그리고 적어도 이론적으로는 사회계급의 수준에서 해소되었고, 그 결과 경계선이 상상적인 국민성의 문턱으로 옮겨질 때이다.** 그렇다면 '동료 시민concitoyen[동향인]' 누구와 결혼하든, 방해할 것이 아무것도 없게 된다. 그리고 그런 결혼만이 '정상'이고 '자연'인 것처럼 나타나게 된다. 그리하여 인종 공동체는 대가족으로서 혹은 ('프랑스인' **가족**, '미국인' **가족**, '알제리인' **가족 공동체**라고

하는 것처럼) 가족적 관계의 공통적 외피로서 표상되기 십상이다.[16] 이때부터 모든 개인은 그가 어떤 사회적 조건에 속해 있든 상관없이, 자신의 가족을 갖게 된다. 그러나 가족은—재산과 마찬가지로—개인들 사이의 우발적인 관계가 된다. 따라서 이 문제를 더 깊이 고찰하기 위해서는 이제 가족의 역사를 논의해야 한다. 가족은 앞서 지적한 학교와 똑같은 정도로 중심적 역할을 하는 제도이며, 인종에 대한 담론에서 편재하는 제도이다.

가족과 학교

우리는 여기서 [한편으로] 결혼의 권리에 대한, [다른 한편으로] 문학 및 인류학적 주제로서의 '사생활'에 대한 지배적 시각을 변함없이 따르고 있는, 가족사의 공백이라는 문제에 직면하게 된다. 가족에 관한 최근 역사 서술의 커다란 테마는 (부부와 자녀로 구성되는) '핵가족' 또는 소규모 가족의 출현이다. 이에 관해서는 핵가족이 사회성의 부르주아적 형태와 연결된 특정하게 근대적인 (16-19세기의) 현상인지 (아리에스와 쇼터의 테제), 아니면 교회법 그리고 결혼에 관한 기독교 당국의 통제에 의해 오래전부터 준비된 발전의 결과인지(구디의 테제)를 둘러싸고 논쟁이 일어나고 있다.[17] 사실 이 두 입장은 양립 불가능하지 않다. 하지만 특히 이런 입장들은 우리 프랑스인에게 가장 결정적인 문제—즉, 신상명세état civil 제도와 가족법전(나폴레옹 법전이 그 원

16 부언하자면, 여기서 인종주의와 민족주의 사이의 교통commutation의 확실한 한 가지 **기준**을 볼 수 있다. 곧 조국이나 국민이라는 통념을 '가족 수호'에 (출생률은 말할 것도 없고) 연결하는 조국이나 국민에 관한 모든 담론들은 이미 인종주의의 우주 안에 심어져 있다.

17 Philippe ARIÈS, *L'Enfant et la vie familiale sous l'Ancien Régime* (1973), Points, "Histoire", Paris, 2014 ; Edward SHORTER, *The Making of the Modern Family*, Basic Books, New York, 1975 ; Jack GOODY, *The Development of the Family and Marriage in Europe*, Cambridge University Press, Cambridge, 1983.

형이다) 이후 '확대된' 친척관계의 해체와 (상속 재산의 규제에서 산아 제한의 조직화에 이르기까지) 국민적 국가의 개입에 의한 가족적 관계들의 침투 사이에서 서서히 확립된 상관관계—를 흐지부지하게 묻어버리는 경향이 있다는 점이다. 여기서 주의해야 할 것은 현대의 국민적 사회에서는 계보에 대한 일부 '마니아'나 귀족제에 대한 '향수를 품은' 일부 사람들을 제외하면, 계보는 더 이상 이론적 지식도 아니고, 구두 기억의 대상도 아니고, 또한 **사적인** 방식으로 기록되고 보존되는 것도 아니라는 점이다. 오늘날 **혈통**과 **인척관계의 문서고를 구성하고 보관하는 것은 국가다.**

여기서 다시 표층과 심층을 구별해야 한다. 표층이란, 아주 일찍부터 정치적 전통, 특히 프랑스의 정치적 전통에서 민족주의와 결부된(보수적 민족주의의 구성 부분인) 가족주의적 담론이다. 심층이란, [한편으로] '사생활', 아주 협소한 '가족적 친밀함'**과** [다른 한편으로] 국가의 가족 정책의 동시 출현이다. 국가의 가족 정책은 공적 영역에 인구[주민]라는 새로운 통념과 인구의 조사나 인구의 도덕적-보건적 통제, 그 재생산과 관련된 인구학적 기법들을 출현시켰다. 그래서 근대적인 가족적 친밀성은 국가적 구조들이 그 가장자리 앞에서 멈춰 서는 자율적 공간과는 정반대이다. 그것은 개인들 사이의 관계가 직접적으로 '공민적civique' 기능으로 가득 충전되어 있는 영역, 또 국가의 부단한 원조에 의해 가능해지는 영역, 생식을 의무로 삼는 성관계에 의해 시작되는 영역이다. 또한 이것은 우리로 하여금 근대의 국민적 형성체에서 성적으로 '일탈적인' 행동이 왜 즉각적으로 아나키즘적인 어조를 걸치게 되는지를 이해할 수 있게 해 준다. 반면 근대 이전의 사회들에서 성적으로 '일탈적인' 행동은 오히려 종교적인 이단의 어조를 띠고 있었다. 공중보건과 사회보장이 고해를 듣는 신부를 대신했는데, 이것은 1 대 1로 대응하는 것이 아니라 새로운 '자유', 새로운 원조, 새로운 사명, 따라서 마찬가지로 새로운 요구를 도입함으로써 이루어졌다. 이리하여 혈족적인 친척관계, 세대들의 연대, 확대 가족의 경제적 기능이 해소됨에 따라, 그것들을 대신한 것은 자연적인 미시 사회도 순전히 '개인주의적인' 계약 관계도 아닌 가족의 국민화였다. 가족의 국민화에 대응하는 것은 국민적 공동체와 (사이비-족내혼의 규칙에 의해 경계가 그어지며, 아마 공통의 조상보다는 오히려 **공통의 후손**에 자신을 투사하기 십상인) 상징적 친척관계의 동일시이다.

'부르주아' 가족과 국민 형태를 취하는 사회의 상호관계 속에 우생학이라는 관념이 항상 잠복해 있는 것은 이 때문이다. 마찬가지로 민족주의가 성차별주의와 은밀한 친근 관계를 갖고 있는 것도 이 때문이다. 그렇지만 이 친근 관계가 존재하는 것은 [이 둘에 공통적인] 똑같은 권위주의적 전통이 발현되기 때문이 아니라 오히려 부부애 및 육아에서 성적 역할들의 불평등이 국가의 법적·경제적·교육적·의료적 매개의 정박지를 이루는 한에서이다. 마지막으로, 민족주의를 '부족주의tribalisme'로 표상하는 것—이는 민족주의를 종교적으로 해석하는 것에 대한 사회학자들의 주요한 대안이다—이 기만적인 동시에 폭로적인 것도 이 때문이다. 기만적이라는 것은 그러한 표상이 민족주의를 실제로는 국민국가와 양립 불가능한 의고적 공동체의 형태들로 퇴행하는 것으로서 상상[이미지화]하기 때문이다(알다시피 족보적 또는 부족적 연대가 강하게 존속하는 곳에서는 어디에서나 국민적 구성이 미완으로 끝나고 있다). 그러나 국민에 의해 어떤 상상적 친척관계가 다른 상상적 친척관계로 대체될 수 있다는 점, 그리고 이러한 대체의 기초에 가족 자체의 변형이 깔려 있다는 점을 드러낸다는 점에서, 이것은 폭로적이다. 그래서 우리는 이렇게 자문하지 않을 수 없다. 즉, 가족의 변형이 '완성될' 때, 즉 성관계와 출산이 계보적 질서에서 완벽하게 벗어날 때, 국민 형태는 어느 한도까지 스스로를 무한정하게 (적어도 지배적 형태로서) 계속 재생산할 수 있을까? 그때 우리는 인'종'"races" humaines이란 무엇인가를 인식하게 하는 것, 그리고 이런 표상을 에스니시티의 생산 속에 투여하는 것의 물질적 가능성의 한계에 도달할 것이다. 하지만 의심할 나위 없이, 우리는 아직 그 지점까지 도달하지 못했다.

알튀세르가 「이데올로기와 이데올로기적 국가장치들」에서 부르주아 사회의 지배적 이데올로기의 핵심이 가족-교회 쌍에서 가족-학교 쌍으로 이행했다고 그 요점을 정의했을 때, 그는 틀린 게 아니었다.[18] 그렇지만 나는 이 정식화에 두 가지 정정을 가하고 싶다. 우선 나는 이러저러한 특정한 제도가 그 자체로서 **하나의** '이데올로기적 국가장치'를 구성한다고 말하지 않는다. '이데올로기적 국가장치'라는 표현이 적절히 가리키는 것은, 오히려 **복수의** 지배적인 제도들이 결합되어 기능한다는 점이다. 둘째, 나는 다음과 같이 생각하자고 제안하고 싶다. 즉, 학교 교육과 가족이라는 세포의 현대적 중요성은 그것들이 오로지 노동력 재생산에서 맡는 기능적 장소에서만 유래하는 것이 아니라, 또한 그것들이 이 재생산을 허구적 에스니시티의 구성에 종속시킨다는 점, 다시 말해 인구 정책(푸코가 '생명권력'의 체계라는, 시사적이지만 애매한 용어로 부르는 것)에 암묵적으로 포함된 언어적 공동체**와** 인종의 공동체의 접합에 종속시킨다는 점에서 유래한다.[19] 학교와 가족에는 아마 다른 시각에서 분석할 만한 다른 측면이 있다. 학교와 가족의 역사는 국민 형태가 등장하는 것보다 훨씬 전에 시작되고 국민 형태보다 더 오래 지속될 수도 있다. 그러나 부르주아 사회에서 학교와 가족이 함께 지배적인 이데올로기적 장치를 이루도록 하는 것은 그것들의 국민적 중요성, 곧 에스니시티의 생산에서 그것들이 차지하는 즉각적인 중요성이다. 이때 지배적인 이데올로기적 장

18 다음을 참조하라. Louis ALTHUSSER, "Idéologie et appareils idéologiques d'État", in *Positions*, Éditions sociales, Paris, 1976.

19 Michel FOUCAULT, *La Volonté de savoir*, Gallimard, Paris, 1976.

치는 학교와 가족의 상호 의존의 증대에 의해, 또 개인들의 교육·훈련에 들어가는 시간을 오로지 학교와 가족이 거의 전부 분배하는 경향에 의해 표현된다. 이런 의미에서 부르주아적 사회구성체에서 지배적인 '이데올로기적 국가장치'는 **단 하나**가 있을 뿐이다. '이데올로기적 국가장치'는 자신의 목적들을 위해 학교 제도와 가족 제도를, 그리고 부수적으로는 학교와 가족에 결합되어 있는 다른 제도들을 이용한다. 그러므로 '이데올로기적 국가장치'는 민족주의 헤게모니의 기초에 실존한다.

결론을 내리기 위해 이 가설에 한마디를 덧붙이자. 접합, 더 나아가 상호 보완성은 조화를 의미하지 않는다는 것이다. 언어적 에스니시티와 인종적 (또는 세습적) 에스니시티는 어떤 의미에서는 서로 배제적이다. 내가 앞에서 지적했듯이, 언어적 공동체가 열려 있는데 비해 인종 공동체는 원칙적으로 닫혀 있는 것처럼 보인다(왜냐하면 인종 공동체는—이론적으로—그 기준에 따르면, 진정으로 국민적이지 않은 사람들이라는 것을 공동체의 외부 혹은 '열등하고' '이방인적인' 변두리에 무한정하게, 세대가 끝날 때까지 유지하는 것으로 이어지기 때문이다). 이 경우 언어적 공동체나 인종 공동체나 모두 이념적 표상이다. 의심할 바 없이 인종의 상징주의[표상 작용]는 그 기초가 되는 인류학적 보편성의 요소(세대들의 연쇄, 인류 전체로 확장된 친척관계의 절대성)와 격리 및 금지에 의한 상상적인 것의 산물을 결합하는 것이다. 하지만 실제로는 이주, 인종 간의 결혼이 (강제적 정책이 '혼혈'을 범죄로 처벌하는 곳에서조차도) 그렇게 투영된 한계를 끊이지 않고 위반하는 것이다. 오히려 인구의 뒤섞임에 대한 진정한 장애물은 카스트 현상을 재구성하는 경향이 있는, 계급의 차이들에 의해 구성된다. 이를 위해서는 에스니시티의 세습적 실체가 끊임없이 재정의되어야 한다. 어제에는 '게르만족', '프랑스 인종', '앵글로색슨족'이던 것이 오늘에는 '유럽족', 또는 '서양족'이 될 수 있고, 내일에는 아마도 '지중해 인종'이 될 수도 있다. 거꾸로 말하면, 언어적 공동체의 개방성은 이념적 개방성이다. 비록 언어 공동체에는 어떤 언어를 다른 언어로 번역할 가능성과 따라서 자신의 언어적 능력을 늘릴 수 있는 개인의 능력 등이 존재하며, 이런 것들이 언어 공동체의 개방성에 버팀목이 되고 있음에도 불구하고 그렇다.

형식적으로는 평등하지만, 언어적 공동체에 소속된다는 것은—특히 그것이 학교 제도에 의해 매개된다는 사실 때문에—계급적 차이들과 많은 부분에서 일치하는 분할들, 차이적 규범들을 곧바로 재창출한다. 부르주아 사회에 학교 교육이 보급되면 될수록 언어적 (그러니까 문학적, '문화적', 기술적) 능력의 차이는 더욱더 카스트의 차이로서 기능하며, 개인들에게 상이한 '사회적 운명'을 할당하게 된다. 이런 조건들에서는 언어 능력의 차이가 (피에르 부르디외의 용어를 쓰자면) 신체적 **하비투스**에 즉각 결부된다고 해도 전혀 놀랍지 않다. 신체적 **하비투스**는 개성적인, 보편화 불가능한 특질을 지닌 발화 행위에 인종적 혹은 준-인종적 낙인의 기능을 부여하는 것이다(심지어 하비투스는 '계급의 인종주의'라는 정식화 속에서 매우 중요한 장소를 차지하고 있다). 예를 들어 '계급의 인종주의'의 정식화로서, '외국인'이나 '지역적' 억양, '서민적인' 말투, 어법의 '잘못' 혹은 거꾸로, 발화자가 특정 인구에 소속됨을 즉각 보여주는 동시에 가족의 출신이나 유전적 성향의 반영으로 해석되는 과시적 '교정' 등이 있다.[20] 그래서 에스니시티의 생산이란 언어의 인종화이자 인종의 언어화이기도 하다.

20 다음을 참조하라. P. BOURDIEU, *La Distinction. Critique sociale du jugement*, Minuit, Paris, 1979 ; *Ce que parler veut dire ; L'économie des échanges linguistiques*, Fayard, Paris, 1982. 부르디외가 사회적 역할들을 '숙명'으로서 **고정시키고** 이 역할들 간의 적대에 '전체'의 재생산이라는 기능을 즉각 부여한다는 것을 핵심적으로 문제로 삼는 "논리적 반란Révoltes logiques" 그룹의 비판(*L'Empire du Sociologue*, La Decouverte, 1984. 언어에 관한 장은 프랑수아즈 케를루Françoise Kerleroux가 씀)도 참조할 것.

즉각적인 정치적 관점에서든 국민 형태의 발전이라는 관점에서든, 그리고 사회관계들의 제도 속에서 국민 형태의 도래할 역할의 관점에서든, 에스니시티의 어떤 표상이 지배적이게 되느냐 하는 것은 대수롭지 않은 문제가 아니다. 왜냐하면 에스니시티는 통합과 동화의 문제와 관련해 두 가지 근본적으로 다른 태도, 즉 법적 질서를 정초하고 제도들을 국민화하는 두 가지 방식을 끌어들이기 때문이다.[21]

프랑스의 '혁명적 국민'은 우선 언어의 상징을 둘러싸고 특권적인 방식으로 구성됐다. 그것은 정치적 통일성을 언어적 균일성에, 국가의 민주화를 문화적 '특수주의'—'사투리patois'는 그 온상지가 되었다—의 강제적 억압에 긴밀하게 연결시켰다. 한편으로, 아메리카의 '혁명적 국민'은 이중적 억압 위에 자신의 기원의 이념을 구축했다. 아메리카 '선주민'의 근절, 그리고 자유로운 '백인'과 '흑인' 노예 사이의 차이의 근절이 그것이다. 앵글로색슨 '모국'에서 물려받은 언어적 공동체는 적어도 외관상으로는 히스패닉계 이주자가 이 언어 공동체에 계급의 상징**과** 인종적 표시의 의미작용을 부여하기 전까지는 특별한 문제를 낳지 않았다. 프랑스의 국민적 이데올로기의 역사 속에는 '원주민 보호주의'가 암묵적으로 포함되어 있었지만, 19세기 말에, 한편으로는 식민지화와 다른 한편으로는 노동력 수입의 강화, 에스닉적 출신을 수단으로 삼은 육체노동자에 대한 격리 차별이 '프랑스 인종'이라는 환영을 마침내 구성하게 될 때까지는 암묵적인 채였다. 반대로 아메리카의 국민적 이데올로기의 역사에서는 매우 일찍부터, 원주민 보호주의가 명시적으로 존재했다. 아메리카의 국민적 이데올로기는 새로운 인종의 도가니로서, 그러나 구성비가 다른 상이한 에스

21 이 점에 관한 가장 귀중한 약간의 논의로는 다음을 보라. Françoise GADET et Michel PÊCHEUX, "L'anthropologie linguistique entre le Droit et la Vie", *La langue introuvable*, F. Maspero, Paris, 1981, p. 38 *sq*.

닉의 결합으로서 아메리카 민족의 형성[체]를 표상했다. 아메리카 민족의 형성[체]는 [한편으로] 유럽 또는 아시아에서 온 이주와 [다른 한편으로] 노예제에서 유산 상속을 받고 흑인에 대한 경제적 착취에 의해 강화된 사회적 불평등을 유비시킨다는 어려움을 대가로 하여 행해진다.[22]

이런 역사적 차이들은 결코 어떤 숙명화된 결과도 부과하지 않는다. 이 차이들은 오히려 정치적 투쟁의 빌미이다. 그러나 이 차이들은 동화, 권리의 평등, 시민권, 민족주의와 국제주의 같은 문제들이 제시되는 조건들을 심도 깊게 바꾼다. 허구적 에스니시티의 생산에 관해 '유럽의 구축'—그것이 '유럽 공동체' 수준에 국민적 국가의 기능들과 상징들을 이전하려고 시도하는 한에서—이 **오히려** '유럽 공통 언어주의'의 창설(그렇다면 어떤 언어를 선택하느냐가 문제된다)이라는 방향으로, 혹은 주로 '남南의 주민들'(터키인, 아랍인, 흑인)과 대조적으로 이해된 '유럽의 인구학적 동일성'을 이상화하는 방향으로 **오히려** 기울지 않을까를 진지하게 물어볼 수 있을 것이다.[23] 에스닉화라는 국민적 과정의 산물인 각각의 '민족'은 오늘날 관국민적 의사소통과 지구적 세력 관계의 세계에서 배타주의나 동일성 이데올로기를 넘어서는 각자의 길을 찾아내도록 구속하고 있다. 혹은 차라리 다음과 같이

22 아메리카의 '원주민 보호주의'에 관해서는 다음을 참조하라. R. ERTEL, G. FABRE, E. MARIENSTRAS, *En marge. Les minorités aux États-Unis*, F. Maspero, Paris, 1974, p. 25 *sq.* ; Michael OMI et Howard WINANT, *Racial Formation in the United States. From the 1960s to the 1980s*, Routledge and Kegan Paul, Londres, 1986, p. 120. 오늘날 미국에서 영어를 국민 언어로서 **공식화하자**는 운동이 (라틴아메리카의 이주에 반대하여) 전개되고 있다는 것은 흥미로운 일이다.

23 이 두 대안의 교차점에는 다음과 같은 진실로 중대한 문제가 놓여 있다. 곧, 미래의 '통일 유럽'의 행정 제도와 학교 제도들에서 아랍어, 터키어, 나아가 기타 어떤 아시아, 아프리카의 말들이 프랑스어, 독일어, 포르투갈어 등과 동일한 지반에서 수용될 것인지 아니면 '이방' 언어로 간주될 것인지 하는 문제 말이다.

말하는 편이 나을 것이다. 모든 개인은 '우리' 민족이라는 상상적인 것의 변형 속에서, 똑같은 이해관계와 어느 정도까지는 똑같은 미래를 가지는 다른 민족에 속하는 개인과 의사소통하기 위해서라도, 이 상상적인 것에서 벗어나기 위한 수단을 찾도록 요구받고 있다고.

6장 자본주의 세계경제에서 가구 구조와 노동력의 형성[1]

이매뉴얼 월러스틴

가구[2]는 자본주의 세계경제의 핵심적인 제도적 구조들 중 하나를 형성한다. 사회제도를 초超역사적인 것으로서, 바꾸어 말하면, 사회제도가 마치 유類, genus 개념을 구성하고, 각각의 역사적 체계가 하나의 변종 내지 종種들을 산출하는 것처럼 분석하는 것은 항상 오류이다. 오히려 주어진 역사적 체계의 다양한 제도적 구조들은 (a) 근본적인 방식에서 그 체계에 특유한 것이며, 그리고 (b) 체계의 작동 구조들을 구성하는 상호 관련된 일련의 제도들의 일부이다.

이 경우의 역사적 체계는 단일한 동시에 발전하고 있는 역사적 실체로서의 자본주의 세계경제이다. 이 체계에 가구들을 위치시키는 것은 가구들을 다른 역사적 체계들에서 가설상 유사한 제도들(명목상 종종 똑같은 명칭을 담고 있다)과 비교하는 것보다는 가구들이 이 체계의 제도들의 집합에 얼마나 딱 들어맞는지를 분석함으로써 훨씬 더 유익하게 이해될 수 있다. 실제로 기존 체계에서 우리의 '가구'와 비슷한 것이 있었는지 여부는 솔직히 의심스럽다('국가'나 '계급' 같은 제도적 개념에 대해서도 똑같이 말할 수 있다). '가구' 같은 용어를 초역사적인 의미로 사용하는 것은 기껏해야 유비일 뿐이다.

1 로트팔라 솔리망이 다음의 영어 글을 프랑스어로 번역했다. "Household structures and labor-force formation in the capitalist world-economy", *in* J. SMITH *et al.*, *Households in the World Economy*, Sage Publications, Beverly Hills, 1984.

2 [프랑스어 옮긴이 주] 'foyers domestiques'라는 표현은 영어의 'household'를 번역한 것이다. 우리는 '가족', '가정menage', '집maison'처럼 가능하기는 해도 더 애매한 표현보다 이 표현을 좋아한다. 그렇지만 전에는 'menage(가정)'라는 단어를 사용했다. 다음을 참조하라. *Le Capitalisme historique*, 1983. 여기서 가구의 번역에 대한 논의를 참조하라(pp. 7-8).

아마도 비슷한 제도들이라고 추정되는 것의 일련의 특징들을 비교하기보다는 오히려 진행 중인 자본주의 세계경제의 내부로부터 문제를 제기해 보자. 끝없는 자본 축적이 이 체계의 규정적 특징이며 또 그 존재 이유이다. 시간이 지나면서 이 끝없는 축적은 만물의 상품화, 세계에서 생산의 절대적 증가, 복잡하고 정교한 사회적 분업을 추진해 간다. 이 축적의 목표는 세계 인구의 대다수가 잉여가치를 생산하는 노동력으로서 봉사하고, 잉여가치가 이러저러한 방식으로 세계 인구의 나머지 소수자 사이에서 배분된다는 양극화된 분배 체계를 전제한다.

자본 축적자들의 관점에서 이 세계적 노동력이 생산되고 재생산되는 방식은 무슨 문제를 제기할 것인가? 자본 축적자들이 세 가지 주요한 관심을 품고 있다고 봐도 좋을 것이라고 생각한다.

1. 그들은 그 사용이 시간상 가변적인 노동력을 얻음으로써 편익을 얻는다. 즉, 개별 기업가는 생산과 직접적으로 관련된 지출만을 부담하고 싶어 할 것이며, 따라서 미사용 노동시간에 대한, 미래의 옵션에 대한 렌탈료를 지불하고 싶어 하지는 않을 것이다. 다른 한편, 그들은 생산하고 싶을 때에는, 일할 의지가 있는 사람을 얻고 싶어 한다. 이 시간상의 변화 정도는 10년마다일 수도 있고, 1년마다, 혹은 1주일마다, 나아가 1시간마다일 수도 있다.

2. 그들은 그 사용이 공간상 가변적인 노동력을 얻음으로써 편익을 얻을 것이다. 즉, 개별 기업가는 세계 노동력의 현존하는 지리적 분포에 과도하게 구속되지 않고, 비용(수송비, 노동력의 역사적 비용 등등)을 어느 정도까지 고려함으로써, 기업의 위치를 정하거나 다시 정하려 하고 싶어 할 것이다. 이 공간상의 변화 정도는 대륙 사이에서 일어나기도 하고, 농촌과 도시 사이에서, 또는 어떤 특정한 인접한 지역 사이에서 일어나기도 한다.

3. 그들은 가능한 한 저렴한 비용 수준의 노동력을 얻음으로써 편익을 얻을 것이다. 즉, 개별 기업가는 적어도 중기적으로는 (임금의 형태를 취하거나 간접적인 화폐 지급이나 현물 지급의 형태를 취한) 직접 비용이 최소화되기를 원할 것이다.

개별 기업가가 따를 수밖에 없는 (그렇게 하지 않으면 파산을 통해 경제적 각축장에서 제거될 수밖에 없게 되는) 이런 우선순위 각각은 세계 계급으로서의 자본 축적자들의 이해와 부분적으로 모순된다. 세계 계급으로서의 축적자들은 세계 노동력이 세계 생산의 수준과 관련된 수적 수준에서 재생산되는 것을 보증할 필요가 있으며, 또 이 세계 노동력이 계급 세력으로서 스스로를 조직하고 그리하여 체계 자체의 실존을 위협하지 않도록 보증할 필요가 있다. 따라서 세계 계급으로서 (세계적 규모의 유효 수요의 적절한 수준을 보증하기 위해, 세계 노동력의 장기적 재생산을 보증하기 위해, 그리고 중간간부들이 잉여의 일부를 받게 허용함으로써 체계에 적합한 정치적 방어 메커니즘을 보장하기 위해) 일정한 종류의 재분배는 필수적인 단계처럼 보일 수도 있다.

따라서 문제는 자본 축적자들의 관점에서는 (즉 일군의 경쟁하는 개인으로서의 관점과 집단적 계급으로서의 관점이라는 그 모순적 능력에서는) 어떤 종류의 제도가 노동력 형성[체]이라는 점에서 최적일까라는 점이다. 우리는 '가구' 구조들의 역사적 발전이 몇 가지 점에서 이 목표에 부합한다는 것을 시사하고 싶다. 개인으로서의 기업가와 계급으로서의 기업가의 모순적인 필요는 노동력 공급의 결정 요인이 상당한 유연성을 가진 경우에도 잘 조화될 수 있다.

'시장'의 다양한 압력에 너무 성급하게 적응하는 것을 거부하면서도, 유연하게 적응할 제도가 필요하다. 자본주의하에서 역사적으로 발전했던 바로서의 '가구'는 바로 이런 성격을 가진 것 같다. 가구의 경계는 신축성이 있지만, 단기적인 굳건함이 그 구성원의 경제적 이

기심과 사회적 심리 속에 내장되어 있는 것이다.

가구의 경계는 온화한 신축성을 유지했는데 거기에는 세 가지 주요 방식이 있다.

우선 첫째로, 가구의 조직화와 영토성[지역성] 사이의 연결을 끊으려고 하는 압력이 끊임없이 존재했다. 초기 국면에서 이것은 오랫동안 관찰되었으며, 어떤 특수한 소규모 지역 단위로의 (물리적, 법적, 감정적인) 밀착으로부터 점점 더 많은 민족을 떼어내려고 하는 압력이었다. 보통 초기 국면에 바로 이어지는 두 번째 국면에서 가해지는 압력은 집단 소득 전유에 대한 법적이고 심리사회적인 기반으로서의 공동 거주지의 중요성을 완전히 제거하지는 못하지만 감소시키라는 것이다(내 생각에는 핵가족의 대두로서 대개 부정확하게 지각되었던 것이 이 현상이다).

둘째로, 자본주의 세계경제가 시간이 지나면서 발전함에 따라 더욱 뚜렷해졌듯이, 생산의 사회적 분화는 부분적으로는 임노동자화된 세계 노동력에 의존하고 있다. 이 "[임금 수입 비율의] 부분성"은 이중적이었다. 즉, (a) 생산적 총노동 중 임금으로 지불된 비율을 나타내는 곡선을 따르는 형태로, 세계의 가구에는 격차가 있었다. 세계경제 전체에 관한 정확한 통계적 분석이 보여주듯이, 나는 이 곡선이 그다지 뾰족하지 않으며, 역사적 시간의 경과와 더불어 좀 더 종 모양처럼 될 것이라고 추정한다. 그리고 (b) 사실상 자본주의 세계경제 내부의 어떤 가구도, 그 곡선의 양 끝에는 위치하지 않는다. 이는 사실상 모든 개별 가구의 보수 취득 양식이 '부분적인' 임노동의 양식이었다는 것을 의미한다.

셋째로, 각 가구가 노동력에 가담하는 형태는 에스니시티/민족성 및 젠더에 입각하면 계층화되어 있고 또 점점 더 그렇게 되고 있다. 하지만 이와 동시에 평등한 기회라는 이데올로기도 점차 강하게 주장되고 실행으로 옮겨졌다. 이 두 가지 경향이 화해하는 방식은 현실적 계층화가 유연했다는 점이었다. 왜냐하면 에스니시티의 경계선은 (족내혼의 규칙들도 포함해) 그 자체로 신축적이었기 때문이다. 젠더에 대한 경계선은 에스니시티의 그것만큼 신축성이 있지는 않았지만, 그럼에도 불구하고 젠더-계층화의 분할선의 양쪽 끝에 귀속되는 직업상의 역할을 끊임없이 재정의하는 일은 가능했다.

이 측면들 각각(지역성, 임노동, 에스닉적·젠더적 계층화)에서도 그 구조는 긴장을 포함하고 있었다는 점에 주의하자. 즉, 지역성과의 단절 대 동거성의 모종의 역할, 임노동 체계 대 오로지 부분적인 임노동 체계, 에스닉적 및 젠더적 계층화 체계 대 기회 균등 이데올로기에 의해 완화된 계층화 체계 같은 긴장 말이다. 자본 축적자들이 세계 노동력을 마음대로 다룰 수 있는 (그러나 일정한 한도가 있는) 것은 바로 이 긴장, 이 '중간 위치'를 통해서이다. 세계적 노동력의 반응, 즉 사회적 의식(민족, 계급, 가구에 대한 충성)에 입각한 반응과 정치적 의식(운동 참여)에 입각한 반응의 활기참과 모호함을 함께 창출하는 것도 바로 이 똑같은 긴장이었다.

자본 축적자들의 관점에서 가구의 효능이 소득 갹출 단위(비유적인 의미로는 함께 식사하기)에 있다는 것은 이를 대신하는 다음 두 가지 가설적 상황과 대조해 보면 잘 알 수 있다. 하나는 50명에서 100명, 또는 더 많은 사람들로 이루어진 '공동체'(코뮌)이다. 두 번째는 고립된 아주 작은 단위(독신자 혹은 성인이 된 자녀가 없는 핵가족)이다. 물론 공동체는 기존 역사적 체계들에서 빈번히 사회적 재생산 단위였다. 자본주의 세계경제 내부에서 그런 규모의 단위를 복제하려는 시도는 (대부분 성공하지 못했지만) 간헐적으로 볼 수 있었다. 물론 아주 작은 단위도 발생했지만, 이것은 다소 '실행 불가능한' 것으로 여겨져 강하게 저항을 받은 것 같다.

실제의 소득 갹출 가구가 그 규모에서는 중간적이게 되는 경향이 있었다는 것은 경험적으로도 사실이다. 너무 작은 단위가 되는 것을 피하기 위해 가구가 혈연 네트워크를 넘어서 비친족까지 포함하는 것으로 나아가는 일이 종종 있었다. 또 너무 큰 단위가 되는 것을 피하기 위해 상호 의무에 대한 사회적인 동시에 법적인 제한이 점점 더 커졌다. 그러면 왜 이러한 중위—규모에서도 구성에서도—로의 경향이 만연하게 된 것일까?

지나치게 작은 단위라는 점에서 오는 주요 불편은 집단적 재생산을 확보하는 데 필요한 임금 수입의 수준이 중위적 단위보다 더 높다는 것에 있었던 것 같다. 임금 수준이 너무 낮을 경우에는, 가구는 생존을 위해 스스로 그 경계를 넓히려고 애썼다. 하지만 이는 확실히 자본 축적자들에게 이익이 되는 것이었다.

반대로, 지나치게 큰 단위[통일성]라는 점에서 오는 주요 불편은 생존을 확보하는 데 요구된 노동 산출의 수준이 지나치게 낮은 데에 있었던 것 같다. 한편으로, 자본 축적자들은 임노동 시장에 진입하려는 압력이 줄어들기 때문에 이를 좋아하지 않았다. 다른 한편으로, 어떤 즉각적인 이동성으로부터 이윤을 얻을 수 있다고 느끼는 공동체의 구성원들과 그렇지 않은 구성원들 사이에 단위가 지나치게 크면 모종의 긴장 관계가 생긴다는 것을 노동력 구성원은 발견했다. 우리가 가구를 '이동할' 수는 있어도 공동체를 '이동하는' 것은 매우 지난한 일이었다.

제도적 구조는 주어진 것이 아니다. 제도적 구조는 그것을 만들어 내려는 모순적인 시도의 거점이며, 실제로 그 대상이 되는 경향이 있다. 가구라는 제도를 둘러싸고 두 가지 주요 투쟁이 있었다. 하나는 가구로 함께 묶인 노동자들과 일정한 지역성 그리고/또는 국가에서 권력을 갖고 있는 자본 축적자들 사이에 빈번하게 존재했던 이해관계의 대립이었다. 다른 하나는 가구 구조의 관점에서 자본 축적자가 추구하는 목표와, 자본 축적자가 자주 이 목표를 무너뜨리는 행동에 나설 필요가 있는 것 사이의 모순이었다.

이제 이를 차례대로 고찰해 보자.

소득 갹출 단위로서의 가구는 자본 축적자가 선호한 노동력 할당 패턴에 적응하는 동시에 그것에 저항하기 위한 요새로 간주될 수 있다. 노동력의 재생산에 대한 책임이 '공동체'에서 '국가'에 의해 제약된 '가구'로 옮겨 갈수록 가구의 제도적 신축성 그 자체(구성원 수, 경계, 소재지, 노동 형태들의 결합에 입각한)는 자본가에게 매우 유익하게 되었지만 단기적으로는 가구가 압력들에 저항하거나 이를 피하려고 할 때에도 유익했다. 실제로 노동운동이 대두할 때까지, 심지어 그 후에도 가구의 의사결정은 어쩌면 세계 노동력이 입수할 수 있는 일상의 주요한 정치적 무기였을 것이다. 격세유전적 추세로서 빈번하게 분석되었던 것은 종종 주어진 사용가치를 지키기 위한 사회 정치적인 방패막이였거나, 아니면 단순히 착취율을 최소화하려는 노력이었을 뿐이다. 가구의 수요가 변덕스럽게 바뀐다(예를 들어, 더 많은 여성이 임노동에 종사하는 것이 때로는 유리해지거나 때로는 불리해지듯이)는 사실은, 실제로 이러한 수요를 전략보다는 전술로서, 당면한 정치적 상황에 대한 즉각적인 반응으로 생각한다면 쉽게 설명할 수 있다.

세계 노동력에 의한 정치적 저항의 거점으로서의 가구와 경제적 구조 및 국가 구조를 통제하는 자본 축적자들 사이의 갈등의 현행 형태들, 그리고 시간과 장소에 따라 이 형태가 체계적으로 변화하는 방식은 훨씬 더 정교하게 논할 가치가 있는 화두이다. 하지만 여기에서는 이를 행하지 않고, 오히려 자본주의 자체의 기본적인 경제적 메커니즘 내부에 있는 모순의 충격으로 돌아갈 것이다. 자본주의는 상품화를 포함하지만, 이미 강조했듯이, 그것은 부분적인 상품화일 뿐이다. 그러나 더욱더 상품화한다는 것은 사실상 세계경제가 순환적 경기 침체에서 벗어나기 위한 규칙적인 메커니즘이었다. 그 결과를 다음과 같이 요약할 수 있다. 자본 축적자들은 본의 아니게, 그리고 자신들의 장기적 이익에 반하여 모든 것의 상품화, 그리고 특히 일상생활의 상품화를 끊임없이 추진해 간다. 일상생활의 상품화의 장기적 과정에 대한 묘사는 지난 2세기 동안 사회과학적 성과의 대부분을 손상시켰다. 장기적으로 보면, 이 장기적 과정은 체계의 확실한 사멸을 내포한다. 그러는 동안, 이 장기적 과정은 가구 구조 속으로 침투하게 되었고, 그리하여 가구 구조의 내적 동학은 점차 상품화되었다. 이 상품화는 이제 식사 준비에서부터 가정용품과 의복의 세탁 및 수선, 육아 돌봄, 간호 돌봄, 감정 치유에까지 이른다. 일상생활의 상품화 증대와 더불어 가구의 경계를 결정하는 요인으로서의 동거성과 혈연관계는 쇠퇴를 맞이하고 있다. 그러나 이 장기적 압력의 종점은 '개인'이나 '핵가족'이 아니라, 소득 갹출 기능을 바탕으로 점차 응집성을 높이게 되는 단위인 것 같다.

마샬 버만은 근대성의 경험을 다룬 책 제목으로, 『공산주의자 선언』에서 마르크스가 사용한 은유 "견고한 모든 것은 [연기가 되어] 대기 속으로 사라진다"[3]를 써먹는다. 이것은 생산수단과 생산관계의 가차 없는 '혁명화'에 관한 마르크스의 분석의 결론으로 등장한다. 그리고 "신성한 모든 것은 신성모독당한다"라는 구절이 이어지고, 이로부터 내가 맥락상 우리와 가장 관계가 깊다고 생각하는 구절인 "드디어 사람들은 자신들의 실제 생활 조건과 자신의 관계를 차가운 눈으로 볼 수밖에 없게 된다"가 그 마지막을 장식한다. 많은 점에서 이는 이제 막 일어나기 시작했다. 실제 생활 조건을 최고로 벌거벗기는 것이 소득을 갹출하는 평생 프롤레타리아 가구—지역, 혈연, 동거성과의 왕년의 불가분의 연결로부터 떨어져 나온 것—이다. 그 때문에, 실제 생활 조건을 최소 수준으로 유지하는 것은 정치적으로 불가능해진다. 바로 상품화의 확장 그 자체가 가장 심층적인 정치화인 것이다. 만약 신성한 모든 것이 모독당한다면, 보수의 불평등한 분배를 정당

3 [영어판 주] *All That is Solid Melts into Air*, Verso, London, 1983.

화해야 할 어떠한 이유도 없게 된다. 그럴 경우에는 "내게 더 많은 것을"이라는 개인주의적 반응은 "적어도 나의 공정한 몫을"이라는 반응으로 번역된다. 이는 상상할 수 있는 한에서 가장 급진적인 정치적 메시지이다.

이런 식으로, 자본 축적자들이 "중위" 가구를 창출하는 데—즉, 노동력 조직화의 더 오래된 '공동체' 형태와는 확실하게 단절하지만 여전히 느리지만 거침없는 프롤레타리아화의 행보를 늦추는 데—부단한 노력을 기울여 온 이유가 밝혀진다. 그러므로 가정생활, 젠더의 권리, 일상생활의 조직화를 둘러싼 오늘날의 쟁점이 여전히 중심적인 정치 쟁점인 것은 전혀 우연이 아니다. 사실 이 쟁점들은 바로 프롤레타리아화의 장기적 진전 때문에 더 첨예해지고 있다. 자본 축적자들은 프롤레타리아화의 진전에 깊은 불신감을 품고 있지만, 세계의 노동력 또한 이에 대해 난감해 하고 당황하는 기색이 역력하다. 그리고 그들의 사회운동은 이 주제에 대해 그러한 양의적인 입장을 개진했는데, 그것은 계급의식의 구조화에도, 따라서 이 운동들 그 자체의 잠재력에도 많은 점에서 열쇠인 것이다.

3

계급들 :

양극화와 과잉결정

7장 자본주의 세계경제에서의 계급 갈등[1]

이매뉴얼 월러스틴

사회계급은 카를 마르크스가 발명한 개념이 아니었다. 그리스인들도 이를 알고 있었으며, 18세기의 유럽 사회 사상에서, 그리고 프랑스대혁명 이후의 저작들 속에서도 이 개념은 재출현했다. 마르크스의 기여는 다음의 세 가지 점에 있다. 첫째, 마르크스는 **모든** 역사가 계급투쟁의 역사라고 주장했다. 둘째, 그는 즉자적sich 계급이 반드시 대자적für sich 계급인 것은 아니라는 사실을 지적했다. 셋째, 그는 자본주의적 생산양식의 근본적 갈등이 부르주아와 프롤레타리아 사이의, 생산수단의 소유자와 비소유자 사이의 갈등이라고 주장했다(이 주장은 핵심 적대가 생산 부문과 비생산 부문 사이에 있으며, 활동적인 생산수단 소유자와 노동자를 생산자로 분류하고 이것에 금리생활자를 대립시키는 견해와 대조적이다).

계급 분석이 혁명적 목적을 위해 사용되기에 이르면, 비혁명적 사상가는 대체로 계급 분석을 옆으로 밀어두게 되었고, 그중 대부분이라고는 할 수 없지만 상당수는 그 정당성을 열렬하게 거부했다. 그 이후 마르크스 계급론의 세 가지 주요 주장 각각이 격렬한 논쟁에 노출되었다.

계급 갈등이 집단 갈등의 기본적 형태였다는 논의에 대해 베버는 다음과 같이 반론을 폈다. 계급이란 집단이 형성되는 세 가지 차원 중 하나일 뿐이며, 다른 두 가지는 지위와 이데올로기인데, 이 세 가

1 로트팔라 솔리망이 다음에서 프랑스어로 번역했다. Immanuel WALLERSTEIN, “Class conflict in the capitalist world-economy”, *The Capitalist World-Economy*, Cambridge University Press, Cambridge, 1979.

지 차원은 그 적실성에서 다소간 동등했다는 것이다. 베버의 제자들 중 상당수는 더 나아가 지위집단 갈등이 일차적이거나 '원형적'이었다고 주장했다.

계급이 어떤 주어진 시점에서 대자적이었든 아니든 즉자적으로 존재한다는 논의에 대해서, 다양한 사회심리학자들은 유일하게 의미 있는 개념은 이른바 '주관적' 계급이라고 주장했다. 개인의 소속 계급은 오로지 그가 어느 계급에 소속 의식을 품고 있느냐에 따라 결정된다는 것이다.

부르주아지와 프롤레타리아트가 자본주의적 생산양식에서 두 개의 본질적인 양극화된 집단이라는 논의에 대해서, 많은 분석가들이 (마르크스 자신을 인용하면서) 두 개의 '계급'보다 많은 계급들이 존재하며 '양극화'는 시간이 지나면서 증대되기보다는 축소되고 있다고 반박했다.

마르크스의 [세 가지] 전제에 대한 이러한 반론은 각각, 그것이 일반적으로 받아들여지는 정도에 따라 본래의 마르크스주의적 분석으로부터 도출된 정치적 전략을 해치는 효과를 가지고 있었다. 따라서 그에 대한 하나의 반격은 이러한 반론의 이데올로기적 기초를 지적하는 데 맞추어져 왔고, 물론 이는 여러 차례 반복됐다. 그러나 이데올로기적 왜곡은 이론적 부정확함을 내포하므로, 경쟁하는 개념들의 이론적 유용성에 논의를 집중하는 것이 실제로 긴 안목으로 보면 지적으로나 정치적으로나 더 효과적이다.

게다가 계급과 계급 갈등에 관한 마르크스의 전제에 대해 거듭된 격렬한 공격은 세계의 현실과 결부되어 마르크스주의 진영 내부의 지적 확신을 흔들기에 이르렀다. 그것은 시간이 지남에 따라 세 가지 형태를 취하게 되었다. 하나는 이른바 '민족[국민] 문제'의 의의에 관한 논쟁이며, 둘째는 특정한 사회계층(특히 '농민층', '프티부르주아지' 그리고/또는 '새로운 노동자 계급')의 역할에 관한 논쟁이며, 마지막 세 번째로 전 지구적인 공간적 위계화 개념('중심부'와 '주변부') 및 이와 관련된 '부등가 교환' 개념의 유용성에 관한 논쟁이다.

'민족 문제'는 맨 먼저 19세기 마르크스주의(및 사회주의) 운동, 특히 오스트리아-헝가리 제국과 러시아 제국 내부의 운동을 괴롭히기 시작했다. '농민 문제'는 두 번의 세계대전 사이에 〈중국혁명〉과 더불어 전면에 나서게 되었다. '주변부'의 종속적 역할 문제는 제2차 세계대전 후 반둥회의, 탈식민지화 및 '제3세계주의'와 더불어 중심적인 쟁점이 되었다. 이 세 가지 '문제'는 사실상 마르크스의 전제를 어떻게 해석할 것인가라는 단 하나의 테마의 변주였다. 즉, 자본주의 세계경제가 역사적으로 전개될 때 계급 형성[체] 및 계급의식의 기초는 사실상 무엇인가 그리고 마르크스의 전제에 입각한 세계 서술과 현재의 정치 투쟁에 관련되어 있는 정치 그룹에 의한 이 세계의 정치적 정의를 어떻게 화해시킬 수 있는가이다.

나는 이러한 역사적 논쟁을 바라보면서 부르주아와 프롤레타리아가 실제로는 누구인가, 또 부르주아와 프롤레타리아 둘 다가 다양한 방식으로 자본주의적 분업에 적합하게 된 것의 **정치적** 결과는 무엇인가라는 문제에 대해 자본주의적 생산양식의 본성이 우리에게 무엇을 말해 줄 것인가를 논하자고 제안하고 싶다.

자본주의란 어떤 생산양식인가? 이것은 쉬운 질문이 아니다. 그리고 그렇기 때문에 실제로도 광범위하게 논의되어 왔다고는 할 수 없다. 내 생각으로는 여러 가지 요소가 결합되어 자본주의 '모델'을 구성하는 것 같다. 자본주의는 잉여 창출의 **극대화**가 그 자체로 보수가 되는 유일한 생산양식이다. 모든 역사적 체계에서, **어떤** 생산은 사용을 위한 생산이며 또 **어떤** 생산은 **교환**을 위한 생산이었다. 그러나 모든 생산자가 무엇보다 먼저 자신들이 생산한 교환가치에 따라 보수를 받고 이를 무시하면 이에 상당하는 페널티가 부과되는 체계는 오로지 자본주의일 뿐이다. '보수'와 '페널티'는 '시장'이라 불리는 구조를 통해 매개된다. 그것은 구조이지 제도가 아니다. 그것은 **많은** 제도(정치적, 경제적, 사회적, 심지어 문화적)에 의해 주조된 구조이며, 경제적 투쟁이 이루어지는 주요한 각축장이다.

잉여가 자기 목적적으로 극대화될 뿐만 아니라 잉여를 더 많은 자본 축적에 써서 잉여를 더 많이 생산하는 사람일수록 더 많은 보수를 받는다. 따라서 이 체계에는 **끊임없는** 확대로 향하는 압력이 존재한다. 비록 여기서는 개인주의적 전제가 있기 때문에 **끊임없이** 확대되는 것은 불가능하지만.

이윤 추구는 어떻게 이뤄지는가? 그것은 직접 생산자의 노동에 의해 창출된 잉여가치를 전유하기 위해서 개별 기업(규모로는 개인적인 것부터 준-국영 기관을 포함한 꽤 거대한 조직에까지 이른다)에 대한 법적 보호를 창출함으로써 이뤄진다. 그러나 잉여가치의 전부 혹은 대부분이 '기업'을 소유하거나 통제하는 소수에 의해 소비된다면, 자본주의는 존재하지 않을 것이다. 이는 대체로 다양한 전-자본주의 체계들에서 일어났던 것이기는 하지만.

자본주의는 또한 잉여가치의 **일부**만을 자신의 [사적인] 소비에 사용하고 다른 부분(보통은 대부분)을 재투자에 사용하는 소유자이자 관리자들의 일부 층에만 주로 보수를 주는 구조와 제도를 갖추고 있다. 시장의 구조는 자본 축적을 하지 않는 자(잉여가치를 오직 소비할 뿐인 자)가 자본 축적을 많이 한 자에게 시간이 지남에 따라 반드시 경제적으로 패배하게 만든다.

따라서 우리는 자신이 창출한 것이 아닌 잉여가치의 일부를 수취해 그중 일부를 자본 축적에 사용하는 자를 부르주아지라고 불러도 좋을 것이다. 부르주아를 정의하는 것은 어떤 특수한 직업도 아니고, 심지어 법적 소유자의 지위(이것은 역사적으로는 중요했지만)도 아니며, 부르주아가 개인으로서든 혹은 어느 집단의 일원으로서든, 그가 창출하지 않은 잉여의 일부를 취득해 그 잉여의 일부를 (또 다시 개인적으로, 혹은 집단의 일원으로서) 자본재에 투자하는 입장에 있다는 사실이다.

이러한 정의에 따른 부르주아의 모습을 가능케 할 수 있는 생산의 조직적 편제의 모델은 광범위하게 존재한다. '자유로운 기업가'라는 고전적 모델은 그 한 예일 뿐이다. 어떤 국가들의 어떤 시점에서 어떤 조직적 편제가 만연해 있는가(이런 편제가 법적인 틀에 의거하고 있기 때문에)는 한편으로는 세계경제 전체의 발전 상태(및 이 세계경제 전체에서 그 개별 국가의 역할)에 달려 있으며, 다른 한편으로는 거기에서 발생하는 세계경제(및 그 개별 국가의 내부)에서의 계급투쟁의 후속 형태에 달려 있다. 따라서 다른 모든 사회적 구축물과 마찬가지로, '부르주아지'는 정적인 현상이 아니다. 그것은 끊임없는 재-창조의 과정에 있고, 따라서 형태와 구성이 부단히 변해 가는 과정에 있는 어떤 계급의 명칭이다.

어떤 수준에서는, 이는 (적어도 어떤 인식론적 전제에서 보면) 너무나도 명백해서 뻔한 말이다. 그렇지만 문헌은 자본주의 세계경제의 역사적 발전에서 얼마간 다른 장소와 시간에서 도출된 조직 편제 모델에 입각해, 어떤 지역 그룹이 '부르주아'('혹은 프롤레타리아')였다 혹은 아니었다 여부를 평가하는 것으로 가득 채워져 있다. **이념형은 존재하지 않는다.** (묘하게도, '이념형'은 베버의 방법적 개념이지만, 많은 베버리안들은 실제로 이 이념형이 존재하지 않음을 깨닫는 반면, 마르크스주의자의 상당수는 사실상 항상 이념형을 활용하고 있다)

이념형이 존재하지 않는다는 것을 받아들인다면, 우리는 속성에 입각해 [계급을] 정의할(즉 추상할) 수 없고 그저 과정들에 입각해서만 그렇게 할 수 있다. 개인은 어떻게 부르주아가 되며, 부르주아인 채로 남으며, 부르주아이기를 그치는가? 부르주아가 되는 기본적인 방법은 시장에서 성공을 거두는 것이다.

원래 어떻게 해서 성공을 거둘 수 있는 지위에 이르렀는가는 부차적인 문제이다. 경로는 다양하다. 호레이쇼 앨저Horatio Alger(1833-1899)[자수성가로 입신출세한 내용을 담은 글을 많이 쓴 미국 성직자·작가] 풍의 모델—추가 노력 덕분에 노동자 계급으로부터 분화하는 경우(이는 마르크스가 말하는 봉건제에서 자본주의로의 '진정한 혁명적인' 경로와 흡사하다). 올리버 트위스트[영국 작가 찰스 디킨스(1812-1870)의 동명 소설의 주인공] 풍의 모델—재능을 타고났을 경우. 호러스 맨Horace Mann(1796-1859)[교육 개혁에 기여한 미국의 변호사] 풍의 모델—정규교육을 이수하고 잠재력을 증명했을 경우 등등.

하지만 [부르주아로 도약하기 위해] 다이빙대로 올라가는 경로는 사소한 문제이다. 대부분의 사람들은 상속에 의해 부르주아가 된다. 수영장에 접근하는 것은 변수에 따라 다양하며 때로는 변덕스러워서 예상할 수도 없다. 하지만 결정적인 문제는 어떤 개인(또는 기업)이 수영을 할 수 있느냐이다. 부르주아라는 것은 매몰참, 야박함, 근면함 같은 누구나 갖고 있지는 않는 특별한 기량을 필요로 한다. 어떤 때든 부르주아의 몇 퍼센트는 시장에서 패하고 있다.

하지만 더 중요한 것은 성공한 자의 거대한 집단이 존재하고, 그 대부분은 아니더라도 많은 이들이 자신들의 처지에 맞는 보수를 누리기를 갈망한다는 점이다. 잠재적 보수 중 하나는 사실상 더 이상 예전처럼 시장에서 치열하게 경쟁할 필요가 없다는 데서 비롯된다. 하지만 시장이 본래적으로 소득을 제공하는 곳으로 여겨지는 한, 기존과 같은 수준의 소득을 유지하면서도 이에 대응하는 노동 투입 수준은 적게 드는 방법을 찾으려는 구조화된 압력이 작용한다. 이는 성취를 지위로 변형하려는 노력—사회적, 정치적—이다. 지위란 과거의 성취에 대한 보수의 화석화나 다름없다.

부르주아지에게 문제는 자본주의의 역학이 경제에 위치하는 것이지, 정치적 또는 문화적 제도에 위치하지 않는다는 것이다. 그래서 지위도 없는 새로운 부르주아가 항상 나타나 지위로의 진입을 요구하는 것이다. 그리고 높은 지위도 이것에 도달한 사람이 너무 많으면 무가치해지기 때문에, 벼락부자(새로운 성공자)는 자신들이 들어설 여지를 만들기 위해 항상 타자를 몰아내려고 한다. 그때 분명한 표적이 되는 것은 자신이 획득한 지위에 안주해 더 이상 시장에서 활동하지 않는, 기존 승자의 부분집합이다.

따라서 어떤 때든 항상 세 개의 하위 부분으로 이루어진 부르주아지가 존재한다. 즉 '벼락부자', '금리생활자', 시장에서 여전히 적절하게 활동하고 있는 부르주아의 후손들이다. 이 세 하위 그룹의 관계를 올바르게 파악하려면 거의 어떤 때든 세 번째 범주가 가장 많으며, 보통 전자의 두 개를 합친 것보다 (그들이) 많다는 것을 염두에 두어야 한다. 이것이 부르주아 계급의 상대적 안정성과 '동질성'의 기본 원천이다.

그러나 '벼락부자'와 '금리생활자'의 비율이 높아지는 시기가 있다. 보통 그 시기가 파산과 자본 집중이 증대하는 경제적 수축기라고 나는 생각한다.

이 시기에는 **부르주아지 내부**의 정치적 분쟁이 극심해지는 것이 흔한 사례였다. 그것은 종종 '진보적' 요소와 '반동적' 요소의 싸움으로 용어법상으로 정의된다. 거기에서 '진보적' 그룹은 제도적인 '권리'와 접근 기회를 시장에서의 행위('기회 균등')에 입각해서 정의하거나 재정의할 것을 요구하고, '반동적' 그룹은 기득권(이른바 '전통')의 유지에 역점을 둔다. 나는 영국 명예혁명이 이런 부르주아지 내부의 갈등의 전형적인 사례라고 생각한다.

이러한 정치 투쟁의 분석은 논쟁의 여지를 크게 남기게 되고, 또 투쟁의 현실적 결과도 매우 자주 모호해지는데(그리고 본질적으로는 '보수적'이게 되는데), 그 원인은 부르주아지의 가장 큰 절편이 (심지어 갈등 동안에도) '계급'이라는 관점과 '지위'라는 관점 둘 다에서 특권을 요구할 권리를 갖는다는 사실에 있다. 즉, 계급 정의와 지위 정의 중 어느 쪽이 만연하든, 그들이 개인으로서도 하위 그룹으로서도, 자동적으로 손실을 입을 것 같지는 않나는 것이다. 그래서 전형적으로 그들은 정치적으로 우유부단하거나 진동하며, '타협'을 추구하기도 한다. 그리고 만약 다른 부르주아 하위집단들의 정념 때문에 이런 타협이 즉각적으로 성취될 수 없다면, 그들은 기회가 무르익기를 기다린다(영국의 예로 말하면 1688-1689년).

이러한 부르주아지 내부의 갈등을 서로 반목하는 집단의 수사학에 입각해서 분석한다면, 이는 우리를 오도할 것이다. 그렇다고 해서 나는 이러한 갈등이 자본주의 세계경제의 진행 과정에 중요하지 않거나 무관하다고는 생각하지 않는다.

부르주아지 내부의 이런 갈등은 바로 경제적 모순이 체계에 부과하는 주기적인 '진동'의 일부이며, 이 체계의 본질적인 원동력인 자본 축적을 갱신하고 재활성화하는 메커니즘의 일부이다. 이 갈등은 체계로부터 일정 수의 쓸모없는 기생자를 몰아내고, 사회 정치적 구조들을 변화하고 있는 경제활동의 네트워크에 더 적합하게 만들며, 진행 중인 구조적 변화에 대해 이데올로기적 치장을 제공한다. 이를 '진보'라고 부르고 싶다면 그렇게 불러도 된다. 하지만 나는 더 기초적인 종류의 사회적 변혁을 위해 이 용어를 비축해 두는 편이 좋다고 생각한다.

내가 말하는 이 다른 사회적 변혁은 부르주아지가 아니라 프롤레타리아트의 변화하는 성격의 결과이다. 부르주아지를 스스로는 창출하지 않은 잉여가치를 수취하여 그 일부를 자본 축적에 사용하는 자로 정의한다면, 프롤레타리아트란 스스로가 창출한 가치의 일부를 타인들에게 내놓는 자이다. 이 의미에서 자본주의적 생산양식에는 부르주아와 프롤레타리아만이 존재한다. 양극성은 구조적이다.

프롤레타리아 개념에 대한 이 접근법이 의미하는 바를 명확히 해 두자. 이 접근법은 생산자에 대한 **임금** 지급을 프롤레타리아의 특성을 정의하는 것으로부터 제거한다. 그 대신 그것과는 다른 관점에서 출발한다. 생산자가 가치를 창출한다. 이 가치에는 무슨 일이 일어나는가? 논리적으로는 세 가지 가능성이 있다. 그가 그 **모든 것**을 '소유하는'(따라서 확보하는) 경우, 그 **일부를** '소유하는' 경우, 그리고 **전혀** '소유하지' **않는** 경우이다. 생산자가 그 모든 것을 확보하는 것이 아니라 그 일부나 모든 것을 다른 누군가(또는 어떤 '기업')에게 '이전할' 경우, 그는 그 대신 아무것도 받지 않거나 또는 현물이나 화폐 가운데 하나를 또는 현물과 화폐 둘 다를 받는다.

만약 생산자가 평생에 걸쳐 자신이 산출한 모든 가치를 정말로 확보한다면, 그는 자본주의 체계에 참여하고 있지 않다. 하지만 이러한 생산자는 자본주의 세계경제의 범위 내부에서는, 일반적으로 생각되는 것보다 훨씬 드문 현상이다. 이른바 '자급자족하는 농민'만 하더라도, 자세히 살펴보면 역시 잉여가치를 모종의 수단으로 누군가에게 이전하는 경우가 빈번하다는 것이 드러난다.

이 그룹을 제외하면, 논리적으로는 여덟 가지 프롤레타리아 분류표가 가능하다. 자신이 창출한 모든 가치를 '생산수단의 소유자'에게 이전하고, 그 대신 화폐(즉 임금)를 받는 노동자라는 고전적 모델은 그중 하나일 뿐이다. 분류표의 다른 틀에는 소생산자(혹은 '중농'), 차지농, 소작농, 허드레꾼, 노예와 같은 친숙한 유형이 놓인다.

물론 각 '유형'에 대한 정의의 일부인 또 다른 차원이 있다. 시장의 압력하에서(이를 우리는 냉소적으로 '자유' 노동이라고 부른다) 혹은 어떤 정치적 장치의 요구 때문에(이를 우리는 더 솔직히 '강제된' 노동 혹은 '강요된' 노동이라고 부른다) 노동자가 특수한 방식으로 받아들인 역할을 수행하는 정도가 각각 다르다는 문제가 있다. 게다가 계약 기간—일, 주, 연, 평생—의 문제도 있다. 세 번째 쟁점은 어떤 소유자에 대한 생산자의 관계가 그 생산자의 동의 없이 다른 소유자에게도 이전될 수 있는가 하는 문제가 있다.

구속 정도와 계약 기간은 지급 양식과 교착한다. 예를 들어 17세기 페루의 **미타**mita는 특정 기간 동안만 강제된 임노동이었다. 연기계약노동年期契約勞動은 생산자가 창출한 모든 가치를 이전하고 그 대신 주로 현물을 받는 노동의 형태였다. 그것은 기한이 정해져 있었다. 허드레꾼은 모든 가치를 이전하고 이론상으로는 화폐를 받게 되어 있었지만, 실제로 받는 것은 현물이었고, 계약도 이론상으로는 1년마다의 계약이었지만, 실제로는 평생이었다. 허드레꾼과 노예의 차이는 '이론'상으로는 뚜렷하지만, 실제로는 다음 두 가지 점이다. 첫째, 지주는 노예를 '팔' 수 있었지만, 보통 허드레꾼을 팔지는 못했다. 둘째, 만약 외부인이 허드레꾼에게 돈을 준다면, 그는 합법적으로 허드레꾼과 맺은 '계약'을 끝낼 수 있었다. 노예의 경우에는 그렇지 않았다.

내가 노동의 여러 형태론을 연구한 것은 이것 자체가 목적이어서가 아니라 자본주의 세계경제의 몇 가지 **과정**을 명확히 하기 위해서였다. 다양한 노동 형태들 사이에는 그 경제적 **및** 정치적 함의의 관점에서 보면 큰 **차이**가 있다.

경제적으로는 임노동은 감독이 용이한 (최소 비용으로 끝나는) 노동과정이지만, 노동자가 아마 가장 높은 지불을 받는 노동 형태일 것이다. 따라서 잉여가치의 수취인으로서는 가능하면 임노동자가 아닌 다른 어떤 것으로 생산자와 관계를 맺고 싶다고 항상 생각할 것이다. 그러나 감독하는 비용으로 쓰게 될 잉여의 일부가 [쓰이지 않고] 생산자에게 되돌아가게 된다면, 비용이 더 들게 되는 감독을 요구하는 노동과정은 [이것에 상응하여] 비용이 낮아질 것이라는 점도 확실하다. 이를 가장 쉽게 하는 방식이 임금을 경유하는 것이며, 이는 임금 체계의 역사적(이고 진행 중인) 원천이다.

임노동은 부르주아지의 관점에서 보자면 상대적으로 **비용이 많이 드는** 노동 양식이기 때문에, 그것이 자본주의 세계경제의 노동 형태로서 **결코 단 한 번도** 특권적이지 **않았을** 뿐만 아니라 비교적 최근까지 주요한 형태이지도 않았다는 점을 쉽게 이해할 수 있다.

그러나 자본주의는 모순을 갖고 있다. 기본적 모순 중 하나는 단기적 이윤이 반드시 장기적 이윤이 되지는 않는다는 것이다. 체계 전체가 (이윤율을 유지하는 데 필수적인) 확장할 능력은 규칙적으로 세계적 수요 부족이라는 병목 지역으로 돌진해 들어간다. 이를 극복하는 방법 중 하나는 생산과정의 일부를 비임금 노동으로부터 임노동 과정으로 사회적으로 변형하는 것이다. 이것은 생산된 가치 중 생산자가 유지하는 비율을 증대시키고 그에 따라 세계적 수요도 증대시키는 경향이 있다. 그 결과, 노동 형태로서의 전 세계 임노동 비율은 자본주의 세계경제의 역사 전체를 통해 꾸준하게 증대하고 있다. 이것이 보통 '프롤레타리아화'라 지칭되는 것이다.

노동 형태는 또한 정치적으로 커다란 차이를 만든다. 왜냐하면 생산자의 실질소득이 증대되고 형식적인 법적 권리가 확장되면, 그에 따라 프롤레타리아의 계급의식도 **어느 정도까지는** 신장되기 때문이다. 내가 '어느 정도까지는'이라고 말하는 것은, 소득과 '권리'의 신장이 어느 일정 수준에 이르면, '프롤레타리아'는 실제로 **타인의 잉여가치로 살아가는** '부르주아'가 되며, 그것이 바로 계급의식에도 즉각적으로 영향을 미치기 때문이다. 20세기의 관료/전문가들은 이런 질적 변동을 보여주는 좋은 예다. 그것은 실제로 어느 특정 집단의 생활패턴에서도 간혹 보인다.

'부르주아'와 '프롤레타리아'라는 범주에 대한 이러한 접근법이 '농민', '프티부르주아', '새로운 노동자 계급'의 역할에 대해서도 명료하게 말하는 방식이라 할지라도, '국민[민족]' 문제와 '중심부' 및 '주변부' 개념에 관해서 적실할지는 의문이다.

이를 설명하려면 자본주의에서 국가의 역할이라는 오늘날 유명한 문제를 살펴봐야 한다. 자본주의 세계경제에서 하나의 제도로서 국가의 근본 역할은 시장에서 어떤 사람에 대해 다른 사람이 지닌 유리한 점을 증대시키는 것이다—즉, 시장의 '자유'를 감소시키는 것이다. '시장 왜곡화'에 따른 수혜자인 한에서는 누구나 이것을 지지하는 반면, 손실을 입으면 누구나 그 반대자가 된다. 즉, 누구의 소가 피 흘리고 죽느냐 하는 문제인 것이다.

[특정인의] 편익을 증강시키는 방식들은 여럿 있다. 국가는 어떤 자로부터 소득을 거둬 그것을 다른 자에게 줌으로써 소득을 이전할 수 있다. 국가는 또, 과점 매도에 유리한 시장(상품 시장)이나 과점 구매에 유리한 시장(노동시장)에 참가하는 것을 규제할 수 있다. 국가는 사람들이 국가의 행동을 바꾸기 위해 조직적으로 단결하는 것을 규제할 수 있다. 물론 국가는 사법 관할권이 미치는 범위 내부뿐만 아니라 이것을 넘어서도 작용할 수 있다. 이는 합법적일 수도(국경 통과에 관한 규칙에 따른 경우) 불법적일 수도(타국에 대한 내정 간섭) 있다. 전쟁은 물론 국가가 이용하는 메커니즘 중 하나이다.

결정적으로 중요하게 인식해야 할 것은 국가가 특별한 종류의 조직이라는 것이다. 근대 세계의 개념인 국가 '주권'은 국경 내에서 강제력의 정당한 사용의 독점(규제)에 대한 요구이다. 그리고 국가는 생산요소들의 흐름에 효과적으로 간섭할 수 있는 비교적 강한 입장에 있다. 또 특정 사회집단이 국경을 변경함으로써 유리한 처지를 변경하는 것도 명백히 가능하다. 이 때문에 분리(혹은 자치) 운동과 합병(혹은 연맹) 운동이 함께 발생한다.

자본주의 세계경제 전체에서 구조적 분업에 정치적 지반을 제공하는 것은 생산요소들의 흐름에 간섭할 수 있는 국가의 이 현실주의적 능력이다. 과연 역사적으로 반복적으로 작용하는 특화에 대한 최초의 추진력(하나 혹은 또 다른 상품을 생산할 때 자연적 또는 사회 역사적인 유리함)은 정상적인 시장 조건에 의해 부여될 수 있지만, 그러나 그 패턴을 아로새기고 강제하고 과장하는 것이 바로 국가 체계이다. 그리고 전 세계적 분업의 패턴을 수정하기 위해서 항상 국가장치의 이용을 필요로 해 왔던 것이다.

더욱이 [생산요소들의] 흐름에 국가가 간섭할 수 있는 능력에는 차이가 생긴다. 즉, 중심부 국가들은 주변부의 국가들보다 강력해지고, 이 힘의 차이를 이용해 국가 간 흐름의 자유도의 차이를 유지하려고 한다. 특히 중심부 국가들은 화폐와 상품이 전 세계적으로 그리고 시간이 지나면서 노동보다도 '자유'롭게 흐르도록 역사적으로 처리해 왔다. 이렇게 하는 이유는 그렇게 함으로써 중심부 국가들이 '부등가 교환'의 편익을 얻을 수 있었기 때문이다.

사실 부등가 교환은 세계적인 잉여 전유 과정의 일부일 뿐이다. 만약 문자 그대로 **하나의** 프롤레타리아 대 **하나의** 부르주아라는 관계의 모델을 채택하려 한다면, 우리는 분석을 잘못하게 될 것이다. 실제로는 생산자가 창출하는 잉여가치는 일련의 사람들과 기업들을 거친다. 그래서 보통, **다수의** 부르주아가 **하나의** 프롤레타리아의 잉여가치를 **나누게** 된다. 연쇄를 구성하는 여러 그룹(재산 소유자, 상인, 중간 소비자)의 정확한 몫이 얼마인지는 많은 역사적 변화에 좌우되며, 그 자체가 자본주의 세계경제의 기능에서 주요한 분석 변수이다.

잉여가치의 이런 이전의 연쇄는 빈번하게 (종종? 거의 항상?) 국경을 넘는데, 그렇게 할 경우 국가의 작동은 중심부 국가들에 위치한 부르주아가 많은 몫을 부르주아들 사이에서 공유하도록 간섭한다. 이것이 부등가 교환이며, 잉여가치 전유의 전반적 과정에서 하나의 메커니즘이다.

이 체계에서 생겨나는 사회지리학적 결과 중 하나는 상이한 국가들에서 부르주아지와 프롤레타리아트가 불균등하게 분포한다는 것이다. 중심부 국가들은 주변부 국가들보다 부르주아의 비율이 높다. 게다가 중심부와 주변부는 부르주아와 프롤레타리아의 종류가 확연히 다르다. 예를 들어 프롤레타리아트 중 임노동자 비율은 중심부 국가들에서 훨씬 더 높다.

자본주의 세계경제에서는 국가가 정치적 갈등의 주요 격투장이기 때문에, 또 세계경제의 기능이 일국적 계급 구성을 매우 다양하게 만들기 때문에, 세계경제와의 관계에서 상이하게 자리매김된 국가들의 정치가 왜 이토록 유사하지 않은지를 쉽게 이해할 수 있다. 마찬가지로 어떤 국가가 그 사회적 구성과 국민적 생산의 세계경제적인 기능을 변화시키기 위해 자신의 정치적 기계에 의존한다고 하더라도, **이것만으로는** 자본주의 세계체제 자체를 변화시키지 못한다는 것도 쉽게 이해할 수 있다.

그러나 분명히, 구조적인 지위의 변경을 목표로 하는 다양한 국민적 추진력(우리는 종종 이를 '발전development'이라고 잘못 부르고 있다)은 사실상 세계체제에 영향을 미친다. 그리고 심지어 장기적으로 보면, 세계체제를 변형시킨다. 하지만 그러기 위해서는 이러한 충동이 세계 규모에서 프롤레타리아트의 계급의식에 충격을 준다는 매개 변수들을 경유해야 한다.

따라서 중심부와 주변부는 부르주아지에 의한 잉여 전유 체계 중 한 가지 중요한 부분을 가리키는 문구일 뿐이다. 매우 단순하게 말하면, 자본주의란 프롤레타리아가 창출한 잉여가치를 부르주아가 전유하는 체계이다. 이 프롤레타리아와 부르주아가 다른 나라에 있을 경우, [잉여가치] 전유의 과정에 영향을 준 메커니즘의 하나는 국경을 넘는 가치의 흐름을 통제하는 교묘한 조작이다. 이로부터 중심부·반주변부·주변부라는 개념으로 **요약되는** 그 '불균등 발전'의 패턴이 생겨난다. 이 개념은 자본주의 세계경제의 다양한 형태의 계급 갈등을 분석하는 데 유용한 지적인 도구이다.

8장 마르크스와 역사 : 양극화[1]

이매뉴얼 월러스틴

일반적으로 대부분의 분석가(특히 마르크스주의 분석가)들은 마르크스의 역사 기술적 관념 중 더 의심스러운 것을 강조하는 경향이 있으며, 그의 가장 독창적이고 결실 있는 관념을 소홀히 하는 경향이 있다. 이런 일은 당연히 예상된다지만, 별로 유익하지는 않다.

각자에게 각자의 마르크스가 있다고 하는데, 분명 이는 진실이다. 그러나 실제로 청년 마르크스, 인식론적 단절 등에 관한 지난 30년 동안의 논쟁이 우리에게 상기시키듯이, 각자에게 두 명의 마르크스가 있다고 나는 덧붙이고 싶다. 내가 말하는 두 명의 마르크스는 연대기적으로 계기繼起적이지 않다. 그것들은 내게는 마르크스 인식론에서 근본적인 내적 모순처럼 보이는 것에서 생겨나며, 그러한 모순이 두 개의 상이한 역사 기술을 낳는 것이다.

한편으로 마르크스는 인간 본성 개념에 집중된 인간학, 칸트 식 정언명령, 인간 조건이 느리지만 불가피하게 개선될 것이라는 믿음, 자유의 추구에 대한 개인의 몰입 등을 포함하는 부르주아 자유주의 사상에 대한 으뜸 반역자이다. 이런 일련의 개념 전체에 맞서서 마르크스는 다원적인 사회적 현실의 존재를 인정하고, 그 각각이 상이한 구조를 가지면서 변별적인 세계에 위치한다는 점, 또 각각의 세계는 각각의 생산양식에 의해 정의된다고 시사했다. 요점은 이 생산양식들이 그 이데올로기적 스크린 뒤에서 기능하고 있는 방식을 밝혀내는 일이다. 따라서 '보편적 법칙'을 믿기 때문에 각각의 생산양식의 특수성을 인식할 수도, 그 기능의 비밀을 누설할 수도 없었으며, 또한

1 잡지 *Que faire aujourd'hui*, n°s 23-24, 1983.에 처음 수록되었으며, 약간 수정했다.

그 때문에 역사의 경로를 명확히 검증할 수 없었던 것이다.

다른 한편으로, 마르크스는 **인류의 직선적 진보를 역설하는 인간학에 의해** 진보를 향한 불가피한 역사적 행진이라는 관념을 받아들이는 한에서 보편주의를 인정했다. 그가 생각하는 생산양식은 학교의 학생처럼 키 순서로, 즉 생산력의 발전 정도에 따라서 일렬로 늘어선 것 같았다(이것은 실제로 규칙을 따라 적절하게 늘어서기를 거부하는, 거칠게 구는 학생의 역할을 맡고 있는 것처럼 보이는 아시아적 생산양식 개념에 의해 야기된 심각한 당혹의 원천이다).

이 두 번째 마르크스는 자유주의자들이 훨씬 더 받아들일 수 있는 것이 분명하며, 그들이 지적으로나 정치적으로나 타협할 준비가 되어 있던 것은 바로 이 마르크스이다. 다른 한쪽의 마르크스는 훨씬 더 성가시다. 자유주의자들이 두려워하고 거부하는 것은 이 마르크스이며, 실제로 그들은 이 마르크스의 지적 정통성을 인정하기를 부인한다. 하지만 악마든 영웅이든, 내게는 첫 번째 마르크스가 흥미롭게 보이고, 오늘날까지도 우리에게 무엇인가를 말해 주는 유일한 사람이다.

이처럼 마르크스를 두 사람으로 구별할 때 관건은 대립하는 역사적 신화에서 유래하는 자본주의 발전에 관한 상이한 예상이다. 자본주의에 대한 이야기는 다음 두 가지 중 하나를 주인공으로 삼아 꾸며 낼 수 있다. 즉, 승리한 부르주아냐 빈곤화된 대중이냐. 이 두 가지 중 어떤 것이 5세기 동안의 자본주의 세계경제 역사의 핵심 형상일까? 역사적 자본주의라는 시대를 어떻게 평가해야 할까? 그것이 변증법적으로 그 부정 및 지양Aufhebung에 이른다는 이유로, 전반적으로 긍정적으로 평가하면 될까? 혹은 그것이 세계 인구의 대다수를 궁핍화시킨다는 사태를 불러일으킨다는 이유로, 전반적으로 부정적으로 평가해야 할까?

이러한 관점의 선택이 모든 상세한 분석 속에 반영된다는 것은 내게 꽤 분명한 것 같다. 하나의 예, 그것도 현대의 어떤 저자가 무심코 언급한 예를 인용하자. 하지만 내가 이를 인용하는 것은 바로 그것이 무심코, 따라서 아무런 악의도 없이 이뤄진 발언이기 때문이라고 말할 수 있을 것이다. 프랑스대혁명 동안 생쥐스트의 경제학적 견해에 대한 학식 있고 통찰력이 풍부한 논의 속에서, 그 저자는 이렇게 결론 내렸다. 생쥐스트를 '반자본주의자'로 기술하는 게 적절할 것이며 이 점은 실제로 산업자본주의를 포함하는 것으로 확장될 수 있을 것이라고. 게다가 그는 덧붙였다. "이런 의미에서 생쥐스트는 몇 명의 그의 선행자나 동시대인에 비해 덜 진보적이라고 할 수 있겠다."[2] 그러나 "더" 진보적이라기보다는 '덜' 진보적이라고 한 이유는 무엇일까? 이것이 문제의 핵심이다.

물론 마르크스는 계몽주의자이며, 스미스주의자이며, 자코뱅이며, 생시몽주의자이다. 그 자신도 그렇게 말했다. 19세기의 훌륭한 좌파 지식인들이 모두 그러했듯이, 그에게도 부르주아 자유주의의 교의가 깊숙이 스며들었다. 즉, 그는 동지들과 함께 특권, 독점, 영주의 권리들, 게으름, 독실함, 미신 같은 구체제의 냄새가 풍기는 모든 것에 맞서 끊임없이 그리고 거의 본능적인 항의를 한 것이다. 마르크스는 이 지나간 세계에 반대하면서 합리적인 것, 진지한 것, 과학적인 것, 생산적인 것이라면 무엇이든 찬성했다. 고된 일이 미덕이었던 것이다.

이 새로운 이데올로기에 약간의 유보를 했지만(그다지 많은 유보를 달지 않았지만), 마르크스는 그 가치들에 충성을 맹세하고, 그것들을 자유주의자들에게 반대하기 위해 정치적으로 이용하고, 그들을 그들 자신의 폭파 장치로 패가망신시키는 것이 전술적으로 유용하다

2 Charles-Albert MICHALET, "Economie et politique chez Saint-Just. L'exemple de l'inflation", *Annales historiques de la Revolution française*, vol. LV, n° 191, Janv.-mars, 1968, pp. 105-106.

는 것을 알고 있었다. 왜냐하면 마르크스에게 자유주의자들이 현존 질서가 위협받으면 인제든지 그들 자신의 원칙을 내팽개친다는 것을 보여주는 일은 크게 어려운 것이 아니었기 때문이다. 따라서 자유주의자로 하여금 자신들의 말을 지키게 하여 자유주의 논리를 철두철미 관철시키고, 그리하여 그들이 다른 모든 사람을 위해 처방하고 있는 약을 그들 자신에게 먹이는 것이 마르크스에게는 쉬운 책략이었던 것이다. 마르크스의 으뜸 슬로건 중 하나는 훨씬 더 많은 자유, 더 많은 평등, 더 많은 우애였다고 할 수 있다.

물론 때때로 그에게는 반-생시몽적 사회를 향한, 상상 속의 미래로 도약하고 싶은 마음이 들기도 했다. 하지만 당연하게도, 그는 이 방향으로 너무 나가는 것을 주저했다. 아마도 그가 언제나 불쾌하고 해롭기 짝이 없다고 느꼈던, 유토피아적이고 아나키즘적인 주의주의의 좋은 돈벌이감이 될까봐 두려워했기 때문일 것이다. 우리가 큰 회의론을 품고 접근해야 할 것은 바로 이 마르크스, 즉 부르주아 자유주의적 견해를 가진 마르크스이다.

이와 반대로 우리가 무대 전면으로 마땅히 다시 데려가야 할 것은 또 다른 마르크스, 즉 역사를 복잡하고 우여곡절이 있는 것으로 간주하고, 상이한 역사적 체계들의 특정성에 관한 분석을 강조하며, 그리하여 역사적 체계로서의 자본주의를 비판한 마르크스다. 자본주의의 역사적 과정을 자세히 들여다보면서 이 마르크스가 찾아낸 것은 무엇이었는가? 그는 결국 "지금까지 존재했던 모든 사회"에 공통적인 현상인 계급**투쟁**뿐만 아니라 계급의 **양극화**도 발견했다. 이는 그의 가장 급진적이고 대담한 가설이었고, 또 가장 격렬하게 비난받았던 가설이기도 했다.

당초 마르크스주의 정당 및 사상가들은 이 개념을 휘둘렀다. 파국론적 색채가 워낙 짙어 미래를 딱 부러지게 말하는 것처럼 보였기 때문이다. 그러나 서구 국가들의 산업 노동자들은 궁핍해지기는커녕 그들의 할아버지보다 훨씬 잘살았고, 결과적으로 절대적 궁핍화는 말할 것도 없고 상대적 궁핍화조차 일어나지 않았다는 것을 증명하는 일은 적어도 1945년 이후의 반마르크스주의 지식인들에게는 비교적 쉬운 일이었다.

더욱이 그들이 옳았다는 것은 산업 국가들에서 좌파 정당의 으뜸 사회적 기반이었던 산업 노동자 자신이 누구보다 이러한 사태를 더 잘 알고 있었다는 점에서도 드러난다. 이러한 점에서 마르크스주의 정당과 사상가는 이 테마에서 퇴각하기 시작했다. 아마 완패는 아니었겠지만, 적어도 그들은 이를 주제로 삼는 일은 주저하게 되었다. 양극화 및 궁핍화에 대한 언급은 (국가 소멸의 경우와 마찬가지로) 급격하게 감소되거나 혹은 아예 사라져 버리고, 역사 자신에 의해 반박된 것처럼 보였다.

이리하여 우리의 마르크스가 가지고 있던 가장 명민한 통찰 중 하나가 생각지도 않았는데 갑자기 사라졌다. 왜냐하면 마르크스는 종종 믿어지는 것보다도 **장기 지속**에 관해 훨씬 뛰어난 통찰력을 가지고 있었기 때문이다. 실제로 양극화는 역사적으로 올바른 가설이며 잘못된 것은 아니다. 자본주의에서 현실적으로 문제가 되는 유일한 실체인 자본주의 세계경제를 계산의 단위로 이용한다면, 경험적으로 이를 증명할 수 있다. 이 실체 내부에는 계급의 상대적 양극화만이 아니라 절대적인 양극화가 4세기 이상에 걸쳐서 계속 존재했다. 이것이 사실이라면, 자본주의의 진보성은 어디에 있을까?

두말할 나위 없이, 양극화가 무엇을 의미하는지를 분명히 밝혀야 한다. 정의는 결코 자명하지 않다. 무엇보다도 우선, 한편으로 (넓게 정의된) 물질적 부의 사회적 분배와 다른 한편으로 부르주아화와 프롤레타리아화라는 쌍둥이 과정의 결과인 사회적 분극화를 구별해야 한다.

부의 분배에 관한 한, 그것을 계산하는 다양한 방식이 있다. 우선 계산 단위에 관해서는 공간적 단위(이에 대해서 우리는 이미 국민적 국가나 기업을 넘어선 세계경제를 사용하는 것이 바람직하다고 지적했다)뿐 아니라 시간적 단위를 결정해야 한다. 1시간, 1주일, 1년, 30년이라는 단위로 분배에 관해 계산하면, 상이하고 때로는 양립 불가능한 결과가 나올 것이다. 실제로 대다수 사람들은 두 개의 시간 [단위에 기초한] 계산에 관심을 품고 있다. 하나는 생존 계산이라 불리는 아주 단기의 계산이다. 다른 하나는 생애 계산이라 불리는 것으로, 이는 삶의 질을 측정하고 실제로 사람이 보낸 일상생활의 사회적 평가를 측정하기 위해 이용된다.

생존 계산은 본성상 가변적이고 단기적이다. 물질적 양극화가 존재했는지 아닌지에 관해 객관적으로나 주관적으로나 최선의 측정을 우리에게 제공해 주는 것이 생애 계산이다. 우리는 세대 간의 장기적인 항인 이런 생애 계산을 비교할 필요가 있다. 그러나 세대 간 비교는 여기에서는 단일한 혈통 내부에서의 비교를 의미하지 않는다. 왜냐하면 그렇지 않으면 세계체제 전체의 전망과는 무관한, 세계경제의 어떤 특정한 지역에서의 사회적 이동성 비율 같은 요인이 침입하기 때문이다. 그보다 오히려 우리는 연속되는 역사적 순간들에 세계경제의 유사한 계층들을 비교해야 하며, 그들 각 계층들은 한 덩어리 집단으로 평생 동안 측정되어야 한다. 어떤 특정 계층에서, 어떤 역사적 순간의 평생 경험이 다른 한순간보다 더 안락한지 아니면 어려운지, 또 시간이 지남에 따라 상류 계층과 하류 계층 간의 간극이 벌어지고 있는지, 바로 이것이 반드시 짚고 넘어가야 할 문제이다.

비교 분석의 기초로서 도움이 될 수 있는 수치를 얻기 위해서는 이 계산이 평생 총수입뿐만 아니라 그것을 (어떤 형태로든) 획득하는 데 소요된 평생 총노동시간으로 이 수입을 나눈 것도 포함해야 한다. 수명도 고려해야 하나 (유아사망률을 낮추었을 수는 있으나 성인의 건강 상태에 영향을 미쳤다고 반드시 말할 수는 없는 공중위생 개선의 효과를 배제하기 위해) 1세 혹은 5세라는 연령부터 계산하는 것이 바람직하다. 마지막으로, 많은 사람들로부터 모든 자손을 빼앗아 감으로써 다른 사람들의 운명을 개선하는 역할을 맡은 다양한 민족 살육ethnocides을 계산(혹은 지수)에 넣어야 할 것이다.

장기적으로, 그리고 세계경제 전체에 걸쳐 계산된 몇 가지 합당한 수치를 마침내 얻어 낼 수 있다면, 그것들이 지난 400년 동안 자본주의 세계경제 내부에서 중대한 물질적 양극화가 존재했다는 것을 분명하게 증명할 것이라고 나는 생각한다. 이를 알기 쉽게 말하면, 세계경제 인구의 (여전히 시골의) 대다수는 400년 전보다 오늘날 더 적은 보수를 위해 더 힘들고 더 장시간 노동을 하고 있다는 것이다.

나는 지나간 시대의 대중의 생활을 이상화할 의도가 전혀 없다. 그저 그들이 오늘날의 후손들과 비교할 때 얼마나 인간다웠는지를 종합적으로 평가하고 싶을 뿐이다. 어떤 서구의 숙련 노동자들이 그 조상보다 더 나은 살림살이를 꾸리고 있다는 사실은 페루나 인도네시아의 일용직 농업 노동자들은 말할 것도 없고 오늘날 캘커타의 미숙련 노동자의 생활 수준에 대해서도 거의 아무것도 말할 게 없다.

내가 프롤레타리아화 같은 마르크스주의적 개념의 척도로서 물질적 수입의 대차대조표를 사용하는 것이 너무나 '경제주의적'이라는 반론이 어쩌면 나올 수도 있을 것이다. 결국 중요한 것은 생산관계들이라고 주장하는 사람도 있다. 물론 이는 정론正論이다. 따라서 양극화를 사회적 분극화로서, 다양한 관계들이 부르주아와 프롤레타리아라는 단일한 이율배반으로 향하는 변형으로 파악하자. 즉 (마르크스주의 문헌에 등장하는 예비품인) 프롤레타리아화뿐만 아니라 (논리적으로는 이것의 상대방이지만, 이 똑같은 문헌에서 좀체 논의된 적 없는) 부르주아화에도 주목하자는 것이다.

이 경우에도 이 용어들을 무슨 의미로 사용하는지를 명확히 해두어야 한다. 정의상 부르주아는 19세기 초 영국·프랑스의 전형적인 산업가뿐이고, 또 프롤레타리아는 이 산업가의 공장에서 일하는 사람뿐이라면, 확실히 자본주의 세계의 역사에서 커다란 계급 양극화는 존재하지 않았다. 심지어 양극화가 축소되었다고도 말할 수 있을 것이다. 그러나 진정한 부르주아, 진정한 프롤레타리아가 **현재의** 수입을 바탕으로, 상속 재산(자본, 사유지, 특권 등)에서 나오는 소득에 의존하지 않고 생활하는 모든 사람들을 가리킨다면, 둘 사이의 구별이 잉여가치를 산출하느냐(프롤레타리아) 그 잉여가치에 의존해 살아가느냐(부르주아)의 차이라면, 개개인이 이중적 역할을 수행하지 않는다면, 이렇게 주장할 수 있을 것이다. 즉, 수세기 동안 더욱더 많은 사람들이 한쪽 혹은 다른 한쪽의 범주에 모호하지 않게 위치되어 있지만, 이는 결코 완결되지 않는 구조적 과정의 결과라고.

양극화 과정을 자세히 들여다보면 논점이 분명해질 것이다. '프롤레타리아화'에서는 실제로 무슨 일이 일어나는 것일까? 세계 전역의 노동자들은 소득 갹출 '가구'라는 소집단을 이뤄 생활하고 있다. 이 소집단이 반드시 모두가 친족 관계인 것도 아니고 반드시 동거하는 것도 아니지만, 얼마간의 임금 소득 없이는 그렇게 하는 경우는 드물다. 그러나 마찬가지로 이들 소집단이 오로지 임금 소득만으로 생계를 꾸리는 경우도 드물다. 그들은 임금 소득에 덧붙여 소상품 생산, 임대 수입, 증여, 이전 지출, 게다가 (적지 않게) 생존 유지 생산으로 생계를 꾸려 나가고 있는 것이다.

그러한 이유로 이러한 집단은 시간과 장소에 따라 당연히 매우 다른 비율이기는 하지만, 다양한 원천에서 나오는 소득을 갹출하고 있는 것이다. 우리는 프롤레타리아화를 이처럼 전체의 비율로서 임금 소득에 대한 의존도 증대 과정이라고 볼 수 있다. 가구가 임금[소득]에 대한 의존도를 0퍼센트에서 단숨에 100퍼센트까지 높인다고 생각하는 것은 전적으로 무역사적인 사고방식이다. 오히려 **어떤 한정된** 가구가 때로는 단기간에 의존도를 예를 들어 25퍼센트에서 50퍼센트로 높인다고 생각하는 것이 훨씬 더 현실적이다. 이는 예를 들어 표준적 전거에서는 정도의 차이가 있겠지만, 18세기 영국의 인클로저에서 일어난 사례이다.

누가 프롤레타리아화에 의해 이득을 보는가? 자본가가 아니라는 점은 확실하다. 가구소득이 임금에 의존하는 비율이 높아짐에 따라 동시에 임금 수준도 [가구의] 재생산에 필요한 **최저** 수준에 근접하기 위해 **높아져야** 하며, 줄어들어서는 안 된다. 아마 이러한 논점을 터무니없다고 생각할 것이다. 이 노동자들이 그 육체적 생존에 필요한 최저임금을 전에 받지 않았다면, 그들은 어떻게 생존할 수 있었을까? 하지만 이것은 실제로는 터무니없지 않다. 왜냐하면 만약 임금 소득이 총 가구소득의 작은 비중만 차지한다면, 임노동자의 고용자는 **최저생계비 이하**의 시간급을 지급하고, 지급한 임금과 생존에 필요한 최저임금의 차액을 총 가구소득을 구성하는 기타 '구성 요소'로 '보완할' 수 있기 때문이다. 따라서 가구 전체의 소득이 최저 수준에서 결국 '평균에 이르기' 위해서는 생존 유지 노동이나 소상품 생산으로부터 **여분의** 수입을 손에 넣어야 하며, 이를 위해 필요한 노동은 사실상 임노동자의 고용자를 위한 '보조금', 즉 이 고용자에 대한 추가적 잉여가치 이전으로서 도움이 된다. 바로 이것이 세계경제의 주변부 지역의 터무니없는 저임금 체계를 설명해 준다.

자본주의의 본질적 모순은 잘 알려져 있다. 그것은 이윤 극대화(따라서 임금을 포함한 생산비용의 최소화)를 추구하는 개인 기업가로서의 자본가의 이해와 그 구성원들이 이윤을 실현하지 못하면, 즉 그들이 생산한 것을 팔지 못하면 돈을 벌 수 없다는 계급의 구성원으로서의 자본가의 이해 사이의 모순이다. 그래서 자본가들이 구매자를 필요로 하고, 노동자의 현금 수입을 증가시켜야 한다는 상황도 종종 있을 수 있다.

세계경제의 반복되는 경기 침체에 의해 (세계) 인구의 얼마간 (매번 새로운) 부문의 구매력이 불연속적이기는 하지만 필연적으로 (즉, 계단식으로) 증대하기에 이르는 메커니즘에 대해서는 여기서 개괄하지 않겠다. 다만 내가 말하고픈 것은 실질 구매력 증대의 이러한 메커니즘 중에서 가장 중요한 것 하나가 우리가 프롤레타리아화라고 부르는 과정이라는 점이다. 프롤레타리아화는 하나의 계급으로서의 자본가들의 단기적인 (오직 단기적일 뿐인) 이익일 수도 있겠지만, 개인적인 고용자로서의 이익에는 불리하다. 따라서 보통 프롤레타리아화는 자본가 때문이 아니라 자본가에 반하여 일어난다. 프롤레타리아화의 요구는 오히려 다른 쪽에서 나온다. 노동자는 스스로를 다양한 방식으로 조직하고, 이렇게 함으로써 자신들의 요구 중 몇 가지를 달성하는데, 그렇게 함으로써 그들은 실제로 진정한 임금 기반 최저 소득의 문턱에 도달할 수 있다. 즉, 노동자들은 그들 자신의 노력에 의해 프롤레타리아화되며, 그리고 승리의 함성을 올리는 것이다!

부르주아화의 진정한 얼굴 역시 우리가 그동안 믿어 왔던 것과는 확연히 다르다. 고전적 마르크스주의 사회학이 부르주아에 대해 행한 소묘는 마르크스주의 자체의 기초에 있는 인식론적 모순으로 가득 차 있다. 한편으로 마르크스주의자는 부르주아-기업가-진보주의자[라는 도식]이 귀족-금리생활자-한량[이라는 도식]과는 정반대라고 한다. 그리고 부르주아 중에서도 값싸게 사서 비싸게 파는 상인자본가(따라서 그는 투기꾼-금융 조작자-한량이기도 한데)와 생산관계에 "혁명을 일으키는" 산업가 사이에 날카로운 대조가 이뤄진다. 이 산업가가 자본주의로의 "진정 혁명적인" 길을 걸었다면, 즉 별 볼 일 없는 인물이 노력 덕분에 대성한다는 자유주의적 전설에 나오는 영웅을 이 산업가가 닮았다면, 이런 대조는 그만큼 훨씬 선명해진다. 마르크스주의자가 자본주의 체계의 최고 찬양자의 일부분이 되었다는 것은 이렇게 믿을 수 없지만 그들에게 깊이 뿌리내리고 있는 태도에서였다.

이러한 서술은 노동자의 착취에 관한 다른 쪽 마르크스의 테제를 거의 잊게 만든다. 이 착취는 이 똑같은 산업가에 의한 노동자로부터 잉여가치의 추출이라는 형태를 취하며, 이 경우 이 산업가는 논리적으로는 상인, '봉건 귀족'과 나란히 게으름뱅이의 대열에 합류한다. 그러나 이 본질적인 점에서 그들이 모두 같은 부류라면, 도대체 왜 우리는 그토록 많은 시간을 들여 그 차이를 상세히 설명하며, 범주의 역사적 발전이나 퇴행으로 여겨지는 것(예를 들어 **귀족처럼 살려고 욕망하는 부르주아지의** '귀족화')과 이것에 대한 (스스로의 '역사적 역할을 수행하기'를 거부하고 있는 것처럼 보이는 약간의 부르주아지의) 배신을 논해야 할까?

그러나 이 사회학적 소묘는 옳을까? 다양한 원천에서 얻는 수입(임금은 그중 하나일 뿐이다)을 한데 묶는 가구를 이뤄 살고 있는 노동자들과 마찬가지로, 자본가(특히 대자본가)는 임대 수입, 투기, 영업 이익[교역에 따른 이윤], '정상적인' 생산 이윤, 금융 조작 같은 다양한 투자 원천에서 나오는 수입을 사실상 한데 묶는 기업을 이뤄 살고 있다. 이들의 수입이 일단 화폐 형태를 취한다면, 이것들은 모두 자본가에게서는 똑같은 것, 즉 그들에게 숙명처럼 드리워져 있는 부단하고 지옥 같은 축적을 추구하는 하나의 수단인 것이다.

이 점에서 이들 자본가의 입장의 사회심리학적 모순이 두드러지게 된다. 칼뱅주의의 논리가 인간 '심리'와 모순된다는 것을 베버는 오래전에 지적했다. 이 논리에 따르면, 인간이 자기 영혼의 운명을 아는 것은 불가능하다. 왜냐하면 만일 인간이 주님의 의도를 알 수 있다면, 그는 바로 그 사실에 의해 신의 권능에 제한을 가할 것이며, 신은 더 이상 전능하지 않을 것이기 때문이다. 그러나 심리학적으로 인간은 자신의 운명에 어떤 식으로도 영향을 미칠 수 없다는 것을 받아들이기를 거부한다. 이 모순은 칼뱅주의의 신학적 '타협'에 이르게 했다. 우리가 주님의 의도를 **알** 수 없다고 하더라도, 적어도 '외적인 징후 signs'를 거쳐 부정적인 결정을 **인정할** 수는 있을 것이다. 그렇다고 해서 이러한 징후가 없다고 해서, 반드시 이와 반대의 결론을 끌어내는 것은 아니지만. 그래서 도덕은 다음과 같이 설파된다. 고결하고 유복한 생활을 보내는 것은 구제의 필요조건이지 충분조건은 아니라고.

이와 똑같은 모순은 더 세속적인 의상을 걸치고 있음에도 오늘날 부르주아가 여전히 직면하고 있는 것이다. 논리적으로 자본가의 주님은 부르주아가 오로지 축적 말고는 아무것도 하지 말 것을 요구한다. 그리고 이 계율을 위반하는 자는 신의 벌을 받아 조만간 파산으로 내몰린다. 그러나 오로지 축적만 하는 것은 사실 그다지 흥미롭지 않다. 우리는 간헐적으로 축적의 열매를 맛보고 싶어 한다. 부르주아의 영혼 속에 갇혀 있던 '봉건 귀족적인' 게으름뱅이 악마가 음지에서 모습을 드러내면서 부르주아는 **귀족처럼** 생활하려고 한다. 하지만 귀족처럼 생활하려면 넓은 의미에서 금리생활자가 되는 것, 다시 말해 거의 노력하지 않고 손에 넣을 수 있고, 정치적으로 '보장'되고 있으며, '상속받을' 수 있는 수입원을 가지고 있어야 한다.

따라서 '당연한' 것으로서, 이 자본주의 세계에 대한 각각의 특권적인 참가자가 '추구하는' 것은 금리생활자의 지위에서 기업가로 변신하는 것이 아니라 바로 그 반대이다. 자본가는 '부르주아'가 되고 싶어 하지 않는다. 그들은 오히려 '봉건 귀족'이 되는 것을 무한정하게 선호한다.

그럼에도 불구하고 자본가들이 점점 더 부르주아화되고 있다면, 이는 그들의 의지 때문이 아니라 그 의지에도 불구하고 그렇게 되는 것이다. 이는 노동자의 프롤레타리아화와 매우 유사하다. 왜냐하면 이 프롤레타리아화도 자본가의 의지 때문이 아니라 의지에도 불구하고 일어나기 때문이다. 확실히 이 유사성은 한층 더 계속된다. 부르주아화의 과정이 진행된다면, 그것은 부분적으로는 자본주의의 모순 때문이며, 부분적으로는 노동자의 압력 때문이다.

객관적으로는, 자본주의 체계가 더욱 확산되고, 더 합리화되고,

더 큰 집중을 초래함에 따라, 경쟁은 점점 더 격화된다. 축적의 정언 명령을 무시하는 자는 그만큼 훨씬 빨리, 확실하게, 그리고 맹렬하게 경쟁자들의 반격을 겪는다. 이렇게 해서 '귀족화'의 방향에 실패하면 모두 **세계시장**에서 혹독한 패널티를 부과받으며, 특히 그것이 대기업이나 (준)국영기업이라면, '기업'의 내적인 수정을 요구받게 된다.

기업 경영을 물려받고 싶어 하는 아이들은 이제 외국에서 집중적이고 '보편적인' 훈련을 받아야 한다. 전문적 경영자의 역할은 서서히 그러나 확대되고 있다. 이 경영자들이야말로 자본가 계급의 부르주아화를 체현하고 있다. 국가 관료제가 잉여가치의 추출을 실제로 독점할 수 있다면, 그것은 **모든** 특권을 개인이나 계급의 유산에 부분적으로 의존하게 만들기보다는 오히려 **작금의** 활동에 의존하게 만듦으로써 완전히 부르주아화를 체현할 것이다.

이 과정이 노동자 계급에 의해 추진되고 있음은 매우 분명하다. 경제생활의 조종간을 이어받아 부정의를 제거하려는 그들의 온갖 노력은 자본가들을 구속하고, 자본가들을 부르주아화의 방향으로 몰고 가려는 경향이 있다. 봉건 귀족적인 게으름은 매우 명백하고 너무나도 정치적으로 위험하다.

물질적으로나 사회적으로나 부르주아와 프롤레타리아라는 양대 계급으로 양극화된다는 카를 마르크스의 역사 서술적 예언은 바로 이런 식으로 실현되고 있다. 그런데 마르크스의 독해에서 도출되는 역사 서술에서의 유익한 강조점과 무익한 강조점 사이의 이러한 구별은 왜 중요할까? 그것이 크게 문제가 되는 것은 사회주의로의 '이행'을 이론화하는 것, 실제로는 '**이행**' 일반을 이론화하는 것의 물음에 이르렀을 때이다. 자본주의를 기존에 존재했던 모든 것에 비해 '진보적'이라고 말하는 마르크스는 또 **부르주아 혁명들**을, 그리고 **부르주아 혁명**을 봉건제에서 자본주의로의 다양한 '국민적[일국적]' 이행의 일종의 시금석으로서 말하고 있기도 하다.

부르주아 '혁명'이라는 개념 그 자체는 그 의심스러운 경험적 특질을 별도로 하면, 우리가 프롤레타리아 혁명을 생각하도록 이끈다. 왜냐하면 부르주아 혁명은 프롤레타리아 혁명에 선행하는 것이자 필수 전제로서, 여하튼 거기에 결부되어 있기 때문이다. 근대성은 이 두 개의 잇따른 '혁명'의 합이 된다. 확실히 아무런 고통 없이 점차적으로, 부르주아 혁명에 잇따라 프롤레타리아 혁명이 실현되는 것은 아니다. 오히려 혁명이 연속하는 이 과정은 폭력적이고 이접적이다. 하지만 그래도 바로 봉건제에 자본주의가 연속되었듯이, 그것은 불가피하다. 이러한 개념은 노동자 계급의 투쟁에서의 모든 전략을, 즉 자신들의 역사적 역할을 무시하는 부르주아에 대한 도덕적 비난으로 가득 찬 전략을 내포하고 있다.

그러나 부르주아 '혁명'이 결코 존재하지 않는다면, 오로지 탐욕스러운 자본주의 부문들 사이의 골육상잔 같은 투쟁만 존재할 뿐이라면, 복사해야 할 모델도, 극복해야 할 사회 정치적 '후진성'도 존재하지 않는다. '부르주아'의 전략 전체가 회피되어야 할 경우조차 있을 것이다. 만약 봉건제에서 자본주의로의 '이행'이 진보적이지도 혁명적이지도 않다면, 아니 오히려 이 이행이 노동자 대중에 대한 통제를 강화하고 착취의 수준을 높이는 것을 가능케 한 지배 계층의 커다란 구제책이었다면(지금 우리는 다른 마르크스의 언어로 말하고 있다), 설령 오늘날 **어떤** 이행이 불가피하다고 하더라도 그것이 **불가피한** 사회주의로의 이행(즉 사용가치의 생산이 이루어지는 평등 사회로의 이행)인 것은 아니라고 결론 내릴 수 있을 것이다. 따라서 오늘의 핵심 문제는 전 지구적 이행이 어떤 방향으로 향할 것인가라고 결론을 내릴 수 있을 것이다.

자본주의가 머지않은 미래에 사멸을 맞이할 것이라는 점은 내게는 확실하고 바람직한 일인 것 같다. 이는 자본주의의 '객관적인' 내인성의 모순을 분석함으로써 쉽게 증명할 수 있다. 우리의 미래 세계가 어떤 성질을 띨지는 여전히 열린 물음이며, 작금의 투쟁의 결과에 의해 결정될 것이라는 점도 내게는 마찬가지로 확실한 것 같다. 이행의 전략이 실제로 우리의 운명을 결정하는 열쇠다. 자본주의의 역사적 진보성을 변호하는 데 전념해서는 뛰어난 전략을 찾아낼 수 없을 것 같다. 이런 종류의 역사 서술적 강조는 작금의 체계와 마찬가지로 진보적이지 않은 '사회주의'로, 이른바 이 체계의 아바타로 우리를 이끌 전략을 내포할 위험을 무릅쓰는 것이다.

9장 부르주아지
: 11세기부터 21세기까지의 개념과 실재[1]

이매뉴얼 월러스틴

"부르주아지를 정의한다?
일치된 견해는 없을 것이다."

에르네스트 라브루스(1955년)[2]

근대 세계의 신화론에서 빼놓을 수 없는 주인공이 부르주아이다. 어떤 이들에게는 영웅, 다른 이들에게는 악당, 그리고 대부분에게는 영감을 주거나 매력적인 인물인 이 부르주아는 현재의 창조자shaper이자 과거의 파괴자였다. 영어로는 '부르주아'라는 용어를 피하는 경향이 있으며, 일반적으로는 '중간계급'(중간계급들)이라는 말투를 선호한다. 앵글로색슨의 사상이 개인주의를 자랑하는데도 불구하고, '중간계급(들)'에 대한 편리한 단수형이 없다는 것은 좀 아이러니하다. 언어학자에 의하면, 이 용어는 1007년에 부르겐시스burgensis라는 라틴어 형태로 처음 나타났으며, 1100년에는 프랑스어로 부르게이스burgeis로 기록되어 있다고 한다. 그것은 원래 부르bourg, 즉 도시 구역 거주자이긴 하지만 '자유로웠던' 주민을 가리켰다.[3] 하지만 무엇으로부터 자유

1 로트팔라 솔리망이 다음 영문에서 번역했다. "The bourgeois(ie) as concept and reality", *New Left Review*, n° 167, janv.-fevr. 1988.
[옮긴이] 2018년에 새롭게 출판된 프랑스어 판본에는 절 제목이 모두 생략되어 있으나 여기서는 이를 모두 복원해 두었다.

2 Ernest LABROUSSE, "Voies nouvelles vers une histoire de la bourgeoisie occidentale aux XVIIIe et XIXe siècles (1700-1850)", *Relazioni del X congresso internazionale di scienze storiche*, t. IV : *Storia moderna*, Sansoni, Firenze, 1955, p. 367.

3 G. MARORÉ, *Le Vocabulaire et la société médiévale*, Paris, 1985, p. 292.

롭다는 것인가? 봉건적 체계의 사회적 접합제이자 경제적 연결망이었던 의무들로터 자유롭다는 것이다. 부르주아는 농민도 농노도 아니었지만, 그렇다고 해서 귀족도 아니었다.

따라서 부르주아에는 당초부터 변칙성[이례성]과 모호함이 모두 있었다. 변칙성이란 고전적인 세 가지 계층으로 이루어진 봉건제의 위계적 구조 및 가치 체계에 부르주아지를 논리적으로 위치시킬 장소가 없었다는 뜻이다. 왜냐하면 이 고전적인 세 가지 계층 자체가, 부르주아의 개념이 막 생겨나려 할 때에야 비로소 구체적인 자태를 취하기에 이르렀기 때문이다.[4] 또한 모호성은 부르주아가 그 당시(오늘날에도 여전히 그렇지만) 명예를 나타내는 동시에 경멸을 담은 말이며, 찬사를 나타내는 동시에 비난을 담은 말이기도 했다는 것이다. 루이 11세는 "베른의 부르주아"라는 경칭을 자랑했다고 한다.[5] 하지만 몰리에르는 "부르주아 귀족"을 통렬히 풍자한 작품을 썼고, 게다가 플로베르는 "나는 천박한 생각을 가진 사람을 모두 부르주아라고 부른다"고 말했다.

이 중세의 부르주아는 영주도 농민도 아니었기 때문에 결국 중간에 있는 계급, 즉 중간계급의 일원으로 간주되었다. 게다가 이것에 의해 또한, 다른 모호함이 시작되었다. 도시의 모든 거주자는 부르주아인가 아니면 몇몇만 그런가? 장인은 부르주아인가 혹은 그저 프티부르주아일 뿐인가 아니면 부르주아가 전혀 아닌가 등등. 그러나 이 말이 사용되기에 이르면, 그것은 사실상 소비(생활 방식)의 가능성과 투자(자본)의 가능성 모두를 내포한 일정한 소득 계층—부유 계층—과 동일시됐다.

4 G. DUBY, *Les Trois Ordres ou l'imaginaire du féodalisme*, Paris, 1978.

5 M. CANARD, 'Essai de sémantique: Le mot "bourgeois"', *Revue de philosophie française et de littérature*, XXVIl, p. 33.

소비와 자본이라는 이 두 가지 축을 따라 부르주아라는 말의 용법이 전개되었다. 한편으로 부르주아의 생활양식은 귀족 또는 농민/장인의 것과 대조될 수 있다. 농민/장인에 비해 부르주아의 생활양식은 안락, 예의바름, 청결함을 내포했다. 그러나 귀족과 비교해 보면 거기에는 진정한 사치가 상당히 결여되어 있고, 사회적 행동에 있는 어색함을 내포했다(즉 **벼락부자**의 관념을 내포하고 있었다). 훨씬 나중에도, 도시 생활이 풍요롭고 복잡해지자, 부르주아의 생활양식은 예술가나 지식인의 그것과 대조될 수 있었다. 그리고 그것은 자발적이고, 더 자유롭고 즐겁고 더 지적이라고 간주되는 것, 요컨대 오늘날 '반反문화적'이라고 부르는 모든 것과는 대조적으로 질서, 사회적 관습, 검소 및 단조로움을 대표했다. 마지막으로, 자본주의의 발전은 프롤레타리아가 자본가로서의 경제적 역할을 담당하지 않고 유사-부르주아적인 생활양식을 채택할 수 있게 했다. 그리고 우리는 바로 이것에 '부르주아화embourgeoisement'라는 명칭을 부여했던 것이다.

하지만, 만약 배빗Babbitt[미국의 소설가인 싱클레어 루이스(1885-1951)의 동명 소설의 주인공. 교양 없는 속물적 실업가] 같은 부르주아가 근대의 문화적 담론의 중심 항목이었다면, 근대의 정치-경제적 담론의 중심 항목은 자본가로서의 부르주아다. 부르주아는 생산수단을 자본화하고, 임금을 받는 대신 시장에서 판매될 수 있는 재화를 생산하는 노동자를 고용하는 자를 뜻했다. 판매 수익이 임금을 포함한 생산비용보다 더 큰 한에서, 자본가로서의 부르주아의 짐작건대 [첫 번째] 목적인 이윤의 존재를 말하게 된다. 이 사회적 역할의 장점—창조적 기업가로서의 부르주아—을 찬양하는 사람도 있다면, 반대로 이 사회적 역할의 단점—기생적 착취자로서의 부르주아—을 비난하는 사람도 있었다. 그러나 찬양자와 비난자 모두 부르주아, 즉 이 자본가로서의 부르주아가 근대 경제생활의 주요 원동력이라고 인정하는 점에서는 일반적으로 일치한다. 19세기 이후에는 모두가, 16세기 이후에는 많은 사람들이, 그리고 그 이전에는 소수의 사람들이 줄곧 그랬다고 인정하고 있다.

19세기의 정의

마침 '부르주아'라는 개념이 귀족/토지 소유자와 농민/장인 사이의 중간 계층을 의미했던 것처럼, 부르주아 시대 혹은 부르주아 사회는 두 가지 방향에서, 즉 시간상 뒤쪽으로는 봉건제를 넘어선 진보로 또 시간상 앞쪽으로는 사회주의를 약속(혹은 위협)하는 것으로 정의되게 되었다. 이러한 정의 자체가 19세기의 현상이었다. 19세기는 부르주아가 승승장구한 세기, 즉 개념으로나 실재로나 부르주아에게 전형적인 역사적 순간이라고 당시에는 여겨졌고, 그 후 대부분의 사람들은 끊임없이 그렇게 생각했다. 세계의 공장이자 백인의 책무의 심장부인 해가 지지 않는 국가, 책임질 수 있고 학문도 무르익은 문명적인 나라—이런 빅토리아 시대의 영국만큼 우리의 집단의식에 부르주아 문명을 잘 표상시켜 주는 것이 있을까?

이처럼 부르주아의 현실—그 문화적 및 정치-경제적 현실—은 우리 모두가 잘 알고 있는 것이며, 19세기의 이데올로기적 3대 조류인 보수주의, 자유주의, 마르크스주의는 현저하게 유사한 방식으로 이를 서술했다. 부르주아의 개념을 구성할 때 이 세 가지는 그 직업적인 기능(초기에는 보통 상인, 그러나 나중에는 임노동자의 고용자이자 생산수단의 소유자, 그러나 무엇보다도 상품 생산자로서의 노동자의 고용자), 그 경제적 원동력(이윤 동기와 자본 축적 욕망), 그 문화적 특징(신중함, 합리성, 자기 이익의 추구)에서 일치하는 경향이 있었다. 19세기에 중심 개념을 둘러싸고 이러한 만장일치가 출현했다는 점에서, 우리 모두가 계승해서 아무런 주저도 없이, 커다란 논쟁도 없이 그것을 사용해 왔다고 생각할 수 있을 것이다. 그러나 라브루스는 우리에게 일치된 정의를 얻을 수 없다고 말하며 따라서 경제적 현실을 좀 더 세밀하게 검토하고 연구 영역을 가급적 넓히라고 권고했다. 게다가 라브루스는 1995년에 이 권고를 했는데, 내 인상으로는 세계의 학회가 그의 도전을 받아들인 것 같지는 않다. 왜일까? 그래서 다섯 개의 콘텍스트에 주목해 보자. 그것들은 역사가들과 다른 사회과학자들의 연구인데 그중 부르주아(지)라는 개념은 저자들 자신은 아니라고 해도 독자들의 대부분에게는 불쾌감을 주는 방식으로 사용되었다. 아마 이 불쾌감을 분석함으로써, 개념과 실재를 한층 더 적절히 일치시킬 수 있는 실마리를 발견할 수 있을 것이다.

1. 역사가들은 '부르주아지의 귀족화'라고 지칭된 현상을 빈번하게 서술한다. 예를 들어 몇몇 역사가들은 이것이 17세기에 네덜란드 북부 7주에서 일어났다고 주장했다.[6] 구체제하의 프랑스에서 관직 매수에 의해 산출된 '법복귀족' 제도는 사실상 이 개념의 제도화였다. 물론 그것은 토마스 만이 『부덴브로크 가의 사람들』(1901년)에서 서술한 것이다. 거기에서 서술된 것은 부유한 명문가 집안의 사회적 패턴을 볼 때 전형적인 변형 경로, 즉 대기업가가 되어 자신의 경제 기반을 단단히 다진 후에 예술의 후견인이 되고 마침내 요즘에 말하는 퇴폐적 방탕자 혹은 쾌락주의적-이상주의적 도피자가 되어 버리는 과정이다.

여기서 우리는 무엇을 주목해야 할까? 그것은 부르주아가 어떤 이유로 인생의 어떤 순간에 자신의 문화적 생활양식 및 자신의 정치-경제적 역할을 포기하고, '귀족적' 역할—19세기 이후에는 반드시 귀족의 칭호를 지닌 자의 역할에 한정되지 않고, 그저 구시대 부호의 역

6 D. J. ROORDA, 'The Ruling Classes in Holland in the Seventeenth Century', in J. S. BROMLEY et E. H. KOSSMAN, (dir.) *Britain and the Netherlands*, vol. II, Wolters, Gröningen, 1964, p. 119 ; "Party and Faction", *Acta Historiae Nederlandica,* vol. II, 1967, pp. 196-197.

할도 포함한다—을 선호하게 된 것 같다는 점이다. 이러한 현상의 전통적이고 정형적인 상징은 〈부르주아적 공장 소유자/도시 거주자〉에서 〈귀족적 토지 소유자/지방 거주자〉로의 이행을 표시하는 영지의 획득이었다.

그렇다면 왜 부르주아는 이렇게 해야 했을까? 답은 명백하다. 사회적 지위에 입각해서도 근대 세계의 문화적 담론에 입각해서도, 부르주아보다는 귀족이 어찌된 영문인지 '더 낫거나' 더 바람직하다는 것이—11세기부터 오늘날까지—항상 진실이었기 때문이다. 그런데 이는 두 가지 이유 때문에 표면적으로는 주목할 만하다. 하나는 정치-경제적 과정에서 역동적 형상이—19세기 이후, 아니 16세기 이후, 또는 아마도 훨씬 전부터—부르주아이고 부르주아였다는 점을 누구한테서나 끊임없이 듣게 되었다. 그런데도 왜 그들은 주역의 자리에서 내려와 여느 때보다 더 고풍스러운 사회 무대의 들러리 노릇을 하고 싶어 하는 것일까? 둘째, 이른바 봉건제나 봉건 질서가 그 이데올로기적 표현에서 귀족을 찬양한 반면, 자본주의는 바로 부르주아를 찬양한 또 다른 이데올로기를 낳았다. 이 새로운 이데올로기는 적어도 자본주의 세계경제의 중심부에서는 적어도 150-200년 동안 지배적이다. 그럼에도 불구하고 **부덴브로크 현상**[토마스 만이 『부덴브로크 가의 사람들』에서 묘사한 부르주아 일족의 쇠퇴]이 급속히 진행되고 있다. 또한 영국에서는 심지어 오늘날에도 여전히 일대 귀족의 작위는 명예롭게 여겨지고 있다.

2. 현대 사상에서 중요한 논쟁적 개념—마르크스주의 문헌에서 친숙하게 볼 수 있으나 결코 이것에 국한되지는 않는다—은 역사적 역할의 "부르주아에 의한 배신"이라는 개념이다. 실제로 이 개념은 어느 나라, 거의 '발전하지' 않은 나라에서는 국지적 (또는 일국적) 부르주아지가 토지 소유자나 금리생활자, 즉 '귀족'이 되기 위해서 그것의 '정상적인' 혹은 기대되고 있는 경제적 역할을 외면하고 있다는 사실

을 나타내고 있다. 그러나 그것은 단순히 개인사에 입각한 부르주아의 귀족화에 그치지 않는다. 그것은 집단사에 입각한 부르주아의 집단적 귀족화이다. 즉, 그것은 일종의 일국적 달력에 입각한 이 전환의 타이밍 문제이다. 발전 단계론의 암묵적인 가정에 따르면 부르주아지는 〔역사의〕 어떤 지점에서 국가장치를 장악하여 이른바 '부르주아 국가'를 창조하고, 나라를 공업화하고, 그렇게 함으로써 상당량의 자본을 집단적으로 축적해야 한다—즉 영국이 따라갔다고 추측되는 역사적 경로를 따라야 한다. 그 시기 이후, 개인으로서의 부르주아가 스스로를 '귀족화'하고 있는지 여부는 중요하지 않을 것이다. 그러나 그 시기 전에는, 〔귀족으로의〕 이러한 개인적 이행은 일국적인 집단적 변형을 더 어렵게 한다(심지어 불가능하게 만든다). 이런 종류의 분석은 20세기에 주요 정치 전략의 받침대가 되었다. 제3인터내셔널의 정당들 및 그 후계자들은 이른바 "2단계 민족 혁명론"을 정당화하는 것으로서 그것을 사용하였다. 이 이론에서 사회주의 정당들은 프롤레타리아 혁명(혹은 두 번째 단계의 혁명)을 수행할 때 책임을 질 뿐만 아니라 부르주아 혁명(혹은 첫 번째 단계의 혁명)을 수행할 때에도 매우 커다란 역할을 맡는다. 바꾸어 말하면, 첫 번째 단계는 역사적으로 '필연적'이지만 문제의 민족적 부르주아지가 그 역사적 역할을 '배반'했기 때문에 그것을 대신해 이 역할을 완수할 책임이 프롤레타리아트의 어깨에 달려 있다는 것이다.

그런데 〔2단계 민족 혁명론이라는〕 이 개념 전체는 이중적으로 흥미롭다. 한쪽의 사회계급인 프롤레타리아트가 다른 한쪽의 사회계급인 부르주아지의 역사적 임무(그 수단이 무엇이든)를 수행할 의무와 사회적 가능성을 모두 갖고 있다는 생각이 흥미롭다는 것이다(참고로 내가 주목하는 것은 이 전략이 레닌에 의해, 혹은 적어도 그의 축복과 더불어 시작되었음에도 불구하고 다분히 도덕주의의 냄새가 나는데, 마르크스와 엥겔스가 유토피아적 사회주의자들을 비난하는 이유도 이 때문이다). 그러나 "배반"이라는 생각은 부르주아지 자신의 시각에서 바라볼 때에는 훨씬 흥미롭다. 민족적 부르주아지는 자신들의 역사적 역할을 수행함으로써 생기는 모든 것[이익]을 챙길 수 있었을 텐데도, 왜 그 역할을 '배반'하는 것일까? 게다가 보수주의자, 자유주의자, 마르크스주의자 모두는 자본가로서의 부르주아가 항상 자기 이익을 추구한다는 점에 동의하는데도 그들이 자기 이익을 보지 못하는 것처럼 나타나는 이유는 도대체 무엇일까? 이는 단순한 수수께끼가 아니라 자기 모순적인 단언처럼 보인다. 자기의 역사적 역할을 "배신했다"고 일컬어지는 민족[국민]적 부르주아지의 수가 양적으로는 적기는커녕 매우 많다—오히려 압도적 다수이다—는 사실이 이런 생각을 더욱 기묘하게 만들고 있다.

소유와 경영

3. '부르주아지의 귀족화'라는 용어는 주로 16세기부터 18세기에 유럽 국가들의 상황에 적용되는 경향이 있었고, '부르주아지의 배신'이라는 용어는 20세기의 비유럽 지역의 상황에 적용되는 경향이 있었다. 그러나 19세기 말과 20세기에 북아메리카 및 서유럽의 상황에 주로 적용된 세 번째 용어가 있다. 1932년에 버얼과 민스는 유명한 책을 하나 썼는데, 이 책에서 그들은 근대 기업의 구조적 역사에서 하나의 조류, 즉 그들이 '소유와 경영의 분리'라고 부른 어떤 조류가 있다고 지적했다.[7] 이 말로 그들이 표현하고자 한 것은 법률상의 기업 소유자가 동시에 그 경영자이기도 한 상황에서, 법률상의 소유자가 다수이자 분산되고, 대부분 화폐자본의 단순한 투자자로 축소된 반면

7 Adolf BERLE, Gardiner C. MEANS, *The Modern Corporation and Private Property*, MacMilan Co., New York, 1932.

경영자는 경제적 결정의 모든 실권을 쥐면서도, 반드시 기업의 부분적 소유자인 것도 아니고, 형태상으로는 봉급을 받는 종업원인 상황(즉 근대 주식회사)으로 변동한 것이다. 이제 누구나 인정하고 있는 것처럼, 이 20세기적 현실은 자유주의자나 마르크스주의자가 부르주아의 경제적 역할에 대해 19세기에 묘사한 것과 일치하지 않는다.

이러한 법인기업 형태의 대두는 단지 기업 최상층부의 구조만 바꾼 것이 아니었다. 그것은 하나의 전체적으로 새로운 사회적 계층을 야기했다. 19세기에 마르크스는 자본이 집중됨에 따라 계급의 양극화는 점점 진행되고, 마침내 (아주 적은 수의) 부르주아지와 (매우 많은 수의) 프롤레타리아트만이 남을 것이라고 예언했다. 이것을 통해 그가 실제로 말하고 싶었던 것은 자본주의적 발전의 과정에서 두 개의 큰 사회적 집단들, 즉 독립적인 소규모 농업 생산자들과 독립적인 소규모 도시 장인들이 이중의 과정을 경유해 사라질 것이라는 점, 즉 소수의 사람이 대규모 기업가(즉 부르주아)가 되고 대부분은 임노동자(즉 프롤레타리아)가 된다는 것이었다. 자유주의자들 중에서 이와 비슷한 예언을 한 사람은 거의 없었지만, 그것이 단순히 사회적 서술인 한에서 마르크스 자신의 예언이 자유주의적 테제들과 양립할 수 없는 것은 아무것도 없었다. 칼라일 같은 보수주의자들조차 마르크스의 예언이 본질적으로 옳다고 생각했고, 또 그런 생각 자체에 몸서리를 쳤던 것이다.

실제로 마르크스는 옳았으며, 이 두 가지 사회적 범주들에 속하는 구성원의 수는 최근 150년 동안에 전 세계적으로 격감했다. 그러나 제2차 세계대전 이후, 사회학자들이 주목한 것은, 지금은 주지의 사실이 되었는데, 이 두 계층의 소멸이 새로운 계층의 출현과 손을 맞잡고 진행되었다는 점이다. '구 중간계급'이 소멸함에 따라 '새로운 중간계급'이 등장하게 됐다고 얘기되기 시작한 것이다.[8] 새로운 중간계

8 예를 들어 다음을 보라. C. Wright MILLS, *Les Cols Blancs*, F. Maspero, Paris, 1966.

급이 의미하는 바는 주로 급여를 받고 고용된 전문직으로 이루어진 비대해지고 있는 계층인데, 이들은 대학에서 훈련받은 기량 덕분에 경영자나 그에 준하는 지위—처음에는 '엔지니어', 나중에는 법률이나 건강 관리 전문직, 마케팅 전문가, 정보 처리 분석 전문가 등—를 기업 구조 안에서 차지하게 되었다.

여기에서 두 가지 점에 주목해야 한다. 첫째, 언어적 혼란이다. 이 '새로운 중간계급들'은 (11세기에서처럼) '중간에 있는 계층'이라고 여겨지지만, 오늘날에는 '부르주아지', 혹은 '자본가', 혹은 '최고경영자'와 '프롤레타리아' 혹은 '노동자들' 사이에 위치한다. 11세기의 부르주아지는 **중간** 계층이었으나, 20세기의 용어법에 따르면 부르주아지라는 용어는 아직도 많은 사람들이 세 가지 식별 가능한 계층을 언급하는 상황에서는 그 최상 계층을 서술하는 데 사용된다. 이 혼란은 1960년대에 더욱 심해졌는데 이는 '새로운 중간계급'을 '새로운 노동자 계급'으로 다시 명명하려고 시도함으로써 세 개의 계층을 둘로 축소하려고 했기 때문이다.[9] 이렇게 명칭 변경은 주로 정치적 의도 때문에 장려되었는데, 그러나 여기에는 현실의 변화라는 또 다른 측면이 있었다. 즉, 숙련 노동자와 급여를 받고 고용된 전문직 사이의 생활양식 및 소득 수준의 격차가 점차 좁혀지고 있던 것이다.

둘째로, 이 '새로운 중간계급'을 19세기의 분석 범주로 서술하기가 매우 어려웠다는 것이다. 그들은 '부르주아'라는 몇 가지 기준에 부합했다. 그들은 '부유했고' 투자할 수 있는 얼마간의 돈을 보유하고 있었으며(그렇게 많은 액수는 아니었고, 게다가 주로 주식과 채권으로 보유했다), 경제적으로나 정치적으로나 분명히 자기 이익을 추구했다. 그러나 (재산에서 오는 수익보다) 주로 현재의 노동 보수에 근거하여 살아가는 한에서 그들은 임노동자와 유사한 경향을 보였고, 또 그런 한에

9 예를 들어 다음을 참조하라. André GORZ, *Stratégie ouvrière et néocapitalisme*, Seuil, Paris, 1964.

서 '프롤레타리아적'이었다. 또 그들이 지닌 종종 지극히 쾌락주의적 생활양식은 부르주아 문화와 결부된 청교도적 기질을 중시하지 않으며, 그런 한에서 그들은 '귀족적'이었다.

4. '새로운 중간계급'과 유비적인 것이 제3세계에도 존재했다. 제2차 세계대전 후 제3세계 국가들이 속속 독립함에 따라, 분석가들은 매우 중요한 계층의 대두에 주목하기 시작했다—그것은 정부에 의해 고용된 고학력 중간간부였는데, 그들은 높은 소득 수준 때문에 대부분의 동포들과 비교해 매우 부유했다. 아프리카에서는 다른 종류의 '부자'는 사실상 존재하지 않기 때문에 이런 중간간부가 현저하게 눈에 띄는데, 그곳에서는 그들을 지칭하기 위해 '행정 관료 부르주아지'라는 새로운 개념이 창출되었다. 행정 관료 부르주아지는 생활양식과 사회적 가치라는 면에서 꽤 전통적인 의미의 '부르주아적'이었다. 이것이 대부분 체제의 사회적 지반이 되었던 것은 일당 지배 아프리카 국가들이 '부르주아지의 독재', 정확하게는 이 행정 관료 부르주아지의 독재였다고 파농이 주장한 데서도 엿볼 수 있다.[10] 그러나 당연하게도 이러한 공무원들은 기업가, 임노동의 고용자, 혁신자, 리스크 감수자, 이윤 극대화 추구자라는 부르주아의 전통적인 경제적 역할 중 무엇인가를 한다는 의미에서 아무리 봐도 부르주아적이지 않았다. 음, 이렇게 말하니까 꽤 정확하지 않다. 행정 관료 부르주아도 종종 이러한 고전적인 경제적인 역할을 했지만, 그러나 그렇게 했을 때 그들은 찬양받지 못하고 오히려 '부패·독직汚職' 때문에 비난받게 되었다.

5. 마지막으로, 부르주아 그리고/또는 중간계급의 개념이 혼란을 야기하기는 하지만 중심적 역할을 맡게 된 [다섯 번째] 영역이 있다. 그것은 근대 세계에서 국가의 구조를 분석하는 영역이다. 다시 한

10 Frantz FANON, *Les Damnés de la terre*, F. Maspero, Paris, 1961.

번 보수주의, 자유주의, 마르크스주의 중 어느 학설을 보더라도, 자본주의의 출현은 국가기구의 정치적 통제와 모종의 방식으로 상관되고 긴밀하게 연결되어 있다고 추정되었다. 자본주의 경제는 부르주아 국가를 필연적으로 내포한다는 마르크스주의자의 주장은 "국가란 지배계급의 집행위원회이다"[11]라는 경구로 가장 간결하게 요약되는 견해이다. 휘그파적 역사 해석의 핵심은 인간의 자유를 향한 운동이 경제적 및 정치적 영역에서 평행적으로 진행된다는 것이다. **레세페르**는 대표민주주의나 혹은 적어도 의회를 통한 규칙 제정을 내포했다. 그리고 보수주의자들의 불만의 씨앗이 금전적 연결과 (무엇보다 우선 국가 구조 수준에서의) 전통적 제도들의 쇠퇴 사이의 깊은 연결고리에 있는 것이 아니라면, 그 불만은 도대체 무엇에 대한 것이었을까? 보수주의자들이 〈왕정복고〉에 대해 말할 경우, 그들이 복고시키려고 열심이었던 것은 군주제와 귀족적 특권이었다.

그러나 몇몇 사람들이 완강하게 이견의 목소리를 내고 있다는 점도 주목하자. 부르주아 승리의 심장부인 빅토리아 왕조 시기 영국에서는 승리의 바로 그 순간에, 월터 배젓이 근대 국가 및 자본주의 체계의 존속과 번영을 가능케 하는 조건들을 유지할 때 군주제가 맡은 연속적이고 본질적인 역할을 검토했다.[12] 막스 베버는 자본주의적 문명의 [발달에] 핵심 과정이라고 그가 생각한 세계의 관료화가 정치 체계의 상층부에서는 실현 가능하지 않다고 주장했다.[13] 또 조지프 슘페터는 실제로 부르주아지가 배젓의 경고를 귀담아 들을 수 없었기 때문에 지배 기구가 불가피하게 붕괴될 것이라고 단언했다. 부르주아지가 지배를 강력히 요구함으로써 자신의 사멸을 초래할 것이라는

11 K. MARX, F. ENGELS, *Manifeste communiste*, 1848.

12 Walter BAGEHOT, *La Constitution anglaise*, G. Bailliere, Paris, 1869.

13 Max WEBER, *Économie et société*, Plon, Paris, 1971.

얘기다.[14] 세 사람 모두 부르주아 경제와 부르주아 국가는 겉모습만큼 단순하게 동일시할 수 없다는 점을 주장하고 있었던 것이다.

마르크스주의 진영에서 국가 및 (부르주아) 국가의 계급적 기반에 관한 이론은 지난 30년 동안 가장 골치 아픈 쟁점 중 하나였으며, 이는 니코스 풀란차스[15]와 랄프 밀리밴드[16]의 논쟁에서 가장 현저하게 나타났다. '국가의 상대적 자율성'이라는 구절이 명목상 널리 지지를 받는 결정구가 되었다. 이 말이 '부르주아지'나 '중간계급'에는 너무나 많은 판본이 있다고 오늘날 인정되기 때문에, 그중 어느 하나가 마르크스주의의 정의aphorism에서 볼 수 있듯이 직접 국가를 통제하고 있다고 논하기는 어렵다는 사실을 말하는 것이 아니라면, 이 말은 무엇을 가리키는 것일까? 또 그 다양한 부르주아지가 결합해 단일한 계급이나 집단을 형성하는 것 같지도 않은데 말이다.

부르주아 개념 재고

이처럼 부르주아라는 개념은 중세에서 등장한 이후 구체제의 유럽에서, 이어서 19세기 산업주의의 유럽에서, 다양한 아바타를 거치면서 현재에 이르는 셈인데, 20세기의 세계에 대해 말할 때 이를 명확한 의미로 사용하는 것은 어려울 것 같다. 근대 세계의 역사적 발전을 해석하는 데 부르주아 개념을 아리아드네의 실로 사용하기는 더욱 어려울 것 같다. 그러나 이 개념을 완전히 포기할 각오를 한 사람은 아무도 없는 것 같다. 부르주아지, 아니면 중간계급의 개념이 부재

14 Joseph SCHUMPETER, *Capitalisme, socialisme, democratie*, Payot, Paris, 1963.

15 Nicos POULANTZAS, *Pouvoir politique et classes sociales de l'État capitaliste*, F. Maspero, Paris, 1968.

16 Ralph MILIBAND, *L'État dans la société capitaliste*, La Découverte, Paris, 1982.

한 근대 세계의 본격적인 역사적 해석을 나는 모른다. 그도 그럴 것이 주인공 없이 이야기를 풀어내기는 어려운 것이다. 그럼에도 개념이 현실에 제대로 부합하지 않는다면—게다가 이 현실에 대한 모든 주요 이데올로기적 해석과 경쟁하고 있다면—이 개념을 재검토하고 진정으로 그 본질적 특징이라는 것을 재평가해야 할 시점이다.

나는 지성사의 또 다른 흥미로운 조각에 주목함으로써 시작하고 싶다. 프롤레타리아트—임노동자라고 불러도 될 텐데—가 단순히 역사적으로 오래전부터 존재하고 있는 것이 아니라 실제로는 시간이 지나면서 창조되었다는 점을 우리 모두가 잘 의식하고 있다. 예전에는 세계 노동자 대부분이 농촌의 농업 생산자였으며, 소득을 다양한 형태로 받고 있었지만, 임금 형태로 받는 경우는 거의 없었다. 오늘날에는 세계 노동력의 거대한(그것도 훨씬 더 거대한) 부분이 도시에 존재하며, 그 대부분이 소득을 임금 형태로 받고 있다. 이 변화를 '프롤레타리아화'라고 부르는 사람도 있고, '노동자 계급의 형성'이라고 부르는 사람도 있다.[17] 이 과정을 논한 이론들은 많이 있다. 즉, 이것은 많은 연구의 주제인 것이다.

마찬가지로 우리는 우리 대부분이 그다지 또렷하게 의식하고 있지는 않지만, 그래도 다음을 눈치채고 있다. 그것은 (하나 혹은 또 다른 정의에 의해) 부르주아라고 불릴 수 있는 사람들의 비율이 전보다 오늘날 훨씬 많아졌고, 아마 11세기부터 그리고 분명하게는 16세기부터 의심할 여지없이 꾸준히 증강해 왔다는 것이다. 그럼에도 불구하고 내가 아는 한, '부르주아화'를 '프롤레타리아화'와 평행적인 과정으로 말하는 사람은 실제로 아무도 없다. 또 부르주아지의 형성에 관한 책을 쓴 사람도 없다. 오히려 그들은 "정복자 부르주아"에 관한 책을 쓰

17 Edward THOMPSON, *La Formation de la classe ouvrière anglaise*, Gallimard/Seuil, Paris, 1988.

고 있다.[18] 마치 부르주아는 이미 주어진 것이며 그리하여 귀족정치, 국가, 노동사 등 다른 것에 작용하고 있는 것 같다. 부르주아지는 기원을 갖지 않고 제우스의 머리에서 완전히 성숙한 형태로 출현한 것인 양 여겨진다.

우리는 이런 명백한 데우스 엑스 마키나[특히 극이나 소설에서 가망 없어 보이는 상황을 해결하기 위해 동원되는 힘이나 사건]—예로부터 계속 그래 왔던 진정한 구원의 신—에 아침을 떨어야 한다. 왜냐하면 부르주아지/중간계급이라는 개념의 유일하고 가장 중요한 사용 목적은 근대 세계의 기원을 설명하는 것이었기 때문이다. 신화가 낭송되는 경우와 마찬가지로 옛날 옛적에 봉건제가, 즉 비상업적인, 특화되지 않은 경제가 있었다. 영주가 있었고 농민이 있었다. 시장을 통해 생산과 교역을 하는 도시 부르주아도 (그저 우연이었을까?) 미미하게나마 존재했다. 거기에 중간계급이 대두하여 금전 거래의 영역을 확대시켰고 그렇게 함으로써 근대 세계의 경이로움을 불러일으켰다. 혹은 본질적으로는 같은 생각인데도 이를 약간 다르게 표현하면 부르주아지는 단순히 (경제 무대에) 나타났을 뿐만 아니라 계속해서 (정치 무대에도) 등장해 과거의 지배적 귀족정치를 타도했다. 이런 신화에서 부르주아지/중간계급은 신화가 의미를 갖기 위해 주어진 것이어야 한다. 이 부르주아지의 역사적 형성[체]을 분석한다면 신화의 설명적 정합성은 불가피하게 의문에 부쳐질 것이다. 따라서 이 분석은 지금까지 행해지지 않았고, 설령 행해졌다고 해도 그렇게 많이 행해지지는 않았다.

중세 후기의 도시 부르게이스라는 실존적 행위자를, 아직 검토하지 못한 본질적 요소인 부르주아, 근대 세계의 정복자로서의 부르주아로 전화reification시키는 것이 부르주아의 심리 또는 이데올로기에

18 Charles MORAZÉ, *Les Bourgeois conquerants*, Armand Colin, Paris, 1957.

대한 신비화와 손을 맞잡고 이뤄진다. 이 부르주아는 '개인주의자'이게 된다. 또다시, 보수주의자, 자유주의자 및 마르크스주의자들의 일치된 견해에 주목해 보자. 이 세 학파가 함께 단언한 것은 과거 시대(특히 마르크스주의자에게는 미래 시대)와는 달리 자기 자신을, 그리고 오직 자기 자신만을 쳐다보는 주요한 사회적 행위자, 즉 기업가로서의 부르주아가 존재한다는 것이다. 그는 사회적으로 헌신commitment할 생각이 없으며, 사회적 구속을 전혀 (혹은 거의) 모르고, 항상 쾌락과 고통이라는 벤담의 계산법을 추구하고 있다. 19세기 자유주의자들은 이것을 자유의 실행이라고 정의하고, 만약 모두가 온 마음을 다해 이 계산법을 행한다면, 모두에게 이익advantage이 되도록 약간 신비롭게 작용할 것이라고 주장했다. 잃는 사람은 아무도 없고 이득을 보는 사람만 있을 뿐이라는 것이다. 19세기의 보수주의자와 마르크스주의자는 이 자유주의자의 무사태평함에 도덕적 공포감과 사회학적 회의를 품었다는 점에서 서로 결합되어 있었다. 자유주의자에게 '자유'의 실행과 인간 진보의 원천이었던 것이 그들 눈에는 '아나키' 상태에 이르는 것으로, 그 자체로는 당장 바람직하지 않고 심지어 장기적으로 봐도 사회를 결속시키는 사회적 유대를 해소하는 경향을 지닌 것으로 비쳤다.

근대 사상에는 강한 '개인주의적' 특징이 있으며 그 영향력이 19세기에 정점에 도달했다는 것을 부정할 생각은 없으며, 또 근대 세계의 중요한 사회적 행위자에 의한 유의미한 종류의 사회적 행동 속에 사상의 이러한 특징이—원인 및 결과로서—반영되고 있다는 것을 부인할 생각도 없다. 내가 주의하라고 당부하고 싶은 것은 지금까지 이루어진 논리적 비약에 대해서이다. 즉 개인주의를 근대 사회의, 부르주아 문명의, 자본주의 세계경제의 **하나의** 중요한 사회적 현실로 본다는 것으로부터 그 **유일한**the 사회적 현실로 보는 것으로 비약하는 것에 대해서이다. 그렇게 단순하지 않았던 것이다.

근본 문제는 자본주의가 작동하는 방식에 대해 우리가 갖는 이미지들에 있다. 자본주의는 생산 요인들—노동, 자본, 상품—의 자유로운 흐름을 요구하기 때문에, 우리는 자본주의가 요구하는 것 혹은 적어도 자본주의가 욕망하는 것이 **완전히** 자유로운 흐름이라고 상정한다. 반면, 사실상 자본주의가 요구하고 자본가가 욕망하는 것은 **부분적으로** 자유로운 흐름이다. 자본주의가 수요와 공급의 '법칙'에 기반한 시장 메커니즘을 경유해 작동하기 때문에, 우리는 자본주의가 요구하거나 자본가가 욕망하는 것은 완전경쟁 시장이라고 상정한다. 반면, 자본주의가 요구하고 자본가가 욕망하는 것은 [편리하게] 이용할 수 있는 동시에 제한도 할 수 있는 시장이며, 경쟁과 독점이 적당히 섞여 병존하는 경제이다. 자본주의는 개인주의적 행동에 대해 보수가 주어지는 체계이기 때문에, 우리는 자본주의가 요구하고 자본가가 욕망하는 것 모두 개인주의적 동기에 따라 행동한다고 상정한다. 반면, 실제로 자본주의가 요구하고 자본가가 욕망하는 것은 부르주아와 프롤레타리아 둘 다가 그 심성의 일부로서 반개인주의적인 사회적 성향을 상당 정도 탑재하고 있는 것이다. 자본주의는 소유권이라는 법적 기반 위에 세워진 체계이기 때문에, 우리는 자본주의가 요구하고 또 자본가가 욕망하는 것은 소유권이 신성불가침이어야 하며 사적 소유권이 지금까지보다 더 사회적 상호작용의 영역으로 확대되어 가는 것이라고 상정한다. 반면, 현실에서 자본주의의 전체 역사는 사적 소유권의 꾸준한 쇠퇴의 역사일지언정 확대의 역사는 아니다. 자본주의는 자본가들이 순수하게 경제적 근거를 바탕으로 경제적 의사결정을 내릴 권리를 항상 주장하는 체계이기 때문에, 우리는 그들이 자신들의 의사결정에 정치적 간섭이 이뤄지는 것을 실제로 극도로 혐오한다고 상정한다. 반면, 그들은 시종일관 국가기구를 이용하기를 갈망했으며 정치적 우월이라는 생각을 환영했다.

끝없는 축적

요컨대, 우리의 부르주아 개념에서 잘못된 것은 자본주의의 역사적 현실에 대한 전도된 (도착적이지는 않다고 해도) 독해이다. 만약 자본주의가 무엇인가라고 한다면, 그것은 자본의 끝없는 축적 논리에 기반한 체계이다. 이 끝없음이야말로 자본주의의 프로메테우스적 정신으로서 찬양되거나 혹은 응징되었던 것이다.[19] 이 끝없음이야말로 에밀 뒤르켐에게는 그 영속적인 대응물로서의 아노미를 낳는 것이다.[20] 이 끝없음으로부터 우리들 모두가 도피하려 하고 있다고 에리히 프롬은 주장하고 있다.[21]

막스 베버가 프로테스탄트의 윤리와 자본주의 정신 사이의 필연적인 연결고리를 분석하려고 시도했을 때, 그는 예정설이라는 칼뱅주의 신학의 사회적 함의를 서술했다.[22] 신이 전능하더라도 그리고 소수의 사람만이 구원받을 수 있다면, 인간에게 자신이 이 소수의 사람 안에 포함되는 것을 보장받기 위해 할 수 있는 것이 아무것도 없을 것이다. 왜냐하면 만약 그렇게 할 수 있다면, 그들은 신의 의지를 결정하게 될 것이고, 그렇게 되면 신은 전능하지 않게 될 것이기 때문이다. 그러나 베버는 이것이 논리적으로는 전혀 당혹스럽지 않지만 심리-논리적으로는 불가능하다고 지적했다. 왜냐하면 심리적으로는, 어떤 행위도 모두 예정되어 있기 때문에 이 논리로부터는 어떤 행위도 허용될 수 있다는 것이 연역될 수 있기 때문이다. 혹은 모든 행위는 구제라는 유일하게 정당성 있는 목적에 입각하면 헛되기 때문에, 사람들은 온통 의기소침해지고, 그 결과 소극적이게 될 것이기 때문

19 David LANDES, *L'Europe technicienne*, Gallimard, Paris, 1975.

20 Émile DURKHEIM, *Le Suicide*, F. Alcan, Paris, 1897.

21 Erich FROMM, *La Peur de la liberté*, Buchet-Chastel, Paris, 1963.

22 Max WEBER, *L'Éthique protestante et l'esprit du capitalisme*, Plon, Paris, 1964.

이다. 심리-논리적인 것과 충돌하는 논리는 존속할 수 없으며 방향을 틀지 않을 수 없다고 베버는 주장했다. 칼뱅주의의 경우가 그러했다. 칼뱅주의자들은 예정의 원리에 예지의 가능성을, 혹은 적어도 부정적인 예지의 가능성을 덧붙였다. 우리는 우리의 행위에 의해 신의 행위에 영향을 미칠 수가 없지만, 모종의 부정적이거나 죄 많은 행위는 은총의 부재의 징표로서 도움이 된다. 심리적으로는 이것으로 만사형통이었다. 우리는 어느 정도 적절한 방식으로 행동하도록 촉구받았다. 왜냐하면, 그렇게 하지 않으면, 신이 우리를 버려 버렸다는 확실한 징표가 되기 때문이다.

나는 자본주의적 에토스의 논리와 심리-논리를 구별하면서 베버의 것과 유사한 분석을 하고 싶다. 만약 이 [자본주의적 에토스의] 실천의 목적이 자본의 끝없는 축적이라면, 논리적으로는 영원한 노고와 자기부정이 항상 필요하다. 임금 철칙과 마찬가지로 이윤 철칙이 존재한다. 방종에 허비되는 1페니는 투자의 과정으로부터, 따라서 새로운 자본 축적의 과정으로부터 축출된 1페니이다.

하지만 이윤 철칙은 논리적으로 엄격하다고는 하지만, 심리적으로는 불가능하다. 개인적 보수가 아무것도 없다면 자본가, 기업가, 부르주아라는 것의 장점은 무엇일까? 아무런 장점이 없다는 것, 누구도 그것이 되지 않을 것이라는 점은 명백하다. 그러나 여전히 논리적으로는 이것이 지금 요구되는 것이다. 그렇다면 당연히 논리가 변경되어야 한다. 그렇지 않으면, 이 체계는 결코 작동하지 않을 것이다. 그런데 분명히 그것은 상당한 기간 계속 작동하고 있다.

전능-예정의 조합이 예지에 의해서 변경되었던 (그리고 궁극적으로는 붕괴되었던) 것과 마찬가지로, 축적-저축이라는 조합은 지대에 의해서 변경되었다(그리고 궁극적으로는 붕괴되었다). 알다시피 지대는 고전파 경제학자(그 마지막 인물인 마르크스도 포함해)들에 의해 이윤의 진정한 안티테제로 제시되었다. 그러나 지대는 그런 것이 아니다. 그것은 이윤의 아바타이다. 고전파 경제학자는 지대에서 이윤으로 향하는 역사적 진화를 살폈는데, 이 역사적 진화는 부르주아지가 귀족정치를 타도한다는 우리의 역사적 신화로 거듭난다. 그러나 실제로 이것은 두 가지 방식에서 틀렸다. 이 시간적 시퀀스는 단기적인 것이지 장기적이지 않다. 더구나 다른 방향으로 향한다. 모든 자본가는 이윤을 지대로 바꾸려고 한다. 이는 모든 '부르주아'의 일차적 목적은 '귀족'이 되는 것이라는 진술로 거듭난다. 이는 단기적 시퀀스이지 **장기지속**에 관한 진술이 아니다.

'지대'란 무엇인가? 엄밀한 경제학적 의미에서 지대는 어떤 구체적인 시공간적 현실의 통제에서 유래하는 소득이지만, 아무리 봐도 소유자의 창조물이나 그의 자기 노동(심지어 기업가로서의 그의 노동)의 결과라고는 할 수 없는 소득이다. 만약 내가 운이 좋게도 강의 얕은 여울 근처에 땅을 소유하고 있어서, 그곳을 지나려면 통행료를 내라고 한다면, 나는 지대를 받고 있는 셈이다.[23] 만일 다른 사람들이 그네들의 이익을 위해 내 땅에서 일하거나 내 건물에서 생활하는 것을 내가 허락하고 그들로부터 대가를 받는다면, 나는 임대인[금리생활자]이라고 불린다. 사실 18세기 프랑스에서 임대인[금리생활자]은 "자기의 수익에 기초해 고상하게 살고 있는 부르주아", 즉 사업이나 직업을 기피하는 부르주아로 문서에 정의되어 있다.[24]

그런데 이 중 어떤 경우에도, 지대로 이어지는 유리한 조건을 획득하는 데 자신이 아무것도 한 게 없다는 것이 완전히 진실이라고는 할 수 없다. 나는 모종의 소유권을 획득한 선견지명, 혹은 행운을 가

23 [옮긴이] 프랑스어로 부동산 임대의 경우 보통 '임대료loyer'라고 하지만 영어에서는 지대rent(임대)라고 한다.

24 Geotge V. TAYLOR, "The Paris Bourse on the Eve of the Revolution", *American Historical Review*. vol. LXVII, n° 4, juillet 1961, pp. 951-977, 특히 p. 954.

지고 있었고, 그 덕분에 나는 합법적으로 지대를 획득할 수 있었다. 이러한 소유권 획득의 기저를 이루는 '노동'은 두 가지 특징을 갖추고 있다. 이 노동은 현재가 아니라 과거에 행해진 것이었다(사실 그것은 종종 먼 과거, 즉 조상들에 의해 행해졌다). 그리고 그것은 정치적 권위에 의한 신성화sanctification를 요구하는 것으로, 이것 없이는 현재에 돈을 벌 수 없다. 따라서 지대=과거이며, 지대=정치 권력인 것이다.

지대는 현존한 재산 소유자에게 도움이 된다. 현재의 노동 덕분에 재산을 획득하려는 자에게는 도움이 되지 않는다. 그래서 지대는 항상 도전에 직면해 있다. 그리고 지대는 정치적으로 보장되어 있기 때문에 항상 정치적 도전에도 직면해 있다. 그러나 성공을 거둔 도전자는 결과적으로 재산을 획득할 것이다. 그가 그렇게 하자마자 그의 이해는 지대의 정당성을 옹호하도록 명한다.

지대는 실로 경쟁적인 시장에서 얻을 수 있는 것보다 높은 비율의 이윤율을 창출하는 메커니즘이다. 강 건너기의 사례로 돌아가 보자. 다리를 놓을 수 있을 정도로 폭이 좁은 곳이 딱 한 곳뿐인 강이 있다고 해 보자. [이용에는] 다양한 선택지가 존재한다. 국가는 모든 토지가 잠재적으로는 사유지이며, 폭이 가장 좁은 지점인 강 두 쪽의 접안 땅을 우연히 소유한 사람이라면 사적으로 소유한 다리를 놓아 사적 통행료를 부과할 수 있다고 공포할 수 있을 것이다. 강을 건널 수 있는 곳이 하나밖에 없다고 전제하면, 이 사람은 독점을 갖게 되고, 강을 건너는 것이 상업 궤적에 포함된 모든 상품 연쇄로부터 잉여가치의 상당 부분을 추출하는 수단으로서, 고액의 통행료를 부과할 수도 있을 것이다. 그 대신에 강의 두 쪽이 공유지라고 국가가 공표할 수도 있을 것이다. 이 경우, 두 가지 이상적인 유형의 가능성이 더 나타나게 된다. 한 가지 가능성은 국가가 공적 자금으로 다리를 건설하고, 통행료를 전혀 부과하지 않거나 혹은 비용을 회수할 만큼만 요금을 부과하는 경우이다. 이 경우, 그러한 상품 연쇄로부터는 그 어떤 잉여가치도 추출되지 않을 것이다. 다른 가능성은 강의 두 쪽이 공공재이며 작은 배 소유자들을 경쟁시켜 재화의 하천 수송에 이용되어야 한다고 국가가 공표하는 경우이다. 이 경우 치열한 경쟁 때문에, 이러한 서비스 가격은 작은 선박 소유자들이 낮은 이윤율을 감수해야 할 정도로 낮아지고, 결국 강을 건너는 상품 연쇄에서 이들이 추출한 잉여가치는 최소한만 인정받을 것이다.

지대와 독점

이 예에서 지대가 얼마나 독점 이윤과 똑같은 것, 혹은 거의 똑같은 것으로 보이는지 주목해야 한다. 독점이란 알다시피 경쟁의 부재 때문에 거래 당사자가 높은 이윤을, 혹은 이렇게 말해도 좋다면 독점된 부문이 상품 연쇄 전체—독점된 부문은 그 일부를 이룬다—에서 발생된 잉여가치의 높은 비율을 획득할 수 있는 상황이다. 어떤 기업이 시공간적으로 특정한 유형의 경제적 거래를 독점하는 상태에 가까워질수록 그만큼 이윤율이 높아진다는 것은 지극히 명백하며 사실상 자명하다. 그리고 시장의 상황이 완전경쟁에 가까워질수록, 그만큼 이윤율도 저하된다. 실제로 완전경쟁과 낮은 이윤율의 이러한 연결 자체가 역사상 자유 기업의 체계를 이데올로기적으로 정당화하는 이유 중 하나이다. 유감스럽게도, 자본주의에서 지금까지 자유로운 기업[활동]이 광범위하게 실현된 적은 없다. 그 이유는 바로 자본가들이 자본을, 그것도 가능한 한 많은 자본을 축적하기 위해서 이윤, 그것도 최대 이윤을 추구하기 때문이다. 그들은 그렇게 하도록 동기부여되어 있을 뿐만 아니라, 독점적 지위를 추구하도록 구조적으로 강제되며, 그런 지위에 이르면, 그들은 이윤 극대화를 지속적으로 가능하게 하는 주요 기관agency인 국가를 통해 이윤을 추구하도록 내몰린다.

따라서 내가 제시하고자 하는 세계가 온통 뒤죽박죽임을 알게 될 것이다. 자본가가 원하는 것은 경쟁이 아니라 독점이다. 그들은 이윤이 아니라 시대를 동해 자본을 축적하려고 한다. 그들이 되고 싶어 하는 것은 부르주아가 아니라 귀족이다. 그리고 역사적으로, 즉 16세기부터 오늘에 이르기까지 자본주의 세계경제에서 자본주의의 논리가 심화되고 확대되고 있으므로, 독점의 감소가 아니라 증대를, 지대의 증대와 이윤의 감소를, 귀족 계급의 증대와 부르주아지의 감소를 볼 수 있는 것이다.

아, 말이 너무 많군! 지나치게 똑똑한 척하는데! 여러분은 이렇게 말할 것이다. 그것은 우리가 알고 있는 세계상도, 우리가 연구한 역사적 과거에 대한 그럴듯한 해석도 아닌 것 같다고. 여러분 말이 맞을 것이다, 왜냐하면 나는 이야기의 절반을 아직 말하지 않았기 때문이다. 자본주의는 정체 상태에 있지 않다. 그것은 역사적 체계이다. 그것은 그 내적 논리와 내적 모순에 의해 발전해 왔다. 달리 말하면, 자본주의에는 순환적 리듬뿐만 아니라 장기적 추세도 존재한다. 그래서 특히 우리의 탐구 주제인 부르주아에 대해서 이러한 장기적 추세를 살펴보자. 아니 오히려 우리가 부르주아화라는 딱지를 붙이고 있는 장기적 과정을 살펴보자. 이 과정은 다소나마 다음과 같이 작동할 것이다.

자본주의의 논리는 금욕적 청교도주의자, 즉 크리스마스조차 못마땅해 하는 스크루지[찰스 디킨스의 소설 『크리스마스 캐럴』에 등장하는 수전노] 같은 인물을 요구한다. 자본주의의 심리-논리는 돈이 권력의 척도인 것 이상으로 [신의] 은총의 척도가 되는 세계이지만, 그것은 부의 과시, 따라서 '과시적 소비'를 요구한다. 체계가 이 모순을 담고서 작동하는 방식은 이 두 추진력을 세대 간의 시퀀스[연속된 현상]로, 즉 부덴브로크 현상으로 전환시킨다. 성공한 기업가들이 모이면, 그곳에는 어김없이 브덴브로크 유형의 기업가들이 모여들었다. 따라서 17세기 말 네덜란드에서는 부르주아지의 귀족화의 사례를 볼 수 있었다.

이것이 소극[익살극]으로 되풀이되면, 그것은 부르주아지의 역사적 역할의 배반으로 불린다. 이는 예를 들어 20세기의 이집트에서 볼 수 있었다.

이것은 단순히 소비자로서의 부르주아라는 물음에 그치지 않았다. 귀족적 스타일에 대한 그의 선호 경향은 기업가로서 그의 독창적인 기능 양식에서도 찾아볼 수 있다. 19세기에 들어서 많은 시간이 지날 때까지(오늘날까지도 그 잔존물이 남아 있지만), 자본주의적 기업은 노사관계에 관해서는 중세의 장원을 모델로 구축되었다. 기업의 소유자는 스스로를 아버지 형상, 즉 피고용인들을 배려하고 그들에게 주거를 마련해 주고 일종의 사회보장 프로그램을 제공하며, 그들의 작업 행태뿐 아니라 그들의 모든 도덕적 행실에 대해서도 관여하는 아버지 형상으로서 스스로를 제시했다. 그러나 시간이 지나면서 자본은 집중화하는 경향을 띠었다. 이는 독점을 추구하고 경쟁자를 제거한 결과이다. 그 과정은 끊임없이 준-독점을 파괴하려는 온갖 반대 조류 때문에 천천히 이뤄진다. 그러나 기업 구조는 점점 더 커지고 소유와 경영의 분리—가족주의적 경영의 종언, 법인기업의 대두, 새로운 중간계급의 출현—를 포함하게 되었다. 주변부, 특히 반주변부 지역의 더 약한 국가들에서 흔히 볼 수 있듯이, '기업'이 명목상 사적으로 소유된다기보다는 사실상 국가 소유인 곳에서는 새로운 중간계급은 대부분 행정 관료 부르주아지의 형태를 취한다. 이 과정이 진행됨에 따라 법률적 소유자의 역할은 중심적 위치에서 점차 물러나 결국에는 흔적만 남기게 될 것이다.

급여를 받는 부르주아지인 이 새로운 중간계급을 우리는 어떻게 개념화해야 할까? 생활양식 또는 소비의 축을 따라가 보면, 혹은 (이렇게 말해도 좋다면) 잉여가치의 수취자라는 사실에 입각한다면, 그들은 분명히 부르주아이다. 그러나 그들은 부르주아가 아니며, 자본이나 소유권의 축을 따라가면 더욱 그렇다. 즉, 그들은 '고전적인' 부르주아만큼은 이윤을 지대로 바꾸거나 스스로를 귀족화할 수 없다. 그들은 현재에서 얻은 유리한 조건에 기초해 생활하는 것이지 과거로부터 물려받은 특권에 기초해 생활하는 것이 아니다. 더욱이 그들은 현재의 소득(이윤)을 미래의 소득(지대)으로 전환시킬 수 없다. 즉, 그들은 언젠가 그들 자녀들이 살아가게 될 과거를 재현할 수 없다. 현재에 사는 것은 그들뿐만이 아니다. 그들의 아이도, 그 아이들의 아이들도 그래야 한다. 부르주아화의 중심적 내용은 이렇다—귀족화(모든 고전적 재산 소유 부르주아가 가장 좋아한 꿈)의 가능성의 종언, 미래를 위한 과거를 구축하는 것의 종언, 현재에 사는 것의 선고.

이것이 우리가 전통적으로 프롤레타리아화라는 단어로 뜻했던 것과 얼마나 많이 유사한지—유사하다는 것이지 동일하다는 게 아니다—를 골똘히 생각해 보자. 프롤레타리아란 통상적으로 더 이상 농민(소규모 토지 관리자)도, 수공업자(소규모 기계 관리자)도 아닌 노동자를 말한다. 프롤레타리아란 시장에 제공할 수 있는 것이 자신의 노동력뿐이고, 기댈 수 있는 자원(즉 과거)이라곤 전혀 없는 자이다. 그는 현재에 버는 것을 갖고서 생활한다. 내가 서술하는 부르주아도 더 이상 자본을 통제하지 않으며(따라서 과거를 갖지 않으며), 현재에 버는 것을 갖고서 생활한다. 그러나 부르주아와 프롤레타리아 사이에는 한 가지 현격한 차이가 있다. 그것은 부르주아가 훨씬 풍족하고 훨씬 더 잘 살고 있다는 점이다. 이러한 차이는 더 이상 생산수단의 통제와 무관하거나 혹은 거의 관계가 없는 것처럼 보인다. 그래도 부르주아화의 소산인 부르주아는 프롤레타리아화의 소산인 프롤레타리아에 의해 창출된 잉여가치를 취득한다. 그러므로 만일 양자의 차이가 생산수단의 통제가 아니라면, 부르주아가 통제하고 있고 프롤레타리아가 통제하지 않은 것이 아직 무엇인가 있음에 틀림이 없다.

'인적자본'

이 지점에서, 최근 출현한 또 다른 준-개념인 인적자본에 주목해 보자. 인적자본은 이런 신형 부르주아가 풍부하게 갖고 있는 반면 우리의 프롤레타리아는 갖고 있지 않은 것이다. 그러면 그들은 인적자본을 어디에서 획득하는가? 답은 잘 알려져 있다. 그것은 교육제도에서이다. 교육제도의 일차적이고 스스로 공언하는 기능은 사람들을 새로운 중간계급의 구성원이 되도록 훈련시키는 것, 즉 우리 체계의 기능적인 경제적 구성 단위인 공적 및 사적 기업의 전문가, 기술자, 관리자가 되도록 사람들을 훈련시키는 것이다.

세계의 교육제도는 실제로 인적자본을 창출할까, 즉 경제적으로 볼 때 매우 높은 보수를 받을 만한 난이도 높은 특수 기술을 익힌 인재를 창출할까? 우리 교육제도의 최상층 부분은 이 노선을 따라 어떤 것을 하지만(하지만 그 경우에도 극히 일부일 뿐이다), 대부분은 오히려 새로운 중간계급으로서 등장할 사람들을 사회화, 양육, 그리고 선별하는 기능을 맡는다고 할 수 있을 것이다. 그렇다면 새로운 중간계급은 어떻게 선별되는가? 분명히 완전한 바보들이 이른바 박사 학위를 따는 일은 없다고(혹은 적어도 드물다고) 얘기된다는 점에서, 그들은 공적merit에 의해 선별된다. 하지만 공적을 지닌 (적어도 새로운 중간계급의 일원이 될 정도로 공적을 갖춘) 사람들이 너무도 많기 때문에(그다지 적지 않기 때문에) 이 선별은 결국 약간 독단적일 수밖에 없다.

그 누구도 추첨 운을 좋아하지 않는다. 그건 너무 불확실하다. 대부분의 사람들은 자의적인 선별을 피하기 위해서라면 무슨 일이든 하기 마련이다. 이들은 당첨을 확실히 하기 위해, 즉 특권에 대한 접근을 확실히 하기 위해 현재 가지고 있는 영향력을 행사한다. 현재 더 많은 수혜를 누리고 있는 사람일수록 더 큰 영향력을 가진다. 새로운 중간계급이 자기 자녀에게 제공할 수 있는 유일한 것은, 그들이 더 이상 과거를 물려줄 수 없는 (혹은 적어도 그렇게 하기가 점점 어려워지고 있는) 한, '보다 나은' 교육기관에의 특권화된 접근뿐이다.

정치 두쟁의 중심적 장소가 가장 넓은 의미로 정의된, 교육에 관한 게임의 규칙이라는 점은 결코 놀랍지 않다. 지금 우리는 국가로 돌아가기 때문이다. 확실히 국가는 과거성을 부여하거나 특권을 후하게 보호하거나 지대를 합법화하는 것을 점점 금지하고 있다. 즉, 자본주의가 그 역사적 궤도로 나아감에 따라, 재산의 중요성은 지금보다 줄어들고 있으나 그렇다고 해서 국가가 주목받지 못하고 있는 것은 아니다. 국가는 존댓말에 의해 과거성을 부여하는 대신 능력주의를 통해 현재성을 부여할 수 있다. 결국 우리는 전문적이고 봉급을 받는 무산 부르주아지 속에서 "재능에 개방적인 직업"을 찾아낼 수 있다. 그렇다고는 해도 너무나 많은 재능이 세간에 넘쳐나기 때문에, 재능 있는 자와 없는 자를 누군가가 결정해야 하는 한에서 그럴 수 있다. 그리고 이 결정은 차이가 적은 범위 안에서 이루어지는 경우에는 정치적 결정이다.

이렇게 우리의 그림을 요약할 수 있다. 사실상 부르주아지는 시간이 지나면서 자본주의의 틀 내부에서 발전해 왔다. 그러나 현재의 부르주아지는 그 명칭을 산출하게 된 중세의 상인과 거의 유사점이 없으며, 또 오늘날 역사 사회과학에서 일반적으로 정의된 바와 같은 부르주아 개념을 낳게 된 19세기 자본주의적 산업가와도 전혀 유사하지 않다. 우리는 사고the accidental에 넋이 나가, 작동 중인 이데올로기에 의해 의도적으로 주의가 산만해졌다. 하지만 잉여가치의 수취자로서의 부르주아가 자본주의적 드라마의 중심 배우라는 점은 맞는 말이다. 하지만 부르주아는 항상 경제 분야의 배우이자 정치 분야의 배우이기도 하다. 즉, 자본주의만이 경제 영역을 정치 영역으로부터 자율적이게 했다는 점에서 자본주의가 독자적인 종류의 역사적 체계라고 보는 논의는 자본주의를 매우 고도로 보호하는 것이기는 하지만, 현실에 관한 거대한 오인이라고 나는 생각한다.

이는 나를 21세기에 관한 나의 마지막 논점에 이르게 한다. 능력주의적 체계라는 부르주아적 특권의 마지막 아바타에 따른 문제—말하자면 부르주아지의 관점에서 본 문제—는 그 기반이 너무 얇기 때문에 [부르주아지의 이익을] (가장 많이 지키기는커녕) 거의 지키지 못한다는 것이다. 피억압자는 좋은 곳에서 타고난 사람들에 의해 지배받고, 또 그들에게 보수를 주는 것을 감수할 것이다. 그러나 자신들이 더 현명하다고 주장(심지어 의심스러운 주장)만 할 뿐인 사람들에 의해 지배받으며, 그들에게 보수를 주는 것은 감내할 수 있는 범위를 넘어섰다. 그런 베일은 더 쉽게 뚫릴 수 있다. 이리하여 착취는 투명하게 더 비쳐 보인다. 자신들의 분노를 달래 주는 차르도 아버지 같은 산업가도 없는 노동자들은 착취와 그들 신상에 닥친 불행에 대한 좁은 이해관계에 기반한 설명을 정교화하는 일을 마다하지 않는다. 이것은 이미 배젓과 슘페터가 말한 것이다. 배젓은 아직 빅토리아 여왕이 묘기를 부려 [부르주아지를 보수해] 줄 것이라는 희망을 갖고 있었다. 슘페터는 더 나중에 런던이 아닌 빈에서 태어나 하버드대학교에서 가르쳤고, 내내 지켜봤지만, 이런 점에서는 훨씬 비관주의적이었다. 그는 일단 부르주아지가 더 이상 귀족화될 수 없다면, 부르주아적 특권 또한 얼마 지속될 수 없다는 것을 알고 있었던 것이다.

10장 계급투쟁에서 계급 없는 투쟁으로?[1]

에티엔 발리바르

"마르크스주의는 어디로Whither Marxism?"라는, 이 콜로키움의 참석자에게 제기된 물음의 형식 자체를 우선 검토하자.[2] 이 물음은 마르크스주의의 방향성뿐 아니라 그 운명과 생존 가능성에 대해서도 의문이 생긴다는 것을 전제한다. 1913년에 레닌은 「카를 마르크스 교의의 역사적 운명」이라는 제목의 유명한 논문에서 파리 코뮌을 [전환의] 중심축으로 하는 보편사의 시기 구분을 제안했다. 이 사건에서 시작해, 역사의 '외관상의 혼돈chaos' 속에서도 역사를 명확하게 보고 그 방향을 잡을 수 있게 해 주는 '법칙'이 백일하에 표명되었다는 것이다. 바로 이것이 마르크스가 파리 코뮌과 똑같은 시기에 정식화한 계급투쟁의 법칙이다. 그리고 레닌의 눈에는 이 법칙이 현실과 일치한다는 점이 너무도 뚜렷했기에, "역사의 변증법은 이론의 면에서는 마르크스주의의 승리가 적들마저 스스로를 마르크스주의자로 위장할 수밖에 없게 할 정도이다"[3]라고 단언할 수 있다고 그는 믿었다. 달리 말해 마르크스주의는 지배적인 '세계관'이 되었다. [그 후] 수십 년 동안 사회주의 혁명은 수백만 사람들에게 이런 확신을 확고하게 만들어 주

1 이 글은 "Hannah Arendt Memorial Symposium in Political Philosophy", *New School for Social Research*, New York, 15-16 Avril 1987.에 제출되었다.
[옮긴이] 이 글은 다음에 번역된 적 있다. 에티엔 발리바르, 「계급투쟁에서 계급 없는 투쟁으로?」(신현준 옮김), 서관모 엮음, 『역사유물론의 전화』, 민맥, 1993, 253-287쪽.

2 [옮긴이] 여기서 "Whither Marxism?"는 "마르크스주의는 어디로 가는가?"라는 질문이기도 하고, "마르크스주의는 고사하는가?"로도 읽을 수 있다. 아래의 "the withering away of marxism!"도 이와 관련된다. 참고로 자크 데리다의 『마르크스의 유령들』 역시 이 물음과 관련된 하나의 대답이기도 하다.

3 [영역자] V. I. Lenin, *Collected Works*, Progress Publishers, Moscow, 1963, vol. 18, p. 584.

었다. 이들 모두가 저능아이거나 야심가였던 것은 아니다. 역설적이게도, 마르크스주의가 공식 교의인 국가의 이데올로기 공무원들의 압도적인 집단corps imposant을 제외한다면(그러나 그들 자신이 그것을 믿는지 여부를 물을 수도 있을 것이다), 오늘날 이런 유형의 단언은 몇몇 신자유주의의 이론가들—그들에게는 가장 축소된 '복지국가'의 사회정책의 최소한의 단편조차도 이미 '마르크스주의'의 표명이다—의 펜 아래에서만 발견될 수 있을 뿐이다. [이들을 제외한] 다른 사람들의 눈에는 오히려 마르크스주의의 쇠퇴가 압도적인 인상으로 비칠 것이다. 즉, **마르크스주의는 고사했다!***the withering away of marxism* 그러나 [레닌의 시대와] 똑같은 확신에 확신을 거듭하더라도, [마르크스주의의 고사라는] 이 새로운 정통에 도대체 어느 정도의 가치가 있다는 것일까?

나는 이 물음을 직접 마무리할 생각은 없다. 왜냐하면 문제가 잘못 제기되었기 때문이다. 오히려 우리에게는 (라캉이 말한 것처럼) 계기繼起적인 "예상된 확신의 단정"에 의해 감춰진 모순들을 다시 깨어나게 하고, 어느 정도 움직이게 하는 것이 중요하다고 생각한다.[4] 잘되면, 논쟁의 자리바꿈을 기대하고 싶다. 그러나 [그렇게 되려면] 방법에 관한 몇 가지 검토에서 시작해야 한다.

첫째, "마르크스주의는 어디로 가는가?"라는 물음에 대해, **이론으로서의 마르크스주의는 그 자체로는 그 어떤 긍정적인 대답을 가져올 수 없다**는 것이 나의 기초적인 논리의 사실이다. [마르크스주의가 어디로 가는가라는] 경향의 결정이라는 형태에서도 그렇다. [왜냐하면] 이 물음은 마르크스주의가 자신의 '방향[의미]'에 대한 인식을 갖고 있다고 전제하기 때문이다. 우리가 마르크스주의에 요구할 수 있는 것은—마르크스주의가 그것을 행했다고는 도저히 말할 수 없지만—마르크스주의가 사회운동에 '수입'된 것이 자신의 교의의 역사에 미친 효과를,

4 [영역자] 다음을 참조하라. Jacques Lacan, *Écrits*, Éditions du Seuil, Paris, 1966, pp. 197-213.

그리고 '물질적 힘'으로서 마르크스주의가 투여된 역사적 상황에 끼친 효과를 연구하라는 것이다. 우리는 마르크스주의가 그 자체로, 그 개념적 변증법의 결과들을, 또 마르크스주의의 '세계 되기devenir monde [세계적으로 실현되기]'의 '현실적' 변증법의 결과들을 숙지하고 있다고는 도저히 믿을 수 없다. 이 물음들에 대해 우리는 철학적 의미에서만, 즉 선재하는 규칙 없이만(리오타르) 성찰할 수 있다. 나아가 모든 성찰이 그것이 탐구하고자 하는 과정에 '내재적인' 그 대상[의 규명]에는 적합하지 않다는 것은 변함없다.

둘째 우리는, 거대한 일반성을 지녔으나 이견을 제시하기 어려운 변증법적 테제를, (이론으로서, 이데올로기로서, 조직화 형태로서, 논쟁의 쟁점으로서…) **존재하는** 한에서 마르크스주의에 즉각적으로[무매개적으로] 적용할 수 있다. "존재하는 모든 것은 사멸하기 마련이다"(엥겔스가 "헤겔의 체계"에 적용한, 괴테의 『파우스트』로부터의 인용)라는 것이 그 테제이다.[5] 그러므로 마르크스주의는 그 모든 실존 형상들하에서 빠르든 혹은 느리든 불가피하게 사멸할 수밖에 없다. **이론**의 형상하에서도. 마르크스주의가 어디론가 **간다**면, 그 자신의 파괴로 갈 수밖에 없다. 이제 (스피노자의) 또 다른 테제를 덧붙이자. "사멸의 방식에는 여러 가지가 있다."[6] 그중 몇몇은 남김 없는, 순수하고 단순한 해소이다. 다른 방식들은 재주조, 교체 혁명이다. 이 경우에는 설사 그 대립물의 형태하에서일지라도, 어떤 것은 존속한다. 회고적으로 (그리고 오직 회고적으로만) 마르크스주의가 어떤 일관성을 갖고 있는지를 그 사멸 방식을 통해 알게 될 것이다. 그러나 '사멸' 과정이 이미 진행 중이며, 심지어 상당히 진행되었다는 가설을 세운다면—이렇게 생각하

5 [영역자] *Faust* I, 11, 1339-1340 : 'alles, was entsteht,/Ist wert, daß es zugrunde geht', 이 글은 엥겔스의 그 유명한 『포이어바흐와 독일 고전철학의 종말』의 시작 부분에 인용되었다.

6 [영역자] 발리바르는 여기서 스피노자 『윤리학』의 정리 39를 언급한다.

게 하는 하나 이상의 지표가 있다—정세와 지적 개입이 그 권리를 되찾게 된다. 즉, 우리는 실천적-이론적 핵심 의미(사멸 과정의 향배는 그 의미에 달려 있다)를 식별[규정]하고, 이를 일정한 방향으로 가동시킬 수 있는 위험을 무릅쓸 수 있다.

세 번째 검토. 마르크스주의의 역사적 영향력에 대한 검토. 지금 그 [이론적] 정교화, 실천적 투여, 그 제도화, '위기'라는 사이클 속에서 나타나는 마르크스주의는 놀랄 만큼 모순적인 형상을 보이고 있다. 그리고 심지어 이중적으로 모순적이다.

한편으로, 어느 시점에 이뤄졌는지를 정확하게 지적할 수는 없으나(아마 몇몇 공산당에서 '프롤레타리아트 독재'라는 목표가—어떤 의미에서는 너무 늦게, 다른 의미에서는 너무 빠르게—폐기된 시점일 것이다), 마르크스주의의 혁명적 '예견'과 '강령'은 그것들이 기초하고 있는 '조건들'—계급투쟁 및 자본주의의 일정한 형세—이 이제 더 이상 존재하지 않으며, 자본주의가 이 조건들을 '넘어서', 그리고 따라서 마르크스주의 그 자체도 넘어서 나아가고 있다는 단순한 이유로, 그대로는 **결코 실현되지 않을** 것처럼 보인다. 그러나 이러한 지양의 양태에 대한 그 어떤 진지한 분석도, 이 지양 자체가 부분적으로는 (그리고 심지어 본질적인 부분으로서도) 마르크스주의의 유효성의 간접적인 결과임을 오인할 수 없을 것이다. 특히 20세기에 자본주의의 '재구조화'가 (마르크스주의의 적자 또는 적자로 간주되는) 소비에트적 혁명이라는, 그리고 무엇보다도 그것의 노동운동과 민족해방 투쟁으로의 연장이라는 '도전'에 대한 응답이며 반격이었던 한에서 그러하다. 따라서 마르크스주의는 자신의 장래 전망을 극복하려 할 때 이해당사자인 것이다.

다른 한편으로, 마르크스주의—혹은 어떤 특정한 마르크스주의, 하지만 이 친자관계를 선험적으로 내던져 버릴 수단을 갖고 있지는 못하다—는 '사회주의 혁명' 및 '사회주의의 구축[건설]'에서 **실현되었다**고 믿어졌고 그렇게 선언했다. [사회주의에서 공산주의로의] 이행의 이론과 전망이 겪었고 아직도 겪고 있는 우여곡절[avatars]이 어떠하든, '실현된 사회주의' 사회는 자신들을 공식적으로 '계급 없는' 사회, 혹은 적어도 '계급투쟁이 없는' 사회로 간주하기 위해, 마르크스주의에 의지했다. 마르크스주의의 어떤 것이 실제의 제도로 불가역적으로 나아간 것은 무엇보다 우선 이런 규범적인 형태하에서이다. 그렇지만 만일 이런 [계급투쟁 없는] 사회가 제2차 세계대전 이후, 결코 정치적으로 부동적인, 역사 없는 사회가 아니라면, 이런 사회와 거리가 멀다면, 이는 특히 더 고전적인 장르의 계급투쟁(노동자 투쟁)과 당-국가 독점체에 맞서 이뤄진 민주주의적 싸움과 밀접하게 뒤섞인 (중국이나 폴란드 같은) 혁명적 계급투쟁조차, 주기적으로 첨예한 형태로 일어났기 때문이다. 여기에서 새로운 역설이 보인다. 즉, 사회적 적대의 문제설정으로서의 마르크스주의는 항상 그 '성취'에 **앞서는** 것으로서 나타난다는 것이다.

이로부터 우리의 역사적 현재의 사회적 분할 및 사회적 형성체들과의 마르크스주의의 특이한 뒤얽힘이 생긴다. 즉, 마르크스주의와의 관계가 항상 동시대 세계를 '분열시키고' 있는 것처럼 보이지만, 그러나 또한 계급투쟁—마르크스주의는 계급투쟁의 '법칙' 또는 이해가능성의 원리를 언표한다—은 이것이 마땅히 존재해야 할 곳에 결코 존재하지 않을 것으로 보인다.

따라서 이 중심적인 테마로 나아가야 한다. 가장 짧게 잘라 말하자. 매우 분명한데, 마르크스주의의 정체성은 계급 및 계급투쟁에 관한 마르크스주의의 정의, 그 분석의 범위와 타당성에 전적으로 의존한다는 점이다. 이 분석의 바깥에서는 마르크스주의는 더 이상 존재하지 않는다. 사회적인 것의 종별적 이론화로서도, 역사에 대한 정치적 '전략'의 접합으로서도 말이다. 역으로, 마르크스주의의 **몇 가지 요소**는 계급투쟁이 사회적 변형의 이해 가능성의 원리로 남는 동안은, 곧 계급투쟁이 역사적 운동의 유일한 '근본적인 결정[요인]' 또는 '원동력'은 아닐지라도 적어도 그 어떤 정치도 초연할 수 없는 화해 불가능하고 보편적인 적대로 남는 동안은 우회 불가능하다고 간주될 수 있다. 그리고 이는 계급투쟁의 서술에, 그리고 계급투쟁의 경향적 '법칙'에 어떤 정정이 가해졌다고 해도 그렇게 말할 수 있다.

그러나 바로 이 점에 관해 논쟁이 생겨났고, 또 이 점에 대해 마르크스주의의 사실적 명증성은 흐릿해졌다. 마르크스주의가 외견상 일관된 하나의 블록으로 분절[접합]했던 통념들 중 어떤 것들은 극단적으로 진부해졌다. 예컨대 혁명, 그리고 특히 위기가 그렇다. 반대로 계급투쟁은 적어도 '자본주의적' 나라들에서는 무대에서 퇴장했다. 계급투쟁이 중요하다고 주장하는 사람들이 사회적인 것의 복잡성을 점점 더 장악하지 못하는 것으로 보이기 때문이든, 이와 짝을 이루는 것으로서 대다수 사람들의 실천에서 그리고 정치의 가장 의미심장한 형세[짜임새]에서 계급들 자체가 **가시적** 정체성을 상실했기 때문이든. 그리하여 계급들의 정체성은 신화의 형상을 취하기에 이르렀다. 이것은 이론에 의해 제조되고, 조직화(무엇보다도 노동자 정당들)의 이데올로기에 의해 현실 역사에 투사되고, 이질적인 사회집단들에 의해 많든 적든 완전히 '내면화된' 신화이다. 이 신화 덕분에 이질적인 사회집단들은 오늘날 대체로 극복된 조건들 속에서, 권리들과 요구들의 담지자로서 자신을 인식하게 만드는 수단들을 제공했다. 하지만 계급들이 신화적 정체성만 갖고 있을 뿐이라면, 계급투쟁 그 자체가 그 모든 현실성을 잃지 않을 도리가 있을까?

진실을 말하건대, 이 조서는 여러 가지 상이한 방식으로 언표될 수 있다. 가장 난폭한 방식은 사회가 두 (또는 세) 적대적 계급들로 양극화된다는 것이 **항상** 신화였음을 보여주는 방식으로 지난 두 세기의 역사를 수정하는 것이다. 이 방식의 유일한 적실성은 정치적 상상에 관한 역사[학]와 심리학에 관여하는 것이다.

그러나 또한 계급들의 적대라는 도식은 19세기 말의 '산업사회'

의 현실에 적어도 근사치로는 **조응했다**고 한발 양보할 수 있다. 그러나 요컨대 나음과 같은 일련의 변화의 효과 아래에서, 이 도식은 이제 더 이상 현실에 조응하지 않거나 또는 점점 더 그렇지 않게 된다. 한편으로 임노동[임금생활자] 조건의 일반화, 노동의 지식화, 제3차 산업의 발전이 있다—그리고 이것은 '프롤레타리아트'의 소멸을 의미한다. 다른 한편으로 소유 기능과 관리 기능의 분리 과정의 완성, 경제에 대한 사회적 (즉 국가의) 통제의 확장이 있다—그리고 이것은 '부르주아지'의 해체를 의미한다. 따라서 마르크스주의가 해명하는 데 부단히 실패했던 '중간계급들', '프티부르주아지', '관료층', '새로운 임노동자 계층' 같은 이 영원한 이론적이고 정치적인 두통거리가 풍경의 전면에 등장하여 (피착취 노동과 금융자본이 소멸한 것은 아니라 해도) 노동자와 자본가적 고용주의 전형적 형상을 주변화하기에 이르렀다. [그리하여] 계급과 계급투쟁은 정치적 신화가 **되고 있고**, 마르크스주의는 신화학이 **되고 있다.**

그러나 어떤 사람들은 마르크스주의가 착취 및 계급투쟁과 관련시키는 일련의 모든 사회적 현상들—대규모 빈곤화, 실업, 자본주의적 생산의 낡은 '보루들'의 가속화된 탈산업화, 즉 금융 투기와 통화 투기의 과열과 궤를 같이하는 자본의 파괴—이 관찰되는 시기(1970-1980년대)와 맥락(경제학자들이 1930년대의 위기와 비교하는 세계적 경제 위기) 속에서 이렇게 계급의 소멸을 선언하는 것은 거대한 사기 행위가 아니냐고 자문하고 있다. 반면 이와 동시에, 마르크스주의로 거의 채색되지 않은 안경을 써서 볼 때에도 '계급의' 정책으로 제시될 수밖에 없는 국가의 정책들이 실행되고 있는데, 소리 높여 요구되고 있는 이 명령은 더 이상 (집단적 이익 또는 사회적 이익으로 이해된) 일반적인 이익이 아니라 기업의 건전성, 경제 전쟁, '인적자본'의 수익성, 인간의 이동성 등이다. 여기서 우리는 몸소 계급투쟁을 벌이고 있는 게 아닐까?

그렇지만 여기서 부족한 것은(S. 드 브뤼노프가 정확하게 언표했듯이) 사회적인 것, 정치적인 것, 이론적인 것의 접합이다. 이 부족 때문에 계급 적대의 가시성은 불투명한 것으로 변형된다. 의심할 나위 없이 신자유주의와 신보수주의의 정책은 통치 불가능성, 국제관계의 불안정성, 그 자신의 포퓰리즘(및 그 자신의 도덕주의)의 모순들에 매몰되는 경향이 있다. 그러나 신자유주의와 신보수주의의 정책은 노동운동의 제도 형태나 조직된 계급투쟁의 분해와 탈정당화에 입각해 부인할 수 없는 **부정적** 성공을 거두고 있다. 이러한 해체와 탈정당화에 결연하고 집요한 노력이 필요하다는 점은 [계급 및 계급투쟁의] 신화가 이에 저항하고 있다는 것이 어느 정도 시사해 준다. 그러나 신자유주의 및 신보수주의 정책의 성공은 대다수의 자본주의 중심부에서, 노동운동이 수십 년 된 조직, 수십 년의 경험과 이론적 논쟁을 토론을 갖고 있는 이곳에서 생겨났다. 그런데 최근 수년간의 전형적인 노동자 투쟁 중에서 가장 격렬하고 가장 규모가 컸던 것 중 대부분은 (영국의 광부들, 프랑스의 제철 노동자 및 철도 노동자 등) 부문별(즉 '코포라티즘적인') 투쟁, 방어적 투쟁으로서, 집단적 장래를 위한 의미를 결여한, 항복하기 전에 벌이는 명예를 건 최후의 전투처럼 보였다. 그러나 동시에 사회적 갈등성은 일련의 다른 형태들을 취하고 있는데, 그중 어떤 것은 제도적으로 불안정함에도 불구하고 또는 제도적으로 불안정하기 때문에 훨씬 큰 의의를 갖고 있는 것처럼 보인다. 여기에는 세대 간 갈등, 환경에 반하는 테크놀로지적 위협과 연결된 갈등부터 '에스닉한'(또는 '종교적인') 갈등까지, 그리고 전쟁과 관국민적 transnational 테러리즘이라는 만성적인 형태까지 망라되어 있다.

아마도 이것[이 갈등]은 '계급 소멸'의 가장 급진적인 형태일 수도 있다. 그러나 이것은 사회 경제적 투쟁 및 이것이 표현하는 이해관계들의 순수하고 단순한 소실이 아니라 이것들의 정치적 중심성의 상실이며, 다형태적인 사회적 갈등의 그물 속으로의 재흡수이다. 여기서 갈등의 편재성은 어떠한 위계화도, '두 진영'으로의 사회의 어떠한 가시적 분할도, 정세와 변화를 결정하는 어떠한 '최종심급'도, 기술적 제약, 이데올로기적 정념 그리고 국가의 이해관계의 우발적인 합성력 말고는 어떠한 변형의 벡터도 수반하지 않는다. 요컨대 이것은 '마르크스적'이라기보다는 '홉스적'인 상황이며, 정치철학의 최근 방향성은 이런 상황을 반영하고 있다.

내가 보기에 이런 상황을 성찰하는 것은 무엇보다 우선, 마르크스주의의 이론적 공준들의 타당성에 대한 판단 정지가 아니라 마르크스주의의 개념들과 그 역사적 형태들을 분석하는 시간과 강령 또는 슬로건의 시간을 명확히 분리할 것을 요구한다. 왜냐하면 양자의 혼동이 마르크스주의에 실천적 진리라는 지위를 사전에 미리 부여함으로써, 마르크스주의가 자신의 언표들의 보편성과 객관성을 지각하는 데 한결같이 영향을 끼쳤다고 생각할 만한 충분한 이유가 있기 때문이다. 따라서 이 혼동을 해소하는 것은 '순수한' 이론 속으로 도피하는 방식이 아니며 이론과 실천의 접합을 사고하기 위한—충분조건은 아니더라도—필요조건이다. 왜냐하면 이 접합은 사변적 경험주의가 아니라 전략적 발명에 속하기 때문이다.

나는 이제 계급투쟁 개념을 비판적으로 검토함으로써 이러한 성찰을 위한 몇 가지 요소를 정식화하자고 제안한다. 첫째, 마르크스에 의해 제시된 계급 개념화의 몇 가지 양의적인 특질, 그 흔적이 계급 개념의 그 이후의 모든 발전 과정에서 존속되었던 특질을 따로 떼어 낼 것이다. 둘째, 나는 실제로 단순한 형상과는 상충하는 계급투쟁의 몇 가지 측면을 이론에 편입[합체]할 가능성을 검토할 것이다. 그 이론화로는 **환원 불가능하다**고, 즉 이론화와 양립 불가능하다고 입증되는 사회 과정과 사회관계를 지칭할 수 있는 방식에, 결국 이론화의 진정한 내적 한계(혹은 이렇게 말해도 좋다면, 마르크스주의의 아래에 깔려 있는 인간학의 내적 한계)를 정의하는 방식에 관해 마르크스주의의 관점에서 질문하는 것 역시 적절하겠지만, 그러나 이것은 또 다른 글의 대상이 될 수밖에 없다. 이러한 사회 과정이나 사회관계로는 예를 들면 '지성의 기계화'나 성적 억압의 관계, 민족주의와 인종주의의 몇 가지 측면들 등이 있다.

'마르크스주의적' 계급 '이론'

여기서 중요한 것은 '역사유물론'의 기본 개념을 한 번 더 요약하는 것이 아니다. 내가 지적하고 싶은 것은, 글자 그대로 취한 마르크스의 저작 자체에서—하나의 체계로서라기보다는 이론적 경험으로서의 마르크스의 저작 자체에서—계급투쟁 분석이 어떤 양의성을 초래한다는 것이다. 이 양의성 덕분에 계급투쟁 분석이 실천적 투입에 필요한 '게임[자유도]'을 공급할 수 있었다고 생각할 수 있다. 아래에서는 잘 알려진, 혹은 내가 다른 곳에서 제시한 논지들에 대해 아주 빠르게 [언급하고] 넘어갈 것이다.

우선 다음과 같은 첫 번째 사실에서 잠시 멈춰야 한다. 즉, 한편으로 마르크스의 '역사적-정치적' 저작들에, 다른 한편으로 『자본』에서 우리가 만나는 계급투쟁의 형상들에 극단적인 부조화가 있다.

전자[마르크스의 '역사적-정치적' 저작들]는 당연히 그의 다른 모든 텍스트들보다 더, 정교화하려고 할 때 정황의 반작용을 많이 겪고 있다. 이 저작들이 우리에게 제시하는 '도표들'은 사후적인 정정과 예견 사이에서 끊임없이 진동하면서, 근본적인 역사적 도식을 (본질적으로는 유럽사로 환원된) 경험적 역사에서 일어난 예견치 못한 일에 적용하는 것으로 나타난다. 이 적용은 어떤 때는 '노동귀족'이라는 유명한 테마처럼 개념적 가공물들의 생산을 요구한다. 또 어떤 때는 보나파르티즘론(이것에 따르면, 부르주아지는 그 자체로는, 계급으로서 정치 권력을 행사할 수 없다고 간주된다)에 의해 야기된 관념처럼, 심각한 논리적 어려움을 출현하게 만든다. 그러나 또한 혁명적 위기와 반혁명적 위기가 계급의 표상의 분해 현상들과 적대 진영으로의 사회의 양극화 현상들을 드라마틱한 계기繼起 속에 응축한다는 관념처럼, 이 적용은 훨씬 더 미묘한 '구체적인 것'의 변증법을 끌어내는 것에 당도한다. 결국 이 분석들은 전략적이라고 부를 수 있는 역사의 재현을, 즉 역사를 고유한 정체성, 사회적 기능, 배타적인 정치적 이해관계를 갖춘 집합적 세력들의 구성과 대결로 재현하는 것을 결코 의문에 부치지 않는다. 이 구성과 대결을 『공산주의자 선언』에서는 "잠복해 있거나 공공연한 내전"이라고 부른다.[7] 그리하여 계급들을 역사의 물질적이고 이데올로기적 행위자들로서 인격화하는 일이 가능해진다. 이런 인격화는 물론, 이것이 한쪽을 다른 한쪽에 대립시킨다는 의미에서 근본적인 **대칭성**을 내포한다.

그렇지만 『자본』의 분석에 본질적으로 부재한 있는 것이 (또 그 '논리'와 근본적으로 양립 불가능한 것이) 바로 이 대칭성이다. 분명 『자본』은 계급투쟁으로 통합되었으나 근본적인 **비대칭성**을 담고 있는 과정을 설명한다. 『자본』의 관점에서는 적대적 계급들이 결코 '마주치지' 않는다고까지 말할 수 있다는 점에서 그렇다. 실제로 『자본』에서 부르주아지 또는 자본가들(이 이중적 호칭이 제기하는 문제들에 대해서는 뒤에서 볼 것이다)은 결코 **하나의 사회집단**이 아니라 오직 자본 및 그 다양한 기능들의 '인격화', '가면', '담지자'로서만 형상화될 뿐이다. 자본주의적 '계급의 분파들'—기업인, 금융인, 상인—이 사회학적 일관성을 획득하기 시작하는 것은 이 기능들이 서로 대립할 때, 혹은 이 기능들이 체계에 '외적인' 것으로 간주되었던 토지 소유와 전자본주의적 계급들의 이해관계와 마주칠 때뿐이다. 역으로 생산 및 재생산

7 [영역자] Marx, *The Communist Manifesto, in The Revolutions of 1848*, NLR/Penguin, Harmondsworth, 1973, p. 68.

과정에서 구체적이고 유형의 현실('집합적 노동자', '노동력')로서의 프롤레타리아트는 처음부터 자본-돈에 대면한 형상으로 등장한다. 강한 의미에서『자본』에는 두 개 혹은 세 개, 더 나아가 네 개의 계급이 아니고, **단 하나의** 계급, 프롤레타리아적 노동자 계급만 존재한다고 말할 수 있다. 이 노동자 계급의 실존은 자본의 가치 증식의 조건이자 자본 축적의 결과이며 동시에 자본의 운동의 자동성이 끊임없이 이에 부딪히게 되는 장해물이다.

따라서 두 개의 '기본 계급'의 비대칭성(한쪽의 인격적 부재가 다른 쪽의 현존에 대응하며, 그 반대도 마찬가지이다)은 계급투쟁의 관념과 모순되지 않을 뿐 아니라, 투쟁이 착취 조건의 생산 및 재생산에 단순히 덧붙여져 있지 않고 그 **안에서** 항상 이미 진행되고 있는 한, 이러한 [계급]투쟁의 심층적 구조의 직접적 표현으로서 나타난다("만약 사물의 본질이 그 외양과 합치한다면, 모든 과학은 무용할 것이다"라고 마르크스는 썼다).

하지만 그래도 '마르크스주의'가 이 [『공산주의자 선언』과『자본』의] 두 관점의 통일이라는 데에는 변함이 없다(혹은 다음과 같이 명확히 할 수도 있을 것이다. 즉 계급에 관한 [한편으로는] 경제적 정의 및 그 경제적 인격화와 [다른 한편으로는] 그 정치적 정의의 통일은 똑같은 역사적 드라마에서의 통일이다). 도식화해서 말한다면,『자본』과『공산주의자 선언』의 상이한 관점의 통일은, 노동의 문제를 권력의 문제와 연결시키는 일련의 표현 및 표상 관계에 의해, 또 모순의 발전의 논리에 의해 보장되는 것처럼 보인다.

여기서 우리는, 더욱이 마르크스가—『자본』의 마르크스가—프롤레타리아트의 실존 조건 그 자체 속에서 모순의 기원을 사고한 그 방식을 상세하게 검토해야 한다. 즉, 임노동자의 생산적 노동에 의해서 전적으로 통솔된 **하나의** 생활 형태의 견딜 수 없는 성격과 이 똑같은 노동의 점증하는 착취에 전적으로 의존하는 경제 형태의 **절대적** 한계가 그 안에서 서로 묶이는 그런 '구체적인' 역사적 상황으로서 프롤레타리아트의 실존 조건을 사고하는 방식을.

간략하게 요약하자. 『자본』의 분석은 '형식'과 '내용'을 또는 이렇게 말해도 좋다면, 보편성의 계기와 특수성의 계기를 접합한다. 형식(보편적인 것), 그것은 **자본의 자동 운동**이며, 자본의 자태변환 métamorphoses과 그 축적의 무한한 과정이다. [이에 비해] 특수한 내용은 (상품으로서 매매되는) 임노동자의 노동력으로의 '인간이라는 소재'의 변형[전화], 잉여가치의 생산과정 속에서의 노동력의 사용, 사회 전체적 규모에서의 그 재생산, 이런 것들이 서로 꼬리에 꼬리를 물고 연쇄되어 있는 계기들이다. 그 역사적 차원에서 고려하면(혹은 모든 사회가 자본주의적 '논리'를 따를 수밖에 없는 한, 이러한 사회의 역사에 부과되는 경향으로서), 이 연쇄는 노동자들의 **프롤레타리아화**라고 말할 수 있다. 그러나 자본의 자동 운동이 (위기에도 불구하고) 바로 그 연속성 자체로부터 즉각적인[무매개적인] 통일을 이끌어내는 반면, 프롤레타리아화는 외적으로 변별적인 적어도 다음과 같은 세 유형의 사회적 현상들(이렇게 말해도 좋다면, 세 가지 '역사')을 접합한다는 조건에서만 하나의 개념 아래서 사고될 수 있다.

• 우선 첫째로, 자본에 의한 잉여가치의 추출과 전유로서의, 상품 형태에서의, 이른바 **착취**의 계기가 있다. 즉, 주어진 역사적 조건 속에서 노동력의 재생산과 등가적인 **필요노동**과, 기술적 발전에 부합하는 생산수단으로 전환 가능한 **잉여노동** 사이의 양적 차이. 이 차이와 생산적 전유가 발생하기 위해서는 안정적인 법적 형태(임금 계약)와 영속적인 세력 관계(기술적 제약, 노동자 및 경영자의 동맹, '임노동 관련 규범'을 부과하는 국가의 조절적 개입 등이 이것에 개입한다)가 **동시에** 필요하다.

• 다음으로, 내가 **지배**라고 명명하고 싶은 계기가 있다. 그것은 **생산 그 자체에서** 확립되어 노동자의 노동시간의 매우 미세한 '모공'

에까지 침투하는 사회적 관계이다. 이 침투는 처음에는 자본의 지휘 아래로의 노동의 단순한 형식적 포섭을 통해서, 그 다음에는—분업, [노동의] 세분화, 기계화, 강도 강화를 통해—가치 증식의 요구 아래로의 노동의 실질적 포섭으로 귀착하게 되는 사회관계이다. 육체노동과 지적 노동의 분업에, 즉 노동자 지식의 탈취와 그 과학적 장치들로의 합체[편입](이것들을 노동자의 자율성에 맞서는 것으로 전환시키기 위해)에 결정적 역할을 부여해야 하는 것은 바로 이 때문이다. 또한 이와 상관적으로, 생산의 '지적 역량'의 발전(테크놀로지, 프로그램화, 계획화)과 **노동력 그 자체에 대한** 자본주의적 형태의 되먹임 효과—노동력은 물리적, 도덕적, 지적 습관이라는 면에서 (가족, 학교, 공장, 사회 의료에 의해) 조건지어지고 정기적으로 수리되어야 한다(물론 저항이 없는 것은 아니다)—를 연구해야 하는 것도 이 때문이다.

• 마지막으로 고용과 실업의 주기적 (마르크스가 말하는 흡입·배출) 성격에 의해 현시되는 **불안전성**과 노동자 간 **경쟁**이라는 계기가 있다 (드 브뤼노프의 표현에 따르면, 다양한 형태의 '특정하게 프롤레타리아적인 리스크'). 마르크스는 이 경쟁에서 자본주의적 사회관계의 필연성을 드러내 보이고 있다. 이 필연성은 노동자의 노동조합으로의 조직화에 의해, 그리고 자본 스스로가 노동자 계급의 일부를 안정화시키면서 찾아내는 이익에 의해 상쇄될 수 있지만, 그러나 결코 완전히 제거될 수는 없고, 결국에는 항상 새롭게 부과된다(특히 위기[공황]와 자본주의적 위기 해결 전략에서). 마르크스는 이 필연성을 다양한 형태의 '산업예비군' 및 '상대적 과잉인구'(식민지화, 남과 여와 자녀의 경쟁적 고용, 이주 등을 포괄)에, 즉 '인구 법칙'—자본주의의 전 역사를 통해서, 프롤레타리아화의 당초부터의 폭력을 영속시키고 있는—에 직접 결부시킨다.

여기에 프롤레타리아화의 **세 측면**이 있는데 이는 마찬가지로 프롤레타리아트의 재생산의 세 국면이기도 하다. 다른 곳에서 시사했듯이(Balibar, 1985), 그것은 '대중'과 '계급'의 암묵적인 변증법을 담고 있다. 즉, 역사적으로 이질적인 (다양한 특수성으로 **표식된**) 대중들(혹은 주민들)의 une[단수 부정관사인] 노동자 계급으로의, 또는 la[단수 정관사인] 노동자 계급의 계기繼起적 짜임새[형세, 배치]로의 영속적 변형이며, 계급의 상황에 고유한 '대중화'의 형태들('대중 노동', '대중 문화', '대중 운동')의 상관적인 발전인 것이다.

마르크스의 추론을 특징지은 것은, 정황에 따른 변종을 제외하고 논리적으로 일관된 동시에 경험적으로도 식별 가능한 단일한 이념형으로 이 세 가지 계기를 통일하는 것이다(마르크스는 독일 노동자를 향해 '남의 일이 아니다de te fabula narratur'라고 썼다). 이리하여 이 통일화는 자본 운동의 통일의 맞짝으로 나타나며, 전자는 후자의 **또 다른 얼굴**을 표상한다. 따라서 이 통일화는 가치 형태의 보편적 확장으로서 '자본의 논리'를 **구체적**으로 사고할 수 있기 위한 필요조건이다. 상품 형태가 모든 사회적 생산과 모든 사회적 유통을 지배하는 것은 오직 노동력이 모조리 상품이 될 때뿐이다. 그러나 노동력이 모조리 상품이 되는 것은 프롤레타리아화의 다양한 측면이 (마르크스가 말하는 바로는, 물질적 생산 그 자체와 똑같은 '물레방아Zwickmühle' 효과에 의해) 단일한 과정으로 통일될 때뿐이다.[8]

8 [영역자] 『자본』 1권 21장, 「단순재생산」(*M.E.W* 23, p. 603.)에서 마르크스는 다음과 같이 쓰고 있다. "Es ist die Zwickmühle des Prozesses selbst, die den einen stets als Verkäufer seiner Arbeitskraft auf den Warenmarkt zurückschleudert und sein eigenes Produkt stets in das Kaufmittel des anderen verwandelt." "노동자를 자기 노동력의 판매자로서 [상품] 시장에 반복하여 내던지고 또 그 자신의 생산물을 [그의 노동력에 대한] 타인의 구매 수단으로 계속 전화시키는 것은 [생산] 과정 그 자체의 물방아[물방아 운동]die Zwickmühle des Prozesses selbst이다." [펭귄판 벤 포크스Ben Fowkes의 번역 : It is the alternating rhythm of the process itself which throws the worker back onto the market again and again as a seller of his labour power and continually transforms his own product into a means by which another man can purchase him.(Marx, *Capital* vol. 1, New Left Review/Penguin, Harmondsworth, 1976, p. 723.)]
[옮긴이] 발리바르는 독일어 'Zwickmühle'를 'moulinet', 즉 일종의 '회전 장치'로 번역하

그러나 이것은 논란의 여지가 많은 경험적-사변적 공준들[가정들]에 의해서만 제거할 수 있는 역사적 어려움에 즉각적으로 봉착한다. 예컨대 거의 예외없이, 생산에서는 분업의 경향이 무차이화되고 상호 교환 가능한 '단순 노동'을 일반화하는 방식으로, 노동자들의 탈숙련화와 동질화로 향해 간다는 가정이 그것이다. 이 일반화는 말하자면 '추상적' 노동을 현실 속에서 가치의 실체로서 존재하게 만든다. 이는 또한 자본주의의 '역사적 법칙들'(및 자본주의 생산양식의 모순들)의 방향과 관련해서도 심각한 애매함에 봉착한다. 우리는 이 애매함이 계급에 대한 마르크스주의적 표상의 한가운데에 있음을 [나중에] 보게 될 것이다.

그러나 지금은 마르크스에 의해 제시된 프롤레타리아화의 서술에 좀 더 주목해 보자. 몇 마디 말로, 나는 **경제적인 것**과 **정치적인 것**이라는 고전적 범주에 견주어 이 서술의 양의성을 느끼게 하고 싶다. 이 양의성은 단순히 우리에게만이 아니라 마르크스 그 자신에게도 존재한다. 결국, 내가 그 '형식'이라고 부른 것에 우선성을 부여하느냐 아니면 '내용'이라고 부른 것에 우선성을 부여하느냐에 따라, 『자본』의 분석에 대한 두 가지 독해가 실제로 변함없이 가능하다. 이렇게 **똑같은** 텍스트에서 출발해 '계급에 관한 경제 이론'도, '계급에 관한 정치 이론'도 나올 수 있다.

첫 번째['계급에 관한 경제 이론'] 관점에서 보면, 프롤레타리아화의 모든 계기(그리고 18세기와 19세기, 특히 영국 사회사의 세부 사항으로까지 거슬러 올라가는 이 계기들의 계기들)는 가치의 순환, 자본의 가치 증

고 있다. 그러나 이 단어는 제분기, 방앗간이라는 의미의 'moulin'의 오식일 수도 있다. 펭귄판의 번역 '번갈아 가는 리듬alternating rhythm'도 이와 가깝다. 반면, 이 책의 영역자는 '압연기double mill'로 번역해서 회전이나 반복의 의미가 누락되고 있다. 물론 독일어 Zwickmühle는 회전의 의미뿐 아니라 계속해서 무엇인가를 행하는데 항상 일정한 결과가 의도한 대로 나오게끔 하는 것을 의미하기도 한다.

식 및 축적의 순환에서는 선결정되어 있으며, 이 순환은 사회적 **제약**을 구성할 뿐 아니라 노동자 계급에 할당된 실천들의 숨겨진 **본질**을 구성한다. 틀림없이 이 본질은, 마르크스가 우리에게 말하듯이 '물신', 즉 객관성의 환영적 공간으로의 역사적인 사회적 관계들의 투사이며, 그리고 최종 분석에서는 '궁극적' 현실인 인간 노동이라는 진정한 본질의 소외된 형태이다. 하지만 이 기초에의 의존은 '형태'의 발전 과정에 대한 경제주의적 독해를 결코 금지하지 않으며, 반대로 뛰어넘기 어려운 지평으로서 부과한다. 왜냐하면 노동 일반이라는 범주와 상품(혹은 가치)이라는 범주의 상관관계는 고전파 경제학 자체의 원리이기 때문이다. 따라서 가치의 추출 방법과 그것이 야기하는 저항에 대한 서술 속에 편재하는 정치적 갈등성(기계화나 강제적 도시화에 맞선 파업과 반란부터 노동자 조직화에 의한 압력을 통한 노동 입법, 국가의 사회정책에 이르기까지)은 그 자체로 가치가 있는 게 아니며, 경제적 논리(혹은 '경제적' 형태로 소외된 노동의 논리)의 모순의 표현으로서만 가치가 있다.

그러나 이러한 독해는 우리가 형식의 우위를 내용의 우위로 대체하기만 해도 역전 가능한데, 이때 형식은 우연에 의해 표식된 '경향적' 결과일 뿐이다. [이 경우] 계급투쟁은 경제적 형태[형식]의 **표현**이 되는 대신, 경제적 형태의 상대적 일관성의 **원인**(정세와 세력 관계의 우발성aléa에 종속되어 있어서 필연적으로 변하기 쉽다)이 된다. 이러기 위해서는 '노동'이라는 똑같은 이름 아래에서 ['노동'을] 인간학적 본질로 보는 대신에, 사회적이고 물질적 실천의 복합체로 이해하는 것으로 충분하다. 그리고 이 복합체는 제도적인 장소(생산, 기업, 공장)에서, 그리고 또한 서양 사회 역사의 어떤 시기(산업혁명에 의한 수공업의 해체 및 도시화의 시기)에서 벌어진 이 실천들의 재결합에서 유래했을 뿐이다.

마르크스의 분석을 글자 그대로 읽는다면 다음은 명백하다. 즉, 거기에 있는 것은 형태들의 선결정된 연쇄가 아니라 착취 및 지배의 전략과 저항의 전략이라는 **적대적인 전략들의 게임**이다. 게다가 이 전략들은 그 효과 자체에 의해 부단히 변경되고 재가동된다(전략의 효과는 특히 제도적 효과이다. 바로 여기에서 '사회적 국가'의 최초의 표명인 노동시간에 대한 입법을 연구하는 것이 지닌 결정적인 중요성이 드러난다. 이 입법을 둘러싸고 형식적인 포섭에서 실질적인 포섭으로의 이행, 절대적 잉여가치에서 상대적 잉여가치로의 이행, 나아가 외연적 착취에서 내포적 착취로의 이행이 역사적으로 진행된 것이다). 이렇게 해서 계급투쟁은 **정치적 기초**(네그리가 말하듯 노동 그 자체와 마찬가지로 '자기와 동일적'이지 않은 '변덕스러운' 기초)로서 나타나며, 이 기초 위에서 그 자체로는 그 어떤 자율성도 없는 경제의 다양한 형상들[의 윤곽]이 뚜렷하게 드러난다.

그래도 역시 두 가지 독해는 앞서 말한 형태 일반 및 내용 일반과 똑같이, 역전 가능하다. 그리고 이것은 마르크스의 기획에 있는 애매함도 잘 보여준다. 즉 [한편으로] 그의 기획은 생산[에서]의 적대를 부각시키는 것에 의한, 또 세력 관계와 정치의 편재를 나타내는 것에 의한 '정치경제학 비판'이다(반면 자유주의 이데올로기는 불길이 번지지 않도록 고려하면서, 즉 갈등을 국가와 '권력' 쪽에 틀어박히게 하면서, 합리적 계산의 군림과 보이지 않는 손에 의해 보장된 일반 이익의 군림을 신봉했다). 그리고 **이와 동시에** 그의 기획은 법권리, 주권, 계약의 순수 영역으로서 **정치의 한계들**에 대한 논증이자 고발이다(이 한계는 외적이라기보다는 오히려 **내적**이다. 왜냐하면 정치적 세력들이 '물질적' 이해관계를 표현하는 경제적 세력으로서 스스로를 드러내는 것은 내부로부터이기 때문이다).

이처럼 역전 가능하기 때문에, 이 두 가지 독해는 불안정하다. 이 불안정성은 여기저기서, 마르크스 그 자신에게서도, 분석의 도주점들에 의해 드러난다(특히 『자본』 초고 끝 부분에 있는, 리카도에게서 영감을 받은, 소득 분배에 입각한 사회계급들에 관한 경제주의적인 사이비-정의가 그것이다. 또 자본주의는 그 '절대적인 역사적 한계들'에 도달하면 붕괴한다는 자본주의의 붕괴에 관한 파국론적 전망도 이런 도주점이다). 요컨대 경제주의와 정치주의 사이의 진동이 자본주의적 생산양식의 모순이라는 통념에 끊임없이 영향을 미치고 있다[이렇게 해서 모순에 대한 두 가지 시각이 가능해진다]. 한편으로 모순들은 어떤 단계가 지나면, 자본주의적 생산관계의 경제적 효과는 **그 대립물로 역전되지** 않을 수 없다(그것은 노동 생산성의 '발전 조건'으로부터 그 '질곡'이 될 수밖에 없고, 이로부터 위기[공황]와 혁명이 생긴다)는 것을 가리키는 것으로 이해될 수 있다. 혹은 다른 한편으로, 모순들은 기원에서부터 현존했던 영구적인 사실, 즉 인간 노동력은 **상품의 상태로 환원할 수 없는** 채로 머물며, 그 저항은 더욱더 강해지고 조직되어 끝내 체계의 전복에 이르게 된다는 사실(이것이 바로 계급투쟁이다)을 가리키는 것으로 이해될 수도 있다. '부정의 부정'으로서의 '수탈자에 대한 수탈'에 관한 마르크스의 유명한 언표가 이 두 가지 방식으로 이해될 수 있다는 점은 놀라운 일이다.

그러나 이런 진동은 이대로 유지될 수 없다. 왜냐하면 이론이 이해될 수 있고 적용될 수 있기 위해서는 그것을 어떤 한 점에 고정시켜야 하기 때문이다. 특히 마르크스에게서—그리고 그의 계승자들에게서는 더욱더—이러한 기능을 수행하는 것은 경제에 정치가 내재하며 경제가 역사성을 띤다는 일반적인 이념으로서의 변증법의 이념이다. 바로 이 변증법에서 (이론 **및** 실천에서 충만한 의미를 가진) 대립물의 통일로서, 혁명적 프롤레타리아트라는 이념—경제적 객관성과 정치적 주체성의 '마침내 발견된' 일치를 나타내고 있다—이 등장한다. 이러한 [변증법적 이념의] 전제는 마르크스 자신에게도 분명히 현존한다(나는 이를 마르크스의 사변적 경험주의라고 부른 적이 있다). 여전히 문제가 되는 것은 '경제적' 계급으로서의 **노동자 계급**과 '정치적 주체'로서의 **프롤레타리아트**의 이념적 동일성이라고 말할 수도 있다. 계급투쟁의 전략적 표상에서 이 동일성은 모든 계급에 타당하지 않느냐고 물을 수 있을 것이다. 그러나 오직 노동자 계급만이 그 자체로서 동일성을 보유할 수 있음을, 그래서 노동자 계급을 '보편적 계급'으로 사고할 수 있게 된다는 점을 인정해야 한다(반면 다른 계급들은 항상 ['보편적 계급'의] 근사치에 머무른다. "부르주아지는 몸소 지배할 수 없다"는 징후적 관념을 다시 보라. 이와 달리 몸소 혁명적일 수 있고, 또 필연적으로 혁명적이어야 한다).

자연스럽게, 이 원리상의 통일성에 영향을 끼치고 동일성의 계기를 시간적으로 연기시키는 것과 같은 간격과 장애—'의식의 지연', 노동자 계급의 직업적 혹은 국민적 '분할', '제국주의의 떡고물' 등—에 대해 장황하게 논할 수도 있을 것이다. 극단적인 경우에는—로자 룩셈부르크처럼—프롤레타리아트의 계급 동일성은 혁명적 **행위** 그 자체 속에서만 실제로 존재할 뿐이라고 생각할 수도 있을 것이다. 그러나 이렇게 상세히 논한다고 해도, 이는 다음과 같은 동일성의 원리를 확증하는 것밖에는 되지 않는다. 즉, 자본주의 발전에 의해 산출된 노동자 계급의 객관적 통일과 적어도 원칙적으로 그 상황의 근원적 부정성 속에 기입된 노동자 계급의 주관적 통일 사이의 조응 속에 이미 이 동일성의 원리가 잠재적으로 포함되어 있는 것이다. 즉, 주관적 통일이 근원적 부정성 속에 기입되어 있다는 것은, 이 통일이 노동자 계급의 이해 및 그 실존 자체와 (근원적 부정성이 바로 그 생산물인) 자본주의 발전 사이의 양립 불가능성 속에 기입되어 있다는 것이다. 달리 말해 노동자 계급의 객관적 **개별성**—노동의 사회적 분업에서의 그 장소 때문에 노동자 계급에 '속하는' 모든 개인들이 이것에 참여하게 된다—과 사회 변혁의 **자율적 기획**—노동자 계급 자신의 직접적 이해의 방어와 착취의 종식(즉 '계급 없는 사회', 사회주의 내지 공산주의)을 사고 가능하고 조직 가능한 것으로 만드는 유일한 것—사이의 조응 속에 이 동일성의 원리가 잠재적으로 포함되어 있는 것이다.

이렇게 마르크스주의가 계급투쟁을 역사적으로 결정적인 성격으로 표상[설명]하는 방식과 마르크스주의가 계급들 자체(무엇보다 특히 프롤레타리아트)를 주관적 및 객관적인 이중적 정체성으로 표상하는 방식 사이에는 [이 두 방식 사이의] 상호적인 전제가 존재하는 것처럼 보인다. 또한 마르크스주의가 역사적 변형의 방향을 표상하는 방식과 드라마의 배우로서 역사의 무대에 등장하는 계급들의 실존의 연속성 및 연속된 정체성을 표상하는 방식 사이에도 마찬가지로 상호적인 전제가 존재한다.

내가 방금 말한 이 순환논법적인 전제들은 마르크스 자신에게서 볼 수 있다. 즉, 혁명적 주체성이란 착취의 상황이 내포하는 근원적 부정성의 단순한 자각일 뿐이라는 관념 속에서 [이 순환논법적인 전제들을] 볼 수 있는 것이다. 또 이 착취의 상황은 각각 정도와 단계는 달라도, 시종일관 유일한 논리에 조응하는 통일된 프롤레타리아화의 과정을 표현한다는 관념 속에서도 발견된다. 이런 조건들 속에서, **화해 불가능한 적대**라는 구조적 사고가 **계급 관계들의 단순화**라는 역사적 허구 속으로 끊임없이 투사되고 있다고 해도 전혀 놀랍지 않다. 이 역사적 허구의 대단원에서 (착취냐 해방이냐 하는) 인간[인류사적] 사활을 건 내기[판돈]가 '백일하에' '세계적' 규모로 등장하게 되는 것이다.

그러나 [지금까지 서술한] 순환[논법]을 끊어 버리기 위해서는, 또 이론적 분석의 요소와 마르크스주의의 모순적인 통일성 속에 혼재된 천년왕국적 이데올로기의 요소를 분리하려고 시작하기 위해서는, 프롤레타리아화의 상이한 측면들 사이의 관찰 가능한 경험적 간격을 구조적 간격으로, [즉] 과도기적인 것이 아니라 '역사적 자본주의'(월러스틴)의 구체적 조건들에 내포된 간격으로 파악하는 것으로도 충분하다. 예를 들면 부르주아지—엥겔스와 카우츠키의 착각과는 정반대로, 그것은 '불필요한 계급'으로 사고될 수 없다—의 사회적 기능은 자본의 경제적 기능들의 '담지자'라는 기능으로 환원되지 않는다. 혹은 '부르주아지'와 '자본가 계급'은 그 지배적 분파와 관련된 경우에서조차 하나의 유일한 인격에 대한 상호 교환 가능한 이름이 아니다. 결국,

그리고 사소한 오점이 아닌데, 혁명적 (혹은 반혁명적) 이데올로기는 역사적으로 볼 때, 일의적이고 보편적인 자기의식의 다른 이름이 아니라 정황들, 문화적 형태들, 특수한 제도들의 능동적 산물인 것이다.

마르크스주의의 모든 정정과 왜곡은 역사적 경험 속에서, 그리고 이와 동시에 역사가들이나 사회학자들의 작업 속에서 분명히 밝혀졌고, 그리하여 애당초의 마르크스주의 이론의 진정한 탈구축[해체]으로 귀착되었다. 그렇다고 이것이 마르크스주의의 분석 원리의 순수하고 단순한 폐기를 초래하는 것일까? 오히려 마르크스주의 이론의 개조 가능성을 열어 주는 것 아닐까라고 합리적으로 물어볼 수 있다. 이러한 개조 가능성에서는 자본주의 발전을 (계급 없는 사회의 필연성을 '그 자체 속에' 배태하고 있는) '계급 대립의 단순화'로 상상하도록 이끄는 이데올로기적 전제들이 일단 근본적으로 비판받자마자, 계급 및 계급투쟁의 개념은 **미리 수립된 종말 없는 변형 과정**을 가리키게 된다. 바꿔 말하면 사회계급들의 정체성의 부단한 변형에 조응하게 되는 것이다. 따라서 마르크스주의자는 정체성과 신화적 연속성이 투여된 **등장인물**로 이해된 계급들의 해소라는 관념을 진지하게 재검토하고 발송자에게 반송할 수 있게 된다. 요컨대 '계급 없는 계급투쟁'이라는 역사적인 동시에 구조적인 가설을 형성할 수 있게 될 것이다.

마르크스를 넘어선 마르크스

계급투쟁에 관한 '경제적' 해석과 '정치적' 해석 사이에서 마르크스주의의 진동으로 잠시 돌아가자. 두 개의 해석은 역사적인 복잡성을 축소하는 것이다. 이 두 해석의 형상들은 오늘날 잘 알려져 있지만, 각 해석은 적어도 부분적으로는 다른 해석의 진실을 드러내 보일 수 있게 해 준다.

(레닌에서 그람시, 마오쩌둥, 알튀세르 등에 이르는) 공산주의적 전

통은 '정통' 마르크스주의의 경제주의적 진화론 안에 있는, 착취 관계의 재생산에서 국가의 역할에 대한 오인을 폭로했다. 이 재생산은 노동자 계급의 대표제적 조직들이 국가장치들의 체계들 속으로 통합되는 것(혹은 그람시의 표현을 빌리면, 부르주아지 헤게모니에 종속되는 것)과 연결되어 있다. 다른 한편, 이 공산주의적 전통은 그 제국주의 분석에 의해, [노동자 계급의 대표제적 조직들의 국가로의] 이런 통합을 국제적 분업에서 유래하는 피착취자의 파편화에 결부시켰다.

그러나 이 비판은 '권력 장악'이나 '정치 우위'를 주의주의적으로 사용함으로써 사회민주주의적 노동운동이 발전한 나라들보다 **덜** 민주적인 국가장치들을 [사회주의] 나라들에서 재구성하는 것으로 귀결되었다. 즉, [사회주의 나라들에서는] 계급 그 자체를 대체한 지도 정당의 독점이 생산력주의 및 민족주의와 결탁되는 것을 볼 수 있었던 것이다.

'전체주의' 이론들과는 반대로, 나는 이 현상들을 이러저러한 선재하는 논리로부터 연역하는 게 아니라 마르크스 교의의 난점과 대결시킴으로써 몇 가지 교훈을 끌어내고 싶다. 나 자신의 목적에 맞도록 네그리에게서 그 훌륭한 표현을 빌린다면, 이러한 대결이 어떻게 '마르크스를 넘어선' 마르크스라는 개념[구상]들을 지지할 수 있는지를 보여주고자 한다.

마르크스한테 경제적인 것과 정치적인 것에 관한 표상[이해]에 애매함이 있다고 해서, 그가 수행한 단절을 은폐해서는 안 된다. 어떤 의미에서 이 애매함은 이 단절의 대가일 뿐이다. 노동 관계의 영역이 '사적인' 영역이 아니라 근대 사회에서 정치적 형태들의 직접적 구성 영역임을 발견함으로써, 마르크스가 정치적 공간을 단순히 법권리나 권력, '공적인' 의견['여론']의 영역으로 보는 자유주의적 표상과의 결정적인 단절만을 수행한 것은 아니다. 그는 (나중에 불가역적인 것으로 확인된) 국가의 사회적 변형을 예견했던 것이다. 이와 동시에, 생산에서의 적대를 정치적으로—권위주의적 방식에 의해서든 계약적 방식에 의해서든—제거하거나 혹은 자본주의에서는 이해관계의 안정적인 균형, 사회 세력 사이의 '권력의 분유'를 달성하는 것이 불가능하다는 점을 보여줌으로써, 그는 국가가 본질적으로 '자유롭고 평등한' 개인들의 공동체를 구성한다는 주장을, 특히 국민적 국가라는 주장을 분쇄한 것이다. 이 주제에 관해 19세기와 20세기의 (**사회주의** 국가를 포함한) 모든 '사회적 국가'가 국민적 국가일 뿐 아니라 **국민주의적** 국가임을 지적해 두자.

이런 의미에서 마르크스는 사회집단 및 개인들을 서로 **연결하고 있는** 것은 상위의 공동선, 혹은 법적 질서가 아니라 영속적으로 발전하는 갈등이라고 보는 수수께끼 같은 관념에 역사적 기초를 부여했다. 이 때문에 바로 그리고 특히 '경제적' 개념으로서의 계급투쟁과 계급 그 자체는 항상 현저하게 **정치적** 개념이었지만, 그러나 공식적인 정치 개념을 잠재적으로 개조하는 것을 표현했다. 그러나 경제주의와 '정통적인' 진화론에 의해서와 마찬가지로 혁명적 국가주의에 의해서도 이런 단절과 개조는 은폐되고 또 많든 적든 완전히 무효화되었다. 즉, 혁명적 국가주의에서는 계급투쟁 개념이 조직화의 테크닉과 국가의 독재를 위한 정형화된[박제화된] 엄폐물[구실]이 된다. 바로 이 점이 계급 정체성, 조직화의 현상들, 국가의 변형이 역사적으로 맺는 관계를 더욱 정확하게 검토할 수밖에 없게 한다.

논의를 시작하기 위해서 나는 19세기와 20세기에 현시된, 상대적으로 자율적인 '프롤레타리아적 정체성'을 객관적인 **이데올로기적 효과**로 이해해야 한다고 제기하고 싶다. [물론] 이데올로기적 효과는 '신화'가 아니며, 혹은 적어도 신화로 환원되지는 않는다(하물며, '신화의 진실'이 개인주의라는 것을 뜻하지도 않는다. 왜냐하면 개인주의는 그 자체가 특히 시장경제 및 근대 국가와 유기적으로 연결된 이데올로기적 효과이기 때문이다). 마찬가지로, 자기 자신을 '노동자 계급'으로 정체성화하고, 또 그렇게 승인하게 만드는 어떤 세력이 정치 무대에 현존한다는 것(그 개입이나 통일화, 분할이 아무리 간헐적이라 하더라도)을 신화로 환원할 수는 없다. 이러한 현존 없이는 사회문제의 집요한 존속을, 국가의 변형에서 노동자 계급의 역할을 이해할 수 없을 것이다.

역으로, 역사가들의 작업은 이러한 이데올로기적 효과가 결코 자연발생적, 자동적, 불변적이지 않다는 점을 기억해 두라고 강제한다. 이 효과는 노동자의 실천과 조직화 형태의 영속적인 변증법에서 비롯되었으며, 이 변증법에는 단순히 '생활 조건', '노동 조건', '경제 상황'뿐만 아니라 국가라는 틀 안에서 국민적 정치가 취하는 형태들(예를 들어 보통선거의 문제, 국민적 통일의 문제, 전쟁, 학교 교육과 종교의 분리 등의 문제)도 개입한다. 요컨대 이 변증법은 끊임없이 과잉결정된 변증법으로, 상대적으로 개별화된 어떤 계급은 제도들의 네트워크 한복판에서 이 계급이 다른 계급들과 맺는 관계에 의해서만 이 변증법에서 형성된다.

관점의 이런 역전은 사태의 표면에서 역사적으로 관찰 가능한 것에 비추어 다음과 같은 것을 인정하는 것으로 귀착된다. 즉, '노동자 계급'은 많든 적든, 동질적인 사회학적 상황에만 유일하게 토대를 두고 존재하는 것이 아니라 노동운동이 존재하는 곳에서만 존재한다는 것이다. 더욱이 노동운동은 노동자 조직들(당, 노동조합, 노동 센터, 협동조합)이 존재하는 곳에만 존재한다.

사태가 어려워지고 흥미로워지는 곳이 바로 여기다. 실제로 '계급 주체'라는 이상화된 표상의 기반을 이루는 역방향의 환원주의에 의해서 노동운동을 노동자 조직들과 동일시하고, 계급의 (상대적일지라도) 통일성을 노동운동과 점점 더 동일시해서는 안 된다. [노동운동, 노동자 조직, 계급이라는] 세 개의 항들 사이에는 항상 필연적으로 간격이 존재하는 바, 이 간격[간극]은 계급투쟁으로부터 현실의 사회적, 정치적 역사를 만들어 내는 모순들의 발전기이다. 이와 같이 노동자 조직들(특히 계급 정당)은 단순히 노동운동 전체를 '대표'하지 않았을 뿐만 아니라 오히려 주기적으로 이 전체와 모순에 처해야만 했다. 그 이유는 노동자 조직들의 대표성이 산업혁명의 어떤 단계에서 중심적인 지위를 차지한 '집합적 노동자'의 특정 분파들을 이상화하는 것에 기초했기 때문이자 이와 동시에 그 대표성이 국가와의 정치적 타협의 어떤 형태에 조응했기 때문이다. 이렇게 해서 기존의 [노동자 조직들의] 실천과 조직화 형태에 **맞서서** 노동운동이 재구성되어야 하는 순간이 항상 도래한 것이다. 그러므로 분열, 이데올로기적 갈등(개량주의와 혁명적 단절), '자연발생성' 대 '규율'의 고전적이자 항상 재탄생하는 딜레마는 사건 사고가 아니라 [노동운동, 노동자 조직, 계급이라는] 이 관계의 실체 자체를 재현하는 것이다.

마찬가지로 노동운동은 공장, 가족, 주거, 에스닉한 연대 등 노동자의 공간에서 전개되는 생활 조건 및 노동 조건과 연결된 계급의 실천들 전체(노동자의 사회성의 형태라고 부를 수 있는 것)를 결코 표현하지도 못하고 편입[합체]하지도 못했다. 이는 의식의 지체 때문이 아니라 착취에 의해 그들에게 행사된 제약의 폭력이 무엇이든 (이 착취 형태들의 다양성 자체는 말하지 않더라도) 프롤레타리아화된 개인들을 특징짓는 이해관계, 생활 형태, 담론 형태의 환원 불가능한 다양성 때문이다. 거꾸로 각각의 경우에 노동운동과 조직들에게 통일의 능력(파업, 요구, 반란)을 부여한 것은 바로 계급의 이러한 실천들—직업적 습관, 집단적 저항의 전략, 문화적 상징—이다.

더 나아가 보자. 상대적인 역사적 연속성 속에서 '계급'을 창출한 실천과 운동, 조직화 사이에는 영속적인 간격이 존재할 뿐만 아니라 이 세 항들 각각에 본질적인 불순함이 존재한다. 그 어떤 계급 조직도 (특히 그 어떤 대중정당도) 이것이 **노동자주의적** 이데올로기를 발전시켰을 때조차 결코 **순수하게 노동자만으로 이루어진** 조직은 아니었다. 반대로 그것은 외부에서 가담하였든 또는 부분적으로 내부에서 발탁되었든, '유기적 지식인'으로서의 지식인 집단과 '전위적인' 특정한 노동자 분파의 조우에 의해서, 이것들의 다소간 갈등적인 융합에 의해서 항상 구성되었다. 마찬가지로, 그 어떤 유의미한 사회운동도 현저하게 프롤레타리아적 성격을 띠었을 때조차도 순수하게 반자본주의적인 요구와 목표에만 기초한 것이 아니었으며, 반자본주의적 목표와 민주주의적인 또는 민족적인 또는 평화주의적인, 또는 넓은 의미에서의 문화적인 목표의 결합에 기초한 것이었다. 마찬가지로 계급적 실천에, 저항에, 사회적 유토피아에 연계된 기초적인élémentaires 연대는 환경과 역사적 순간에 따라, 직업적 연대인 동시에 항상 세대·성sexe·국적·도시와 농촌의 이웃 관계·군대 생활의 연대(1914년 이후 유럽에서 노동운동의 형태는 '재향군인'의 경험을 빼놓고는 이해할 수 없을 것이다) 등에 기반한 연대이기도 했다.

이런 의미에서 역사가 우리에게 보여주는 것은 사회적 관계는 닫힌 계급들 **사이에서** 수립되는 것이 아니라 계급들을—노동자 계급을 포함해서—**가로지른다**는 것, 이렇게 말해도 좋다면, **계급투쟁은 바로 계급들 속에서 벌어진다**는 것, 그리고 또한 국가는 자신의 제도를, 중개 기능과 행정 기능, 자신의 이상과 담론을 통하여 항상 이미 계급들의 구성에 현존한다는 것이다.

이는 우선 '부르주아지'에게 타당하거니와 매우 특히나 고전적 마르크스주의가 좌초한 것도 이 지점이다. 때로는 지배계급에게 복무하는 중립적 도구로, 때로는 기생적 관료제로 이해된 국가장치를 '시민사회'에 외적인 유기체 또는 '기계'로 여기는 고전적 마르크스주의의 개념화는 자유주의 이데올로기로부터 물려받은 개념화이며, 일반 이익이라는 관념에 맞서서 단순히 역전된 개념화이다. 이 개념화가 국가의 구성적 역할을 마르크스주의가 사고하지 못하도록 금지한 것이다.

내가 보기에, 모든 '부르주아지'는 강한 의미에서 **국가의 부르주아지**라고 주장할 수 있을 것이다. 곧 부르주아 계급은 경제적으로 지배적인 계급으로 구성된 **후에** 국가 권력을 탈취하는 것이 아니라, 반대로 국가장치를 발전시키고 이용하고 통제[관리]하며 그렇게 할 수 있기 위해 자신을 변형하고 다양화하는 (또는 군인, 지식인 같은 국가의 기능을 보장하는 사회집단들과 융합하는) 한에서, 경제적으로 (그리고 사회적, 문화적으로) 지배적인 계급이 된다. 이것은 그람시의 헤게모니론이 확대 해석되었을 때 그것이 가질 수 있는 의미들 중의 하나이다. 따라서 엄격한 의미에서 '**자본가 계급**'은 존재하지 않으며, 지식인, 공무원, 회사 간부, 지주 등 외관상 '기본적 사회관계'에 외적인 **여타** 사회집단들과 경향적으로 통일된다는 조건에서만 하나의 계급을 형성할 뿐인 상이한 유형의 **자본가들**(제조업자, 상인, 금융가, 금리생활자 등)이 존재하는 것이다. 근대 정치사의 상당 부분은 이 '결합'의 영고성쇠를 반영한다. 이는 부르주아지가 자본 또는 자본주의적 기업가의 실존과 독립적으로 구성된다는 것을 뜻하는 것이 아니라 국가의 부단한 매개 없이는 자본가들 자신의 통일, 그들의 이해 갈등의 조정, (착취 가능한 노동 인력을 마음대로 처분할 수 있도록 보장해야 하는) '사회적' 기능의 실행이 불가능하다는 것을 뜻한다. 그리고 따라서 자본가들이 스스로를 국가의 '관리자'로 변형하고 국가의 관리와 이용을 에워싸고 비자본가적 부르주아들과 연합할 수 없다면—자본가들이 항상 그럴 수 있는 것은 아니다—불가능하다는 것을 뜻한다.

극단적으로 말하면, 역사상의 부르주아지는 (아마 폭력적인) 자신의 변형이라는 대가를 치름으로써 새로운 국가 형태를 정기적으로 발명하는 부르주아지이다. 따라서 금융적 이윤과 기업가적 기능 간의 모순은 오직 '케인즈적' 국가를 수단으로 해서만 조절될 수 있었다. 바로 이 '케인즈적' 국가는 노동력 재생산에 관한 부르주아 헤게모니가 19세기의 후견주의로부터 20세기의 사회정책으로 이행하도록 해 주는 '구조적 형태들'(미셸 아글리에타)을 제공했다. 이렇게 해서 다음과 같은 점, 곧 부르주아 계급 내부에 실존하는 수입, 생활양식, 권력과 위신 등의 막대한 불평등이, 또는 금융적 소유와 ('테크노-스트럭처'라고 불리는) 경제적, 기술적 관리의 분리가, 또는 사적 소유와 공적 소유 사이의 변동이 때때로 지배계급의 한가운데에서 부차적 모순을 초래하지만 적어도 정치적 영역이 자신의 조절 기능들을 효과적으로 맡고 있는 한, 지배계급의 구성 자체를 위험에 노출하는 일은 극히 드물다는 점이 한층 잘 설명될 수 있다.

그러나 부르주아지에 해당되는 것은, 비록 다른 방식으로 그리고 마르크스주의적 정통에 비추어 볼 때 한층 역설적인 방식이라고는 하지만 피착취 계급에게도 유효하다. 국가가 '피착취 계급 속에' 있다고 생각하고 싶지 않다면, 이 피착취 계급 또한 **'국가 속에'** 있는 것이다. 마르크스가 분석한 프롤레타리아화의 세 측면은 자본주의적 구성체 속에 경향적으로 현존하고 있다고 항상 간주될 수 있지만, 근대 시대가 개시된('시초 축적'의 시기) 이래, 국가의 매개가 없다면 이 세 측면은 서로 접합될 수 없었다. 즉, 그것은 단순히 '공안 국가' 내지 '억압 장치'에 의해 행사된 사회질서의 외적 보증이라는 의미뿐만 아니라 내적 갈등으로 가득 찬 매개라는 의미에서도 그렇다. 실제로 국가의 매개는 프롤레타리아화의 각 계기에(임금 규준 및 노동권의 제정, 노동 인력의 수출입 정책의 제정, 따라서 노동자 계급의 영토화와 동원 정책에) 요구되며, 특히 주어진 순간에 이들 각각의 변화를 접합하기 위해(노동시장, 실업, 사회보장, 건강, 학교 교육, 직업 교육 등의 관리가 없다면 끊임없이 재생산되고 시장에서 조달되는 '노동력 상품'은 존재하지 않을 것이다) 요구된다. **국가 없이는 노동력은 상품이 아닐 것이다.** 동시에 반란이나 위기[공황], 또는 이 둘의 결합에 의해 현시되듯이, 노동력을 상품의 지위로 **환원하는 것의 불가능성**은 국가가 스스로 변형되도록 끊임없이 구속하는 것이다.

사회 국가의 발전과 함께, 그 기원부터 현존한 이 [국가] 개입은 더 유기적이고 관료화된 형태, (적어도 국민적 규모에서 인구의 이동, 금융의 흐름, 상품의 흐름을 접합하려고 시도하는) 계획화에 통합된 형태를 취할 수밖에 없었다. 그러나 이와 동시에 사회 국가와 그것이 내포하는 사회관계들의 체계는 계급투쟁에 대한, 그리고 '위기'에 결합된 경제적이고 정치적인 효과에 대한 핵심 쟁점[관건]이자 즉각적인 지반이 된다. 그런 만큼 생산관계의 국가화(앙리 르페브르가 '국가적 생산양식'이라고까지 지칭했던 것)가 다음과 같은 임노동 관계의 또 다른 변형들과 결합된다는 것도 한층 타당하다. 이런 변형으로는 사회적 기능들의 압도적인 부분에서 임노동이 형식적으로 일반화한다는 것, 직업 선택이 점점 더 직접적으로 학교 교육에 의존한다는 것(그리고 그 결과 학교 제도가 이제 계급적 불평등을 **재생산할** 뿐 아니라 [새롭게] **생산한다**는 것), 직접 임금('노동'과 '숙련'에 비례하여 개인에게 지불되는 임금)이 간접 임금(집합적인 임금, 또는 오히려 '욕구'와 '지위'에 비례하여 집합적으로 결정되는 임금)으로 경향적으로 변형되는 것, 마지막으로 '비생산적인' 업무들(서비스업, 상업, 과학 연구, 평생교육, 커뮤니케이션 등)이 세분화되고 기계화된다는 것 등이 있다. 한편 이 세분화와 기계화는 일반화된 경제의 틀 안에서 거꾸로 비생산적인 업무를 국가나 사적 자본이 투자한 가치 증식 과정으로 변형시킨다. 이 모든 변형은 자유주의의 죽음—오히려 그 두 번째 죽음과 그 정치적 신화로의 변형—을 표시한다. 왜냐하면 국가화와 상품화가 엄밀하게 분리 불가능하게 되었기 때문이다.

더 상세히 할 수도 있을 이러한 서술은, 그러나 명백한 결함을 담고 있다. 즉, 결코 부차적이지 않은 '망각'이 있는데, 우리가 이 망각을 기각한다면, 모든 분석은 물론이고 하물며 분석에서 정치적 귀결을 끌어내려고 하는 모든 시도를 그르치게 될 것이다. 암묵적으로 나는 (마르크스 자신이 '사회구성체'에 관해 언급할 때 거의 항상 그랬다고 말해야 하는데, 그런 마르크스처럼) 국민적[일국적] 틀 내로 논의를 한정했고, 계급투쟁과 계급 구성이 이루어지는 장은 국민적[일국적] 공간이라고 인정했다. 다시 말해 나는 자본주의적 사회관계들이 국민적 틀(국민국가의 틀)과 세계적 틀 속에서 동시에 전개된다는 사실을 경시한 것이다.

이 누락을 어떻게 교정할 것인가? 지금 여기서 '국제적' 생산관계 또는 교통communication 관계에 대해 말하는 것으로는 불충분할 것이다. 계급투쟁의 형세[짜임새]가 의존하는 경제-정치적 과정의 **본래적으로 관국민적인**[**초일국적인**] 성격을 더 잘 표현하는 개념이 필요하다. 나는 여기서 브로델과 월러스틴에게서 자본주의 '세계경제' 개념을—그러나 세계경제의 구조에 의한 국민적 구성체들의 일방적 결정이나 또는 그 반대의 결정에 대해서는 속단하지 않으면서—원용하고자 한다. 그리고 본질적인 부분에 국한하기 위해서, 지금까지의 설명에 두 가지 교정을 추가하는 것에 그칠 것이다. 그렇게 함으로써 고전적 마르크스주의가 실제로 무시했던 (제국주의 문제를 제시했을 때조차 고전적 마르크스주의가 무시했던) 계급 적대를 구성하는 모순을 지시할 수 있을 것이다.

자본주의를 '세계경제'로 인정하자마자, **세계 부르주아지** 같은 것이 실제로 존재하는가라는 물음이 필연적으로 제기된다. 여기서 첫 번째 모순에 직면한다. 즉, 부르주아지가 세계적 규모에서 국민적 소속과 다소간 일치하는 이해관계의 갈등에 의해 항상 분할되리라는 의미에서만이 아니라—어차피 국민적[민족적] 부르주아지 내부에서도 이해관계의 갈등**이 또한** 영구히 존재하기 때문이다—훨씬 강한 의미에서 세계적 갈등 속에 있는 것이다.

근대 자본주의의 기원부터 가치 축적의 공간은 항상 세계적 공간이었다. 브로델은 화폐 이윤에 기초한 경제가 국민들 사이의 또는 상이한 문명들과 생산양식들 사이의 화폐 및 상품의 유통을 전제한다는 것, 이는 (마르크스가 해명한 것처럼) '전사前史' 및 '시초 축적' 국면에서 그랬을 뿐 아니라 자본주의 발전의 전 기간에 걸쳐 그러하다는 것을 보여주었다. 상품과 화폐의 유통은 점점 더 농밀해지고, 특정한 사회집단이 담당한다. 그리고 다음에는 이 유통이 더욱더 다수의 '생산물들'과 '욕구'에 조응하는 생산 거점의 특화를 규정한다. 월러스틴은 중심부의 **임노동** 관계 속에서든 주변부의 **자본주의적이지만 비임금 노동적인** 관계 속에서든 이 유통이 점진적으로 모든 생산 분야를 흡수해 가는 역사를 상세히 서술하는 작업에 착수하였다. 이 과정은 시장경제[상품경제]에 의한 비시장경제[비상품경제]의 폭력적 지배, 또 중심부에 의한 주변부의 폭력적 지배를 내포한다. 국민국가들이 안정적인 개별 단위가 되고, 이 국민국가들 중에서 가장 오래된 것들이 새로운 정치-경제적 중심부들의 출현에 장애가 된 것은 이러한 틀 내에서이다. 이런 의미에서 비록 **모든** 생산이 세계시장용으로 조직되는 것은 산업혁명 이후였지만, 제국주의는 사실상 자본주의 자체와 동시대적이라고 말할 수 있다.

이때 자본가의 사회적 기능에 경향적인 역전이 관찰된다. 출발할 때부터 자본가들은 '초일국적[관국민적]' 집단을 구성했다(금융자본가들, 지배적 국민들과 피지배적 국민들 사이의 중개업자들은 항상 이러한 '초일국적' 집단으로 존재해 왔다). 세계적 규모에서 가장 성공적이었던 자본가들은 장기간에 걸쳐 자신들 주위에 또 다른 '부르주아' 집단들을 결집시키고, 국가 권력을 통제[관리]하고 민족주의를 발전시킨 자본가들이었다고 말할 수 있을 것이다([성립] 순서가 전도되지 않았다면, 국가는 세계적 정치 투쟁의 격전지arène에서 자신의 자리를 유지하려고 자본주의적 부르주아지의 구성 과정을 선호하였다). 부르주아지의 [대]내적인 사회적 기능들과 [대]외적인 경쟁에의 참여는 상호 보완적이었다. 그러나 (잠정적인) 종착점에서는 시작부터 현존한 모순의 격화를 목격할 수 있다. 거대 기업은 다국적기업이 되며, 기본적인 산업 과정이 전 세계로 확산되고 노동 인력의 이주가 강렬해진다. 달리 말하면 세계화하고 있는 것은 유통자본만이 아니라 생산자본 그 자체이다. 이와 상관적으로, 금융적 유통과 화폐적 재생산이 즉각적으로 세계적 규모로 (증권 회사들과 주요 은행들이 정보통신에 의해 상호 연결됨으로써, '실시간'으로, 또한 '예정된' 시간에) 실행된다.

그런데 **세계 국가도, 단일한 세계 통화도 존재할 수 없다.** 자본의 국제화는 어떠한 통일된 사회적, 정치적 '헤게모니'에도 이르지 못한다. 기껏해야 자본가들이나 국가 경제 정책이나 정보 커뮤니케이션 네크워크를 자신의 전략에 종속시키고, 국가의 경제적·군사적 기능을 점점 더 통합함으로써 세계적 우위를 확보하려고 하는, 몇몇 국민적 부르주아지의 전통적 시도에 이르렀을 뿐이다(이는 '초강대국들'의 출현으로 불리는 것이며, 내가 다른 곳(Balibar, 1982)에서 E. P. 톰슨에 화답하면서 초제국주의의 발전이라고 묘사하려고 했던 것이다). 이 〔몇몇 국민적 부르주아지의〕 전략들은 국민국가의 특징들 중 몇몇을 더 큰 규모로 **재창조하기** 위한 모순적 시도들이 이루어질 때를 포함해서, 순수하게 일국〔국민〕적인 것으로 머물렀다(사실상 유일한 예가 유럽이다). 이 전략들이 현 시기에 특징적인, 그러나 아직 윤곽이 잘 드러나지 않는 국민국가의 독점에서 다소간 완전히 벗어난 **정치적 형태들**의 출현과 혼동되어서는 안 된다.

부르주아지의 사회적(혹은 '헤게모니적') 기능은, 적어도 현행 형태에서는 일국적 또는 준-일국적인 제도들과 결부되어 있다. 후견주의의 낡은 구조의 근대적 등가물(예컨대 공적인 또는 사적인 국제적 인도주의 단체들의 활동)은 복지국가가 맡은 사회적 갈등의 조절이라는 임무의 극히 작은 부분을 수행할 뿐이다. 이 점은 '초국민적supranationales, 일국 차원을 뛰어넘는' 제도들이 증가함에도 불구하고 세계적 규모로 조직될 수 없고 수행될 수 없는 통화적 흐름 및 인구학적 흐름의 계획화에도 마찬가지로 들어맞는다. 따라서 적어도 경향적으로 보면, 자본의 국제화는 부르주아지의 높은 수준의 통합이 아니라 오히려 그들의 상대적인 **분해**에 이르는 것처럼 보인다. 저개발국과 '신흥 공업국들'의 자본가 계급은 이제 더 이상 국내 시장의 엄호 또는 식민주의적·보호주의적 국가의 보호 아래 '사회적', '헤게모니적' 부르주아지로 스스로를 조직할 수 없다. '구舊 공업국'의 자본가 계급도, 심지어 그중 가장 강력한 자본가 계급조차, 사회적 갈등을 세계적 규모에서 조절할 수 없다. 사회주의 나라의 국가 부르주아지에 대해 말하자면, 이들은 자국 경제가 세계시장 및 초제국주의의 동학에 전진적으로 통합됨으로써 '근대화'되도록, 곧 진정한 의미의 자본가 계급으로 변형되도록 강제당하고 있다. 그러나 이로 인하여 이 [사회주의 나라의 국가 부르주아지] 계급의 헤게모니(혁명적 사건이 이 계급에게 부여한 정당성의 정도에 따라, 이들의 헤게모니는 억압적이 되기도 하고 이데올로기적인 것이 되기도 한다)와 통일성은 위험에 처하게 된다.

여기서 두 번째 교정이 도입되어야 한다. 자본의 국제화는 그 개시 이래 축소 불가능한 다양한 형태의 **착취 전략** 및 지배 전략과 함께 공존한다. 헤게모니 형태는 이 전략들에 직접 의존한다. 사르트르 식으로 말하자면, 모든 역사상의 부르주아지는 착취 전략들을 '만드는' 것 못지않게 그것이 발전시키는 착취 전략들에 의해 '만들어진다.' 심지어 착취 전략들에 의해 '만들어지는' 측면이 더 강하다고도 할 수 있다. 왜냐하면 모든 착취 전략은 기술, 금융, 초과노동 제한 등을 특정한 방식으로 생산적으로 결합하는 것과 연결된 경제 정책과 인구를 관리하고 제도적으로 관리[통제]하는 사회정책 사이의 접합을 표상하기 때문이다. 그러나 자본주의의 발전은 착취 양식의 본원적 다양성을 말소하지 않는다. 반대로 자본주의의 발전은 이른바 새로운 테크놀로지적 상부구조와 '새로운 유형의' 기업을 착취 전략들에 추가하면서 그 다양성을 증대시킨다. 내가 다른 연구자들(R. 리나르)에게서 시사를 얻어 다른 곳[9]에서 주장했던 것처럼, 자본주의적 생산과정을

9 [옮긴이] 「잉여가치와 사회계급」(1974), 『역사유물론 연구』, 배세진 옮김, 현실문화, 2019.에 수록되어 있다.

특징짓는 것은 단순한 착취가 아니라 초과착취를 향한 영원한 경향이며, 이것 없이는 이윤율의 경향적 저하(또는 주어진 생산적 결합의 '수확체감', 곧 착취 비용의 증대)를 저지할 수단은 존재하지 않게 된다. 그러나 초과착취가 착취 그 자체의 합리적 조직화와 어디서나 균등하게 양립 가능한 것은 아니다. 예컨대 초과착취는 노동자 대중을 매우 낮은 생활수준과 숙련 수준으로 유지하는 것을, 또는 (다른 곳에서는 노동력의 재생산 및 사용의 유기적 조건이 된) 사회[보장]적 입법 및 민주적 권리들의 부재(**아파르트헤이트**의 경우처럼 시민 자격citoyenneté의 순수하고 단순한 거부는 아닐지라도)를 내포한다.

세계경제의 '중심부'와 '주변부'의 (유동적인) 구별이 또한 착취 전략들의 지리적 및 정치-문화적 분포에 조응하는 것도 이 때문이다. 불평등이란 점차 해소되도록 정해져 있는 지체를 단순히 나타낼 뿐이라는 발전의 환상과는 반대로, 세계경제에서 자본의 가치 증식은 실제로는 **역사상의 모든 착취 형태가 동시에 활용되고 있다**는 것을 내포한다. 가장 '구식인' 형태(모로코나 터키의 양탄자 제조업의 부불 아동노동)에서 가장 '현대적인modernes' 형태(정보화가 가장 진행된 첨단 산업에서 직무의 재편)에 이르기까지, 또한 가장 폭력적인 형태(브라질 설탕 플랜테이션의 농업 노동자)에서 가장 문명화된 형태(단체협약, 경영 참여, 국가조합주의syndicalisme d'État[국가와 노동조합의 협조]) 등에 이르기까지 착취 형태는 실로 다양하다. 대체로 (문화적, 정치적, 기술적으로) **서로 양립 불가능한** 이런 착취 형태는 분리된 채로 있어야 한다. 혹은 오히려 **비동시대적인** 사회 블록들이 서로 폭발적인 방식으로 대결하는 '이중사회'의 형성을 피하기 위해서는 이러한 착취 형태가 가능한 한 분리되어야 하는 것이다. 월러스틴이 '반주변부'라는 용어에 부여한 의미를 조금 우회한다면, 그가 말하는 '반주변부'는 동일한 국가적 공간에서 비동시대적 착취 형태들의 정세적 마주침에 정확히 대응한다고 말할 수 있을 것이다. 이와 같은 정세는 오랜 기간 (수세기 동안) 지속될 수도 있다. 그러나 이러한 정세는 항상 불안정하다(아마도 반주변부가 우리가 전통적으로 '정치'라고 부르는 것의 특권적인 장소인 것은 이 때문이리라).

그러나 이러한 상황이—국민적-사회적 국가가 된 '구' 국민국가를 포함해서—노동력의 이주, 자본의 이전, 실업 수출 정책 등의 효과로 일반화되고 있는 것 아닐까? 그런데 이중 사회에는 또한 '이중의' 프롤레타리아트가 존재한다. 즉, 이 이중 사회는 고전적 의미에서의 프롤레타리아트를 가지고 있지 않다. 남아프리카공화국의 **아파르트헤이트**가 전체 상황의 패러다임을 대표한다고 보는 클로드 메이야수 같은 연구자의 분석을 따르든 따르지 않든, 착취 전략들 및 착취 양식들의 다양체가 적어도 경향적으로는 노동력의 **두 가지 재생산 양식** 사이의 거대한 세계적 분할과 합치한다는 점을 인정하지 않을 수 없다. 그중 하나는 자본주의적 생산양식에 통합된 양식으로, 여기서는 대중의 소비, 일반화된 학교 교육, 다양한 형태의 간접 임금, (불완전하고 불안정하기는 하지만) 실업보험 등이 통용된다(실제로 이 모든 특징은 제도적인, 그러나 불변적이지는 않은 세력 관계에 의존한다). 다른 하나는 노동력 재생산의 전부 또는 일부(특히 '세대의 재생산')를 전자본주의 생산양식(또는 더 정확하게 말하면, 자본주의에 의해 지배되고 탈구조화된 **비임금 노동제** 생산양식)에 전가한다. 이 양식은 '절대적 과잉인구', 노동력의 **파괴적** 착취, 인종차별 같은 현상들에 직접 연결된다.

오늘날 노동력의 이 두 가지 재생산 양식은 상당한 정도로 **동일한 국민적 구성체 속에** 존재한다. 더구나 [이 양자의] 구획선은 확실하게 영구히 고정되어 있지 않다. 한편에서는 '새로운 빈곤'이 확산되고, 다른 한편에서는 '권리의 평등'에 대한 요구가 높아지고 있다. 그래도 경향적으로 이 두 프롤레타리아트 중 하나가 다른 하나에 대한 착취를 통해서 재생산된다는 것은 변함이 없다(그렇다고 해도 각 프롤레타리아트가 지배당하고 있다는 것을 방해하지는 않는다). 경제위기의 국면은 노동자 계급의 재구성으로 이어지기는커녕, 지리적 장벽뿐 아니라 에스닉적, 세대적, 성적인 장벽들에 의해 프롤레타리아화의 상이한 측면을 더욱 철저하게 분리하는 것으로 귀착한다(바로 **누구에게**, 그리고 어떤 의미에서 위기가 존재하는지 다시 한번 질문해 보는 것이 적절할 듯하다). 그리하여 세계경제가 계급투쟁의 진정한 전장임에도 불구하고, 세계 부르주아지가 존재하지 않는 이상으로 **세계 프롤레타리아트**는 ('관념 속에서' 외에는) 존재하지 않는다.

이상의 논의를 총괄하여 잠정적으로 결론을 내려 보자. 내가 지금까지 소묘한 논의는 마르크스주의자들이 오랫동안 온갖 어려움을 헤치고 유지해 온 것보다 훨씬 복잡하다. 단순화의 프로그램이 마르크스주의 역사관에(그 목적론에) 내재적이었던 한, 사람들은 나의 이러한 묘사가 마르크스주의적이지 않거나 심지어 마르크스주의를 폐기하는 것이라고 인정할 수도 있을 것이다. 그러나 단순화의 프로그램이 마르크스에게 편재적이었다고 해도(마르크스는 이를 결코 포기하지 않았다), 그것은 사태의 오직 한 측면을 나타낼 뿐이라는 점을 우리는 역시 보았다. 1960-1970년대에 벌어진 '역사주의적' 마르크스주의와 '구조주의적' 마르크스주의 사이의 격렬한 논쟁을 기억하는 사람들에게 내가 여기서 제안하고 싶은 것은 결정적인 대안은 구조와 역사를 대립시키는 것이 아니라 목적론(주관주의적이든 객관주의적이든)과 구조적 역사를 대립시키는 데 있다는 것이다. 그렇기 때문에 나는 역사에 대한 더 유효한 단서를 얻기 위해, 원래의 마르크스주의가 지닌 구조적 개념들 중 적어도 몇 가지를 사용하여 그 결과를 제시하려 했던 것이다.

이 논의에서 고전적 마르크스주의는 한 가지 본질적인 점에서 정정되었다. 사회계급의 **고정된 분리**는, 심지어 경향적으로조차 **존재하지 않는다**. 적대의 사상을 '두 진영'이라는 군사적이고 종교적인 은유에서 (따라서 또한 '내전'**이냐** '합의'**냐**라는 양자택일에서) 떼어내야 한다.

계급투쟁은 표상의 수준에서든 물리적으로든, 예외적으로만 내전의 형태를 띤다. 계급투쟁이 내전의 형태를 띠는 것은 계급투쟁이 특히 종교적인 또는 에스닉한 갈등에 의해 과잉결정되거나 국가 간의 전쟁과 결합될 때이다. 계급투쟁은 [내전 외에도] 다른 여러 형태를 띠며, 그 다양체는 선험적으로 한정될 수 없다. 그리고 이 다양한 형태들은 내전이라는 형태보다 덜 본질적인 것들이 아니다—계급투쟁의 단일한 '본질'은 존재하지 않는다는 명백한 이유 때문에 이렇게 말할 수 있는 것이다(이 때문에 나는 무엇보다도 이 지점에서, ['두 진영'이라는] 똑같은 은유에 항상 사로잡혀 있는, 기동전과 진지전이라는 그람시의 구별을 불만족스럽게 생각하는 것이다).

계급이란 사회적 초개인성super-individualités[개인성을 뛰어넘는 것]이 아님을, 대상으로서의 사회적 초개인성도 주체로서의 사회적 초개인성도 아님을 이번 참에 마지막으로 인정하자. 다시 말해 계급은 카스트가 아님을 확인해 두자. 구조적으로도 역사적으로도, 계급들은 서로 겹쳐지고, 적어도 부분적으로는 서로 뒤얽힌다. 부르주아화된 embourgeoisés 프롤레타리아들이 필연적으로 존재하는 것과 마찬가지로 프롤레타리아화된 부르주아도 [필연적으로] 존재한다. 이러한 계급들의 중첩은 물질적 분할 없이는 일어날 수 없다. 다른 말로 하면 상대적으로 동질적인 계급 정체성은 예정의 결과가 아니라 정세의 효과인 것이다.

그렇다고 해서, 계급의 개별화를 정세, 즉 정치의 우발성으로 돌렸다고 해서 **적대**를 소거하는 것은 아니다. (국가와 시민사회가 분리된 영역을 형성한다는 관념에, 달리 말해서 마르크스가 경제와 정치를 혁명적으로 단락短絡시켰지만 그래도 마르크스의 사상에 남아 있는 자유주의의 흔적에 명백히 밀접하게 연결된) '두 진영'이라는 은유에서 멀어진다고 해서, 우리가 사회적 연속체, 단순한 '성층화stratification', 또는 '일반화된 이동성'이라는 은유들에 접근하는 것은 아니다. 프롤레타리아화가 부분적으로 독립적이고 부분적으로 모순적인 과정들로 파편화된다고 해서, 프롤레타리아화가 폐지되는 것은 아니다. 근대 사회의 시민은 직무의 노고, 자율과 종속, 생활의 안전과 죽음의 존엄, 소비와 교육 훈련(따라서 정보) 등과 같은 점에서 이보다 앞선 어떤 시기보다도 평등하지 않게 되었다. 이전 어느 때보다도 시민권의 상이한 '사회적' 차원들은 권력과 의사결정의 장의 집단적 불평등과 더욱더 연관되어 있으며 행정의 장에서도, 경제적 장치의 장에서도, 국제관계의 장에서도, 전쟁과 평화의 장에서도, 이 모든 불평등은 가치 형태의 팽창에, 축적의 '무한한' 과정에 간접적인 방식으로 연계되어 있다. 마찬가지로 이 불평등은 정치적 소외의 재생산에 연결되며, 국가에 의한 사회적 갈등의 조절이라는 틀 속에서 계급투쟁의 형태들 그 자체가 대중의 무력함으로 선회될 수 있는 방식에 연결되어 있다.

이것이 우리가 **이중 구속**이라고 부를 수 있는 것으로, 거기에서는 ('비물질적' 상품을 포함한) 상품에 의한 상품의 생산과 국가적 사회화가 개인적 또는 집단적 실천들을 감금하고 있다. 즉, (적어도 '위기'의 시기에는) 착취에 대한 저항이 착취를 확대시키며, 안전 및 자율에 대한 요구가 지배 및 집단적 불안전을 육성하는 것이다. 그러나 이러한 순환이 같은 자리에서 그대로 실행되는 것은 아니라는 점을 잊어서는 안 된다. 반대로 이러한 순환은 예견할 수 없는 운동, 일반화된 경제의 논리로 환원할 수 없는 운동, 즉 이 순환이 스스로 생산한 일국적[국민적] 및 국제적 질서를 전복하는 운동들의 효과하에서 부단히 전위된다[지연된다]. 따라서 이 순환은 결정론이 아니다. 이 순환은 대중들의 대결도 혁명도, 이것들의 정치적 형태가 어떤 것이든, 배제하지 않는다.

요컨대 '계급의 소멸', 계급의 정체성이나 실체의 상실은 현실인 동시에 환상[착각]이기도 하다. 이는 현실이다. 왜냐하면 적대의 실제적 보편화가 약 1세기 동안 한편에서는 노동자 운동이, 다른 한편에서는 부르주아 국가가 국민적 부르주아지와 국민적 프롤레타리아트를 상대적으로 통일해 왔던 국지적 제도 형태들을 파괴함으로써 보편적 계급이라는 신화를 해소하기에 이르렀기 때문이다. 그러나 이것은 환상이다. 왜냐하면 계급들의 '실체적' 정체성은 내내 사회적 행위자들의 실천들의 되먹임 효과에 불과했으며, 이런 관점에서 볼 때 새로운 것은 거의 없기 때문이다. 이러한 의미의 '계급'을 잃었다고 해서 우리가 실제로 잃은 것은 **거의 없다**. 현행 '위기'는 계급투쟁의 특정한 표상 형태들 및 실천 형태들의 위기이다. 이러한 것으로서의 현행 '위기'는 주목할 만한 역사적 효과를 가질 수 있다. 그러나 현행 '위기'는 적대 그 자체의 소멸이 아니다. 혹은 이렇게 말하고 싶다면, 계급투쟁의 일련의 적대적 형태들의 종언이 아니다.

이 위기가 주는 이론적 편익은, 아마도 이 위기로 인해 우리가 착취 없는 사회로의 이행의 물음, 또는 자본주의와의 **단절**의 물음을 자본주의 생산양식의 **한계들**의 물음으로부터 마침내 분리할 수 있게 되었다는 점이다. 그러한 '한계들'이 실존한다고 해도—하지만 이는 의심스러운데, 이미 보았듯이 노동자들의 사회적 통합 형태들과 그들의 프롤레타리아화 형태들 사이의 변증법, 테크놀로지적 혁신과 초과노동 강화 사이의 변증법이 부단하게 작동하기 때문이다—이 [자본주의적 생산양식의] 한계들은 혁명적 단절과는 직접적인 관계가 없다. 혁명적 단절은 오직 계급 관계 그 자체의 탈안정화, 곧 경제적-국가적 복합체의 탈안정화가 제공하는 정치적 기회로부터만 올 수 있을 뿐이다. **누구에게** 그리고 **어떤 점에서** '위기'가 존재하는가 하는 물음이 새로이 제기되어야 하는 것이다.

과거의 혁명들은 항상 **동시에** 사회적 불평등, 시민적 권리들의 요구, 국민국가의 역사적 흥망성쇠에 밀접하게 의존했다. 과거의 혁명들은 '공동체'를 구성하려고 하는 근대 국가의 의도와 배제의 다양한 형태들이 지배하고 있는 현실 사이의 모순에 의해 시동이 걸렸다.

경제와 정치에 대한 마르크스적 비판의 가장 심오하고 가장 전복적인 측면들 중 하나는, 이미 보았듯이 바로 마르크스의 비판이 인간 사회가 일반 이익[일반적 이해관계]이 아니라 적대들의 조절에 기초를 두고 있다고 본 점에 있다. 이미 언급했듯이 마르크스의 인간학이 **노동**을 인간과 사회적 관계의 '본질'로, **유일하게** 적대를 결정하는 근본적인 실천으로 간주하였다는 것은 맞는 말이다. 이러한 환원이 없었다면, 자유를 사적 소유와 동일시하는 자유주의 이데올로기가 근원적으로 다시 문제시될 수 없었을 것이다. 노동과 노동 분업이 사라지기는커녕 반대로 부단히 확장되고 다양화하며 (전통적으로 '생산'이 아니라 '소비'에 속하는 것을 포함한) 새로운 활동들을 잠식해 가고 있는 오늘날, 문제는 노동과 노동 분업이 사라졌다고 상상하지 않으면서 우리가 이 자유주의 이데올로기로부터 벗어날 수 있을까 하는 것이다. 확실한 것은 분업은 그 효과가 추상적으로만 분리될 수 있을 뿐인 다른 분할[분업]들과 서로 혼융되지 않으면서 그것들과 필연적으로 포개진다는 점이다. '에스닉한' 갈등들(더 정확히 말하자면 인종주의의 효과) 또한 보편적이다. 적어도 어떤 문명에서는 성적 분할에 기초한 적대도 보편적이다(이 점에 관하여 F. 뒤루의 분석들을 따르자면, 노동자 계급을 포함한 사회집단의 모든 조직화와 제도에 내포되어 있다). 계급투쟁은 **모든** 사회적 실천들에 걸쳐 있는 **하나의** 결정하는 구조(그러나 **유일하게** 결정하는 구조는 아니다)라고 생각될 수 있고 또 그렇게 생각되어야 한다. 더 정확하게 말하면, 계급투쟁이 다른 구조들의 보편성에 필연적으로 간섭하는 것은 바로 계급투쟁이 모든 실천들에 걸쳐 있는 **한**에서이다. 과잉결정이 비결정의 동의어가 아니듯이, 보편성은 단일성 unicité의 동의어가 아니다.

여기서 우리는 마르크스주의라고 불리는 것에서 점점 더 멀리 떠내려가고 있는지도 모른다. 그러나 적대의 보편성이라는 테제를 이렇게 정식화함으로써 우리는 또한 마르크스주의적 문제설정에서 그 어느 때보다도 더 우회 불가능한 어떤 것을 부각시킬 수 있다. 내가 보기에, 오늘날 계급 문제와 민족주의 문제의 접합이 다시 나타나는 방식보다 이 점을 더 잘 보여주는 것은 없는 듯하다. 즉, 자유주의적-민주주의적 형태로든 또 포퓰리즘적-권위주의적 형태로든, 민족주의는 경제적 개인주의와도, 국가적 계획화와도, 또는 이 두 가지의 다양한 조합과도 완전히 양립 가능하다는 것이 확인되었다. 민족주의는 '피지배' 집단들에서 오래 지속될 수 있고, 이들에게 부과될 수 있으며, 경제적 '법칙들'의 파괴적 효과들을 정치적으로 중립화할 수 있는 유일한 지배적 이데올로기 속으로 생활양식과 이런 개별적인 이데올로기들을 통일하는 열쇠였다. 민족주의가 없었다면, 부르주아지는 경제에서도, 국가에서도 구성될 수 없었을 것이다. 여기서 우리는 체계 분석의 용어로, 국민적이고 국민주의적인 국가가 근대사에서 '복잡성'의 주요한 '감축자'가 되었다고 말할 수 있을 것이다. 민족주의가 '총체적' 세계관으로 구성되는 경향이 있는 것은 (그리고 이러한 세계관이 공식화되어 있는 모든 곳에서 민족주의가, 심지어 부인되는 곳에서도 현존하는 것은) 이 때문이다. 그러나 나는 여기저기서 소묘되고 있는 ('유럽', '서양', '사회주의 공동체', '제3세계' 등을 가리키는) 초국민적 민족주의nationalismes supranationaux가 동일한 총체화에 이른다는 것은 있을 법한 일이 아니라고 앞에서 말한 바 있다. 역으로 민족주의와 부단히 대결하면서 발전된, 계급과 계급투쟁을 내용으로 하는 사회주의 이데올로기는 역사적 모방 효과로 인해 민족주의를 표절하는 것으로 끝났다고 단언하지 않을 수 없다. 이번에는 사회주의 이데올로기는 다수의 사회적 실천들의 종합 속에서 ([노동자] '계급의 국가'라는 전망 속에 이 실천들을 융합할 것이라고 기대하면서) 단순히 계급이라는 기준(즉 계급의 **출신**이라는 기준)으로 국가라는 기준(에스닉한 전제와 더불어)을 대체함으로써, 역시 '복잡성의 감축자'가 되었다. 이런 것이 현행 상황의 불확실성이다. 즉, 민족주의의 위기가 민족주의의 과잉 및 그 확대 재생산에 이르지 않도록 하기 위해서는 사회적인 것의 표상이라는 장에서 계급투쟁의 심급이 출현해야 한다. 단, 이 심급은 그 환원 불가능한 **타자**로서[**다른 것**으로서=그것과는 전혀 **다른 것**으로서] 출현해야 한다. 따라서 계급들 혹은 계급투쟁의 이데올로기는, 어떤 이름으로 제시되든, 모방 충동에서 벗어남으로써 자신의 자율을 재구성해야 한다. "마르크스주의는 어디로 가는가?" 이 역설이 내포하는 모든 것들과 대결하지 않고서는, 어디로도 가지 않는다.

참고문헌

Aglietta, Michel, *Régulation et crises du capitalisme, L'expérience des État-Unis*, Calmann-Lévy, Paris 1976.

Althusser, Louis, 'Reply to John Lewis (Self Criticism)', in *Essays in Self-Criticism*, trans. G. Lock, New Left Books, London, 1976.

—, *Lenin and Philosophy, and Other Essays*, trans. B. Brewster, New Left Books, London, 1971, 1977.

Balibar, Etienne, *Cinq études du matérialisme historique*, Maspero, Paris, 1974.

—, (with A. Tosel and C. Luporini), *Marx et sa critique de la politique*, Maspero, Paris, 1979.

—, 'Classe' and 'Lutte des classes', in G. Labica, ed., *Dictionnaire critique du marxisme*, PUF, Paris, 1982.

—, 'Sur le concept de la division du travail manuel et intellectuel', in J. Belkhir et al., eds, *L'Intellectuel, l'intelligentsia et les manuels*, Anthropos, Paris, 1983.

—, 'L'Idée d'une politique de classe chez Marx', in B. Chavance, ed., *Marx en perspective*, Éditions de L'EHESS, Paris, 1985.

—, 'Après l'autre Mai', in *La Gauche, le pouvoir, le socialisme: hommage à Nicos Poulantzas*, ed. C. Buci-Glucksmann, PUF, Paris, 1983.

—, "Longue marche pour la paix", in E.P. THOMPSON et al., *L'Exterminisme. Armement nucléaire et pacifisme*, PUF, 1982.

Baudelot, Christian, and Roger Establet, *L'École capitaliste en France*, Maspero, Paris, 1971.

Baudelot, Christian, Roger Establet and Jacques Toiser, *Qui travaille pour qui?*, Maspero, Paris, 1979.

Bertaux, Daniel, *Destins personnels et structure de classe*, PUF, Paris, 1977.

Bidet, Jacques, *Que faire du capital? Matériaux pour une refondation*, Méridiens-Klincksieck,

Paris, 1985.

Bourdieu, Pierre, *La Reproduction. Eléments pour une théorie du système d'enseignement*, Éd. de Minuit, 1970.

—, *Reproduction in Education, Society and Culture*, transi. R. Nice, Sage, L ondon, 1977.

Braudel, Fernand, *Civilisation matérielle. Économie et capitalisme, XVe-XVIIIe siècles*, 3 vol., Armand Colin, 1979.

Brunhoff, Suzanne de. *État et capital*, PUG-Maspero, 1976.

—, *L'Heure du marché, critique du liberalisme*, PUF, Paris, 1986.

Biagio, Giovanni de, *La teoria politica delle classi nel 'Capitale'*, De Donato, Bari, 1976.

Drach, Marcel, *La Crise dans les pays de l'Est*, La Decouverte, Paris, 1984.

Duroux, Françoise, 'La Famille des ouvriers: mythe ou politique?', unpublished doctoral thesis, University of Paris-Vll, 1982.

Engels, Friedrich, with Karl Kautsky, 'Notwendige und uberflussige Gesellschaftsklassen', (1881), *M.E.W.*, vol. 19, p. 287.

Establet, Roger, *L'École est-elle rentable?*, PUF, Paris, 1987.

Ewald, François, *L'État-providence*, Grasset, Paris, 1986.

Foster, John, *Class Struggle and the Industrial Revolution*, Methuen, London, 1977.

Foucault, Michel, Surveiller et punir. *Naissance de la prison*, Gallimard, 1975.

Freyssenet, Michel, *La Division capitaliste du travail*, Savelli, Paris, 1977.

Gaudemar, Jean-Paul de, *La Mobilisation generale*, Champ Urbain, Paris, 1979.

Gilroy, Paul, *There Ain't No Black in the Union Jack*, Hutchinson, London, 1987.

Hobsbawm, Eric, *Industry and Empire*, Penguin, Harmondsworth, 1968.

Laclau, Ernesto, and Chantal Mouffe, *Hegemony and Socialist Strategy. Towards a Radical Democratic Politics*, Verso, London, 1985.

Lefebvre, Henri, *De l'État*, vol. 3. 'Le Mode de production etatique', UGE, Paris, 1977.

Le Goff, Jacques, *Du silence à la parole. Droit du travail, société, Etat* (1830-1985), Calligrammes, Quimper, 1985.

Linhart, Robert, *Le Sucre et la faim*, Minuit, Paris, 1980.

Lyotard, Jean-François, *Le Différend*, Éditions de Minuit, 1983.

Karl Marx, *Le Capital, Livre I, nouvelle traduction française de la 4e édition allemande de J.P. Lefèbvre*, Éditions sociales, 1983.

Meillassoux, Claude, *Femmes, greniers et capitaux*, Maspero, 1975.

Moore, Stanley, *Three Tactics. The Background in Marx*, Monthly Review Press, New York, 1963.

Moynot, Jean-Louis, *Au milieu du gué, CGT, syndicalisme et démocratie de masse*, PUF, Paris, 1982.

Negri, Antonio, *La Classe ouvriere contre l'Etat*, Galilée, Paris, 1978.

Noiriel, Gerard, *Longwy. Immigrés et prolétaires*, PUF, 1984.

—, *Les ouvriers dans la société française*, Seuil, 1986.

Karl Polanyi, *La Grande Transformation* (1944), trad. fr. Gallimard, 1983.

Poulantzas, Nicos, *Les Classes sociales dans le capitalisme aujourd'hui*, Seuil, 1974.

Przeworski. Adam, 'Proletariat into Class: The Process of Class Formation from Karl Kautsky's The Class Struggle to Recent Controversies', *Politics and Society*, vol. 7, no. 4, 1977.

Schöttler, Peter, *Naissance des bourses du travail. Un appareil ideologique d'Etat à la fin du XIXe siecle*, PUF, Paris, 1985.

Stedman Jones, Gareth, *Languages of Class*, Cambridge University Press, Cambridge, 1983.

Therborn, Göran, 'L'Analisi di classe nel mondo attuale: il marxismo come scienza sociale', *Storia del Marxismo*, vol. IV, Einaudi, Milan, 1982.

Thompson, E. P. 'Eighteenth-Century English Society: Class Struggle without Classes?', *Social History*, vol. 3, n°. 2, 1978.

—, *The Making of the English Working Class,* Penguin, Harmondsworth, 1968.

Touraine, Alain and Michel Wieviorka, *Le Mouvement ouvrier*, Fayard, 1984.

Travail, Journal of the AEROT, edited by Robert Linhart (64 rue de la Folie-Mericourt,

75011 Paris).

Trentin, Bruno, *Da sfruttati a produttori. Lotte operaie e sviluppo capitalistico dal miracolo economico alla crisi*, De Donato, Bari, 1977.

Verret, Michel, *L'Ouvrier francais I: l'espace ouvrier*, Armand Colin, Paris, 1979.

Vincent, Jean-Marie, *Critique du travail. Le faire et l'agir*, PUF, Paris, 1987.

Wallerstein, Immanuel, *The Modern World-System* (3 vols), Academic Press, New York, 1974-1989.

—, *The Capitalist World-Economy, Cambridge University Press,* Cambridge, 1979.

—, *Historical Capitalism*, Verso, London, 1983.

4

사회 갈등의 자리바꿈?

11장 독립 후 블랙 아프리카에서의 사회 갈등

: 인종과 지위집단 개념 재고[1]

이매뉴얼 월러스틴

이론적 혼란

남아프리카, 미국, 영국에서 '인종 간 긴장'이라고 불리는 어떤 것이 존재한다는 점을 누구나 '알고 있다.' 어떤 사람들은 이것이 라틴 아메리카 지역, 카리브 지역, 남아시아와 동남아시아의 여러 나라에서도 존재한다고 생각한다. 그러나 블랙 아프리카의 독립 국가들에서 '인종 간 긴장' 같은 것이 발견되는 것일까? 이와는 반대로 블랙 아프리카에 '부족주의tribalism'가 존재한다는 것을 누구나 '알고 있다.' '부족주의'는 아프리카만의 현상일까, 아니면 산업화된 자본주의 국가에서도 나타나는 현상일까?

문제는 몇 가지 개념적 어려움에서 생겨난다. 다분히 학술용어로 사용되고 있는 사회계층이나 사회집단이라는 범주는 여럿이고 중복되며 불분명하다. 계급, 카스트, 국적, 시민권, 에스닉 집단, 부족, 종교, 정당, 세대, 신분estate, 인종 같은 용어가 있다. 하지만 이것들에 표준적인 정의는 없으며, 오히려 정반대이다. 이 용어들을 서로 관련시키려고 시도하는 저자들도 거의 없다.

한 가지 유명한 시도가 막스 베버의 것이었다. 그는 계급, 지위집단[Stand], 당파라는 세 가지 기본 범주를 구별했다.[2] 베버의 범주화가

1 다음이 이 장의 초출이다. *Les Cahiers du CEDAF* (n° 8/1971, série 1 : Sociologie), revue du Centre d'études et de documentations africaines (CEDAF, place Royale, 7, 1000 Bruxelles). 르루Mme Y. Leloux가 프랑스어로 번역했고 약간 수정했다.

2 다음을 보라. Max WEBER, *Economy and Society*, Bedminster Press, New York, 1968, pp. 302-307, 385-398과 926-940.
영어로 사회계층화에 관한 문헌은 오랫동안 독일어 스탄트*Stand*의 번역어로 지위집단

지닌 한 가지 골칫거리는, 그것이 논리적으로 엄밀하지 않다는 게 아니라 여러 가지 점에서 다양한 예들로부터 구축된다는 점이다. 그리고 그는 이 예들을 주로 19세기 유럽, 중세 유럽, 고전 고대에서 이끌어낸다. 베버에게는 그것으로 족했을 수 있지만, 20세기의 비유럽 세계의 경험적 현실을 다루는 사람이 베버의 구별에서 적절한 대응 사례를 찾아내기란 어려울 것이다. 베버는 계급을, 많든 적든 마르크스주의 전통에 입각하여, 경제 체계와 유사한 방식으로 관계를 맺는 인간 집단으로 정의한다. 그는 당파를 권력의 할당과 행사에 영향을 줄 수 있는 단체 결사 내부에서 서로 연합된 집단으로서 정의한다.

그러나 지위집단은 여러모로 잔여 범주이다. 물론 실정적인 기준은 있는 것 같다. 그것에 따르면, 지위집단은 인간이 그 안에서 태어난 원형적[3] 집단이며, 계산적이고 목표 지향적인 연합에 기초를 두지 않는 충성심에 의해 결부되었다고 생각할 수 있는 의제적 가족이다. 그것은 전통적인 특권[의 유지] 혹은 그 결여로 뒤덮인 집단이며, 명예, 위신의 등급, 그리고 무엇보다도 생활양식(종종 동일한 직업을 포

*status-group*이라는 표현을 사용했다. 전통적인 프랑스어 번역은 틀림없이 'état(상태)'이다. 이는 조르주 귀르비치와 레이몽 아롱이 사용한 것이다(다음을 보라. Georges Gurvitch, *Le Concept de classes sociales de Marx à nos jours*, Centre de documentation universitaire, "Les Cours de Sorbonne", Paris, 1954, p. 80 ; Raymond Aron, *La Sociologie allemande contemporaine*, PUF, Paris, 1950, p. 49). 아롱은 "고대 프랑스의 *états*라는 의미에서"라고 명시한다. 그러나 영어에서 이 단어는 봉건제 체계에 대한 참조를 상실했으며, 이 체계만을 오로지 참조하려고 한다면 *stand*를 *estate*로 번역한다.

3 이것은 에드워드 실즈가 추가한 'primordial'이라는 용어를 번역한 것이다. 다음을 참조하라. Edward SHILS, "Primordial, personal, sacred and civil ties", *British Journal of Sociology*, vol. VIII, n° 2, juin 1957, pp. 130-145. 실즈에게 원형적 특성은 단순한 '상호작용의 함수' 이상의 '의미심장한 관계'의 특성이다. 그 의미심장함은 '말로 할 수 없는 것'(p. 142)이다. 다음을 참조하라. Clifford GEERTZ, "The Integrative revolution, primordial sentiments and civil politics in the new states", in C. GEERTZ (dir.), *Old Societies and New States*, Free Press, Glencoe, 1963.

함한다)을 공유하고 있지만, 반드시 동일한 소득 수준이나 동일한 계급 소속감을 공유하지는 않는 집단이다.[4]

민족[국민], 즉 우리가 '민족주의적' 감정을 느끼는 민족[국민]에는 이 지위집단의 정의가 딱 들어맞지 않을까? 아무래도 들어맞는 것 같다. 그러나 지위집단 개념을 사용하려 할 때 보통 먼저 머리에 떠오르는 것은 국민적 소속이 아니다. 베버의 개념은 원래 중세의 신분estates에서 영감을 얻었으며, 현대 아프리카에 적용하기에는 다소 한계가 있는 범주이다. 근대 아프리카에 대한 문헌은 오히려 '부족' 그리고/또는 '에스닉 집단'에 대해 말하는 것이 다수를 차지하고 있다. 대다수 저자는 지위집단을 일컫는 가장 의미 있는 경험적 사례로 '에스닉 집단'을 꼽는다. 그것이 베버 개념의 취지에 들어맞는다는 것은 틀림없다. **인종**이라는 용어도 자주 사용된다. 그러나 대다수 저자의 정신에서는, 이것이 지위집단과 맺는 관계가 불분명한 채 남겨져 있다. **인종**은 아프리카 연구에서는 무엇보다 유럽계 백인과 이 대륙의 토착 흑인 사이의 갈등을 가리키면서 사용되고 있다(몇몇 지역에서는 세 번째 범주로서 인도 아대륙에서 이주한 사람들이나 그 후손이 있다). 그러나 이 용어가 토착 흑인 인구 내부의 다양성을 구별하기 위해 사용되는 일은 좀체 없다.

그렇다면 **인종**과 **에스닉 집단**은 서로 다른 두 가지 현상일까 아

4 베버의 정의는 명예를 강조한다. "계급과 대조적으로 **지위집단***Stände*은 대개 집단이다. 하지만 지위집단은 종종 무정형적인 장르다. 순수하게 경제적인 관점에서 결정된 '계급의 상황'과는 대조적으로, 적극적이든 소극적이든, **명예**라는 특정한 사회적 평가에 의해 결정된 사람들의 삶의 모든 전형적인 구성 요소를 '**사회[지위]적 상황**'이라고 지칭하고 싶다. … 가진 자나 못 가진 자나 똑같은 지위집단에 속할 수 있으며, 게다가 이런 일은 매우 유형적인tangible 결과를 동반하여 자주 일어난다. … 그 내용에서 사회[지위]적 명예는 무엇보다 특정한 **생활 방식**이 이 동아리에 속하고 싶어 하는 모든 사람들에게 기대된다는 사실에 의해 보통 표현된다"(Max WEBER, *op. cit.*, p. 932).

니면 똑같은 테마의 두 가지 변주일까? 그래서 용어상의 혼란[5]을 생각한다면, 경험적 현실을 먼저 기술하고, 그 다음에 이로부터 뒤따르는 이론적 귀결을 고찰하자. 이렇게 하는 편이 경험적 현실을 설명하는 이론적 틀을 미리 제시하는 것보다 훨씬 바람직할 것이다.

경험적 데이터 : 얼마나 많은 종류의 지위집단이 있는가?

식민지 이전의 아프리카는 복합적이고 위계적인 사회를 많이 포함하고 있었다. 환절 사회segmentary societies와는 대립된 이 집단들이 아프리카 전체 땅덩어리 혹은 인구의 몇 퍼센트를 차지하고 있었는지를 산정한 사람은 아직 아무도 없지만, 최소한으로 어림잡아도 그 3분의 2는 있었을 것이다. 이 국가들 중 몇몇에는 '신분'(즉, 귀족·평민·장인·노예 등의 세습적 지위를 가진 사람들의 범주)이 있었다. 또 몇몇 국가에는 '에스닉 집단'(즉, 조상이 다르다고 간주된다는 점을 가리키는 별도의 명칭을 가진 사람들의 범주)이 있었다. 이것들은 보통 정복이라는 상황의 결과였다.[6] 게다가 많은 국가에는 '비시민' 또는 '외지인strangers'이라

5 프랑스어 문헌은 심지어 더 혼란스럽다. 왜냐하면 프랑스의 많은 저자는 영어권 필자들이 '부족'이라는 단어를 사용할 때에도 프랑스어 '인종'을 사용하고 있기 때문이다.

6 장 쉬레-카날은 이 두 현상이 모두 정복이라는 상황에서 유래하지만, 그러나 어떤 설명되지 못한 이유 때문에, 어떤 지역에서는 다른 지역보다 동화가 급속하게 진행되었다고 논한다. "부족 안에 계급 적대가 거의 존재하지 않는 한, … 국가라는 상부구조는 출현하지 않는다. … 노예제의 확대와 부족 귀족제의 창출과 더불어 계급 적대가 발달한 곳에서는 여러 종류의 국가가 … 출현한다. 이 국가들의 창출이 다른 부족 집단의 지배와 병합 및 새로운 문화적·언어적 통일이라는 국가로서의 틀을 포함할 경우, 부족 조직의 흔적은 많든 적든 사라졌다. … 예를 들어 줄룰란드Zululand에서. … 계급으로의 분할은 부족 간 갈등의 외양을 간직할 수도 있다. 동아프리카의 대호大湖, interlacustrian 지역의 군주국들(르완다, 부룬디 등)의 경우가 그랬다. 이곳에서 정복자인 유목민 투치인Tutsi은 귀족제를 구성하고, 토착 농민 후투인Hutu을 지배했다." Jean SURET-CANALE, "Tribus, classes, nations", *La Nouvelle Revue internationale*, n° 130, juin 1969, p. 112.

는 [공식적으로] 인정된 범주가 있었다.[7] 마지막으로 비위계적 사회에서조차 보통, 인류학자가 흔히 '씨족clan'이라고 부르는, 의제적인 혈족 집단을 창출하는 특유의 분류 원리나 세대, 즉 '연령 집합'에 따라 사람들을 구분했다.[8]

식민 지배의 확립은 바로 이러한 범주화를 무엇 하나 바꾸지 않았다. 그러나 적어도 하나의 새로운 범주화를 부과했다. 즉, 식민지 국적이 그것이다. 이는 이중적, 혹은 심지어 삼중적이었다(예를 들어 나이지리아인, 영국령 서아프리카인, 대영제국인처럼).

게다가 대부분의 경우, 종교적 범주가 식민지 지배하의 새로운 특징을 띠었다. 기독교인은 '부족'[9] 내부와 '영토'[10] 내부에서 모두 중요한 하위집단으로서 출현했다. 이슬람교는 거의 어디에서나 유럽 식민지 지배 이전부터 존재했지만, 필시 많은 지역에서는 기독교인들과 세력을 다투면서 이슬람교인으로서의 자각이 깊어져 가고 있었던 것 같다. 몇몇 지역에서 이슬람교의 급격한 확산은 그것을 지적하는 것 같다.[11] 그리고 어디에서나 새로운 '에스닉 집단'이 탄생했다.[12] 마지

7 다음을 참조하라. Elliot P. SKINNER, "Strangers in West African societies", *Africa*, vol. XXXIII, n° 4, oct. 1963, pp. 307-320.

8 비위계적 사회의 사회 조직에 관해서는 다음의 훌륭한 논의를 참조하라. "Stateless societies in the history of West Africa", de Robin Horton, in J. F. A. AJAYI et M. CROWDER (dir.), *A History of West Africa*, vol. 1, Longmans, Londres, 1971.

9 K. A. BUSIA, *The Position of the Chief in the Modern Political System of Ashanti*, Oxford University Press, Londres, 1951.을 참조하라. 부시아는 아샨티인Ashanti에게서 기독교인 비기독교인의 균열이 생겨나게 된 원인과 결과에 대해 상당히 자세하게 기술하고 있다.

10 우간다가 주요 사례이다. 이곳에서 정치는 어느 정도 종교적인 삼분법, 즉 프로테스탄트, 가톨릭, 무슬림을 따라 결정結晶화되었다.

11 Thomas HODGKIN, "Islam and national movements in West Africa", *Journal of African History*, vol. III, n° 2, 1962, pp. 323-327.을 참조하라. 또한 J.-C. FROELICH, *Les Musulmans d'Afrique noire*, Ed. de l'Orante, Paris, 1962, ch. 3.도 참조하라.

12 나는 이것을 다음에서 논했다. "Ethnicity and national integration in West Africa", *Cahiers d'etudes africaines*, n° 3, oct. 1960, pp. 129-139.

막으로 **인종**은 정치적 권리들이나 직업 배정이나 소득을 설명하는, 식민지 세계에서 가장 중요한 범주였다.[13]

민족주의 운동의 대두와 독립의 도래는 또 다른 범주를 창출했다. 영토적인 동일시, 즉 민족주의가 확산되고 중요해졌다. 이러한 영토적 동일시와 나란히, 종종 부족주의로 불리는 에스닉적 동일시에 대한 새로운 헌신이 생겨났다. 엘리자베스 콜슨은 이렇게 말했다.

> 필시 많은 청년들은 아프리카 독립에 참여한 그 시점에서 자신들의 에스닉적 전통에 대한 명백한 충성심을 발견했다. … 아프리카에서 자기 자신의 언어와 문화를 발전시키는 데 가장 열성적이었고, 국내 다른 집단의 언어와 문화에 우위가 주어지는 사태가 자신들한테 위협이라고 생각한 것은 학교 교사, 지식인이었다.[14]

교육받은 계급이 독립 후에 빠진 경제적 딜레마는 '부족주의'를 향한 이 경향을 더욱 가속화했다.[15] 마지막으로 민족주의는 범아프리카주의Pan-Africanism를 포함했다. 즉, '아프리카인'이라는 범주가 그 대립물에 상응하는 '유럽인'에 대해 생겨난 것이다. 당초 이 이분법은 피부색과 상관적인 것처럼 보였다. 그러나 1958년에 개념으로서의 아프리카는 대부분의 경우, 북아프리카(아랍 아프리카)를 포함하게 되기

13 이 점은 조르주 발랑디에George Balandier와 프란츠 파농의 다양한 저작에서 논의된다.

14 "Contemporary tribes and the development of nationalism", in June HELM (dir.), *Essays on the Problem of Tribes*, travaux de la session annuelle de printemps de la Societe americaine d'ethnologie, 1967, p. 205.

15 다음에 수록된 내 글을 참조하라. "The range of choice : constraints on the policies of governments of contemporary African independant states", in Michael F. LOFCHIE (dir.), *The State of the Nations*, University of California Press, Berkeley, 1971.

시작했다(그러나 아직 북부, 동부, 남부 아프리카의 백인 정착민을 포함하지는 않았다).[16]

독립은 또 다른 중요한 변수를 끼워 넣었다. 더 큰 도덕적 공동체에서 1급 구성원으로서의 지위, 즉 시민권이라는 다소 엄격한 법적 정의가 그것이다. 이 개념에 의해 그어진 선들은 식민지화 전의 아프리카와도 다를 뿐만 아니라 식민지 시대의 것과도 달랐다.

예를 들어 식민지 시대 동안 나이지리아인은 주거지를 옮기면 황금 해안[현재의 가나]의 선거에 투표할 수 있었다. 왜냐하면 두 영토 모두 영국령 서아프리카의 일부였고, 개인은 영국 신민이었기 때문이다. 그러나 독립 후에는 식민지 시대 영국 연방의 행정 단위가 종종 국민적 염원의 단위로 존속했다고는 해도, 정치인과 공무원의 상당수가 독립 초기에 깨달은 것처럼, 영국 연방의 구성원이라는 것만으로는 더 이상 각각의 영토적 하위 단위—이제는 주권적 국민국가—에 평등한 참여권이 부여되는 일은 없어졌다.

문헌을 일별하면, 아프리카에서 나라가 정치적으로 분열될 때 중요한 요소로서 등장하는 하위집단으로 토착 인구가 분열되지 않은 독립국은 하나도 존재하지 않는다는 게 분명히 드러난다. 바꾸어 말하면, '부족적' 혹은 소속감affiliations은 정치적인 집단화 내지 파벌, 또는 입장으로 연결되며, 종종 직업적인 범주로 연결되고, 그리고 확실히 직업 배분에 연결된다. 외신 기자들이 이에 관해 논평할 때, 아프리카 정치인들은 종종 이런 분석의 신빙성을 부정한다. 그러나 외부 관찰자의 모순적인 주장과 마찬가지로, 이 부정도 분석적 목적보다는 이데올로기적 목적에 봉사한다. 이리하여 아프리카 국가들에서

16 왜 이것이 그렇게 되었는지, 그리고 피부색을 고려하지 않는 이 '아프리카인임'에 대한 정의로 인한 결과가 무엇이었는지에 대해서는 다음에서 설명했다. *Africa : The Politics of Unity*, Random House, New York, 1967.

에스닉적-정치적 라이벌들에 관한 널리 알려진 긴 목록이 완성된다(예를 들어 케냐의 키쿠유인 대 루오인, 잠비아의 벰바인 대 로지인, 소말리아의 사브인 대 사마알레인). 이 경우 각각에서, 대립을 방지하려는 정부나 민족주의적 정치운동 측의 당연한 노력이 여러 차례 이뤄져 왔지만, 개인들은 정치적 목표를 위해 '부족'의 선에 따라 정렬되고 또 동원되어 왔다.[17]

몇몇 나라들에서는, 이런 이른바 부족적 분할이 몇 가지 추가적 요인들에 의해 강화되기도 했다. 예를 들어 에티오피아에서 암하라인 혹은 암하라-티그레인과 에리트레아인 사이의 분할은 다소나마 기독교인과 이슬람교인 사이의 종교적 분할과 일치하는데, 그 당사자들은 이를 충분히 자각하고 있다. 무엇보다도 이러한 갈등은 배후에 오랜 역사적 전통을 지니고 있었다.[18]

서아프리카 연안을 따라, 그리고 중앙아프리카에 위치한 인접국가 7곳(코트디부아르, 가나, 토고, 베냉[다호메이의 옛 명칭], 나이지리아, 카메룬, 중앙아프리카공화국)을 거쳐 연속된 하나의 수평선을 그을 수 있다. 이 선의 남북에 사는 사람들[민족]은 서로 정반대 경향을 가진 일련의 특징을 갖추고 있다. 토질로는 사바나의 땅 대 밀림의 땅으로 다르며, 그리고 이 각각에 대응하여 두 가지 큰 문화군이 있다. 종교로는 이슬람교인/정령신앙인 대 기독교인/정령신앙인. 더 근대적이지 않은 교육 대 더 근대적인 교육. 이는 주로 식민지 시대에 남반부

17 다음을 참조하라. Donald ROTHSCHILD, "Ethnic inequalities in Kenya", *Journal of Modern African Studies*, vol. VII, n° 4, 1969, pp. 689-711 ; Robert I. ROTBERG, "Tribalism and politics in Zambia", *Africa Report*, vol. XII, n° 9, dec. 1967, pp. 29-35 ; I. M. LEWIS, "Modern political movements in Somaliland", *Africa*, vol. XXVIII, n° 3, juil. 1958, pp. 244-261 ; *Africa*, vol. XXVIII, n° 4, oct. 1958, pp. 344-363.

18 Czeslaw JESMAN, *The Ethiopian Paradox*, Oxford University Press, Londres, 1963.을 보라.

부족의 편협성에 덧붙여 몇 가지 요인들이 아프리카의 토착민을 하위집단으로 분할하는 것을 강화했다. 모리타니아, 말리, 니제르, 차드 및 수단을 가로질러 그어진 연속적인 가상의 선은 수단 벨트의 경우 일반적인 분할선을 나타낸다. 선의 북쪽에 있는 사람들은 피부가 더 밝고, 아랍화되어 있고, 무슬림이다. 남쪽에 있는 사람들은 일반적으로 피부가 더 검고 기독교인/정령신앙인들이다. 서부 해안West Coast에서 중앙아프리카를 거쳐 가나, 토고, 다호메이, 나이지리아, 카메룬 및 중앙아프리카공화국으로 이어지는 유사한 선은 유사한 종류의 분할을 가리킨다. 즉, 선의 북쪽과 남쪽에 있는 사람들은 삶의 방식, 문화군, 종교와 교육에서 반대되는 경향을 나타낸다.

* [옮긴이] 이 지도는 영어판에만 있는 것인데, 이를 수록한 이유는 오늘날의 아프리카 지도와 다르기 때문이다.

에 더 많은 기독교 전도자가 있었기 때문이다.[19] 유사한 선을 우간다에서 교육을 받지 못한 비-반투계의 북부와 더 교육을 받은 (그리고 기독교화된) 반투계의 남부 사이에도 그을 수 있을 것이다.[20]

또한 북쪽의 이른바 수단 벨트에서는 이와 유사한 선을 모리타니아, 말리, 니제르, 차드, 수단을 통해 그을 수 있을 것이다. 모리타니아, 차드, 수단 북부에서 사람들[민족]은 밝은 피부를 갖고 있으며 아랍화되어 있고 이슬람교인이다. 남쪽에서는 피부색이 까무잡잡하고 기독교인/정령신앙인이다. 하지만 말리와 니제르에서는 남쪽에 사는 사람들도 이슬람교인이다. 수단을 제외한 이 모든 국가에서, 북부에 사는 사람들은 더 유목민적이고 교육을 거의 받지 못했다고 할 수 있을 것이다. 모리타니아와 수단에서는 북부 사람들이 다수를 차지하며 권력을 장악하고 있다. 말리, 니제르, 차드에서는 그것이 역전되었다.[21] 수단 벨트 국가들에서 이 문화적 구별이 피부색 차이와 서로 상관적이기 때문에, 이 분할은 때로 '인종적인' 것으로 회자되기도 한다.

또 하나의 주목할 만한 국가군이 있다. 식민지 이전 시대에 정치적 실체로서 존재했던 국가로, 이들은 그대로 식민지 및 독립 이후

19 Ernest MILCENT, "Tribalisme et vie politique dans les Etats du Benin", *Revue francaise d'etudes politiques africaines*, n° 18, juin 1967, pp. 37-53.을 보라. 또한 Walter SCHWARZ, *Nigeria*, Pall Mall Press, Londres, 1968.을 보라.

20 Terence K. HOPKINS, "Politics in Uganda : the Buganda question", pp. 251-290, in J. BUTLER et A. A. CASTAGNO JR (dir.), *Boston University Papers on Africa : Transition in African Politics*, Praeger, New York, 1967.을 보라. 또한 May EDEL, "African tribalism : some reflections on Uganda", *Political Science Quarterly*, vol. LXXX, n° 3, sept. 1965, pp. 357-372.를 보라.

21 J. H. A. WATSON, "Mauritania : problems and prospects", *Africa Report*, vol. VIII, n° 2, fevr. 1963, p. 3-6 ; Viviana PAQUES, "Alcuni problemi umani posti dallo sviluppo economico e sociale : Il caso della Republica del Ciad", *Il Nuovo Osservatore*, vol. VIII, n° 63, juin 1967, p. 580-584 ; George W. SHEPHERD JR, "National integration and the Southern Sudan", *Journal of Modern African Studies*, vol. IV, n° 2, 1966, pp. 193-212. 차드에서는 1970년대 이후 상황이 역전되었다.

의 시대를 살아갔으며, 여기에는 식민지 이전의 확실한 '부족' 계층화가 존재한다. 잔지바르[현재는 탄자니아에 속한 섬](아랍인과 아프로시라지인), 르완다(투치인과 후투인), 부룬디(투치인과 후투인), 마다가스카르(메리나인과 기타)가 그렇다. 이 모든 사례에서(다만 부룬디는 제외), 식민지 이전의 다수자였던 하위 계층이 현재 정치적으로 최고의 지위에 올라 있다.[22] 이와 비슷한 식민지 이전의 계층화 체계가 식민지 시대와 탈식민지 단위 내부에 존재할 경우, 정치적 결과는 훨씬 모호할 수 있다(나이지리아와 카메룬에서의 풀라니족의 영지sultanates, 우간다와 탕가니카[잔지바르를 제외한 탄자니아 지역]의 히마 왕국).

자치와 독립을 달성한 후, 자신의 '고국'으로 돌아온 아프리카인 '귀환'자 수가 많아졌다. 제국은 주지하다시피 민족의 이동에 관대했다. 이는 인원의 최적 이용이라는 목적에 부합했다. 다른 한편으로, [신생] 국민국가는 권리[특권]가 시민으로서의 지위에 따라 발생한다는 점을 증명하려고 노력하였다.

이 압박을 최초로 느낀 집단은 정치인들이었다. 독립이 가까워짐에 따라, 프랑스 서아프리카인이나 영국 동아프리카인의 범주는 사라지는 경향이 있었다. 오트 볼타[현재의 부르키나파소]에서 정치적 경력을 쌓고 있던 말리인이나 케냐에서 같은 일을 행하고 있던 우간다인은 본거지로 돌아가는 것이 상책임을 깨달았다. 이와 같이 새로운 정치적 현실이 명확히 인식된 것에 덧붙여, 여러 범주의 사람들에 대한 공공연한 혹은 반쯤 공공연한 추방이 있었다. 코트디부아르, 니

22 다음을 보라. Michael LOFCHIE, "Party Conflict in Zanzibar", *Journal of Modern African Studies*, vol. I, n° 2, 1963, pp. 185-207 ; Leo KUPER, "Continuities and discontinuities in race relations : evolutionary or revolutionary change", *Cahiers d'études africaines*, vol. X, n° 39, 1970, pp. 361-383 ; Jean ZIEGLER, "Structures ethniques et partis politiques au Burundi", *Revue française d'études politiques africaines*, n° 18, juin 1967, pp. 54-68 ; Raymond K. KENT, *From Madagascar to the Malagasy Republic*, Praeger, New York, 1962.

제르, 기타 등등으로부터 다호메이인(그리고 토고인)의 추방, 가나로부터 나이지리아인 및 토고인의 추방, 자이르로부터 말리인의 추방이 그것이다. 이 모든 사례에서 추방당한 사람들은 실업이 늘어나는 시기에 화폐경제의 지반을 차지하고 있던 사람들이었다. 문제의 집단은 갑자기 자신들이 아프리카인이라기보다는 국적-없는-자로 정의되어 있음을 깨달았다. 더군다나 비아프리카인의 범주에 속하게 된 사람에게 그것은 사실이었다. 심지어 공식적인 시민권을 취득했더라도, 그들은 추방당했다. 잔지바르에서 아랍인, 케냐에서 아시아인, 가나에서 레바논인의 산발적인 추방이 그 예이다. 지금까지, 블랙 아프리카에서 유럽인의 대규모 추방은 일어나지 않았지만, 한때 자이르로부터 벨기에인의 엑소더스〔대탈출〕가 있었다.

지금까지 아프리카의 풍경을 이렇게 재빨리 소묘한 것은 다음의 한 가지 점을 강조하기 위해서이다. 즉, 에스닉 집단, 종교 집단, 인종, 카스트 같은 생각할 수 있는 다양한 지위집단 사이에는 유용한 구별 따위가 존재하지 않는다는 점이다. 그것들은 모두 단 하나의 테마의 변주이다. 그것들은 현재의 경제적 및 정치적 풍경에 앞서서 신화적으로 존재했던 친연성에 의한 민족의 집단 구분이며, 그리고 계급적 혹은 이데올로기적 관점에서 정의된 사람들을 가교하는 연대에 대한 주장이다. 부족주의에 대해 아키워워가 말하듯이, 지위집단이란 "국가 건설 과정에서 생기는 예기치 않은 결과에 대해서 이루어지는 일련의 정형화된patterned 반응—적응적 조정이라고 해도 좋지만—이다."[23] 혹은, 더 직설적인 스키너의 말로 하면, 지위집단의 중심적 기능은 "그 환경 속에서 가치가 있다고 간주되는 모든 재화와 서비스의 획득을 목표로, 타자와 경쟁할 수 있는 사회적, 문화적, 정치적 실체로

23 Akinsola A. AKIWOWO, "The sociology of Nigerian tribalism?", *Phylon*, vol. XXV, n° 2, été 1964, p. 162.

민족을 조직할 수 있게 하는 것"이다.[24]

이 기능이 지위집단이라는 개념에 내재하는 것인 한, 정의상 지위집단은 어떤 더 큰 사회—지위집단이 그 일부를 구성하는—에 우선하는 것으로서 존재할 수 없다. 설령 그 지위집단이 하나의 사회 체계 이상으로 조직화되어 있거나 그러한 것으로서 존재하고 있다고 주장하는 경우에도.[25] 프리드가 '부족'에 대해 주의 깊게 말하는 것은 모든 지위집단에 대해서도 들어맞는다.

> 매우 특정한 의미에서 대부분의 부족은 이차적 현상처럼 보인다. 이것은 상대적으로 고도로 조직화된 사회가 이것보다 훨씬 더 단순한 다른 사회들 속에서 등장하는 것에 의해 자극받은 과정의 산물일 것이다. 이것이 증명될 수 있다면, 부족주의는 그 진화에서 필수적인 예비 단계라기보다는 복합적인 정치적 구조의 창출에 대한 반작용으로 여겨질 수도 있다.[26]

근대 세계의 상황에서 지위집단은 국민국가 내에서 공식적으로는 비합법적이라는 것에 근거하여 권력과 재화·서비스의 배분을 요구하는 집합적 주장인 것이다.

24 Elliot P. SKINNER, "Group dynamics in the politics of changing societies : the problem of "tribal" politics in Africa", in J. HELM (dir.), *op. cit.*, p. 173.

25 WEBER, *op. cit.*, p. 939.를 참조하라. "'계급', '지위집단' 및 '당파'에 관한 좀 더 일반적인 고찰을 덧붙여야겠다. 즉, 그것들이 더 큰 연합체, 특히 정치 공동체의 틀을 전제한다는 사실은 그것들이 이런 것들에 한정된다는 것을 뜻하지 않는다. 그와 반대로, 그런 결사체가 … 국경선을 넘어선다는 것은 그 당시에는 아주 흔한 일이었다. … 하지만 그 목표가 반드시 새로운 영토적 지배의 수립인 것은 아니다. 대부분 그것들은 현존하는 정치 공동체에 영향을 끼치는 것을 목표로 한다." 다만 세계체제에서의 국민국가에 대한 충성을 지위집단 의식의 표현으로 간주하는 한에서라고 나는 덧붙여 두겠다.

26 Morton H. FRIED, "On the concept of 'tribe' and 'tribal society'", in J. Helm (dir.), *op. cit.*, p. 15.

계급과 지위집단의 관계

그렇다면 이러한 지위집단의 주장은 계급 연대의 주장과는 어떤 관계에 있을까? 마르크스는 계급 개념을 사용할 때 즉자적 계급과 대자적 계급을 구별했다. 다음과 같이 말했을 때, 베버도 이 구별을 반복했다. "따라서 모든 계급은 아마도 셀 수 없을 정도의 가능한 형태를 취해 나타나는 어떤 '계급 행동'의 담지자일 수 있지만, 꼭 그렇다고는 할 수 없다. 어쨌거나 계급 그 자체는 집단Gemeinschaft[공동체]을 구성하지 않는다."[27]

계급이 반드시 항상 대자적이지 않은 것은 왜일까? 실제, 왜 좀체 대자적이지 않은 것일까? 혹은 질문을 다른 식으로 하면, 오늘날과 역사 전체를 통해, 아프리카와 세계 전체를 통해 지위집단 의식이 이처럼 만연해 있고 강력한 정치적 힘이게 된 이유를 우리는 어떻게 설명할 수 있을까? 이것이 허위의식이라고 대답하는 것은, 그저 질문을 논리적으로 한 걸음 후퇴시킬 뿐이다. 왜냐하면 그 경우에는, 대부분의 민족이 항상 허위의식을 보이는 이유가 무엇인지를 물어야 하기 때문이다.

베버는 이 점을 설명할 수 있는 이론을 갖고 있었다. 그는 이렇게 말한다.

> 지위에 의한 계층화['지위적' 구성]의 우세를 초래하는 일반적인 경제적 조건에 대해서는 그저 다음과 같이 말할 수 있을 뿐이다. 재화의 획득과 분배의 토대가 상대적으로 안정적일 때, 지위에 의한 계층화에는 유리하다. [반면] 모든 기술적 파급력과 경제적 변형은 지위에 의한 계층화를 위협하고 계급 상황을 전면에 내세우게 된다. 적나라한 계급 상황이 우세한 의의를

27 M. WEBER, *op. cit.*, p. 930.

> 가진 시대와 나라들은 대체로 기술적 및 경제적 변형의 시대를 맞이했다. [반면] 경제적 계층화에서 변화의 모든 완만한 과정은 적절한 때에 지위 구조의 증대로 이어지며, 사회적 명예의 중요한 의미를 회복시키는 것으로 향한다.[28]

이 베버의 설명은 매우 단순해 보이며, 계급의식을 진보와 사회 변화의 상관물로 만들고, 지위에 의한 계층화를 역행하는 힘의 표현으로 만든다. 그러나 이는 일종의 속류 마르크스주의이다. 설령 이 정리theorem의 도덕적 추진력에 동의할 수 있다고 해도, 역사적 현실의 더 작은 변화를 예측하는 데에는 그다지 도움이 되지 않으며, 더구나 근대적인 경제적 추진력이 지위집단의 의상을 걸치는 경우도 있고,[29] 또한 계급의식 속에 전통적인 특권을 보존하는 메커니즘이 발견되는 경우도 있는데,[30] 베버의 이론은 그 이유를 설명하지 못하고 있다.

파브레는 알제리에서 일어난 베르베르인의 반란에 대한 논의에서 우리에게 한 가지 단서를 주고 있다.

> [알제리에서] 원형적 집단은 자신들의 옛 풍습을 모르고, 그런 의미에서 실체적으로 존재하지 않은 것이며, 그저 반작용적으로만 존재할 뿐이다. 전통적인 정치적 현상을 수집하는 일에 열성적인 인류학자들은, 그래서 이것들을 소박하게 해석하는 엄청난 오해를 저지를 위험이 있다. 왜냐하면 그 맥락들은 오늘날 전도되어 있기 때문이다. 19세기의 환절적segmentary 부족들의 후

28 *Ibid.*, p. 938.

29 Jeanne FAVRET, "Le traditionalisme par excès de modernité", *Archives européennes de sociologie*, vol. VIII, n° 1, 1967, pp. 71-73.을 보라.

30 Clifford GEERTZ, "Politics past, politics present", *Archives européennes de sociologie*, vol. VIII, n° 1, 1967, p. 1-4.를 보라.

> 손들에게 선택은 더 이상 중앙정부와 협조할 것이냐 아니면 반체제 운동을 제도화할 것이냐라는 목표 사이에 있지 않다. 왜냐하면 앞으로는 전자의 선택만이 가능하기 때문이다. 이러한 저개발 농업 부문에 종사하는 농민에게 선택—혹은 운명—은 이 목표를 달성하는 수단에 있다. 역설적이지만 반체제 운동은 그 수단의 하나다.[31]

파브레는 우리더러 지위집단 소속감에 근거한 주장을, 그 상황에서 행위자가 취하는 지적 관점에서가 아니라 이러한 주장이 사회체계에서 실제로 수행하는 현실적 기능의 관점에서 살펴보라고 재촉한다. 모어맨은 타이의 한 부족인 루Lue인에 대한 분석에서 이와 비슷한 것을 호소하고 있다. 그는 루인에 대한 세 가지 정곡을 찌르는 질문—루인이란 무엇인가? 왜 루인인가? 언제 루인인가?—을 제기하며 다음과 같이 결론짓는다.

> 에스닉적 동일시 장치는—현재 살아 있는 인간의 에스닉한 각 집단을 먼 역사로 이어지는 무수한 세대와의 공동 사업으로 만들려고 하는 엄청난 잠재력을 갖추고 있다—보편적인 것처럼 보인다. 그러므로 사회과학자는 이러한 장치가 어떻게 사용되는지를 기술하고 분석해야 하며, 그것을 단순히 설명에 이용해서는—현지인은 그렇게 한다—안 된다. … 에스닉한 범주가 인간적 속성을 해석하기 위한 적절한 주제가 되는 일은 좀처럼 없을 것 같다.[32]

31 J. FAVRET, *op. cit.*, p. 73.

32 Michael MOERMAN, "Being lue : uses and abuses of ethnic identification", in J. Helm (dir.), *op. cit.*, p. 167.

만약 그렇다면 아마도 우리는 베버의 계급, 지위집단, 당파, 이 삼인조를 세 개의 상이하고 상호 교차하는 집단이 아니라 똑같은 본질적 현실의 세 가지 상이한 실존적 형태로 재인식할 수 있을 것이다. 이 경우 어떤 조건에서 지위에 의한 계층화가 계급의식보다 우세한가라는 베버의 물음은 어떤 조건에서 계층이 계급, 지위집단, 당파로 실체화되는가 하는 물음으로 변화한다. 이렇게 생각한다면, 집단의 잇따른 실체화에서 집단의 경계선이 동일해진다—그러면 거꾸로, 외면적으로 상이한 의상을 입게 되지는 않는다—는 것은 두말할 나위도 없을 것이다. 아니 오히려 어떤 시대에도, 어떤 사회구조에서도 서로 관계를 가지며 갈등을 벌이는 일정한 집단군이 존재한다는 얘기가 된다.

로돌포 스타벤하겐에 의해 제창되고 있는 한 가지 접근 방식은 지위집단을 사회계급의 '화석'으로 보는 것이다. 그는 이렇게 논한다.

> 계층화[즉, 지위집단]는 대다수의 경우, 계급 관계에 의해 표상되는 특정한 사회적 생산관계가 빈번하게 법적인 수단에 의해, 틀림없이 주관적으로, 우리가 사회적 **고착화**라고 부른 것을 표상한다. 이 사회적 **고착화**에는 다른 2차적이고 부수적인 요인들(예를 들면 종교적 요인, 에스닉적 요인)도 들어간다. 이것들은 계층화를 강화하고 동시에 이것이 경제적 토대와 맺은 연결로부터 이것을 '해방'하는 기능, 바꿔 말하면 경제적 토대가 바뀌더라도 계층화의 강도를 유지하는 기능을 맡고 있다. 따라서 계층화는 기성의 경제 체계의 정당화나 합리화로서, 즉 이데올로기로서 사고될 수 있다. 사회적 상부구조의 모든 현상과 마찬가지로, 계층화는 그것을 산출한 조건들이 변화했을 때에도 스스로를 유지하는 관성의 성질을 갖고 있다. 계급들 사이의 관계가 변경됨에 따라 … 계층화는 원래 그것이 기반을 두었

> 던 계급 관계의 **화석**으로 변모한다 … [더욱이] 두 유형으로 분류된 집단(지배적 계급과 상위 계층)은 특수한 역사적 상황에 따라 일정 기간 공존하면서 사회구조 속에 아로새겨질 수 있는 것 같다. 그러나 조만간 현재의 계급 체계에 더 정확하게 조응하는 새로운 계층화 체계가 나타난다.[33]

스타벤하겐은 좀 더 나중의 분석에서 중앙아메리카의 데이터를 이용하여 식민지 상황에서 두 개의 카스트와 비슷한 하위 지위집단(**인디오**[선주민]와 **라디노**[인디오와 백인의 혼혈])이 어떻게 출현하고 아로새겨지고, 그가 계급 명확화라고 부르는 다양한 압력에도 견디며 살아남을 수 있었는지를 자세하게 설명하였다. 그는 두 개의 종속 형태(에스닉적 차별과 정치적 복종에 기초를 둔 식민지적 형태)와 계급 형태(노동 관계에 기초를 둔)가 나란히 성장하며, 이와 평행적인 등급 체계를 반영했다고 주장한다. 독립 후, 그리고 경제발전에도 불구하고 인디오와 라디노의 이분법은 "사회 구성원의 가치 속에 깊이 들어앉게 되며", 사회구조에서 "본질적으로 보수적인 힘"으로 남아 있었다. "과거의 상황을 반영하면서 … [이 이분법은] 새로운 계급 관계의 발전을 제약하는 것으로서 작용한다."[34]

이 시각에서는 현재의 계층화는 역시 **과거의 화석이지만, 단순한 계급 관계의 화석 그 자체는 아니다.**

또 다른 접근법은 계급 소속이나 지위 소속을 사회의 다양한 구성원에 대해 열린 선택지로서 파악하는 것이다. 이것이 피터 카스텐

33 "Estratificatión social y estructura de clases (un ensayo de interpretación)", *Ciencias políticas y sociales*, vol. VIII, n° 27, janv.-mars 1962, pp. 99-101.

34 Rodolfo STAVENHAGEN, "Clases, colonialismo y aculturación : ensayo sobre un sistema de relaciones interetnicas en Meso-America", *America latina*, vol. VI, n° 4, oct.-dec. 1963, p. 94.

스의 접근법이다. 최근 두 개의 논문에서, 즉 하나는 카스텐스, 다른 하나는 앨런이 쓴 것인데, 이들은 농촌 지역의 토지에서 일하는 아프리카인이 "노동자 계급"의 일원인 "농민", 즉 기술적으로는 자영업의 환금작물 재배 농민일 때에도 자신의 노동력을 파는 자로 생각되어야 한다는 점에서 의견이 일치한다.[35] 그러나 앨런이 환금작물 재배와 돈벌이를 번갈아 하는 유형을 강조하는 데 관심을 두는 데 비해,[36] 카스텐스는 농민 계급 조직의 지위집단 장치 혹은 그가 "농민 지위 체계"라고 부르는 것을 설명하는 데 더 관심이 있다.

카스텐스는 "부족에 대한 미약한 충성의 보유 혹은 부활은 사람들이 위신이나 존경을 수립하기 위해 이용할 수 있는 자원이다"[37]라는 논의로부터 시작한다. 그는 우리에게 다음을 상기시킨다. "농민 **계급**을 산출하는 숨겨진 힘을 초래한 똑같은 제도가 또한 농민 **지위** 체계를 창출했다. 예를 들면 … 지방의 농민 입장에서 보나 지배계급의 시각에서 보나 인정, 위신과 존경을 얻어 내기 위한 가장 확실한 방법은 외부로부터 부과된 교육적 및 종교적 제도에 참여하는 것이다."[38] 그래서 "그들 내부의 지위 체계를 조작함으로써만, 그들은 더 높은 계급에 위치한 다른 지위 체계에 접근할 수 있다. 따라서 지위 조작의 전

35 V. L. ALLEN, "The Meaning and Differentiation of The Working Class in Tropical Africa" 와 Peter CARSTENS, "Problems of Peasantry and Social Class in Southern Africa." 이 두 개의 보고서 모두 1970년 9월 13-19일 불가리아 바르나에서 열린 제7차 세계사회학대회에서 발표되었다.

36 "임금 취득자는 생활 수준과 고용에서 변동을 경험하는 반면, 농민 생산자는 생활 수준과 노동 강도에서 변동을 경험한다. 그러나 임금 취득자의 생활 수준 저하나 실업의 증대는 노동을 농민 생산으로 되돌리는 움직임을 산출하는데, 이것은 또한 농민 생산의 자원이 생활의 보장으로서 존재하기 때문에 생겨나는 것이다." 유사한 추론에 대해서는 다음을 참조하라. Giovanni ARRIGHI, "L'offerta di lavoro in una perspettiva storica", in *Sviluppo economico e sovrastutture in Africa*, Einaudi, Turin, 1969.

37 P. CARSTENS, *op. cit.*, p. 9.

38 *Ibid.*, p. 10.

략은 계급 간 경계선을 넘기 위한 최선의 수단으로 보이는 것이다."[39]

지위[집단]에 의한 계층화가 얼마나 공고한지는 이 점에 비추어 볼 수 있다. 지위적 명예는 베버가 기술한 역행적인 힘, 즉 과거에 공적을 세운 사람들이 현대 시장에서 유리한 위치를 유지하기 위해 사용하는 메커니즘인 것만이 아니다. 그것은 체계 내부에서 위로 올라가려고 애쓰는 사람이 그 목적을 달성하는 데 이용하는 메커니즘이기도 하다(그래서 높은 에스닉 의식과 교육은 상관관계에 있다. 콜슨은 이 점에 주의하라고 했다). 이러한 두 중요한 집단[과거에 공적을 세운 사람들과 체계 내부에서 위로 올라가려고 애쓰는 사람]이 의지하고 있는 것을 보면, 지위집단의 이데올로기적 우위성을 쉽게 이해할 수 있다. 이 베일(혹은 이 현실이라고 해도 차이는 없는데)을 보존하는 데 관심을 둔 요소들의 조합을 깨뜨리기 위해서는 특단의 조직적 상황이 필요하다.

베버는 틀렸다. 계급의식은 기술 변화나 사회 변형이 일어나고 있을 때 전면에 나오는 것이 아니다. 모든 근대사는 이것이 거짓임을 입증한다. 계급의식이 전면에 나오는 것은 훨씬 드문 사태로서의 '혁명적' 상황에서다. 계급의식은 '혁명적' 상황의 이데올로기적 표현인 동시에 그 이데올로기적 대들보이기도 하다. 이런 의미에서 기본적 마르크스적인 개념적 본능[직관]은 옳았다.

아프리카 데이터 재분석

그러면 위와 같은 이론적 보충에 비추어서 현대의 독립 후 아프리카의 경험적 현실로 돌아가자. 독립 후 블랙 아프리카는 오늘날 유엔의 구성원인 일련의 국민국가로 구성되어 있다. 그러나 그것들은 거의 어느 것 하나, 상대적으로 자율적이고 집중화된 행정기구, 경제,

39 *Ibid.*, p. 8.

문화를 가지고 있다는 의미에서의 국민적 사회로 간주될 수 없다. 이 모든 국가는 세계사회체제의 일부이며, 대부분은 특수한 제국의 경제적 네트워크 속에 매끈하게 통합되어 있다. 그 경제적 외형은 기본적으로 유사하다. 인구의 대다수는 농지에서 일하며, 세계시장용 작물과 생존 유지를 위한 식량을 생산한다. 그러나 그들 대부분은 토지 소유자로부터 임금을 받고 있거나, 혹은 어쩔 수 없이 현금을 벌어들일 수밖에 없는 상황에 있으면서도 자영업을 하고 있다는(경제적으로는 농업을 다른 종류의 임금 고용에 대한 대안 정도로 여긴다), 이 두 가지 의미 중 어떤 한 가지 의미에서 노동자이다. 또, 도시 지역에서 노동자로 일하는 사람도 있는데, 이들도 자주 도시와 농촌을 순환하는 인구 이동 패턴의 일부를 이루고 있다.

각 나라에는 대부분 정부를 위해 일하면서, 교육을 받고 자신들의 부를 얼마든 재산으로 바꾸려고 애쓰는 관료 계급이 있다. 모든 경우에 관료 계급에서 불균형적이게 압도적인 비율을 차지하는 (하나 혹은 여러 개의) 특정 집단이 있으며, 또한 도시 노동자 사이에서 불균형적이게 압도적인 비율을 차지하는 다른 집단이 있다. 게다가 거의 어디에나 높은 지위를 가지고 기술직을 차지하는 백인 집단이 있다. 그들의 위신 순위는 식민지 지배 이후 거의 변하지 않았다. 현지 백인의 이 높은 순위는 세계경제체제에서 차지하는 그 나라의 위상을 반영한다. 이 체계의 내부에서, 그 나라는 '부등가 교환'[40]의 영향을 받아 '프롤레타리아' 국가가 되어 있는 것이다.

공식 주권에 의해 재현된 한에서 정치적 자율의 정도는 현지 엘리트나 엘리트 집단들이 그 나라의 교육제도의 급속한 확대에 의해 세계체제에서 상향 이동을 추구할 수 있게 해 주었다. 그러나 세계-체제의 관점에서 볼 때, 개별적으로 기능하는 것도 집합적으로는 기능

40 Arghiri EMMANUEL, *L'Echange inegal*, F. Maspero, Paris, 1969.를 보라.

하지 않는다. 세계-체제의 작동은 일국적 수준에서 충분한 고용 기회를 제공하지 않는다. 이는 엘리트 집단으로 하여금 자신들의 일부에는 보답을 주고, 다른 부분을 거부하는 기준들을 찾아내도록 강제한다. 각각의 분할선은 세부적으로는 자의적이며 가변적이다. 어떤 곳에서는 이 분할이 에스닉적 선을 따르며, 다른 곳에서는 종교적인 선을 따르며, 또 다른 곳에서는 인종적인 선을 따른다. 하지만 대부분의 경우, 이 모든 것은 분명하지 않은 조합의 형태를 띠고 있다.

이 지위집단 간의 긴장은 계급적 욕구불만의 표현, 그것도 아무런 효험도 없는 자기-패배적인 표현이다. 이는 현대 아프리카의 정치와 사회생활에서 다반사가 되고 있다. 대개 사회과학자보다 더 대중적인 감각에 가까운 저널리스트들은 블랙 아프리카에 대해 쓸 때 이 현상을 '부족주의'라고 부르는 경향이 있다. 부족 혹은 에스닉 간의 갈등은 수단과 나이지리아의 내전이 무엇보다 웅변적으로 증언하듯이 극히 현실적인 것이다. 이것은 이 갈등에 연루된 사람들이 에스닉(혹은 그것에 상당하는 지위집단) 범주를 사용하는 분석에 의해 공통적으로 동기 부여되고 있다는 의미에서 에스닉 간의 갈등이다. 더욱이 그들은 대개 강한 에스닉적 충성심을 드러낸다. 그럼에도 불구하고 에스닉의 '현실' 뒤에는 표면에서 그리 멀지 않은 곳에 계급 갈등이 가로놓여 있다. 이 때문에, 나는 솔직하고 경험적으로 검증 가능한 다음의 명제를 제기하고 싶다(하지만 결정적인 검증이 이루어진 것은 아니다). 지위집단의 차이와 상관적인 (혹은 일치하는) 계급 차이가 사회적 정황의 변화의 결과로 소멸한다면, 지위집단의 갈등도 결국 소멸할 것이다(다른 것으로 대체될 수 있음은 의심할 여지가 없다). 계급에 대한 충성은 [혁명적] 위기의 순간과는 다른 곳에서는 존재하기 어려울 것처럼 보이지만, 지위집단에 대한 충성은 구속력이 있고 정서적이다. 하지만 분석자의 관점에서는 이것도 일시적이다. 만약 사회가 에스닉적으로 '통합'되었다고 하더라도, 계급 적대는 누그러지지 않을 것이다.

사실은 정반대이다. 지위집단 소속감의 네트워크의 기능 중 하나는 계급 격차의 현실을 감추는 것이다. 그러나 개개의 계급 적대 내지 격차가 누그러지거나 소멸하는 한에서 지위집단의 적대(격차는 아니더라도 심지어 격차마저도)는 누그러지고 소멸한다.

인종 개념의 유용성

블랙 아프리카에서 사람들은 '에스닉적' 갈등에 대해 이야기한다. 미국과 남아프리카공화국에서는 '인종적' 갈등에 대해 이야기한다. 몇몇 나라들에서는 가장 현저하지만 다른 나라들(예를 들어 블랙 아프리카 국가들)에서는 그렇지 않은 지위집단화를 기술하기 위해 **인종**이라는 특별한 단어를 사용하는 것에 어떤 의미가 있는 것일까? 각국의 사례를 별개이자 논리적으로 구별된 것으로 간주한다면, 의미는 없을 것이다. 왜냐하면 지위에 의한 계층화는 각국에서 동일한 목적에 봉사하기 때문이다.

그러나 각국의 사례는 별개의 것도, 논리적으로 구별된 것도 아니다. 그것들은 세계-체제의 일부이다. 일국적 체계에서의 지위와 위신은 이미 오늘날의 블랙 아프리카에서 유럽 백인 이주자의 역할을 논할 때 언급했듯이, 세계-체제에서의 지위와 등급으로부터 절연될 수 없다. 일국적 지위집단과 함께 국제적 지위집단이 있다. 우리가 말하는 인종이란 본질적으로 이러한 국제적 지위집단이다. 백인과 비백인 사이에는 기초적인 분할이 있다(물론 비백인에도 여러 종류가 있으며, 범주화는 때와 장소에 따라 다르다. 하나의 집단 분류는 피부색에 의거하지만, 이는 실제로 그렇게 만연해 있지 않다. 또 다르며 더 일반적인 집단 분류는 대륙에 의거하지만, 다만 아랍인은 종종 별개로 셈해진다는 점을 주장한다).

이 국제적 이분법의 관점에서 보면, 피부색은 문제가 아니다. '백인'과 '비백인'은 피부색과는 거의 관계가 없다. "흑인이 무엇이지? 일단 그가 무슨 색을 하고 있다는 거야?"라고 장 주네는 묻는다. 북수단의 밝은 피부색의 아랍인과 남수단의 가무잡잡한 피부색의 나일로트인의 갈등이 인종적 갈등이라는 점을, 대부분이 부인하는 것처럼, 아프리카인들이 부인할 때, 그들은 위선적이지 않다. 그들은 **인종**이라는 용어를 특수한 국제적인 사회적 긴장을 표현하기 위해 마련해 두고 있는 것이다. 수단에서의 갈등은 실재하지 않는 게 아니며, 지위집단 간의 갈등으로 표현되지 않는 게 아니다. 그러나 이는 외형적으로는 비슷하지만, 미국에서의 흑인과 백인, 혹은 남아프리카에서의 아프리카인과 유럽인 사이의 갈등과는 정치적으로 상이한 갈등이다. 이 정치적 차이는 세계체제 안에서, 그리고 세계체제에 대해 의미를 갖는다.

인종은 현대 세계에서 유일하게 국제적인 지위집단 범주이다. 이는 적어도 8세기 이후 종교가 맡았던 역할을 대신하고 있다. 이 체계에서는 피부색보다는 등급이 지위집단의 구성원 자격을 규정한다. 이리하여 트리니다드에서는, 정부가 미 제국주의의 앞잡이로서 기능한다는 것에 근거하여, 모든 흑인의 정부에 맞선 '블랙 파워' 운동이 존재할 수 있는 것이다. 또 퀘벡의 분리주의자는 자신들을 북아메리카의 '흰 검둥이White Niggers'라고 부른다. 그리고 범아프리카주의는 북아프리카의 흰 피부를 지닌 아랍인을 포함할 수 있지만, 남아프리카의 흰 피부를 지닌 아프리카너들을 배제한다. 더욱이 키프로스와 유고슬라비아는 3대륙 회의(아시아, 아프리카, 라틴 아메리카)에 초대될 수 있지만, 이스라엘과 일본은 배제된다. 지위집단 범주로서의 인종은 국제적 계급 범주의, 프롤레타리아적 국민 범주의 선명하지 않은 집단적 표상이다. 그러므로 인종주의는 단순히 현존하는 국제적 사회구조를 유지하는 행위일 뿐이며, 인종차별을 나타내는 신조어가 아니다. 인종주의와 인종차별이 별개의 현상이라는 것은 아니다. 인종주의는 분명히 그 전술의 무기고의 일부로서, 주요 무기로서 확실히 차별을 활용한다. 그러나 어떤 직접적인 의미에서, 인종주의가 차별 없이 존재할 수 있는 다양한 상황도 있다. 이렇게 보면, 인종주의 없는 차별이 있을 수도 있다. 비록 아무래도 있을 것 같지 않더라도 말이다. 중요한 것은 이 개념들이 사회 조직의 상이한 수준에서의 행동을 가리킨다는 점을 보는 것이다. 인종주의는 세계 무대 내부에서의 행동을 가리키고, 차별은 상대적으로 소규모 사회 조직 내부에서의 행동을 가리킨다.

요약

요약하면, 나의 주요 논점은 지위집단이 (당파와 마찬가지로) 계급의 선명하지 않은 집단적 표상이라는 것이다. 선명하지 않은 (그러므로 부정확한) 선은 대부분의 사회적 상황에서 많은 상이한 요소들의 이해관계에 봉사한다. 사회적 갈등이 첨예해짐에 따라 지위집단의 선은 점근적으로 계급의 선에 가까워진다. 우리는 이 지점에서 '계급의식'이라는 현상을 볼 수도 있을 것이다. 그러나 이 점근선에는 결코 도달하지 못한다. 실제로 점근선 주변에 자기장이 있어서, 이것이 가까워지는 곡선을 밀어내려고 하는 것과도 매우 흡사하다. 마지막으로 인종은 현대 세계에서 지위집단의 특수한 형태로, 세계사회체제에서의 등급을 가리킨다. 이런 의미에서 오늘날 블랙 아프리카의 독립 국가들 내부에는 인종적[인종 간] 긴장이 존재하지 않는다. 그러나 국민적 정체성의 표현 중 하나는 이것이 달성됨에 따라, 국제적 지위집단의 의식을 높이거나 인종적 동일시[귀속의식]를 높일 것이다. 그리고 그것은 우리가 국제적 계급의식의 점근선에 가까워질 때 비로소 극복되거나 능가될 수 있을 것이다.

12장 "계급의 인종주의"[1]

에티엔 발리바르

인종주의에 관한 학문적 분석은 인종주의 **이론들**의 연구를 특권시하는 순간에도, 그럼에도 불구하고 '사회학적' 인종주의가 **대중적** populaire 현상이라고 설정한다. 즉, 노동자 계급 내부에서 인종주의의 발전(사회당과 공산당의 투사들에게는 애당초 있을 수 없는 것처럼 여겨지지만)은 대중들에게 내재적인 경향의 효과로 추정되고 있다. 그런데 제도적 인종주의가 "대중"이라는 사회심리학적 범주의 구성 자체에 투사되고 있다. 따라서 우리는, 계급들에서 대중들로 옮겨 감으로써 오로지 후자를 인종주의의 특권적인 **주체**인 동시에 **대상**으로 등장시킬 수 있는 전위의 과정을 분석하려고 노력해야 한다.

어떤 사회계급이 (그 정체성은 말하지 않더라도) 그 상황이나 이데올로기에 의해 인종주의적 태도와 행동의 소질을 갖게끔 되어 있다고 할 수 있을까? 이 질문에 관해 특히 나치즘의 발흥에 대해서 논쟁이 벌어졌는데, 우선은 사변적인 방식으로, 그 다음으로는 다양한 경험적 지표를 취함으로써 일어났다.[2] 그런데 그 결과는 완전히 역설적이었다. 왜냐하면 '프티부르주아지'를 특별히 편애해서 이런 지적이 이뤄지기는 했지만, [이런] 혐의를 받지 않은 사회계급은 거의 없었기 때문이다. 그러나 이 '프티부르주아지' 개념은 매우 애매하며, 사회를 상호 배타적인 인구 부분으로 쪼갠 것으로 이해된 계급을 분석할 때

1 이 장은 1987년 5월, 나폴리대학교 동양연구소에서 클라라 갈리니Clara Gallini가 조직한 세미나 "Gli Estranei-Seminario di studi su razzismo e antirazzismo negli anni '80"에서 보고한 글을 수정한 것이다.

2 다음을 참조하라. Pierre AYÇOBERRY, *La Question nazie. Essai sur les interprétations du national-socialisme,* Seuil, Paris,1979.

의 아포리아를 나타내고 있다. 정치적 변동의 귀책을 덮어 버리는 기원에 관한 모든 물음에서처럼 질문을 뒤집는 편이 타당하다. 즉, 일상생활에 난입하는 인종주의(혹은 인종주의를 담지하는 운동들)의 기반들을 프티부르주아지의 성격 속에서 탐구하는 것이 아니라 오히려 인종주의의 발전이 어떻게 상이한 물질적 상황에서 출발해 '프티부르주아' 대중을 출현시키는지를 이해하려 해야 한다. 이처럼 인종주의의 계급적 기반이라는 졸렬하게 제기된 질문을 [우리에게는] 더 결정적이고 복잡한 질문(첫 번째 질문은 이를 부분적으로 감추려고 의도되었다)으로 대체해 보자. 즉 민족주의에 대한 대체보충으로서의 인종주의와 사회에서 계급 갈등의 환원 불가능성 사이의 관계에 관한 물음이 그것이다. 우리는 인종주의의 발전이 어떻게 계급 갈등을 전위시키고 있는지, 혹은 오히려 '인종주의적' 사회관계에 의해 이 [계급] 갈등이 항상 이미 어떻게 변형되고 있는지를 자문해야 할 것이다. 그리고 또한 반대로, 계급투쟁에 대한 민족주의적 대안이 특정하게 인종주의의 형태를 띤다는 사실이 어떻게 계급투쟁의 비타협적 성격의 지표로 간주될 수 있는지를 따져 봐야 할 것이다. 물론 이것은 주어진 정세 속에서 (실존과 노동의 물질적 조건뿐만 아니라 이데올로기적 전통들로도 이루어지고 정치에 대한 실천적 관계들로도 이루어진) 계급의 조건이 어떻게 사회에서 인종주의의 효과를, 즉 [인종주의의] '행동으로의 이행'의 빈도와 형태들, 이를 표현하는 담론, 전투적 인종주의에 대한 신봉을 규정하는지를 검토하는 것이 결정적이지 않다는 의미가 아니다.

계급투쟁에 의한 인종주의의 부단한 과잉결정의 궤적은 민족주의적 결정[규정]과 마찬가지로 인종주의의 역사에서 보편적으로 탐지될 수 있으며, 무엇보다도 그 환영들과 실천들의 핵심 의미와 연결되어 있다. 이는 여기서 우리가 '근대성'을 논하는 사회학자들에게 소중한 다음과 같은 일반성들보다도 훨씬 구체적이고 결정적인 어떤 결정을 다루고 있다는 것을 보여주기에 충분하다. 즉, 인종주의 속에서

(혹은 민족주의-인종주의라는 쌍 속에서), ('폐쇄적'이며 '위계화된' 사회와 '열리'고 '유동적인' 사회라는 낡은 이분법을 따라) 근대 사회를 특징짓는 개인주의나 평등주의의 역설적 표현을 보는 것만으로는, 또한 '공동체적' 사회질서에 대한 향수를 나타내는 개인주의에 맞선 방어 반응을 보는 것만으로는 전혀 충분하지 않은 것이다.[3] 즉 개인주의는 (노동력들 사이의 경쟁도 포함한) 시장 경쟁의 구체적 형태 속에서만 실존하고, 또한 계급투쟁의 제약하에서는 개인들 사이의 연합과의 불안정한 균형에서만 실존한다. [더 나아가] 평등주의는 (이것이 존재하는 곳인) 정치적 민주주의의, (이것이 존재하는 곳인) '복지국가'의 모순적 형태 속에서만 실존 조건의 양극화의, 문화적 격리 차별의, 개혁주의적이거나 혁명적 유토피아의 모순적 형태들 속에서만 존재한다. 이러한 결정들이야말로 인종주의에 단순한 인류학적 형상들이 아니라 '경제적' 차원을 부여하는 것이다.

그럼에도 불구하고 인종주의와 계급투쟁의 관계가 취하는 역사적 형태의 **이질성**은 하나의 문제를 제기한다. 이는 반유대주의가 '유대인의 돈'이라는 테마를 둘러싸고 조악한 '반자본주의'로 발전되는 방식부터, 이주 범주가 오늘날 인종적 낙인과 계급에 대한 증오를 결합하는 방식까지를 아우른다. 이러한 형세들configurations[짜임새들] 각각은 (이에 상응하는 정세들과 마찬가지로) 환원 불가능하며, 그렇기에 인종주의와 계급투쟁 간의 단순한 '표현' 관계(혹은 물론 대체 관계)를 정의하는 것을 막는다.

주로 1870년과 1945년 사이에 (즉, 유럽의 부르주아 국가들과 조직된 프롤레타리아 국제주의가 대결한 핵심 기간이라고 지적해야 한다) 사이

3 포퍼의 이론화를 보라. Karl POPPER, *La Société ouverte et ses ennemis*, trad. fr. (très incorrecte) aux éditions du Seuil, 1979. 또 더 최근의 것으로는 다음을 참조하라. Louis DUMONT, *Essais sur l'individualisme. Une perspective anthropologique sur l'idéologie moderne*, Seuil, 1983.

비 반자본주의로서의 반유대주의의 책략 속에서, 우리는 프롤레타리아들의 반란에 대한 희생양의 지정이나 프롤레타리아들의 분할의 이용만을 보는 것이 아니며, 또 추상적 사회 체계의 결함을 그 '책임자들'의 상상적인 인격화에 의해 투사하듯이 표상하는 것만을 보는 것이 아니다(비록 이 메커니즘이 인종주의의 기능에 본질적이기는 해도).[4] 우리는 거기에서 각각을 서로의 은유로 만들 수 있는 두 개의 역사적 서사들의 '융합'을 찾아낸다. 즉, 한편으로는 '기독교 유럽'이라는 잃어버린 통일을 희생시키고 국민들의 형성이라는 서사를, 다른 한편으로는 민족적 독립과 자본주의적 경제관계들의 국제화(이것에는 계급투쟁의 국제화가 대응될 위험이 있다) 사이의 갈등이라는 서사를 찾아내는 것이다. 〈유대인〉은 일반적으로 모든 국민들에 공통적인 내적 배제의, 또한 부정적으로는 신학적 증오의 대상이 됨으로써 '기독교적 인민들'을 통일해야 하는 사랑의 증거가 되지만, 그들이 '자본의 세계시민주의'(이것은 잃어버린 통일의 궤적을 재활성화함으로써 모든 민족적 독립을 위협한다)와 상상적으로 동일시되는 것은 이 때문이다.[5]

4 자본의 인격화, 따라서 사회관계의 인격화는 **자본가**라는 형상 자체와 더불어 시작된다. 그러나 자본가만으로는 정서를 동원하기에는 충분치 않다. 바로 이 때문에 '과잉'의 논리를 좇아, 다른 실제적-상상적인 특징들—풍속, 혈통('200가족'), 외국인 출신, 비밀 전략, 인종적 음모(유대인의 '세계 지배' 계획) 등등—이 이것에 축적되는 것이다. 특별히 유대인의 사례에서 [시사되고 있듯이], 이 인격화가 화폐의 물신성의 정교화와 결부되어 일어난다는 점은 분명히 우연이 아니다. [영역자] 1930년대 프랑스에서는 200가족이 프랑스 부의 대부분을 갖고 있으며, 그들이 정치적 권력을 행사하기 위해 이를 사용하고 있다는 생각이 유행했다. 이런 생각은 1934년의 급진 의회Radical Congress에서 달라디에Daladier에 의해 인용되었다. 200이라는 수치는 프랑스 은행 연례 총회에 참석할 수 있는 주주의 숫자에서 유래한 것 같다.

5 다음의 사실에 의해 사태는 더 복잡해졌다. 즉, 이렇게 해서 '기독교' 유럽의 잃어버린 통일—'유럽 문명의 기원'이라는 신화적 형상화—이 인종적 등록부 속에서 표상되었는데, 그것은 바로 이 똑같은 유럽이 '세계를 문명화하려고' 꾀했을 때, 즉 국민들 사이의 맹렬한 경쟁을 통해 세계를 스스로의 지배 아래에 두려고 꾀했을 때이기도 하다.

그런데 반이주적 인종주의가 계급의 상황과 에스닉적 출신 사이의 최대한의 동일화를 실현할 때, 형상은 꽤 달라진다(이러한 실현의 현실적 토대들은 노동자 계급의 지역 간, 국민 간, 혹은 대륙 간 이동성 속에 항상 존재했다. 어떤 때는 대량의 현상이고, 또 어떤 때는 잔여적인 현상이지만, 그러나 결코 폐지되지 않으며, 바로 이 이동성이야말로 그들의 조건이 지닌 특정하게 프롤레타리아적 특성들 중 하나이다). 인종주의는 이런 동일화를 적대적인 사회적 기능들의 혼합물과 결합시킨다. 이렇게 해서 [북아프리카] 마그레브인들이 프랑스인 사회로 '침략'한다거나 실업에 책임이 있는 이주 등의 테마가 무슬림 수장들의 ('우리의' 기업을 인수하고, '우리의' 주거와 '우리의' 휴양지를 사들이는) 석유 자금이라는 테마와 연결된다. 이것은 왜 알제리인이나 튀니지인, 혹은 모로코인이 총칭적으로 '아랍인'이라고 불려야 하는지를 부분적으로 설명해 준다(물론 이 기표가 담론의 진정한 변환 장치로서, 이 테마들과 테러리즘이나 이슬람 등의 테마들을 연결한다는 것도 잊지 말자). 그러나 또 다른 짜임새[형세](언어의 용어의 역전에서 유래한 짜임새를 포함한다)도 잊어서는 안 된다. 예를 들어, 아마 일본의 민족주의에 의해 1920년대에 발명되었던 '프롤레타리아적 국민'[6]이라는 테마가, 아무튼 나치즘의 결정結晶화에서 결정적인 역할을 하게 된 것이다. 최근의 나치즘의 재등장을 고찰할 때, 이를 간과해서는 안 될 것이다.

또 이러한 짜임새의 복합성은 '계급의식'에 맞서 인종주의를 **이용**한다는 생각을 순수하고 단순하게 견지하는 것이 왜 불가능한지를 설명해 준다(만일 계급의식이 계급의 조건에서 자연적으로 발생한다면, 이는 인종주의에 의해 방해받고 방향이 틀어지고 탈자연화될 때에만 발생할 것이다). 설사 우리가 불가결한 작업 가설로서 '계급'과 '인종'이 역사의 근대적 표상들의 핵심에 있는 영속적인 변증법의 이율배반적인 두

6 다음을 참조하라. Benedict ANDERSON, *Imagined Communities*, Verso, London, 1983, pp. 92-93.

개의 극을 구성한다는 점을 인정한다고 하더라도 말이다. 노동운동 내부에서 혹은 그 이론가들 사이에서 인종주의에 관한 도구론적, 음모론적 시각(이런 시각의 대가가 얼마나 비싼지를 우리는 안다. 이를 예견한 최초의 한 사람인 빌헬름 라이히의 공헌은 막대하다)은, 인종주의 속에서 이러한 계급 조건의 '반영'을 찾아내는 기계론적 시각과 마찬가지로, 노동자 계급과 그 조직화 속에서 민족주의의 현존을 부인하는 기능을 대체로 맡고 있었던 것이다. 달리 말해, 이런 시각은 민족주의와 계급 이데올로기—인종주의에 맞선 대중의 투쟁(물론 마찬가지로 자본주의에 맞선 혁명적 투쟁)이 의거하는—사이의 내적 갈등을 부인하는 기능을 지니고 있었다. 다음으로, '계급의 인종주의'의 몇 가지 역사적 측면들을 논함으로써 이 내적 갈등의 전개를 분명히 하고자 한다.

인종주의에 관한 수많은 역사가들(레온 폴리아코프, 미셸 뒤셰, 마들렌 르베리유, 콜레트 기요맹, 그리고 근대 노예제와 관련된 에릭 윌리엄스 등)은 다음[과 같은 사실]을 강조했다. 즉, 경멸과 차별의 담론에 투여되고, 또 인간을 '상위 인간'과 '하위 인간'으로 분할하는 데 봉사하는 것으로서의 근대적 인종 개념은 애당초 국민적인(또는 에스닉한) 의미작용이 아니라 계급의 의미작용, 혹은 오히려 (사회계급들의 불평등을 자연의 불평등으로 표상하는 것이 중요했다는 점에서) 카스트적인 의미작용을 가지고 있었다는 것이다.[7] 이러한 관점에서 보면, 근대적 인종 개념은 이중의 기원을 갖고 있다. 즉, 한편으로는 우월한 '인종'으로서의

7 L. POLIAKOV, *Histoire de l'antisémitisme*, Le Livre de poche, "Pluriel", Paris, 1981 ; M. DUCHET et M. REBÉRIOUX, "Prehistoire et histoire du racisme", in P. DE COMARMOND and Cl. DUCHET, (dir.) *Racisme et société*, F. Maspero. Paris, 1969 ; C. GUILLAUMIN, *L'idéologie raciste. Genèse et langage actuel*, Mouton, Paris/La Haye, 1972 ; "Caractères spécifiques de l'idéologie raciste", *Cahiers internationaux de sociologie*, vol. LIII, 1972 ; "Les ambiguités de la catégorie taxinomique 'race'", in L. POLIAKOV (dir.), *Entretiens sur le racisme* t. I : *Hommes et bêtes*, Mouton, Paris/La Haye, 1975 ; Eric WILLIAMS, *Capitalism and Slavery*, University of North Carolina Press, Chapel Hill, 1944.

세습귀족이라는 특권계급적 표상이다(그것은 사실상 이미 그들의 지배가 위협받고 있던 특권계급이 자신의 정치적 특권의 정당성을 확보하고 그 혈통의 의심쩍은 연속성을 이상화할 때 사용하는 신화적 서사이다). 다른 한편으로는 항상 이미 예속되도록 정해져 있고 자율적인 문명을 구축할 수 없는 열등한 '인종'으로서 노예 무역에 종속된 인구들의 노예제 찬성의 표상이다. 그래서 피와 피부색, 혼혈 같은 담론이 생기는 것이다. 나중에야 인종 개념이 '에스닉화'되었고, 그리하여 민족주의적 복합체에 통합되었다. 이것이 연이은 그 자태변환métamorphoses의 출발점이었다. 이리하여 **시작 자체부터** 역사의 인종주의적 표상이 계급투쟁과 관련되어 있다는 점이 드러난다. 그러나 인종 개념의 발전 방식, '계급의 인종주의'의 최초의 형상 이후의 민족주의의 파급 효과, 달리 말해서 그[민족주의에 의한 인종주의의] 정치적 결정을 우리가 검토할 때에만 이 사실은 그 완전한 가치를 지닌다.

그런데 특권계급은 애당초 '인종' 범주하에서 스스로를 사고하고 표상하지 않았다. 예를 들어 프랑스에서는 ('푸른 피'의 신화, 세습귀족의 '프랑크' 혹은 '게르만' 기원의 신화처럼) 사후적인 담론[8]—그 기능은 분명히 방어적이다—이 중요하다. 즉, 절대군주가 봉건 영주들을 희생시켜 국가를 중앙집권화하고, 그 중심부에서 부르주아 출신의 새로운 행정적이고 재무적인 관료를 '창출'하기 시작하고, 이리하여 국민국가의 구성에서 결정적 단계를 건넜을 때, 이러한 담론이 발전된 것이다. 더 흥미로운 것은 폴리아코프가 분석하듯이, 고전주의 시대의 스페인의 사례다. 레콩키스타 이후 유대인 박해는 국가 종교로서의 가톨릭의 구성에 불가결한 원동력이 되었지만, 이 박해는 또한 '다민족'

8 이 담론이야말로 프랑스에서 국가의 구성(즉, '봉건제') 속에서 귀족이 차지했던 유기적인 위치와는 반대로 '세 가지 신분'이라는 이데올로기, 즉 근본적으로 신학적이고 법적인, 현저한 이데올로기를 대체한 것이다.

문화(이에 맞서 히스패닉화, 혹은 오히려 카스티야화[9]가 실행되었다)의 흔적이기도 했다. 따라서 다민족 문화의 흔적은 유럽 민족주의의 이런 원형의 형성과 긴밀하게 연결된다. 그러나 이 흔적이 (유럽과 아메리카의 인종주의 담론이 계승하는) '순혈법limpieza de sangre'의 제정으로 귀착되게 되자, 훨씬 더 양의적인 의의를 띠게 되었다. 즉, 무어인들과 유대인들과의 기원상의 혼혈을 부인함으로써 '인종[raza]'의 유전적 정의(및 그에 상응하는 [순혈 여부의] 심문 절차)는 결국 내부의 특권계급을 고립시키는 **동시에** '스페인 사람peuple' 모두에게 허구적인 귀족 신분을 수여하고, 그들을 '주인 인민peuple de maîtres'으로 만드는 데 기여했다. 바로 이때 그들은 테러, 인종 학살, 노예제, 강제적 기독교화에 의해 대부분의 식민지 제국들을 정복하고 지배한 것이다. 이런 전형적인 궤적 속에서 계급의 인종주의는 이미 민족주의적 인종주의로 변형되었지만, 그렇다고 해서 사라지지는 않았다.[10]

그러나 우리의 물음에 더 결정적인 것은 19세기 전반부 이후 목격되고 있는 가치 역전이다. 오늘날의 분석가들이 '자기 언급적' 인종주의—담론을 지배하는 집단을 인종의 지위로까지 끌어올림으로써 시작된다—라고 부르는 것의 원형을 이루는 것이 특권계급적 인종주의이다. 이것 때문에 이 경우, 식민지의 맥락에서 제국주의의 후손이 중요해진다. 인도에서의 영국인들이나 아프리카에서의 프랑스인들은, 설령 그 가문과 그 이해관계, 행동거지가 비속하다고 해도, 모두 근대적 귀족으로 격상된다. 이러한 특권계급적 인종주의는 식민지화한 민족들에서의 그 기능일 뿐이라고 하더라도, 이미 자본의 시초 축적과 간접적으로 연결되어 있다. 산업혁명은 바로 자본주의에 고유

9 [옮긴이] 카스티야Castilla는 스페인의 중부 지역을 가리킨다. 그러므로 이 단어는 '카스티야 왕국 사람으로 만들기'라는 의미 같다.

10 L. POLIAKOV, *op. cit*, t. I, p. 95 *sq.*

한 계급 관계를 창출한 동시에 부르주아지 시대의 **새로운 인종주의**를 발생시켰다(역사적으로 말하면, 최초의 '신인종주의'). 이 '새로운 인종주의'는 착취당한 (사회 국가의 시작 전에는 초과 착취당한) 주민과 정치적으로 위협적인 주민이라는 그 이중적 지위에서 **프롤레타리아트**를 표적으로 삼은 것이다.

특히 루이 슈발리에는 인종주의의 의미작용의 네트워크를 상세히 서술했다.[11] 즉 '노동자라는 인종'과 관련해 인종 관념은 그 역사적-신학적 함의에서 벗어나 사회학, 심리학, 상상의 생물학, '사회체'의 병리학 사이의 등가성의 장 속으로 진입한 것이다. 우리[독자]는 여기에서 추리·탐정 문학의, 의학이나 자선 문학의, 그러니까 온갖 문학의 강박적인 테마를 인식할 수도 있다(이 테마들은 주요한 극적 원동력들 중 하나이며 사회적 '리얼리즘'의 정치적 열쇠들 중 하나이다). 처음으로, 오늘날까지도 사회집단의 인종주의화의 모든 절차에 전형적인 측면들은 똑같은 담론에 응축된다. 즉 그것은 물질적이고 정신적인 비참의 측면이며, 범죄, 선천적인 악덕(알코올 중독, 약물 중독), 신체적이고 도덕적 결함, 육체적 불결, 성적 방탕, 인간성에 '퇴화'의 위협을 가져오는 특정한 질병의 측면이다. 그런데 이 테마는 다음과 같은 특징적인 변종을 동반했다. 즉, 노동자들 자신이 퇴화된 인종을 구성하든 혹은 노동자들의 현존과 이들의 접촉이든, 노동자의 조건이 시민들, 국민들이라는 '인종'에게서 퇴화의 온상지를 구성한다는 것이다. 이 테마들을 통해 '노동하는 계급들'과 '위험한 계급들' 사이의 환영적 등치, 즉 사회-경제적 범주와 인류학적 및 도덕적 범주 사이의 융합이 구축된다. 이러한 융합은 모든 형태의 사회학적(및 정신의학적) 결정론의 모든 변종을 뒷받침하는데, 이는 다윈적 진화론이나 비교해부학, 광

11 Louis CHEVALIER, *Classes laborieuses et classes dangereuses à Paris pendant la première moitié du XIXe siècle*, rééd. Le Livre de poche "Pluriel", Paris, 1984.

인들의 심리학 등에서 사이비과학적 보증을 끌어옴으로써, 하지만 특히 치안 제도와 사회 관리 제도의 긴밀한 네트워크에 투자됨으로써이다.[12]

그런데 이런 계급의 인종주의는 오늘날까지 불균등 발전을 거듭해 온 근본적으로 역사적인 과정과 분리 불가능하다. 여기서 나는 이를 언급하는 것으로 그칠 것이다. 우선 계급의 인종주의는 국민국가의 구성에 관한 결정적인 정치적 문제와 연결되어 있다. '부르주아지 혁명', 특히 프랑스대혁명은 그 급진적인 법적 평등주의에 의해 불가역적인 방식으로 **대중의 정치적 권리들**의 물음을 제기했다. 이것이 이후 한 세기 반 동안 사회 투쟁의 관건[중심 쟁점]이 되었다. 개인들 사이의 **본성상의 차이**라는 생각은 사고할 수 없었다고는 하지 않더라도 법적으로도 도덕적으로도 모순적이게 되었다. 그러나 이 생각은 아직 오랫동안 정치적으로 불가결했다. 왜냐하면 (안정된 사회질서나 사유재산, '엘리트'의 권력에게) '위험한 계급들'은 오랫동안 강제력과 법 권리에 의해 정치적 '능력'에서 배제되고, 도시의 주변부에 한정되어야 했기 때문이다. 즉, 그들에게는 완성된 인간 혹은 정상적인 인간으로서의 자질이 체질적으로 '결여되어 있다'는 것을 보여줌으로써(혹은 스스로 납득함으로써) 그들에게 **시민권을 부인하는 것**이 오랫동안 중요했던 것이다. 따라서 두 개의 인간학이 대결[충돌]하게 되었다(나는 두 가지 '인간주의'를 지적했다). 즉, 탄생의 평등이라는 인간학과 유전적 불평등이라는 인간학이다(후자는 사회적 적대를 재-자연화할 수 있게 해준다).

12 다음을 참조하라. G. NETCHINE, 'L'individuel et le collectif dans les représentations psycho-logiques de la diversité des étres humains au XIXe siecle', in L. POLIAKOV, (dir.). *Ni juif ni grec: Entretiens sur le racisme,* t. II. Mouton, Paris/La Haye, 1978 ; L. MURARD et P. ZYLBERMAN, *Le Petit Travailleur infatigable ou le prolétaire régénéré. Villes-usines, habitat et intimités au XIXe siècle,* Recherches, Fontenay-sous-Bois, 1976.

그런데 이러한 작동은 출발부터 국민적 이데올로기에 의해 과잉 결정되었다. 디즈레일리(다른 곳에서는 앵글로색슨의 '우월한 인종'보다 '유대인의 우월성'을 주창하는 놀라운 제국주의적 이론가이다)[13]는 동시대 국가의 문제가 똑같은 사회구성체의 한복판에서 '두 국민'으로의 경향적 분열이라고 설명함으로써 이를 존경스러울 정도로 잘 요약했다. 그렇게 함으로써 그는 또한 계급투쟁들의 점진적 조직화에 직면한 지배계급들에 의해 채용될 수 있을 만한 경로를 지적한다. 즉, 우선은 '비참한 자들'의 대중을 분할하는 것(특히 국민적 진정성이라는 자격이나 건강, 도덕, 인종적 완결무결성intégrité 같은 자격—이것들은 산업적 병리와 정확히 이율배반적이다—을 농민이나 '전통적' 수공업자에게 부여함으로써)이며, 그 다음으로는 위험성과 유전성의 표식을 전체로서의 '노동하는 계급들'로부터 외국인들, 특히 이주자들이나 피식민자들로 점진적으로 이동시키는 것이었다. 그리고 이와 동시에, 보통선거 제도[의 도입]는 '시민들'과 '신민들' 사이의 단절을 국민성의 경계[국경]로 이동시켰다. 그러나 이 과정에서는 실제로 권리에 대해 특징적인 지체가 항상 관찰된다(제국의 공간 전체를 정확하게 고려하지 않는 한, 국민이 제도적인 격리 차별이나 선천적인 아파르트헤이트를 겪고 있지 않은 프랑스 같은 나라에서도 그렇다). 즉 민중 계급들에 대한 '계급의 인종주의'가 집요하게 존속하고 있는 것이다(민중 계급은 특히 인종적 낙인을 찍히기 쉬운 동시에, 인종주의를 향한 그들 자신의 태도도 극단적으로 양의적이다). 이는 우리를 계급의 인종주의의 또 다른 영속적인 측면들로 돌려보낸다.

요컨대 나는 **육체노동의 제도적 인종[주의]화**라고 적절하게 불려야

13 다음을 참조하라. H. ARENDT, *Antisemitism*, 1re Partie de *The Origins of Totalitarianism*, Harcourt, Brace and World, New York, 1986, p. 68 sq. ; L. POLIAKOV, *Histoire de l'antisémitisme, op. cit.*, vol. II, p.176 *sq.* ; Karl POLANYI, *La Grande Transformation*, Gallimard, 1983, appendice XI : "Disraeli, les 'Deux Nations' et le problème des races de couleur."

할 것에 대해 말하고자 한다. 우리는 이 인종주의화에 대해 계급사회 자체만큼이나 오래된 기원을 쉽사리 발견할 수 있을 것이다. 이 점과 관련해서, 노예제 그리스의 철학적 엘리트들에게서 노동과 육체노동자에 대한 경멸이 표현될 때의 방식과 육체적 강인함을 요구하나 지성도 이니셔티브의 정신도 요구하지 않는 힘들고 불결하고 반복적인 임무에 대한 어떤 특정 개인들의 자연적 적성에 대해 1909년에 테일러가 쓴 방식 사이에는 유의미한 차이가 없다(테일러의 『과학적 경영의 원리』에 나오는 '소牛 같은 인간'을 볼 수 있듯이, 역설적으로 똑같은 인간이 또한 '조직적인 태업'에 대한 뿌리 깊은 성향에 의해 영향받으며, 따라서 자신의 본성을 따라 노동하기 위해서 그들에게 주인(감독자)이 필요하다고 여겨진다).[14] 그러나 여기서 산업혁명과 자본주의적 임노동은 어떤 이동[전위, 자리바꿈]을 가동시킨다. 지금은 경멸의 대상이고, 또한 거꾸로 공포감을 자아내는 것은, 더 이상 순수하고 단순한 수공 노동이 아닌 것이다(반대로 가부장제적인, 고풍스러운 이데올로기의 맥락 속에서 이러한 수공 노동이 '수공업'이라는 형태로 이론적으로 이상화되고 있음을 볼 수 있다). 경멸의 대상이 되는 것은 오히려 **육체**노동이다. 더 정확히 말하면, '기계의 부속품'이 되어, 그 여느 때보다 물리적인 동시에 상징적인 폭력에 종속된 **기계화된** 육체노동이다(그런데 잘 알려진 것처럼, 이러한 폭력은 산업혁명의 새로운 단계와 더불어 사라지지 않고, 오히려 '근대화된', '지능화된' 형태하에서, 동시에 많은 생산 부문에서는 '오래된' 형태하에서 영속화된다).

이러한 과정은 인간적 신체의 지위(혹은 신체의 인간적 지위)를 수

14 Frederick W. TAYLOR, *Principles of Scientific Management*, 1911. 또한 리나르의 주석도 참조하라. Robert LINHART, *Lénine, les paysans*, Taylor, Seuil, Paris, 1976 ; Benjamin CORIAT, *L'Atelier et le chronomètre*, Christian Bourgeois. Paris, 1979. 또 내 연구를 참조하라. 'Sur le concept de la division du travail manuel et intellectuel', in Jean BELKHIR et al., *L'Intellectuel, l'intelligentsia et les manuels*, Anthropos, Paris, 1983.

정한다. 즉, 이 과정은 **신체-인간**을 창출하며, 그들의 신체는 분리 가능한 기능이나 몸짓으로 잘게 조각나고 지배되고 이용되는 신체-기계가 된다. 그들의 신체는 그 완전무결성이 파괴되는 **동시에** 그 '유용한' 기관들이 물신화되고 위축되는 **동시에** 비대해진다. 그런데 이 과정은 모든 폭력과 마찬가지로 저항과, 그리고 또한 죄책감과 분리될 수 없다. 즉, '표준' 노동량은 일단 투쟁이 그 한계를 정한 뒤에야 비로소 주어지며, 노동자의 신체에서 추출될 수 있다. 이때 규칙은 초과착취이며, 유기체의 경향적 파괴('퇴화'로 은유화된다), 즉 노동의 지적 기능의 과도한 억압이다. 노동자들에게 이 과정은 견딜 수 없는 것이지만 이것 이상으로, 노동자의 주인들에 의한 이데올로기적이고 환영적인 정교화 없이는 '받아들일 수 없는' 것이다. 신체-인간들이 존재한다면, 이는 **신체 없는 인간들**이 존재한다는 것을 의미한다. 또한, 신체-인간들이 조각나고 훼손된 신체를 가진 인간들(설령 그 지성과의 '분리'에 의해서일 뿐이라고 해도)이라면, 이는 인류에게 드리워진 위협에 대비하기 위해 개인들의 한쪽에 모종의 **초-신체**를 부여하고, 다른쪽 개인한테는 스포츠와 뻐겨 대는 남자다움을 발달시켜야 한다는 것을 의미한다.[15]

이러한 역사적 상황, 특정한 사회관계들만이 신체의 미학화 과정(따라서 물신적 양식에서의 그 성적 특성 규정sexualisation)을 완전히 이해할

15 분명히 아리스토텔레스와 그 동시대인들부터 근대적 노예 거래(그 대상인 초성차별주의화hypersexualisation가 이를 [증거로] 증명하기에 충분하다)에 이르기까지, 노예의 '짐승성'이 끊임없이 문제로 되었다. 그런데 산업혁명은 새로운 역설을 내뿜는다. 노동자의 '짐승적' 신체는 점점 더 **동물**이 아니게 되며, 점점 더 강력하게 기술화되며, 그러므로 인간화되고 있다. 이는 인류의 **인간 이하화**라기보다는 오히려 (인지과학, 선별 기술 및 이에 상응하는 교육 훈련 기술에 의해 '객체화된' 신체 및 지성이라는 점에서) 인류의 **초인간화**에 대한 불안이며, 아무튼 양자의 가역성에 대한 불안이다. 그런데 동물성이라는 환영은 특히 노동자에 투사되는데, 그것은 그의 '이방인적' 지위가 동시에 '다른 남자', '경쟁자'라는 속성을 그에게 부여하기 때문이다.

수 있게 해 준다. 신체의 미학화 과정은 인종적 열등성의 '육체적 특징'의 낙인찍기나 혹은 우월한 인종의 '인간 유형'의 이상화를 낳음으로써 근대적 인종주의의 모든 변종을 특징짓는다. 이런 역사적 상황과 특정한 사회관계들은 또한 인종주의 이론의 역사에서 생물학에 대한 의존의 진정한 의미작용을 조명해 준다. 생물학을 원용하는 것은 과학적 발견의 영향과 하등 관계가 없으며, 오히려 육체적 환영의 은유와 이상화를 구성한다. 학문적 생물학뿐 아니라 다른 많은 이론적 담론들이 신체의 가시성, 그 행동거지나 행실, 손발, 상징적인 기관들의 가시성에 접합되자마자 이 기능을 채울 수 있다. 신인종주의와 관련해서, 또 지적 노동의 세분화의 최근 형태들에 대한 신인종주의의 연결에 대해 다른 곳에서 정식화된 가설에 부응하여, 여기에서는 지적 능력의 '육체화', 따라서 그 인종[주의]화에 대해 언급할 뿐, 더 이상의 탐구는 다음 기회로 미루는 것이 적당할 것이다. 이러한 인종[주의]화에 대해서는 오늘날, IQ의 도구적 이용부터 의사결정자인 '중간관리자'의 미학화, 지적인 미학화, 스포츠[의 '엘리트'의] 미학화에 이르기까지 볼 수 있다.[16]

그러나 계급의 인종주의의 구성에는 또 다른 결정적인 측면이 존재한다. 즉, 노동자 계급은 정의상 부정확한 '한계limites[경계]'를 가진 이질적인 동시에 유동적인 인구이다. 왜냐하면 이 한계[경계]는 노동과정 및 자본의 운동의 부단한 변형에 의존하기 때문이다. 특권계급적 카스트, 혹은 부르주아지의 지도적 부위와도 달리, 노동자 계급은 사회적 카스트가 아니다. 그러나 계급의 인종주의(하물며 이주자들의 경우처럼 계급의 국민주의적 인종주의)는 적어도 노동자 계급의 일부에 대해 카스트제에 의한 폐쇄와도 등가적인[비슷한] 것을 산출하는 경향이 있다. 더 좋게 말하면(혹은 더 나쁘게 말하면), 계급의 인종주의

16 이 책 I부 1장 「"신인종주의"는 존재하는가」와 3장 「인종주의와 민족주의」를 참조하라.

는 프롤레타리아화의 흐름에서 가능한 한 완전한 개방성과 '사회적 이동성'의 차원에서 가능한 한 완전한 폐쇄성을 결합시킨다.

다른 식으로 말해 보자. 자본주의적 축적의 논리는 이 점에 대해서 **두 가지** 모순된 측면을 담고 있다. 즉, 한편으로는 노동시장에 경쟁을 보증하는 방식으로, 또한 '산업 예비군'에서 새로운 노동력을 쉴 새 없이 흡입하거나 상대적 과잉인구를 유지하는 방식으로, 자본주의적 축적의 논리는 삶 및 노동의 조건들을 영구적으로 유동화하고 불안정화한다. 그리고 다른 한편으로는 노동자를 노동을 위해 '교육'시켜 기업에 '묶어' 두려고(또한 '가부장적'인 정치적 헤게모니와 노동자의 '가족주의' 사이의 상응의 메커니즘을 작동시키기 위해) 이 논리는 장기간에 걸쳐(여러 세대에 걸쳐) 노동자의 집단성을 안정화한다. 즉, 한편으로 순전히 임노동 관계와 연결되었을 경우 계급의 조건은 조상 및 자손과 아무런 관계가 없다. 결국 '계급 귀속'이라는 생각조차 실천적 의미작용을 빼앗기며, 계급의 즉각적인hic et nunc 상황만을 고려한다. 그러나 다른 한편으로, 적어도 노동자의 일부는 노동자의 자식일 것이며, **사회적 세습**이 만들어질 것이다.[17] 그러나 실제로는 세습과 더불어 [노동자의] 저항 능력과 조직화의 능력도 증대한다.

이 모순적인 요청에서 인구 정책이나 이주 정책, 도시의 격리 정책이 탄생한다. 더 일반적으로 이런 정책들은 D. 베르토의 표현을 따르면 **인류경제학적** 실천인데,[18] 가부장제적(이것 자체가 국민주의적 선전과 밀접하게 연결되어 있다)인 동시에 규율적(즉 야생적 대중들masses

17 개인적 족보라는 의미뿐 아니라 '인구'라는 의미에서도, 동족 결혼[족내혼]이 행해지는 경향이 있다. 또한 (도제나 취학scolarisation, 직업 훈련에 의해 매개된) 노하우의 전달이라는 의미뿐 아니라, 제도와 주관적 동일화 속에서 구축된 '집합적 윤리'라는 의미에서도. 이런 동족 결혼이 행해지는 경향이 있다. 이미 인용한 저작 이외에 다음을 참조하라. J.-P. DE GAUDEMAR, *La Mobilisation générale*. Champ Urbain, Paris, 1979.

18 Daniel BERTAUX, *Destins personnels et structure de classe*, PUF, Paris, 1977.

sauvages에 맞선 '사회적 전쟁'이라는 측면과 대중의, 그 단어의 모든 의미에서의 '문명화'라는 측면과 연결되어 있다)이기도 한 이중적인 측면을 갖고서, 19세기 중반부터 경영자 및 국가에 의해 실행되고 있다. 오늘날 이 두 측면의 완벽한 예증은 '변두리 주민들banlieues'과 '게토 주민들'에 대한 사회-치안적 취급에서 찾을 수 있다. 현행 인종주의 복합체가 (출산율, 인구 감소, 인구 과잉, '혼혈', 도시화, 공영주택, 공중위생, 실업 같은 일련의 함의와 함께) '인구 문제'에 접목된다고 해도 또한 부당한 표현이지만 '이주자' 2**세대**의 문제에 특히 집중된다고 해도, 이는 전혀 우연이 아니다. 즉, 이 2세대가 1세대(적절하게 말하는 바의 '이주 노동자')의 뒤를 이을 것인가—이 경우, 계급의 요구와 문화의 요구를 결합시킴으로써 더 강력하게 사회적 투쟁성을 발전시킨다는 위험을 수반하는데—아니면 이 세대가 하층 프롤레타리아화와 노동자적 조건으로부터의 '탈출' 사이인가라는 불안정한 상황에서, '탈계급화된' 개인들의 총체를 증대시킬 것인가를 아는 것이 중요하다. 즉, 다음과 같은 것이 지배계급 쪽에서도, 또 동시에 민중적 계급들 쪽에서도 계급의 인종주의의 관건이 되고 있다. 그것은 자본주의적 착취를 당하도록 집단적으로 운명지어져 있는 주민들, 혹은 경제 과정에 의한 시스템의 직접적 관리로부터 격리되어 있으면서도(혹은 단순하게, 대량의 실업에 의해 기존의 관리가 작동되지 않아도), 착취를 위한 예비군으로서 유지되어야 하는 사람들을 총칭적인 기호로 표시하는 것이다. 그것은 또한, 정해진 장소를 갖지 못한 사람들을 세대에서 세대로 '그들의 장소에서' 유지하는 것이며, 그러므로 그들은 혈통을 가져야 한다는 것이다. 동시에 그것은 노마디즘과 사회적 세습이라는 모순적인 정언명령, 즉 여러 세대에 걸친 길들이기와 저항의 자격 박탈이라는 정언명령을 상상 속에서 통일한다는 것이기도 하다.

만약 이 언급이 정당하다면, 내가 주저하지 않고 이렇게 부르고 싶은 것인 노동자 계급의 '자기 인종[주의]화'의 그 자체로 모순적인 측면에 어떤 빛을 던질 수 있다. 여기에는 언급해야 할 사회적 경험과 이데올로기적 형태들의 모든 스펙트럼이 존재할 것이다. 즉, [한편으로는] 에스닉 또는 민족적 기원을 가진 상징을 둘러싼 노동자들의 집단성의 조직화로부터 [다른 한편으로는] 어떤 노동자주의—그 중심적 기준은 **계급적 출신**(따라서 노동자의 가족제도, 즉 가족만이 '개인'과 '그 계급' 사이에 설정하는 연결) 및 노동의 **초과-가치화**(따라서 노동만이 부여하는 남성다움)이다—가 '노동자들의 인종'이라는 표상의 일부를 '계급의식'의 편에서 재생산할 때의 그 방식에 이르기까지의 확장이 그것이다.[19] 실제로 노동자주의의 급진적 형태들은 적어도 프랑스에서는 노동자들 자신보다는 노동자 계급을 '대표'하고 싶은 지식인들과 정치적 장치들(프루동부터 공산당에 이르기까지)과 관련된 것이다. 하지만 그래도 이 급진적 형태들은 획득된 지위나 투쟁의 전통을 보존하기 위해, 또 부르주아 사회에 맞서 계급의 인종주의의 기표들을 뒤집기 위해 닫힌 '신체'로 구성되는 경향이 있다는 것과 대응한다. 착취 조건에서 벗어나고 싶다는 욕망**과** 그들이 그 대상인 경멸의 거부라는, 노동자주의를 특징짓는 양의성ambivalence은 이런 반동적 기원에서 유래한다. 정확히 말하면, 이러한 양의성은 민족주의나 외국인 혐오에 대한 노동자주의의 관계에서 가장 분명하다. 공식적 민족주의를 실제로 내던져 버리는 한(그것을 내던져 버릴 때에만), 노동자는 계급투쟁의 도착에 대한 정치적 대안을 소묘한다. 그러나 그들이 외국인들한테 공포와 원한, 절망과 무시를 투사하는 한, 그들은 이른바 노동자 간의 경쟁을 벌이고 있을 뿐만 아니라 더 근원적으로는, 그들은 자기 자신의 착취 조건과 거리를 두려고 하고 있다. 즉, 이 경우 노동자가 증오하

19 다음을 참조하라. C. G. NOIRIEL. *Longwy: Immigrés et prolétaires, 1880-1980.* PUF, Paris, 1985 ; J. FREMONTIER, *La Vie en bleu: Voyage en culture ouvrière*, Fayard. Paris, 1980 ; Francoise DUROUX, 'La Famille des ouvriers; mythe ou politique?', thèse de doctorat, Universite de Paris VII, 1982.

는 것은, 프롤레타리아로서의, 혹은 프롤레타리아화의 물레방아moulin [거대한 기구]에 투입될 위험이 있는 것으로서의 **그들 자신**이다.

요컨대, 민족주의와 인종주의 사이에 항상적인 상호 결정이 존재하는 것과 마찬가지로, '계급의 인종주의'와 '에스닉 인종주의' 사이에도 상호 결정이 존재하며, **이 두 결정은 독립적이지 않다.** 이른바 이것들 각각은 다른 것의 장에서, 그리고 그 제약하에서 효과를 산출한다. 그런데 이러한 과잉결정을 개략적으로 묘사함으로써(그리고 이 과잉결정이 어떻게 인종주의의 구체적 현현과 그 이론적 담론의 구성을 분명히 드러내는지를 보여주려고 함으로써) 우리가 우리의 애당초의 물음에 답변을 줄 수 있었을까? 오히려 우리는 물음을 재정식화했을 뿐이다. 다른 곳에서 민족주의와 관련해서 인종주의를 구성하는 과잉이라고 불렀던 것이, 동시에 계급투쟁 쪽의 결여의 징후임이 드러나는 것이다. 그러나 이 과잉이, 민족주의가 계급투쟁에 맞서 구성된다는 사실과 연결되어 있다(설령 그것이 [계급투쟁의] 역동성을 이용한다고 하더라도)고 해도, 그리고 이 결여가, 계급투쟁이 민족주의에 의해 억제된다는 사실과 연결된다고 해도, **과잉과 결여는 서로 상쇄되지 않는다.** 이것들은 오히려 서로가 서로를 강화하는 경향이 있다. 민족주의가 우선 첫째로 국가와 사회의 통일을 상상하고 추구하는 수단인지 여부(다음으로 이 통일은 계급투쟁의 모순에 부딪히는데), 혹은 우선 무엇보다도, 계급투쟁이 국민적 통일 앞에 세우는 장애물에 대한 반응인지 여부를 결정하는 것은 본질적으로 중요하지 않다. 오히려 반대로 다음을 고찰하는 것이 결정적이다. 즉 국가와 국민 사이의 환원 불가능한 간극과 **동시에** 끝없이 재탄생하는 계급의 적대가 형상화되는 역사적 장 속에서, 어떤 때는 다른 형태들(언어 민족주의)과 경쟁하면서, 또 어떤 때는 그것들과 결합해서 민족주의가 필연적으로 인종주의 형태를 취하는 것, 그리고 그것이 이렇게 영구적인 전방 도주 속에 놓여 있다는 것을 고찰하는 것이다. 설사 인종주의가 개인들의 의식 속에 잠재적인 채로, 혹은 소수자적인 채로 머물러 있다고 해도, 이미 그것은 용어의 이중적 의미에서, 계급투쟁에 대한 민족주의의 접합을 배신하는, 민족주의의 내적 과잉이다. 이렇게 해서 민족주의의 역설이 무한정하게 재출현한다. 즉, 한편으로 국민국가에서 개인들은 '자신들 사이에'(유사한 사람들 사이에) 있기 때문에 태어날 때부터 '자신들에게' 있다고 하는 것처럼 국민국가를 퇴행적인 방식으로 상상하고, 이 국가를 살 만하지 않은 것으로 만든다. 다른 한편으로 '외부의' 적과 대면해 통일된 공동체를 산출하려 하지만, 이는 적이 '내부에' 있다는 것을 끊임없이 발견하는 것, **공동체 자신의** 분할의 환영적 정교화일 뿐인 기호들에 적을 동일시하는 것을 통해 이뤄진다. 이런 사회는 고유한 의미에서 정치적으로 소외된 사회이다. 그러나 모든 동시대 사회가 정도의 차이는 있지만, 자기 자신의 정치적 소외와 실랑이를 벌이고 있는 것 아닐까?

13장 인종주의와 위기[1]

에티엔 발리바르

오늘날 프랑스에서는 인종주의의 전개가 일반적으로 **위기의** 현상으로, 즉 경제적일 뿐 아니라 정치적, 도덕적, 또는 문화적 위기의 다소간 불가피하며 다소간 저항할 수 없는 효과로서 제시된다. 이런 평가에는 논박할 수 없는 요소들 및 알리바이들, 다소간 이해관계가 얽힌 오해가 뒤섞여 있다. 즉, 여기에서는 위기 개념 그 자체의 애매함이 쟁점을 흐릿하게 하기 위해 위력을 발휘하고 있다.[2] 놀랍게도 우리는 다시 다음과 같은 순환을 다루고 있다. '인종주의의 만연', 그 '급작스러운 심각화', 영향력을 더해 가는 우익 정당의 강령으로의 인종주의의 편입, 그리고 더 일반적으로는 정치의 담론으로의 인종주의의 편입이라는 순환이 그것이다. 이 순환은 분명히 사람들에게 위기를 인정하도록 하는 뚜렷한 특징들의 일부를 이루고 있다. 즉, 이 특징들은 과거 나치즘의 대두, 반유대주의나 민족주의의 거대한 '불꽃'과 마찬가지로 사회관계에 심대한 영향을 미치고, 역사적 행방devenir의 불확실성을 보여주는 **거대한** 위기를 사람들에게 인식시켜 주는 것이다. 기계론적 설명(그 전형: 경제위기가 실업**으로 이어지고**, 실업이 노동자들 사이의 경쟁 격화**로 이어지며**, 경쟁 격화가 적대감, 외국인 혐오, 인종주의

1 이 장은 1985년에 인간과학의 집Maison des sciences de l'homme에서 보고한 원고를 수정한 것이다.

2 "위기란 어떤 위기인가?"라고 정당하게도 어떤 논자는 지적했다. 어떤 '시스템', 어떤 경향, 어떤 지표에 의해서라는 관점에서, **누구에게** '위기'가 존재하는가를 검토하지 않고서는, 역사적 정세를 분석할 때 이런 범주를 사용하는 것이 불가능하다고 그는 말하고 싶었던 것이다(다음을 참조하라. S. AMIN et al, *La Crise, quelle crise? Dynamique de la crise mondiale,* F. Maspero, Paris, 1982).

로 이어진다)과 신비적 설명(그 전형 : 위기가 데카당스의 불안으로 이어지고, 이 불안이 인종주의에서 그 표현을 발견하는 '불합리한' 것에 대한 대중들의 매혹으로 이어진다)을 일단 옆으로 치워 두면, 다음과 같은 논란의 여지가 없는 상관관계가 남는다. 즉, 영국에서 1970년대 이후 공동체들의 갈등을 촉진하고, 민족주의를 고양시키고, '대처리즘'에 의한 '파월주의'[3]의 부활을 조장했고, 유색 주민들을 범죄의 온상으로 지정하는 강렬한 심리전을 동반한 **법과 질서**의 억압적인 정책을 채택하게 만든 것은 결국 탈산업화와 도시의 빈곤화, **복지국가**의 붕괴, 제국의 쇠퇴였다.[4] 그리고 프랑스 사회도 1980년대 초 이후부터 영국과 비슷한 길을 걷고 있는 것 같은데, 인종주의적 범죄와 경찰관의 '불찰'의 증대,[5] 시민권에의 접속을 제한하는 기획, 국민전선의 대두 등이 그 전조일 것이다. 어떤 사람들이 말하듯이, 프랑스 사회는 아직 미적거리는 것처럼 보이지만, 똑같은 벼랑의 가장자리에 서 있다고 할 수 있다.

인종주의의 사실과 이것에 신체를 부여하는 폭력의 행위들이 사

3 [옮긴이] 영국의 보수당원 파월John Enoch Powell이 1960년대 후반에 주장한 불간섭주의 경제와 영국으로의 흑인 이주 배격 정책을 말한다.

4 다음을 참조하라. Kristin COUPER and Ulysses SANTAMARIA, "Grande-Bretagne : la banlieue est au centre", *Cahier de Banlieues 89 : Citoyenneté et métissage*, supplément au n° 11 de Murs, murs, décembre 1985 ; 그리고 Paul GILROY, *There Ain't No Black in the Union Jack. The Cultural Politics of Race and Nation*, Hutchinson, London, 1987.

5 범죄와 (경찰관이 저지른 범죄인) '불찰' 사이의 점점 더 증대하는 대칭성은 중요한 현상이다. 왜냐하면 이것이야말로 인종주의의 역사, 그리고 특히 나치즘의 역사에서 고전적 상황과 통하는 것이기 때문이다. 이것은 '위법 행위'에 대해 미셸 푸코가 제기한 물음들의 적실성을, 만약 그것이 필요하다면, 확증하는 것이다. 인종주의와 제도 사이의 관계에 대한 검토라는 틀에 있어서 모든 문제, 즉 '사회'와 '국가'에서의 인종주의라는 문제에 대해서는 별도로 논해야 한다. 다음을 참조하라. K. COUPER and U. SANTAMARIA, "Violence et legitimite dans la rue", *Le Genre humain, La Société face au racisme*, n° 11 autumne-hiver, 1984-1985.
[옮긴이] 여기서 불찰로 옮긴 단어의 영어 단어는 'stray bullets'로, 이는 '유탄'을 뜻한다.

회적 위기의 적극적인 구성 요인이 되며, 따라서 위기의 전개에 현존한다는 것은 논란의 여지가 없다. 실업이나 도시화, 취학 같은 문제들, 또한 정치제도의 기능(예를 들면 선거권의 문제), 그리고 이주자들에 대한 혐오에 의해 형성된 복합체, 이주자 자신(및 자녀들)의 방어적 반응, '프랑스인의 정체성'에 대한 안티테제적 사고방식 사이의 증대하는 적대—이것들 사이의 연계가 더욱더 밀착되고 있는 것이다. 결국 이 연계는 필연적인 것처럼 보이게 된다. 그것은 극약 처방식 정치 politique du pire[최악의 시나리오]나 공포정치의 전문가가 암약할 기회를 주고, 이와 상관적으로, 국민 집단성의 전체 부문이 이 문제에 대해 검열하고 자기 검열을 실천하도록 유도한다. 즉, (역사적인 예들이 뒷받침하는) 최악의 상황이 생기지 않을까 두려워하기 때문에, 또 인종주의를 악화시킬까 두려워 침묵하는 것이 더 낫지 않을까 생각하게끔 한다는 것이다. 요컨대 그 효과를 통제할 수 없을까 두려워하기 때문에 그 원인을 제거하는 것이 더 낫지 않느냐는 것이다(출생 또는 의지에 의해 '동화할 수 있는' 모든 사람을 '동화'시켜도 좋으니까, 그 현존 자체가 '거부반응'을 일으키는 '외국인 집단'을 그들의 원래 나라로 돌려보내자는 것이라고 이해하자).

원인과 효과보다는 오히려 사실상 정세 속에서 위기와 인종주의 사이의 상호작용에 대해 말해야 한다. 즉, 사회적 위기를 인종주의적 위기로 특징짓고 **특정하며**, 또 주어진 사회구성체의 일정한 순간에 돌발하는 '위기의 인종주의'의 특징에 대해 검토해야 한다. 바로 이런 식으로, 내가 예전에 알리바이와 오해라고 불렀던 것을 피할 수 있는 기회가 있게 된다. [그러나] 실제로 인종주의가 더 **가시적**이게 되었다고 해서 그것이 무에서, 혹은 사소한 것에서 생긴다는 것은 아니다. 미국 사회 같은 또 다른 사회에서 자명한 것이 사실상 우리[프랑스 사회]에게도 해당된다. 즉, 인종주의는 국민적 정체성이라 불리는 것과 한 몸을 이루는 오래 지속되는 물질적 구조들(여기에는 물리적이고 사회-정치적인 구조들도 포함된다)에 닻을 내리고 있는 것이다. 따라서 비록 인종주의가 동요fluctuations나 경향의 전도를 겪는다고 해도, 그것은 결코 무대에서나 무대 뒤에서나 사라지지 않는다.

그러나 당초에는 인식되지 못했던 단절이 발생하고 있다. 잠재적인 구조의 실존을 고려하고, 또 자유주의적 국가의 공식적 휴머니즘에 기입된 검열 제도와 이 구조 사이의 갈등을 고려하여, 공공연한 인종주의를 나는 인종주의의 **행위[현실태]로의 이행**(담론에서 '개인적인' 폭력으로, 그리고 '개인적' 폭력에서 조직화된 운동—즉 배제나 차별의 제도화가 그 윤곽을 드러내는 지평—에 이르는 단계적 추이gradation)이라고 부르자고 제안하고 싶은데, 이러한 공공연한 인종주의가 담지자와 표적을 바꾸고 있다. 그리고 정세에 관한 분석에 무엇보다 중요한 것이 이 자리바꿈이다. 즉, 그 언어, 그 목표, 그 확대의 기세라는 점에 대해 공공연한 인종주의가 우선 지식인의 사실인지, 또는 민중 계층의 사실인지, 또는 전통적인 의미의 프티부르주아지(프티 소유주들)의 사실인지, 또는 노동자(즉 공장 노동자)의 사실인지가 중요하지 않다는 것은 아니다. 또 공공연한 인종주의가 무엇보다 우선 유대인들, 모든 아랍인들, 아니면 '프랑스 거류 외국인들métèques[특히 아랍계를 지칭]' 일반을 표적으로 삼고 있다는 것도 중요하지 않은 게 아니다. 왜냐하면 공공연한 인종주의가 법적인 의미의 외국인에게 집중되어 있다는 것, 또 그것이 사회체의 순수화라는 환영을 '가짜 프랑스인', 즉 국민에게서 암덩어리라고 일컬어지는 외국인 집단의 근절이라는 환영을 조장하고 있기 때문이다. 물론 위기의 인종주의는 전례 없는, 기원 없는 완전히 새로운 어떤 것이 아니다. 그러나 그것은 어떤 **불관용의 문턱**('관용의 문턱'에 입각해 희생자들 자체에 일반적으로 투사된다)을 넘어서고 있다. 그리고 이것은 새로운 사회계층들과 사회계급들(혹은 오히려 새로운 사회계층들에서 점점 더 증가하고 있는 개인들)의 **무대로의 진입**이며, 그들의 행위[현실태]로의 이행이다. 그들은 도시의 이웃뿐만 아니라 노동과 관련해서도, 또 성적 관계와 가족적 관계뿐만 아니라 정치와 관련해서도, 즉 더욱더 다양화되는 상황에서 '인종주의화'의 자세를 채택하고 있는 것이다.

더 정확하게 말하면, 그 근본적인 형태에서 히틀러의 예나 '프티 백인'과 함께 식민지의 예와 미국의 격리 차별의 예가 보여주듯이, 만약 인종주의적 이데올로기가 본질적으로 **상호 계급주의적**interclassiste[계급 횡단적](단순히 계급을 추월[지양, 극복]한다는 의미뿐만 아니라 계급의 연대를 적극적으로 부정한다는 의미에서)이라면, 위기의 인종주의는 어떤 정세를 특징짓는다. 이 정세 속에서 계급의 분열은 '외국인들'과 관련된 경향적으로 상이한 태도를 결정하는 것이기를 그치고, 배제에 기반한, 그리고 적대감에의 암묵적인 공모에 기반한 사회적 '합의'에 그 자리를 내준다. 적어도 이것은 계급들의 분열을 상대화하는 합의의 결정적 요인이 되고 있다.

이러한 전망 속에서, 우리는—특별한 새로움을 주장하지는 않더라도—현행 프랑스 사회에서 몇몇 문턱들을 **이미** 넘어섰다는 것을 보여주는 몇 가지 지표를 제시할 수 있다.

우선 첫째로, 이주의 복합체의 형성을 살펴보자. 이주의 복합체라는 말로 우리가 이해하는 것은, 이주자들이라는 이름하에 지칭되는 이질적인 인구[주민]가 거부에, 공격에 노출되어 있다는 단순한 사실만이 아니다. 오히려 다음과 같은 유형의 언표들의, 일반적으로 수용되도록 변형되려고 하고 있는 새로운 수용 가능성도 가리킨다. 즉, (그것을 해결하기 위해 어떤 방식이 제안되고 있든) '이주라는 문제가 존재한다', '이주자들의 현존은 문제를 제기한다' 등의 언표 말이다. 이런 언표들 자체는 실제로 모든 사회적 '문제'를 '이주자들'의 현존이라는 **사실에서** 제기되는 문제로 변형하도록 부추긴다. 혹은, 적어도 '이주자들'의 현존에 의해 악화되었다고 여겨지는 문제—실업이나 주거환경, 사회보장, 취학, 공중위생, 풍속, 범죄 등이 문제로 여겨진다—

로 모든 사회적 '문제'를 변형시키는 것이다. 결과적으로 이것은 이주의 축소, 그리고 만약 가능하다면 철폐—당연하게도, 실제로는 더 '거추장스러운 자들', 더 '받아들일 수 없는 자들' 혹은 '동화하기 어려운 자들'에서 시작해 가능한 한 많은 이주자들을 추방하게 된다—가 사회문제를 해결할 수 있게 해 준다는 생각을 확산시킨다. 혹은 더 단순하게는, 그 해결의 장애물을 치워 버릴 것이라는 생각을 확산시킨다. 이 테제들에 대한 전문적 반박으로 들어서지 말고,[6] 여기서 우리는 매우 중대한 첫 번째 역설을 건드려 보자. 즉, **'이주자들'이라는 사회문제, 혹은 이주자들이 대대적으로 영향을 끼치는 사회문제를 특정하기 힘들수록,** 에둘러가는 형태이기는 해도 **훨씬 더 그들의 실존 자체에 문제의 책임이 돌아간다는 것이다.** 그리고 이 역설은 거꾸로, 진정으로 치명적인, 새로운 효과를 유발한다. 즉, 일련의 모든 상이한 문제들에 이주자들이 연루되어 있다고, 책임이 있다고 추정하는 것은 이주자들이 **하나의 동일한 '문제'**, 하나의 동일한 '위기'의 다른 측면들이라고 상상할 수 있게 해 준다. 여기서 우리는 오늘날 인종주의의 본질적 특징 중 하나가 재생산될 때의 구체적인 형태를 건드리게 된다. 즉 인종주의는 인종에서, 혹은 더 최근의 그 등가물에서 파생된 일련의 기표들을 수단 삼아 한정된, 하나의 단일한 원인 아래에서 '사회병리'의 모든 차원들을 싸잡아 묶어 버리는 능력을 갖게 된 것이다.

그러나 이것만이 아니다. 이주자와 이주라는 범주들 자체가 두 번째 역설을 숨기고 있다. 이것들은 **통일하는 동시에 차이화하는** 범주이다. 이 범주들은 그 지리적 출생지, 고유한 역사들(그리고 따라서 문화와 생활양식들), 국민적 공간으로의 진입 조건과 법적 지위가 완전히

6 이주자들은 사회보장의 자원에 부담을 주는 게 아니라, 오히려 그것을 윤택하게 만든다. 그들의 대규모 환송은 그 어떤 일자리도 창출하지 못할 뿐 아니라, 몇몇 경제 부문의 균형을 깨뜨림으로써 몇몇 일자리를 없애 버릴 것이다. 이주자들의 범죄 가담이 '프랑스인' 등등의 범죄 가담보다 더 빠르게 늘어나고 있는 것은 아니다.

이질적인 '주민들'을 어떤 단일한 상황 또는 유형으로 동화하려고 한다. 그리하여 많은 북아메리카인들은 중국인이나 일본인, 베트남인, 혹은 필리핀인을 다르게 지목[식별]할 수 없으며(그들은 모두 **동양인**인 것이다), 또 푸에르토리코인과 멕시코인을 분간할 수 없다(그들은 모두 **치카노**인 것이다). 이것과 똑같이, 프랑스인들도 대부분의 경우 알제리인, 튀니지인, 모로코인, 터키인을 구별할 수 없다(그들은 모두 '아랍인'으로 불리는데, 이는 이미 인종주의적 정형화를 구성하는 총칭이며, 부뉼르[7], 라통[8] 등 이른바 모욕으로 나아가는 길을 활짝 여는 총칭이다). 더 일반적으로 말하면, '이주자'는 에스닉적 기준과 계급의 기준을 결합하는 합성 범주로, 거기에 외국인들이 난잡하게 욱여넣어진다. 하지만 이주자라는 범주에 욱여넣어지는 것은 **모든** 외국인이 아니며 외국인들**만 그런 것도 아니다.**[9] 사실 이 범주는 외견상 '중립적인' 외국인들 전체를 쪼갤 수 있게 해 주지만, 물론 애매함이 없는 것은 아니다. 예를 들어, (파리에서) 포르투갈인은 스페인인보다 더 '이주적[이주자]'이겠지만, 아랍인 혹은 흑인보다는 덜 '이주자'이다. 물론 영국인이나 독일인은 확실히 '이주자'가 아닐 것이다. 어쩌면 그리스인은 '이주자'일 것이다. 스페인인 노동자, 하물며 모로코인 노동자는 '이주자'이겠지만, 스페인인 자본가나 알제리인 자본가는 그렇지 않을 것이다. 이리하여 우리는 앞서 말한 통일하는 측면과 실제로 떼어낼 수 없는, 이 범주의 차이화하는 측면을 건드리게 된다. 이 경우, 앞서 살펴본 것과 같은 외적인 차이화뿐만 아니라, 내적인 차이화가 존재한다. 왜냐하면 통일은 무한한 다양성 속에서, 당장 통용되기 위해서만 제기되기 때문이

7 [옮긴이] bougnoules : 북아프리카 흑인에 대한 경멸어.

8 [옮긴이] ratons : 원래는 쥐새끼라는 뜻으로 북아프리카 아랍인에 대한 경멸어.

9 여기에서는 월러스틴이 인용한, 흑인에 대한 장 주네의 질문을 표절하자("'흑인Noir'이란 무엇인가? 그리고 우선 그가 어떤 색깔을 하고 있다는 것인가?"). 이주자란 무엇인가, 그리고 우선 그가 어디에서 태어났다는 것인가?

다. 담론 속에서 정식화되고 행동으로 발전하는 '이주'의 일상적 궤변(이것은—잘못 생각해서도 안 되고, 또 이것에 걸려들어서도 안 된다—명예와 관련된 문제로도 이어진다)이 존재한다. 예를 들어 '아랍인을 좋아하지 않는' 사람도 '알제리인 친구'를 들먹이며 뽐낼 수 있다. 아랍인은 '동화될 수 없다'(이슬람교나, 식민지화의 유산 등을 보라)고 생각하는 사람이 흑인 혹은 이탈리아인은 동화될 수 있다고 주장할 수 있다. 이런 식으로 계속된다. 그리고 모든 궤변과 마찬가지로, 이것도 아포리아를 담고 있다. 이 궤변은 정의상 위계적이지만 그 위계화의 ('종교적', '국민[민족]적', '문화적', '심리학적', '생물학적') 기준의 비일관성에 끊임없이 부딪치고, 또 그 비일관성을 영양분으로 삼기도 한다. 우월성이나 위험성에 대한 발견될 리 없는 척도를 찾아서. 이 척도 속에서 흑인, 유대인, 아랍인, 지중해인, 아시아인은 '그들의' 장소, 즉 '그들을 어떻게 해야 할까', '그들을 어떻게 다룰까', 그들 앞에서 '어떻게 처신할까'를 알 수 있게 해 주는 상상의 장소를 갖게 될 것이다.

이처럼 이주 범주는 담론과 행동을 구조화할 뿐 아니라 덜 중요한 것은 아닌데, 인종주의자에게, 즉 인종주의자로서의 개인과 집단에게 **사고의 환상[착각]**, 즉 **인식하고** 탐구해야 **할 '대상'의 환상**(이것이 '자기의식'의 근본적인 동력이다)을 제공한다. 이 구절을 쓰고 나서, 나는 이 구절이 애매하다는 것을 깨달았다. 왜냐하면 여기에 있는 것은 사고의 환상이 아니라 오히려 **환상을 낳는** 대상에 대한 **유효한** 사고이기 때문이다. 즉, 분류하는 자는 사고하고, 사고하는 자는 실존한다. 바로 이 경우에 분류하는 자는 집합적으로 실존한다. 혹은 오히려—다시 한번 정정해야 하는데—분류하는 자는 집합체가 그 구성원의 유사성에 기초하고 있다는 이 환상을 실천적으로 실존하게 만든다. 이 이중의 실효성을 충분하게 고려하지 않았기 때문에, 종종 반인종주의 자체가 다음과 같은 환상을 스스로 품게 되는 것이다. 즉, **인종주의를** 고유한 의미에서 정신박약[10]인 **사고의 부재**라고 보는 환상, 그리고 인종주의를 물러서게 하려면 **사고하게 만들거나** 숙고하게 만드는 것으로 충분하다는 환상이 그것이다. 반면 **사고 양식을 바꾼다**는 문제는 그 무엇보다도 가장 어려운 일이다.

이처럼 우리는 **현행 프랑스에서 '이주'가 특히 인종의 이름이 됐음**을 발견한다. 그러나 '이주자'가 인종주의적인 유형론으로 개인들을 정렬할 수 있게 해 준 주된 특성인 것처럼, 이 이주라는 이름이 새롭지만 기능적으로는 오래된 호칭appellation과 등가적이라는 점도 우리는 발견한다. 이 지점에서 상기되는 것은 식민지적 인종주의가 이미, 전형적으로, 단순히 그 자생적인 담론에서만이 아니라 그 통치의 제도 및 실천에서도, 통일과 차이화의 궤변에 본질적인 기능을 부여했다는 것이다. 그것은 '선주민'[11]이라는 놀라운 일반적 범주를 주조하고, 이와 동시에 위계와 차별('통킹인', '안남인', '아랍인', '베르베르인' 등)을 기초짓는, 자칭 일의적인 사이비-역사적인 기준들을 수단 삼아, 이 **용광로**의 한복판에서 ('에스니ethnie' 개념 그 자체의 기원에 있는) '에스닉한' 하위 분류를 증가시키고 있다. 나치즘도 똑같은 것을 행했다. 즉, 하위 인간을 '유대인'과 '슬라브인'으로 분할하고, 더 나아가 이들을 다시 하위 분할하고, 독일인 주민에게 혈통적 유형론의 망상을 다시 걸치

10 [옮긴이] 'oligophrénie'는 사전상으로는 '정신박약'인데, 어원적으로 풀어 보면 '소수의 oligoi'와 '정신, 열광phrénie'의 합성어이므로, '소수의 [질병으로서의] 정신'으로도 이해할 수 있다. 즉, '소수의 정신 나간 열광'이라는 의미다.

11 원리적으로, 선주민indigène이란 "그 땅에서 태어났기"—이 경우에는 식민지 공간 **어디에서건** 태어났기—때문에 선주민이다, 이렇게 말하는 것은 놀라운 일이다. 프랑스에 정착한 식민지 출신 아프리카인은 여전히 '선주민'이지만, 프랑스에서 프랑스인은 분명히 그렇지 않다['선주민'이 아니다]!는 이야기이다. 식민지학science coloniale에 의한 에스니 개념의 구축에 관해서는 다음을 참조하라. J.-L. AMSELLE, E. M'BOKOLO, *Au coeur de l'ethnie*, La Découvete, Paris, 1985. 프랑스 총리(자크 시라크)는 최근 다음과 같이 선언했다. "카나크인[뉴칼레도니아 토착민]은 존재하지 않는다. 그것은 에스니들의 모자이크이다."

게 한 것이다.

이주라는 총칭적 범주가 형성됨으로써 초래된 효과는 이것으로 멈추지 않는다. 민족주의적 담론이 똑같은 국가라는 틀 속에 역사적으로 그러모아진 주민들의 분할 불가능한 통일을 천명한 바로 그때, 이 범주는 다소간 모욕적인 외부성의 지위로 격리되거나 혹은 이곳으로 내동댕이쳐진 프랑스 국적의 개인들을 포괄하려 한다. 이는 실제로 귀화나 프랑스 땅에서의 탄생이 프랑스 국적을 부여하는 데도 불구하고, 앤틸리스제도의 흑인이나 물론 '외국 출신인' 여러 프랑스인의 경우에도 해당된다. 이렇게 해서 우리는 실천과 이론의 모순에 도달하는데, 그중 몇 가지는 우스꽝스럽게 보일 수 있다. 예를 들어 뉴칼레도니아의 독립주의자인 카나크인은 이론적으로는 '자국'의 [프랑스로의] 통합을 공격하는 프랑스 시민이지만, '본국[식민지 종주국]'에 있는 카나크인은 독립주의자이든 아니든, 흑인 이주자일 뿐이다. 어떤 (우파의) 자유주의적 의원이 이주는 '프랑스에 좋은 기회이다'[12]라는 견해를 피력했을 때, '스타지바우'[13]라는 얕잡아보는 별칭을 걸치게 되었다! 이 점에서 가장 의미심장한 현상은 보수적인 견해(이런 견해의 한계를 정하는 일은 오히려 위험할 것이다)가 프랑스 태생의 알제리인의 자녀들을 '이주자 2세대'라거나 '2세대의 이주자'로 지칭하는 그 집요함이다. **자녀들이 이미 그 일부를 이루고 있음**에도 불구하고 프랑스 사회로의 이들의 '통합 가능성'에 대해 끝도 없이 장황하게 논하는 것이다(이런 논의는 통합 개념, 즉 사실상의 역사적이고 사회적 전체로의 귀속 개념과 미리 모든 갈등성으로부터 보호되고 있다고 여겨지는 신화적인 '국민 유형'에 대한 순응의 개념을 체계적으로 혼동함으로써 이루어진다).

이렇게 해서 우리는 이미 예고한 두 번째 역설에 도달한다. 즉,

12 Bernard STASI, *L'Immigration ; une chance pour la France*, R. Laffont, Paris, 1984.

13 [옮긴이] 스타지바우Stasibaou는 stasi라는 이름을 아랍어화한 표현이다.

이주 범주에 의해 지칭되는 주민들이 실제로 '이주자'가 아니게 될수록, 즉 지위와 사회적 기능뿐만 아니라 풍속과 문화에서도 외국인이 아니게 될수록, 그들이 한층 더 외국인 집단으로서 지목되는 일이 늘어난다는 것이다.[14] 물론 이 역설에서는 명확한 인종 이론을 갖고 있든 아니든, 인종주의의 특징적 성격, 즉 혈통 원리가 적용되고 있음을 발견하게 된다. 또 우리는 혼혈에 대한 고정관념, 다민족적pluriethnique이거나 다문화적 국민에 대한 고정관념이 특히 프랑스 사회 자체의 변형에 대한 일부 사람들의 저항의 사례일 뿐이며, 이미 완성된 변형에 대한, 즉 프랑스 역사에 대한 자기부정이나 다름없다고 의심쩍어 할 수도 있다. **모든** 사회계급, 특히 얼마 전까지 변혁 세력을 그 다수성 속에서 대표했던 사회계급에 속한 광범위한 사람들 속에서 이런 저항이나 부인이 작동한다는 사실 자체가 바로 심각한 위기의 징후로 간주되어야 한다.

나아가 이것은 우리에게 [위기의] 두 번째 징후를 식별 규정하도록 이끈다. 프랑스 사회의 정치사를 고려하면, 나는 이 징후가 이주 복합체의 형성과 똑같은 정도로 중요하다고 생각하는데, 더 정확하게 말하면, 이 형성과 불가분하다고 생각한다. 이 두 가지를 서로 분리할 수 있다고 믿는 사람은 허구적인 역사밖에 구성할 수 없을 것이다. 나는 **민중적 인종주의와 특히 노동자 계급의 인종주의의 확대**에 대해 말하고 싶다. 집단적 폭력에 입각해서가 아니라 오히려 선거의 흐름과 특히 이주 노동자들의 요구 투쟁의 고립화에 입각해 최근 몇 년 동안의 과정에서 그 지표들indices을 드러낼 수 있다.

여기서 먼저 몇 가지를 조심해야 하는데, 하지만 이것도 결국에

14 게다가 (갈리소의 표현을 빌리면) "프랑스 알제리의 혼합"에 대해 어떤 가설이 제출되든 간에 그렇다. René. GALLISSOT, (*Misère de l'antiracisme*, Editions de L'Arcantère, Paris, 1985, p. 93 *sq*). 또한 다음을 참조하라. Juliette MINCES, *La Génération suivante*. Flammarion, Paris, 1986.

는 이 현상이 초래하는 결과들의 중대성을 강조하는 것일 뿐이다. 첫째, 모든 설문조사가 보여주듯이, 예를 들어 어떤 '지표'를 선택하든(이 지표들이 민중적 인종주의를 과대평가하는 경향이 있으면서도, 다른 한편으로 정치적 담론에 능수능란한 '교양 있는' 개인들의 부인 전략을 간과한다는 사실을 고려하면), **어떤 계급의 인종주의**에 대해 포괄적으로 말하는 것은 궁핍한 의미 표현이다. 실제로 이런 논의 방식은 인종주의적 논리 그 자체에 가담하는 투사投射적 언표의 유형이다. 반대로 노동, 여가, 이웃관계, 친척관계, 전투적 태도 같은 계급의 조건이나 입장에 특징적인, 주어진 **상황**에서 인종주의적 태도와 행동의 빈도에 대해 물어보는 것은 의미가 있다. 그리고 특히 그것은 인종주의적 경향에 대한 저항이든 체념이든, 이런 것들을 전제하는 조직된 실천의 후퇴와 진전을 시간[시대의 맥락] 속에서 평가하는 것이다.

둘째, 여기서는 '엘리트'나 지배계급의 인종주의, 혹은 지식인의 인종주의보다는 민중의 인종주의(혹은 '민중 대중'의 인종주의)의 물음이 더 중시되는데, [그렇다고 해서] 이는 이것들이 서로 분리될 수 있다는 것도, 후자가 그 자체로서 전자보다 더 유해하다는 것을 의미하는 것도 아니다. 오히려 이는 피착취 계급과 특히 노동자 계급에 고유한 반인종주의의 제도적 형태들의 해체와 나란히 진행되는 인종주의의 대중화 자체가 인종주의의 '헤게모니적으로 되기'에 있어서 매우 어렵게 가역적일 수 있는 **문턱**을 구성한다는 점을 의미한다. 실제로 역사적 경험(이 경우에는 반파시즘이나 식민지 전쟁에 대한 저항이 중요하다)은 설사 노동자 계급이 반인종주의의 발명에서 전혀 특권시되지 않는다고 하더라도, 인종주의적 흑색선전에 대한 저항을 통해서, 혹은 인종주의적 정책과 사실상 양립할 수 없는 정치 프로그램을 고수하는 것을 통해서 반인종주의의 발전과 그 유효성을 위한 둘도 없이 소중한 토대를 형성한다는 점을 보여준다.

셋째, 노동자 계급 내부에서의(혹은 노동자 계급**에로의**) 인종주의의 확장을 말하는 것이 선행 현상과 그 뿌리 깊음을 또다시 과소평가하는 것으로 이어져서는 안 된다. 프랑스의 사례만 보더라도, 노동자들에게서의 외국인 혐오는 결코 새롭지 않으며, 이것이 이탈리아인들, 폴란드인들, 유대인들, 아랍인들 등등에 대해 차례차례 행사되었다는 점을 누구나 알고 있다. 이런 외국인 혐오는 구조적인 이주라는 단순한 사실에, 노동시장에서의 경쟁(프랑스는 한 세기 동안 노동 인력 수입국이다)에 연결된다기보다는 오히려 경영자와 국가가 노동자의 위계화를 조직한 그 방식에 연결되어 있다. 즉, 경영자와 국가는 최근에도 '[국적을 획득한] 프랑스인'에게 숙련이 필요한 일자리와 관리직을 배정하고, 미숙련 일자리를 이주자 노동 인력에 배정했다. 즉 그들은, 풍부한 미숙련 노동 인력을 요구하는 산업화 모델(미숙련 노동 인력은 이주에 대대적으로 의지할 수 있을 때 실존한다)을 선택한 것이다(이런 전략은 오늘날에도 계속되고 있다. '밀입국' 문제를 생각하라).[15] 이처럼 프랑스 노동자들의 인종주의는 숙련과 관련된 특권에, 착취 및 초과착취 사이의 차이에 유기적으로 연결되어 있었다. 그러나 여기에는 일의적 인과관계가 존재하지 않는다. 그 증거로, 프랑스 노동운동사에서 이주자 투사들의 국제주의가 수행한 본질적인 역할을 들 수 있다. 그럼에도 불구하고, 설령 아무리 미약하고 취약했다고 하더라도, 이러한 특권의 방어가 노동자 계급의 조직화(전성기의 공산당 및 그 지역과 노동조합과 문화단체 등의 '전달 벨트'가 포함된다)에서 민족주의 세력과 어깨를 나란히 하여 진행되었다는 것은 의심할 수 없다.

이렇게 해서 제기된 물음은 이중적이게 된다. 즉, 대량생산에서 자동화로 이어진 산업혁명은 노동자의 노동의 대규모 탈숙련화를 일

15 특히 다음을 참조하라. 잡지 *Travail*, AEROT의 '이주' 특집(n°. 7, 1985) ; Albano CORDEIRO, *L'Immigration*, La Découverte/F. Maspero, Paris, 1983 ; Benjamin CORIOT, *L'Atelier et le chronometre*, Christian Bourgois, Paris, 1979.

으키고, 이주자들과 '국민들'(특히 여성과 젊은 실업자)을 착취 및 프롤레타리아화라는 똑같은 형태 속에서 접근시키고, 프랑스의 노동자 계급에 대해 집단적인 '상승하는 이동성'의 전망을 돌연 멈추게 한다. 이런 경우, 이 불안정화는 노동자 계급의 결정적 분열로 나타날 것인가, 혹은 아니면 그 투쟁의 급진화로 나타날 것인가? 또한 똑같은 물음이기는 하지만 더 날카로운 물음이 제기된다. 은밀하게 퍼져 나가는 경제위기가 탈산업화 현상들 및 이것에 동반된 낡은 제국주의적 권력의 쇠퇴와 더불어, 고용과 생활 수준, 사회적 지위(이것들은 계급투쟁의 과정에서 획득되고, 정치적 '합의'나 사회적 '균형'의 구성 요소가 된다)의 상대적인 안전성을 의문에 부치는 것 아닌가 하는 물음이다.

우리는 여기서 딜레마의 핵심을 건드리게 된다. 즉, 이러한 '재프롤레타리아화'가 필연적으로 계급의 실천과 계급의 이데올로기를 뒤엎어 버리는가? [만약 그렇다면] 어떤 방향으로? 노동자 계급에 대한 역사가들이 보여줬듯이, 노동자 계급은 헤게모니적 **사회집단**(예를 들면 거대 산업의 숙련 노동자 등)을 중심으로 이상과 조직화 형태의 긴밀한 네트워크를 구축함으로써 자율화되고 있다. 동시에 이러한 자율은 항상 양의적이다. 왜냐하면 헤게모니적 집단은 '국민적 집합체'의 정통적 구성 성분으로서 스스로를 승인하게 만들 수 있고, 사회적 특혜와 시민권을 쟁취할 수 있기 때문이다.[16] **바로 특히 노동자 계급에서는 사고 양식 및 소통 양식의 '인종[주의]화'냐 아니면 집합적 문화에 잠재한 인종주의의 극복이냐**—이는 필연적으로 어떤 자기 비판을 전제한

16 다음을 참조하라. Gérard NOIRIEL, *Longwy. Immigres et proletaires*, PUF, Paris 1984. ; *Les Ouvriers dans la société française, XIXe- XXe siècles*, Seuil, 1986. 스테른헬의 유용한 책들을 참조하라. Zeev STERNHELL, (*La Droite revolutionnaire*, Seuil, Paris, 1978 ; *Ni droite ni gauche*, Seuil, Paris, 1983), 뒤의 두 책은 순수한 사상사에 머물러 있으며, 다음과 같은 근본적 사실을 감추고 있다. 즉, 드레퓌스주의 속에서 조직된 노동운동이 맡은 몫('게드 노선'에 대한 '조레스 노선'의 승리) 때문에, 설령 그것이 노동자 계급에서 일어나는 외국인 혐오를 방해하지는 못했다고 해도, 적어도 4분의 3세기 동안 외국인 혐오를 반자본주의의 대체물로 이론화하는 것을 방해했다.

다—**라는 딜레마가 정치적인 삶이냐 죽음이냐라는 물음, 진리의 시험대라는 모습을 띠고 있다.** 이 때문에 인종주의의 대두를 앞에 둔 좌익의 취약성이라는 문제, 좌익이 인종주의에 대해 만들어 주는 양보의 문제, 좌익이 인종주의에 활동의 여지를 마련해 준다는 문제가 결정적이다. 적어도 프랑스에서 정치적으로 강력한 '좌익'은 사회주의와 공산주의의 이념의 주위에서만 존재했다. 특히 결정적인 것은, 스스로 프롤레타리아적이려고 하는 이데올로기들과 조직화의 위기로부터 무엇이 결과할 것인지를 알려는 물음이다. 자신의 정치적 전통의 국민주의적 측면에 뿌리내리고 있는 프랑스 공산주의의 인종주의적 편향을 가볍게 보아 넘긴다면, 또한 그것을 자연적 추세인 양 단순하게 생각한다면, '탈스탈린화'의 핑계는 더욱더 심각한 정치적 오류로 이어질 것이다. 이런 인종주의적 편향[흐름]이 프랑스 공산주의를 파시스트적 조직화와의 포퓰리즘적 경쟁 속에 가둬 버리든, 아니면 더 있음직한 일인데, 혹은 프랑스 공산주의의 역사적 쇠퇴와 민중 계급의 일부가 국민전선의 세력권으로 경도되는 것에 기여하든.[17]

이 경향은 단순히 위기가 심각해지는 조건의 일부를 이룰 뿐 아니라 또한 사회적 **권리**와 시민권에 대한 모든 문제가 '날 때부터의' 몇몇 수혜자에게 보호되거나 마련되어야 하는 **특권**의 문제로 변질되는 데 기여한다. 권리들은 실효적으로 행사된다. [반면] 특권은 대부분의 경우, 상상적일 것이다(그렇기에 피착취 계급에게 특권이 일반적으로 주어질 수 있다). 권리는 이것을 향유하고 또 요구하는 사람들의 수(와 힘)의 확대에 의해 질적으로 저절로 **증가한다**. [반면] 특권은 가능한 한 제한적인 배타성을 방어함으로써만 보증될 수 있다. 이렇게 하여, 왜 위기의 정세가 민중 계급 속에서 실존의 '안전'에 관련된 불확실성(때로 이것은 패닉으로 이어진다)과 집합적 '정체성'에 관련된 불확실성을

17 다음을 참조하라. E. BALIBAR, "De Charonne à Vitry", *Le Nouvel Observateur*, 9 Avril 1981.

결합시키는지를 더 잘 이해할 수 있을 것이다. 앞서 말한 이주 복합체의 형성은 이러한 불확실성의 원인인 동시에 효과이기도 하다. 그리고 조직된 노동자 계급의 경향적 해체에 대해서도 똑같이 말할 수 있다. 그러나 경제적이고 사회적인 이해관계의 방어가 특권의 언어가 아니라 권리의 언어로 표현된 그런 정치적 전통은 오히려 조직된 노동자 계급을 둘러싸고 형성되었다. [아무튼] 이 [이주 복합체의 형성과 조직된 노동자 계급의 해체라는] 두 가지 현상은 서로가 서로를 촉진한다. 이 두 현상이 정치적으로 착종될 때, 인종주의적 위기와 위기의 인종주의가 우리 앞에 놓인다.

후기[1]

이매뉴얼 월러스틴

이 책 서문에서 에티엔 발리바르는 동시대 인종주의의 종별성은 무엇인가라는 따끈따끈한 물음을 해명하는 데 기여하고 싶다고 말했다. 이 글들을 다시 읽으면서, 나는 우리가 이 의도를 어느 정도나 실현할 수 있었는지 궁금하다.

우선 '동시대적'이라는 단어의 모호함을 지적해야 한다. '동시대적'이라는 말이 몇 십 년의 기간을, 이른바 1945년부터 시작되는 기간을 의미한다면, 지금의 상황에서는 특별하게 예외적인 것이 전혀 (혹은 거의) 존재하지 않는다는 점을 증명하려 노력했다고 생각한다. 그리고 이 점에서 우리는 많은 연구자들 및 정치인들과는 견해가 다르다. 하지만 '동시대적'이 '근대 세계'에 대해 말하는 방식이라면, 우리는 [근대 세계의] '인종주의' 현상과 이보다 앞선 시대의 다양한 역사적 외국인 혐오를 날카롭게 구별한다. 혹은 적어도 이 구별에 동의한다는 것이 우리의 테제이다.

이 논문들을 통해 우리가 계속해서, 심지어 반복해서 강조하고 싶어 한 것은 두 가지 주장이다. **첫째**, 우리 모두가 속해 있고, 그로부터 우리의 '가치들'을 끌어내고, 그것을 향해 우리의 '충성'을 표현하며, 우리의 '사회적 정체성'을 정의하는 다양한 '공동체들'이 모두 역사적 구축물이라는 것이다. 그리고 더 중요한 것은, 이 공동체들이 끊임없이 재구축을 겪는 역사적 구축물이라는 점이다. 그렇다고 해서 이 공동체들이 견고하지 않다거나 적실하지 않다고, 혹은 일시적이

1 [옮긴이] 월러스틴의 후기는 프랑스어 판본을 중심으로 영역본의 내용을 섞어 문장을 명료하고 풍성하게 다듬었다.

라고 말하려는 것은 아니다. 전혀 그렇지 않다. 그러나 이것들[가치관들, 충성심들, 정체성들]은 결코 시초적originaires이지 않으며, 이런 점에서 그 구조와 수세기에 걸친 발전에 관한 모든 역사적 서술은 필연적으로 현재의 이데올로기이다.

둘째, 보편주의는 특수주의적 극들—이 극들이 국민적이든 혹은 문화적, 종교적, 에스닉적, 사회적이든—과 완전히 대립된 분석 또는 매력의 극으로 항상 우리에게 제시되었다. 우리가 보기에 이런 대조, 이런 이율배반은 현실에 대한, 우리를 기만하는 비전은 아닐지라도 잘못된 비전인 것처럼 보인다. 그것들을 더 꼼꼼하게 검토할수록, 우리는 이 [보편주의와 특수주의라는] 두 개의 이데올로기가 각자 안에 서로를 얼마나 많이 포함하고 있는지를 더욱더 깨닫게 되며, 그리하여 이 두 개의 이데올로기가 같은 동전의 양면을 나타낸다고 의심할 지경에까지 이르게 된다.

그럼에도 불구하고 이 두 가지 사실 확인은 신경에 거슬린다. 근대적이고 싶어 하는 우리 사회의 모든 인간주의적 가르침이 오랫동안 정반대의 것을 우리에게 설파해 왔다는 점에서는 심지어 충격적이기도 하다. 우리는 이미 케케묵은 [성당] 첨탑 같은 전통의 편협하고 '중세적인' 정신과 근대성의 개방적이고 인간주의적인 정신 사이의 근본적인 대조를 단언하는 데 익숙해져 있다. 그리고 우리 대부분은 항상 증오와 억압으로 가득 찬 현재성의 잔인하고 유해한 현실 앞에서 몸서리를 치는 만큼 더욱더 이런 에피날 판화[2]에 집착한다.

그러면 어떻게 이해할까? 두 가지 방식밖에 없다. [하나는] 인종주의, 성차별주의, 맹목적 애국주의는 인간 존재에게 태생적인 영원한 악이라고 보는 것이다. [혹은 다른 하나는 이것들이] 주어진 역사적

2 [옮긴이] 에피날 판화 (19세기에 에피날에서 만들어진 교훈적인 내용의 통속화) ; [비유] 지나치게 도식적이고 낙관적인 현실 묘사, 진부한[공허한] 이야기.

구조에서 나오며, 따라서 변형 가능한 악이라고 보는 것이다. 두 번째 출발점을 분명히 선택한다고 한들, 우리가 여기서 제시하는 연구들 중 그 어떤 것도 우리를 손쉬운 낙관주의로 이끌지는 못할 것이다. 정반대로 우리는 인종, 국민, 계급이라는 개념들 자체의 '고유한' 모호함에 대해, 해부하기도 극복하기도 어려운 모호함에 대해 말하고 있다.

우리 각자는 자신의 설명을 위해 이 모호함을 서로 독자적으로 분석하려고 노력했다. 이 「후기」에서는 우리가 제안한 다양한 탈구축을 반복할 의도가 없으며, 또 우리가 끄집어내려고 생각하는 복잡성에서 벗어나기 위해 제안한 길잡이들을 반복하지도 않을 것이다.

나는 오히려 발리바르의 분석과 나의 분석 사이의 몇 가지 갈라섬을 표시하는 것처럼 보이는 점으로 돌아가고 싶다. 진실을 말하자면, 나는 이것이 단순히 뉘앙스의 갈라섬일 뿐이라고 생각한다. 발리바르는 다른 사람들이 나의 분석에 대해 행한 몇 가지 비판과 관련해서는 거리를 두고 있음에도 불구하고, 여전히 내가 '경제주의적'으로 경도되어 있다고 비난한다. 그는 자본주의적 세계경제에서 보편주의와 특수주의의 혼동이 지배적 이데올로기의 산물이라는 점, 즉 피지배자들에 의해 널리 받아들여진 지배적 이데올로기에서 비롯된다는 사실을 더 중요시하고 싶다고 말했다. 모호함의 이런 내부화, 이런 심성mentalité에서의 대중의 이런 사회화는 우리가 그 안에 빠져 있는 미로를 만들어 낼 때 핵심 열쇠일 것이다. 발리바르는 어느 지점까지는 전적으로 옳다. 실로 누가 이를 부정하겠는가? 사회구성체나 사회 혹은 역사적 체계를 말하는 사람은 필연적으로 강제력뿐만 아니라 그 구성원의 자발적 고수에 의해서도 유지되는 구조에 대해 말한다. 그러나 대부분의 경우 우리는 역사적 체계를 구성하는 것에 대한 기본적 믿음에 충실하지만, 항상 냉소주의자들, 회의론자들 및 반항자들도 있기 마련이다. 분명히 발리바르는 이 점에 동의한다. 그러나 나는 이 점과 관련해 '중간간부들'과 대다수 사람들 사이의 경향을 구별하는 것이 유용하다고 믿는다. 이들이 체계의 이데올로기적 구축과 맺는 관계는 동일하지 않다.

나는 보편주의가 무엇보다 우선 중간간부들의 대열을 공고하게 접합하기 위한 신념이라고 주장한다. 이것은 단순히 기술적 효율성의 물음만이 아니다. 보편주의는 또한 체계의 기능에 유용하다고 생각되는 틀인 인종주의와 성차별주의라는 두 요소가 너무 멀리 나아가지 않도록 붙들어두기 위한 수단이기도 하다. 이런 의미에서 보편주의는 체계를 내부로부터 파괴할 수 있는 (나치 같은) 허무주의자들에게 제동을 거는 역할을 한다. 물론 다양한 특수주의를 설파함으로써 이의 제기의 깃발을 올릴 준비가 되어 있는, 말하자면 또 다른 중간간부들, 예비 간부들이 항상 존재한다. 그러나 일반적으로, 이데올로기로서의 보편주의는 그 반대물[인 특수주의]에 비해 [중간간부들의] 장기적인 이익을 보호하는 데 더 적합하다.

나는 다양한 노동자 계급의 태도가 중간간부들의 태도를 단순히 뒤집은 것에 불과하다고 말하는 게 아니다. 그럼에도 불구하고 그들[노동자 계급]은 [중간간부들과는] 다른 방향으로 경도되고 있는 듯하다. 계급이든 국민이든 혹은 인종이든, 특수주의들을 격찬함으로써, 노동자 계급은 보편주의의 참화ravages에 맞선 보호 본능에 종종 무릎을 꿇는다. 영속적인 불평등 및 물질적이고 사회적인 양극화에 기반을 둔 체계 내부에서 필연적으로 위선적일 수밖에 없는 보편주의에.

이것은 나를 두 번째 뉘앙스[의 갈라섬으]로 데려간다. 에티엔 발리바르는 아마 장기적인 경향을 제외하면, 세계 부르주아지가 존재한다는 것을 진심으로 인정할 수 없다고 말했다. 그러니까 그는 내가 너무 포괄적인 모델을 사용함으로써 [구체적인] 특정성들을 무시한다고 비난한다. [이에 대해] 나는 부르주아지는 정확히 세계적으로만 존재할 수 있다고 대답하고 싶다. 부르주아가 된다는 바로 그 사실은 임의의 공동체에도 충실하지 못하게 방해한다는 것이자 맘몬[부나 욕망의 신]이 아닌 다른 신에게 제물을 바치지 못하도록 막는다는 것이다.

물론 내가 과장하고 있기는 하지만, 그렇다고 너무 과장하는 것은 아니다. 물론 부르주아지는 민족주의자들이며 심지어 애국자들이다. 물론 부르주아지는 모든 에스니시티를 이용해 먹는다. 하지만 … 순풍이 불 때, 그들은 민족주의자이다. 17세기, 스페인에 맞서 독립을 위한 투쟁을 이끌던 동안에도 스페인에 무기를 팔아먹었던 암스테르담의 훌륭한 부르주아지를 잊지 말자. 거대한, 진정으로 거대한 자본가들이 침체 상태에 빠진 자국의 자본을 [다른 나라로] 내보내는 일을 결코 망설이지 않았음을 잊지 말자. 보통 사람들petits gars이 '자기네' 집단에 더 집착하는 것처럼 보이는 까닭은 그들이 술책을 강구할 여지를 별로 지니고 있지 않기 때문일 수도 있지만, 아무튼 사실은 여전히 남아 있다. 국민, 인종, 심지어 계급 그 자체가 이 자본주의적 세계경제에서 피억압자들에게 피난처로서 봉사하며, 이는 이 개념들이 누리는 인기의 토대를 형성한다. 이는 또한 노동자 계급들이 겉보기에 양립 불가능한 이 '특수주의들' 사이에서 어떻게 그렇게 빠르게 오가며 처신할 수 있는지도 설명해 준다고 나는 생각한다. 어떤 피난처가 일시적으로라도 효과가 없으면, 재빨리 다른 피난처를 찾아 나서는 것이다.

그리하여 세 번째 비판에 도달한다. 즉, 내가 분업의 효과에 너무 매료되어 사회[사회적 요인]의 효과를 무시한다는 비판이다. 나는 이 죄목에 대해 무죄라고 선언한다. 내게 본질적인 논점은 이렇다. 즉, 자본주의 세계경제 내부에서 분업은 일종의 외적 제약을 구성하며, 생존 가능성의 한계를 창출한다. 사회의 효과는 이런 제약을 깨뜨리려고 하는 사람들, 자본의 무제한적 축적과는 다른 목적을 추구할 수 있게 해 주려고 하는 사람들, 특히 보통 사람들의 노력이다.

보통 사람들은 때때로, 심지어 종종 축적의 추구에 내재된 과잉[초과]에 제동을 건다. [하지만] 그들은 여전히 체계를 타파하지 못했고, 그래서 제약에 대한 복종으로부터 스스로를 해방시키지 못했다. 이것이 반체제 운동의 모든 역사인데, 이것 또한 모호하다. 발리바르는 이 운동들의 '관지대적trans-zonal' 재배열rassemblement을 창출할 수 있는 가능성과 관련해서 내가 너무 낙관주의적이라고 생각할 이유를 갖고 있고 그건 합당할 수도 있을 것이다. 아무튼 나의 낙관주의는 신중한 낙관주의이다.

결국 나는 이 모든 유보가 똑같은 것으로 되돌아간다고 인정한다. 발리바르는 내가 너무 '결정론자'처럼 정식화한다고 생각한다. 그러므로 나는 이 점과 관련해 내 입장을 명확히 해야겠다. 철학(적어도 서구 철학)에서 결정론과 자유의지 사이의 매우 오래된 논쟁은 페르디낭 브로델이 말하는 사회적 시간들의 다양체라는 시각에서 분석될 필요가 있는 주제라고 나는 생각한다.

역사적 체계가 정상적으로 기능할 때—어떤 체계든, 그러니까 자본주의적 세계경제를 포함하여—거의 정의상, 결정된 것이라고 불리는 것이 단연코 압도하고 있는 것처럼 내게는 보인다. 체계란 바로 행동에 제약이 부과된다는 것을 의미한다. 이 제약이 실재하지 않는다면, 그것은 체계일 수 없을 것이며, 매우 빠르게 무너질 것이다. 하지만 모든 역사적 체계는 궁극적으로 그 모순의 논리가 제대로 작용하는 것을 경유해 결국에는 그 종언을 향해 움직인다. 그리하여 체계는 '위기'에, 프리고진이 '분기'라고 서술하도록 허용하는 '이행의 시기'에 진입한다. 즉, 약간의 혼란[압력]이 매우 큰 일탈로 이어질 수 있는 불안정한 상황에 도달하게 된다. 달리 말해서, 자유의지가 압도적으로 만연하게 된다고 할 수 있는 것이다. 바로 이 때문에 변형의 결과를 예측하는 일은 거의 불가능하다.

그러므로 우리가 자본주의 세계경제의 한복판에서 계급들, 국민들, 인종들의 역할을 분석할 때, 그리고 이것들을 개념들의 역할뿐만 아니라 현실의 역할을 고려하면서 분석할 때, 우리는 거기에—구조적이라는 의미에서—고유한 모호성들을 심사숙고해서 말한다. 분명히 온갖 종류의 저항들이 있다. 하지만 우선 메커니즘들, 제약들, 한계들을 강조하는 데에서 시작해야 한다. 다른 한편으로, '체계의 종언'의 순간에 접근하고 있으며, 내가 보기에 우리는 이미 그 긴 순간에 들어섰다. 따라서 우리가 행할 수 있는 가능한 도약에 대해, 적어도 지금 구상 가능한 유토피아들에 대해 성찰해야 한다.

바로 이 순간, 내 생각에 보편주의와 인종주의/성차별주의는 그 종합을 기다리고 있을 것임에 틀림없는 정립과 반정립을 형성하지 않으며, 오히려 역사가 극복하도록 요구하는 것인 지배와 해방이라는 두 가지 반영을 결합하는 네트워크를 형성한다는 점을 상기하는 게 유용할 것 같다. 나는 바로 이런 정신으로 우리의 모호성을, 결국 우리의 역사적 체계의 일부인 이런 모호성을 이해하는 이 오래된 임무로 끊임없이 돌아가야 한다고 믿는다.

옮긴이 후기

이 책은 Etienne Balibar et Immanuel Wallerstein, *Race, nation, classe : Les identités ambiguës*, Editions La Découverte, 2018(포켓판)을 완역한 것이다. 원래 이 책은 1988년 같은 출판사에서 처음 출간되었고, 번역한 판본은 2018년에 책 출간 30주년을 기념한 대담을 새로운 서문으로 추가해서 포켓판으로 재출간한 것이다. 그런 탓에 월러스틴의 글을 프랑스어로 번역한 사람의 이름이 새롭게 추가되거나 참고문헌 목록을 삭제하고 본문으로 이동하거나 문단이 새롭게 바뀌는 등의 경미한 변화가 있을 뿐, 본문의 내용 자체는 수정되지 않았다(물론 이 책에서는 2018년 판을 최대한 반영했다).

한편, 월러스틴이 쓴 글들은 영어의 원본 논문에서 번역했다. 원래 영어로 쓴 글일 뿐 아니라 이 책의 일본어 번역판 출판 때 월러스틴이 영어에서 직접 번역해 달라고 '지시'했다는 점을 적극 반영한 것이다(다만 원래 수록된 각종 학술 잡지가 아니라 *Race, Nation, Class : Ambiguous Identities*, Verso, 1991에 수록된 것을 번역했다). 그 결과 이 번역본은 일부 제목이나 세부 내용, 문단의 구분, 절 제목의 추가 등에서 프랑스어 원본과 약간 다르다.

또 이 책에 수록된 발리바르의 몇 가지 글들은 꽤 오래전에 잡지나 편집본에 번역 출판된 적이 있으며, 인터넷에 거친 초역본이 돌아다니고 있기도 하다. 인종, 민족, 국민, 계급에 대한 본격적 고민이라는 축도 있겠지만 '마르크스주의의 전화'라는 모토하에서 발리바르에 대한 집중된(편향된?) 관심 덕분일 것이다. 이에 대해서는 해당되는 글의 첫 부분에 자세한 서지사항을 밝혀 두었다.

이 책이 출판되기에 이른 경위나 그와 관련된 에피소드, 의의와 한계 등에 대해서는 이 책의 30주년 기념 대회를 맞이하여 행한 인터뷰에 저자들 자신이 자세하게 밝히고 있으므로 그것을 참조하면 될 것이다. 다만 이 책에서 두 사람이 씨름한 공통의 질문이 무엇인가를 간단히 밝혀 두면 다음과 같다. 즉, 자유와 평등, 이기심, 계급 관계에 기초한 근현대 사회에서 자본주의와 시장 논리가 전 지구적으로 확산될수록 왜 이것과는 대조적인 것처럼 보이는 민족주의와 인종주의, 에스니시티(에스닉적 동일성) 같은 공동체적 정체성을 강하게 추구하는 경향이 있는가? 특히 국민nation이나 인종race이나 민족people 같은 다양한 공동체를 필연(불가피)적이라고 할 수 있을 정도로 산출하고 있는가? 달리 말하면, 시장경제의 보편화 경향과 불가분한 보편주의의 이데올로기(기회 균등, 법 앞의 평등, 요컨대 동일성 지향)가 민족주의나 인종주의, 성차별주의 같은 배제와 차별의 이데올로기를 쫓아내는 것이 아니라 오히려 그러한 특수화·차이화의 원리에 의한 갈등을 강화시키고 있는가? 이처럼 자본주의가 공동체를 소멸시키기는커녕 정반대로 각종 공동체적 정체성을 창출하고 있다는 이 역설에 파고듦으로써 오랫동안 그리고 널리 공유되고 있는 패러다임들을 의문에 부치는 것, 이것이 두 사람의 공통 기획이라고 할 수 있다.

게다가 두 사람은 이런 역설을 '이념으로서의 자본주의'의 논리로는 해명할 수 없다는 점에 인식을 같이한다. 이는 월러스틴의 지적을 발리바르가 적극 수용하는 형태를 취한다. 이 논리는 권력이나 독점에 의해 제약을 당하지 않는 '자유로운' 판매자와 구매자 및 자본가와 동등한 인격을 지닌 '자유로운' 임노동자가 보편적으로 확립되었다고 전제한 후에 근대 사회의 역사적 특징과 그 운동 법칙을 연구하는 것이다. 사적 소유, 사회적 분업, 노동자와 노동 실현의 조건 사이의 분리가 세계 전체로 확대되었다는, 세계시장이라는 추상적이고 무차별적인 논리가 그것이다. 그렇다고 해서 이들이 마르크스의 『자본』을 배격하는 것은 아니다. 『자본』이 이런 가정하에 '근대 사회의 경제적 운동 법칙'을 해명하고자 한 고전적 연구이자 자본주의를 인식할 때에도 여전히 빼놓을 수 없는 논점과 분석 시각을 제공한다고 보기 때문이다. 그러나 이런 '이념으로서의 자본주의'라는 가정은 결국 19세기의 '경쟁 자본주의'를 자본주의의 전형이나 표준 형태로 이해하고, 그리하여 '부자유한' 매매, 노동자, 생산자의 존재는 표준으로부터 일탈한 것이자 자본주의가 진화함에 따라 이윽고 소멸할 것으로 이해하는 경향이 있다. 그 결과 앞에서 말한 이러한 역설은 이 논리로는 제대로 해명될 수 없다. 그리하여 월러스틴과 발리바르는 '역사적 체계로서의 자본주의'에 대한 분석과 그 논리로 옮겨 가야 한다는 점에서 공통된 인식을 보인다.

그래서 월러스틴이 자본주의 세계경제 혹은 이른바 '세계체제'의 차원을 강조하는 반면, 발리바르가 '사회구성체'의 차원을 강조한다는 차이점에도 불구하고, 사회(사회구성체)의 국민화nationalisation는 중심부/주변부/반주변부/체계의 외부로 구성되는 '역사적 체계로서의 자본주의'의 차원에서 국가 간 체계나 식민지화나 전쟁을 통해 설명된다.

그러나 이념으로서의 자본주의에서 역사적 체계로서의 자본주의로 분석 대상을 옮기는 것만으로는 아직 충분하지 않다. 문제 해결의 단서를 얻은 것일 뿐이다. 왜냐하면 국민(민족주의), 인종(인종주의), 민족 같은 공동체는 단독으로 존재하는 게 아니라 구체적인 역사적 상황 속에서 다른 공동체와 복잡하게 접합되어 있으며, 결국 각각은 본질적으로 모호한 복합체로 존재하기 때문이다. 그래서 국민이나 인종이나 민족 같은 정체성의 본질적인 모호성(애매함), 달리 말하면 이것들의 정체성을 정의하는 것이 왜 어려운지, 그 유래를 먼저 해명해야 한다. 그래서 이 책은 "민족주의를 정의하는 일이 왜 이토록 어려운가"라는 질문을 역사적 체계로서의 자본주의의 복잡성과 관련시켜 추적하는 것이다.

게다가 국민이나 인종, 민족의 본질적 애매성, 복잡성을 밝힌다는 것은 이것들을 근대 사회 자체에 의해 창출된 역사적 구축물로 인식한다는 것이기도 하다. 발리바르도 이 책에서 몇 차례 언급하는 『상상된 공동체』에서 베네딕트 앤더슨이 지적하듯이, 역사가들에게는 국민(민족)이 근대의 역사적 구축물이라는 점이 매우 자명하다. 하지만 국민이라는 언제나 인종주의를 수반하는 '공동체'가 왜 근대 사회의 한복판에서 불가피하게 생겨나는지를 설명하는 일은 매우 어렵다. 왜냐하면 국민은 초역사적인 '공동체'로 나타나기 때문이다. 이 책의 말로 하면, 역사적 구축물이 국민적인 '과거성 혹은 과거의 기억 pastness'으로, 게다가 언어(국어)나 혈통에 의해 자연화된 것으로 나타나기 때문이다. 그래서 이 책의 라이트 모티프는 이러한 과거성을 표현하는 국민이나 인종이나 민족 같은 '공동체'를 탈구축하는 것이다. 발리바르와 월러스틴은 이 책을 통해 국민이나 민족주의가 왜 근대적 현상인지, 혹은 근대 세계에는 국민이나 민족주의를 낳는 어떤 필연성이 있는지에 대해 아마도 지금까지의 어떤 논의보다도 깊이 고찰하고 있는 것이다.

그렇지만 역사적 체계로서의 자본주의가 각종 공동체를 창출하는 논리에 대한 구성이라는 측면에서 월러스틴과 발리바르의 분석에는 다른 점이 있다. 다행스럽게도 이 차이점은 이 책에 수록된 발리바르의 1988년 「서문」에서 밝혀져 있고, 그 구체적인 논리 구성의 내용은 4장과 5장에 드러나 있다. 간단하게 말하면, 월러스틴은 국민, 인종, 에스니시티를 민족people을 구축하는 세 가지 역사적 양식으로 이해한 후, 국민-인종-에스니시티의 성립을 각각 자본주의 세계경제의 상부구조인 국가 간 체계, 중심부/반주변부/주변부라는 수직적 분업 구조, 노동력의 계층적(위계적) 구조 사이의 기능적 관련을 통해 설명한다. 다른 한편 발리바르는 국민이 '허구적 에스니시티'라는 상상된 공동체로서의 '민족'을 창출하는 논리를 해명한 후, 언어 공동체(국어)와 인종(인종 공동체), 나아가 이데올로기 장치로서의 학교와 가족이 맡는 결정적 역할을 강조한다. 이런 차이에도 불구하고 이들은 국민이나 민족주의나 인종주의라는 근대적 현상이 초역사적인 것으로 '자연화'되는 논리를 분명히 밝히고자 한 점에서 공통적이다.

그런데 두 사람의 차이점은 계급과 관련해 극명하게 드러난다. 물론 여기서도 공통점은 있다. 이념으로서의 자본주의라는 수준에서는 계급 및 계급투쟁에 대해 논할 수 없다고 보는 점이 같다. 이들에게 계급은 순수한 현상이 아니라 '계급의 민족주의적 인종주의'처럼 인종주의나 민족주의 같은 근대의 다른 창출물과 맞물려 현상하는 복합체이기 때문이다. 이런 공통점에도 불구하고 둘은 서로 다르다. 계급에 대해 논할 때에도 월러스틴은 역사적 체계로서의 '자본주의 세계경제'를, 발리바르는 자본주의적 사회구성체를 강조한다. 즉자적 계급/대자적 계급이라는 마르크스의 논의를 계승하는 월러스틴에 따르면, 즉자적 계급(세계 부르주아지와 세계 프롤레타리아트의 대립)은 자본주의 세계경제에서 무제한의 축적과 만물의 상품화에 의해 규정되지만, 대자적 계급(자각된 계급의식)은 국민이라는 정치적 단위(통일체)로 형성되기 때문에 계급투쟁은 민족주의나 인종주의, 에스니시티(에스닉 집단 또는 민족 집단)와 떼려야 뗄 수 없이 접합되어 있다. 반면 발리바르에 따르면, 자본주의 세계경제의 수준에서는 헤게모니의 형성을 보증하는 세계 국가나 세계 화폐 같은 제도가 존재하지 않는 한, 세계 부르주아지라는 개념은 현실성이 떨어진다. 발리바르는 그람시의 헤게모니 개념을 노동력의 상품화 조건들, 즉 노동력의 이용 조건(노동과정)과 노동력의 재생산 조건(교육이나 사회보장제도를 포함한)을 편성하는 지배계급의 능력으로 재정의함으로써 지배계급이 노동력 상품화의 조건들을 편성하는 능력에는 국가의 매개가 항상 필요하다는 점을 강조한다. 즉, 자본주의적 사회구성체의 응집성은 노동력의 상품화의 조건들에 대한 국민국가의 개입 없이는 확보될 수 없다. 그래서 발리바르에 따르면, 계급 형성 및 계급투쟁은 무엇보다도 국민적 형성체의 수준에서 분석되어야 한다. 계급으로서의 부르주아지는 항상 '국가 부르주아지'이다. 이처럼 발리바르와 월러스틴의 분석 대상의 차이점(사회구성체인가, 세계 자본주의 경제인가)이 가장 두드러지는 것이 계급론이다.

그리고 이런 차이가 과거 한국 사회에서 월러스틴보다 발리바르에 특히 주목한 이유 중 하나를 차지할 것이다. 두 사람의 작업은 모두 인종, 국민, 민족, 계급 같은 정체성, 그리고 이것들을 나타내는 기존 개념의 탈구축을 수반하며, 또 "시장과 자본의 논리의 보편화는 최종적으로 국민·민족 같은 공동체를 해체시킨다"는 식의 자유주의적·보편주의적 견해를 공유하는 (혹은 공유한다고 월러스틴이 특히 지적하는) 마르크스 및 마르크스주의 이론도 이런 탈구축 대상에서 예외가 아닐 것이다. 그런데도 이 탈구축이 수행되는 10장의 발리바르의 글은 이미 번역된 반면, 월러스틴의 8장은 번역되지 않은 것은 두 사람이 던져 주는 영감의 차이에서 비롯된 게 아닐까 추측해 본다. 왜냐하면 발리바르가 이미 「서문」에서도 밝히고 10장에서 반복적으로 드러내듯이, 마르크스를 역사나 사회의 복합성에 주목하면서 모든 것을 보편주의(일반 법칙)로 환원하는 자유주의를 비판하는 인물로 볼 수도 있기 때문이다.

옮긴이 후기인 만큼 번역어에 대해 다시 한번 짚어 두어야겠다. 번역어 중에서 가장 골치 아팠던 것은 nation(national), peuple이었다. 이 책에서는 원칙적으로 거의 모든 대목에서 nation을 국민, peuple을 민족으로 번역했다. nation은 논란이 있기는 하지만, 그래도 여전히 '국민'만 아니라 일반적으로 이해되는 의미에서의 '민족'으로 번역해도 큰 문제가 되지 않을 수 있다. 오히려 문제는 peuple이다. 보통 이 단어는 '인민'으로 번역한다. 그러나 역사적 차원에서 문헌들을 보면 루소의 경우 등 몇몇을 제외하면 '민족'이라는 의미로 사용되는 경우가 매우 많다. 더 나아가 왜 nation과 peuple이 어떤 때는 국민으로, 다른 때는 민족으로 이해되는가, 왜 이 두 용어가 끊임없이 혼동되는가, 이러한 정체성과 개념의 모호성 자체를 해명하는 게 이 책의 과제이기도 하다. 그래서 국민-민족-인종-에스니시티라는 정체성과 이를 나타내는 개념을 탈구축하려고 하는 이 책에서 두 용어를 일관되지 않게, 가령 nation을 때로는 '국민'으로, 때로는 '민족'으로 번역할 경우 두 저자의 탈구축 노력을 모호하게 만들 가능성이 있다고 생각해서 일관되게 옮겼다. 그러면 왜 nation을 '국민'으로, peuple를 '민족'으로 옮겼는지도 밝혀야 한다. peuple는 유사 언어 population처럼 공동체의 주민을 가리키는 반면, nation은 출생이나 탄생과 관련된 어원을 가지고 있으며 토지나 혈통처럼 기원을 같이하는 인간 집단을 가리킨다. 그런데 근대에 들어 nation은 '국민국가'나 '국가를 구성하는 인간 집단'이라는 의미를 강화해 간 한편, peuple은 에스닉적 동일성도 포함한 '민족'의 의미를 확보하게 된다. 그래서 하나의 nation이 복수의 peuple로 이루어지는 관계가 만들어진다. 더 나아가 월러스틴의 글에서 people(peuple)은 인민, 민중이라는 의미도 있으나 대체로 민족이라는 의미가 강하다. 인종race, 국민nation, 에스니시티를 근대에 고유한 '공동체(게마인샤프트)'인 민족peuple 창출의 세 가지 커다란 역사적 양식으로 이해하는 것이 월러스틴의 견해이다. 그리고 1988년의 「서문」에서도 드러나듯이, 발리바르 역시 월러스틴의 용어법을 따르고 있기 때문이다. 그럼에도 불구하고 nation과 관련된 몇 가지 관행적 단어들은 '민족주의', '소수민족'으로 옮겼다. 읽을 때 nation을 상기해 준다면 고맙겠다. 물론 그래도 번역어 문제는 남아 있다. 두 가지를 더 언급해야 하는데, 먼저 transnational, sur-nationalisme, supra-nationalisme이 그렇다. 여기서는 transnational을 국민 또는 국민국가를 가로지른다는 의미의 '관국민적'으로, sur-nationalisme을 '과잉-민족주의', supra-nationalisme을 민족주의를 넘어선다는 의미의 '초-민족주의'로 번역했다. 특히 뒤의 두 가지를 적절하게 구별하여 번역하기 어려웠다. 다만 sur-nationalisme의 '과잉'을 넘쳐난다는 의미보다는 중첩이나 포개짐으로, 그래서 '초'라는 의미를 연상시키면서 읽어 주면 감사하겠다. 두 번째로 여기서 '컬러드'로 음차한 표기에 대해서이다. 이 단어는 보통 '유색인종'으로 번역되지만, 이렇게 번역할 경우 '인종'과의 교차가 드러나면서도 민족이나 국민과의 교차는 제거된다. 거꾸로 '컬러드'라고 음차할 경우에는 '인종'과의 교차가 희미해진다. 그럼에도 불구하고 '덜' 희미해질 것이라는, 차악을 선택하자는 마음으로 음차했다.

마지막으로 감사의 말을 드릴 차례다. 초역을 하고 점검하고 수정하고 재수정하는 데에는 각각 여러 사람의 기여분이 있다. 우선 현대정치철학연구회에서 2020년 7월 중순부터 2021년 1월까지 진행된 "생명정치와 통치성, 인종주의에 관한 세미나" 참석자들(및 회원과 후원회원)의 몫이다. 번역과 관련된 귀중한 논평을 해 주었다는 몫이 아니라, 세미나 진행 책임자로서 다가오는 일정에 맞춰 번역을 하게끔 강제했다는 몫이다. 이만큼 훌륭한 몫은 없을 것이라 생각하기에 참석자 모두에게 감사드린다. 또 몇몇 글의 한국어 번역본(정식 출판본 포함)을 알려 주고 일부 글을 빌려 준 김정한 선생에게 감사드린다. 그러나 전체를 번역하고 나서 기력이 빠져 있는 차에 1997년의 「2판 서문」 번역을 흔쾌히 수락해 주신 양창렬 선생에게 진 마음의 빚만큼 큰 것은 없으리라. 물론 2018년 판본 서문을 번역하여 교정할 때 관련된 책자를 제공해 준 난장 출판사의 이재원 편집장에게도 고마움을 전한다. 그러나 이 책을 실제 출판으로 연결해 준 박지훈 선생, 교정 과정에서 하나하나 살피고 수정 의사를 타진한 장원 편집장에게 가장 큰 고마움을 전한다. 부족한 번역은 언제나 옮긴이의 몫이라는 영원한 진실을 함께 밝히면서, 한국의 '트럼프 시대'가 열리지 않기를 바라는 마음을 담는다.

2022년 2월 28일

김상운

찾아보기

인명

개념 및 사항